El Acantilado, 448
CARTAS ESCOGIDAS
(1888-1922)

MARCEL PROUST

CARTAS ESCOGIDAS

(1888-1922)

EDICIÓN, PRÓLOGO Y NOTAS
DE ESTELA OCAMPO

TRADUCCIÓN DEL FRANCÉS
DE JOSÉ RAMÓN MONREAL

BARCELONA 2022 ACANTILADO

Publicado por
ACANTILADO
Quaderns Crema, S. A.

Muntaner, 462 - 08006 Barcelona
Tel. 934 144 906 - Fax. 934 636 956
correo@acantilado.es
www.acantilado.es

En la cubierta, cuestionario completado por Marcel Proust (1890)

ISBN: 978-84-19036-10-0
DEPÓSITO LEGAL: B. 18 507-2022

AIGUADEVIDRE *Gráfica*
QUADERNS CREMA *Composición*
ROMANYÀ-VALLS *Impresión y encuadernación*

PRIMERA REIMPRESIÓN *marzo de 2023*
PRIMERA EDICIÓN *octubre de 2022*

CONTENIDO

[-] Este símbolo indica un pasaje incompleto en el original.

PRÓLOGO

OÍR LA VOZ DE PROUST

Proust no escribió diarios, ni dietarios ni memorias. Sin embargo, era un escritor sumamente reflexivo que poseía un pensamiento propio acerca del arte y la cultura, de la sociedad y la historia, de la psicología humana y los sentimientos. La mayoría de sus ideas se encuentran transmutadas en su literatura, en las acciones o los pensamientos de sus personajes, pero existe también otro camino real para llegar a la médula de su pensamiento: su correspondencia. Es una obra monumental, de más de seis mil cartas, dirigidas a todo tipo de correspondientes: familiares, amantes y amigos, otros escritores, editores y críticos, personajes de la sociedad de su momento. Las cartas permiten reconstruir una autobiografía espiritual que en otros escritores está plasmada en unas memorias.

Su correspondencia nos deja oír la voz de Proust como si nos estuviera hablando a nosotros, lectores impropios, porque no se trata de cartas «literarias», a la manera de las de Voltaire o Flaubert, escritas para ser leídas como parte de su obra, si no de un diálogo espontáneo con su correspondiente. Proust habla con la misma naturalidad que si se tratara de un encuentro personal guiado por intereses concretos o espirituales del momento. El principal atractivo de la correspondencia es escuchar su voz como si estuviéramos manteniendo un diálogo con un ser de una extrema inteligencia, que habla sobre muchas cosas distintas sin ningún plan prefijado, ya que las cartas se escriben al hilo de las circunstancias, o de las preocupaciones o pensamientos del día a día y las de sus correspondientes.

Uno de los aspectos más atractivos y remarcables de la correspondencia de Proust es que todas las cartas son «personales», no hay cartas puramente formales o vacías y desde luego no son intercambiables. Puesto que Proust siempre tiene presente con quién habla, puede tratar un mismo hecho de diferente manera según sea el interlocutor. Sin embargo, pese a ser cartas personales, muy rara vez son confidenciales y cuando aparece la confidencia Proust suele pedir al destinatario que devuelva o queme la carta. Cómo él mismo dice: «Espero que me agradezcas el pudor. La impudicia me parece horrible, peor incluso que la depravación».[1]

Cada carta tiene no solamente un tema de interés que comparte con el destinatario, sino también un estilo tan acorde que es posible adivinar el destinatario por el estilo. En este sentido debemos citar en primer lugar las cartas a Reynaldo Hahn, amante primero y luego amigo durante toda su vida, que están codificadas, escritas en un lenguaje inventado o de palabras deformadas, y crean un mundo compartido, de claves y sobreentendidos. Pero hay otros destinatarios a quienes Proust escribe cartas con un código estilístico y temático específico, como es el caso del conde Robert de Montesquiou.

Cartas que Proust escribía en su dormitorio, medio acostado, apoyando el papel sobre sus piernas, o en el aire,[2] muchas veces antes de dormirse, en un papel especial, aunque a veces utilizaba lo que tenía a mano, como el papel que usaba para las inhalaciones contra el asma. A pesar de las quejas acerca del volumen de correspondencia que recibía, pues le quitaba tiempo para dedicarse a su obra, contestaba la mayoría de las cartas. Céleste Albaret, su ama de llaves a partir de 1914, explicó el rito diario: en cuanto sonaba la campanilla, ella debía llevarle el correo junto con el café, la leche y el croissant; Proust comía primero, y luego miraba los sobres para adivinar el remitente. Y aunque solía quejarse de que el

[1] Carta a Daniel Halèvy de otoño de 1888.

[2] Carta a Louis de Robert del 11 de enero de 1913.

quehacer le quitaba mucho tiempo, una vez que comenzaba a responder no podía parar de escribir.

Proust controlaba muy estrictamente con quien entraba en contacto y a quien veía. Hay tantas cartas auspiciando un encuentro como obstaculizándolo o justificándose y poniendo excusas para mantener distancia. Siempre tuvo algún sirviente en la casa que impedía el paso a las visitas a las que Proust no quería o no podía ver, pero se le entregaba absolutamente todo lo que le llegaba por escrito. De hecho, lo único que tenía entrada irrestricta era su correspondencia, que controlaba él mismo y era su lazo con el exterior: podía darse el caso de que perdiera alguna carta propia o ajena en la confusión que reinaba en su cama-escritorio, pero sin duda la había recibido.

En el mundo sentimental de Proust existe una verdadera relación necesaria de acercamiento y alejamiento en sus relaciones personales y sociales, y las cartas son el medio a través del cual esta dialéctica se pone en práctica. Las usa para transmitir sentimientos y pensamientos, así como para mantener alejado a alguien a quien no quiere ver. En este punto es paradigmático el caso del conde de Montesquiou, a quien Proust evita en los últimos años de su vida, si bien trata de lograrlo sin que ello sea una ofensa a través de cartas en las que expresa su imposibilidad de salir de casa, aduciendo que la enfermedad le impide cumplir el deseo de verlo. Son una defensa de su aislamiento.

Esta recurrencia a la enfermedad como forma de distanciamiento, muy presente en la correspondencia, es uno de los muchos matices que tiene este aspecto de la vida de Proust. La enfermedad es polisémica, pero una de sus mayores utilidades es la de mantener su soledad y su privacidad. Montesquiou se lo reprocha en más de una ocasión, a lo que Proust contesta con... una nueva carta.

Esta ambivalencia ha hecho preguntarse a los lectores de la correspondencia proustiana cuál es el grado de veracidad de sus cartas. Seguramente, como en la vida de todos los humanos, es una veracidad variable: a veces, con algunas personas, se muestra completamente sincero en sus pensamientos y acciones, pero en otras responde a su interlocutor aquello que quiere oír. André Gide escribió en su *Journal*, el 29 de julio de 1931, que los elogios de Proust a la poetisa Anna de Noailles, más que contribuir a la gloria de la poetisa, hacían dudar del juicio literario del escritor o de su sinceridad. No obstante, pese a que Gide no duda de que se trataba de pura adulación, concede que, más que la hipocresía, a Proust lo movía el deseo de agradar diciendo a su correspondiente lo que esperaba oír de él.

Pero fundamentalmente se impone al lector de la correspondencia tener en cuenta que Proust es un escritor *siempre*, también cuando escribe sus cartas. De ahí el interés que suscitan.

En la voluminosa correspondencia de Proust hay cartas de muchos tipos, pero puesto que, como ya se ha dicho, todas pertenecen a un ámbito muy personal, el lector podría esperar que existieran numerosas huellas de su vida amorosa. Sin embargo, una de las peculiaridades de su correspondencia, y en claro contraste con otras correspondencias de escritores, Proust era extremadamente cuidadoso con los testimonios de su vida más personal: no hay cartas íntimas o eróticas. Por ello es difícil saber con certeza a través de su correspondencia cuáles eran los caminos por los que transitaba su deseo.

Se podría argumentar que lo que justifica esta laguna es el terror que siempre sintió a que se hiciera pública su homosexualidad—y se tuvieran pruebas escritas de la misma—, como le dice a Bibesco en una carta en la que le comenta su amor platónico por Bertrand de Fénelon,[1] y a que ello perjudicara la reputación de su familia. Proust tiene muy presente el caso de Oscar Wilde, cuya asunción pública de la homosexualidad le acarreó la ruina profesional y personal. La hi-

[1] Carta a Antoine Bibesco del 9 o 10 de septiembre de 1902.

pócrita sociedad de su época tolera sin problemas la práctica de la homosexualidad siempre y cuando no sea explícita. Sin embargo, aunque probablemente el temor a que quedara testimonio escrito de su homosexualidad fuera la razón principal para destruir toda prueba, conviene insistir en que Proust decía que lo que más odiaba era la impudicia.

Esto no le impide hablar de amor, de sus sentimientos con total sinceridad, a través de un caleidoscopio de opiniones presente en sus cartas. Pero muchas veces es difícil saber, a partir de la correspondencia, si alguien ha sido amigo, amante o ambas cosas. Es cierto, también, como se desprende de la misma, que poca diferencia traza Proust entre el amor y la amistad. Probablemente también fuera medido en su correspondencia sobre estos asuntos. Hay muy pocas cartas que no sean ambiguas, y en las dirigidas a quienes se sabe que fueron sus amantes no hay expresión de una intimidad amorosa y menos aún erótica. A veces, como en el caso de Lucien Daudet, tan sólo el apelativo con el que se dirige a él nos da la pista de la índole de su relación.

Pero además Proust se encargó de que algunas cartas no sobrevivieran al momento fugaz de su lectura por parte del destinatario, pues las enviaba con algún doméstico y requería que una vez leídas se las enviaran de vuelta. Podemos suponer que tratarían de temas comprometedores, tal vez una buena parte eróticos, pero se han perdido. Con Alfred Agostinelli, uno de sus últimos amores, cuya relación fue en gran parte modelo de la relación que une a Albertine con el Narrador en *En busca del tiempo perdido*, fue tan estricto en este sentido que no se ha encontrado nada de su correspondencia, a excepción de la carta de 1914 en la que le explica las precauciones que debe tener (y que no ha tomado).[1] Asimismo, en muchas cartas, entre ellas algunas a Reynaldo Hahn, puede leerse: «*Brûlez!*» ('¡Quémela!').

[1] Carta a Alfred Agostinelli del 30 de mayo de 1914.

Sólo gracias a algún giro del azar se ha conservado una parte de estas cartas y podemos leerlas hoy, de modo que constituyen un testimonio de los procedimientos mediante los cuales Proust creyó que podría controlar el espacio único, privado, entre el correspondiente y él mismo, y evitar en su presente y en el futuro una mirada lectora intrusa. No ha sido del todo así. Han sobrevivido algunas cartas donde leemos la indicación «¡Quémela!» probablemente porque el destinatario prefirió devolverla pero Proust descuidó destruirla, o bien porque no le prestó importancia y permaneció en manos de su destinatario.

Sea por las razones que fuere, no existe en la abundante correspondencia de Proust ninguna carta que revele claramente su vida erótica. Un mundo de ambigüedad, de frases que, más que decir, dejan intuir un territorio que ha quedado decididamente fuera de una mirada lectora.

Pero no solamente su vida erótica quiere preservar Proust en el ámbito del estricto intercambio entre correspondiente y escritor. En una larga carta a Georges de Lauris[1] sobre un tema político importante como era la relación entre la Iglesia y el Estado en Francia, a raíz de la prohibición de impartir clases a las congregaciones católicas dice: «Rompa, pues, enseguida esta carta, ya que mucho me ruborizaría que alguien más pudiera leerla».

A pesar de ser un lector voraz, precoz y apasionado, Proust nunca formó una biblioteca. Utilizaba la de su padre, pero no constituyó un corpus con sus libros predilectos o necesarios. Es siempre una gran ayuda para conocer los gustos literarios de un escritor, o las influencias sobre su obra, conocer su biblioteca. En el caso de Proust este lugar lo ocupa su correspondencia. A través de ella podemos saber qué libros estaba leyendo, había leído o le interesaban especialmente, y el motivo de su interés.

[1] Carta a Georges de Lauris del 29 de julio de 1903.

Algunos de sus comentarios son sorprendentes, como su adhesión a la literatura norteamericana que conoce muy bien y que considera la mayor influencia en su obra, como le comenta a Robert de Billy: «No hay literatura que tenga sobre mí un poder comparable a la literatura inglesa y norteamericana», y agrega que «Alemania, Italia y muy a menudo Francia me dejan indiferente».[1]

Proust es un gran conocedor de sus contemporáneos escritores, incluso de aquellos que luego no han tenido ninguna trascendencia para la historia de la literatura. Lee los libros que se le hacen llegar y generalmente contesta con una carta de crítica y comentario. A través de su correspondencia sabemos que está al tanto del arte, de la filosofía, de la historia, de la política.

La imagen de Proust aislado en una torre de marfil (o deberíamos decir de corcho, como en su última época en la que su dormitorio había sido forrado literalmente de corcho para evitar el ruido exterior), desconociendo todo lo que pasa a su alrededor, tiene poco que ver con la realidad que traslucen sus cartas. Desde joven está decidido a ser escritor. Sus cartas a escritores, críticos, directores de periódicos y revistas, muestran su deseo de obtener méritos y apoyos para llegar a la Academia, el pasaporte de aceptación de quien quería ser escritor en su época. Conoce a todos los personajes de su entorno que tienen éxito y están de moda. Sabe perfectamente quienes se desenvuelven en el ámbito literario de su momento, son influyentes, y algunos de estos personajes del ámbito artístico y cultural son amigos suyos.

Estas cartas, muchas de ellas destinadas a escritores a los que la historia de la literatura ha relegado, no son las que más nos interesan, exceptuando las dirigidas a alguno de estos escritores que trascendieron luego, o eran ya entonces grandes talentos de la literatura. Quedan más para una historia

[1] Carta a Robert de Billy de marzo de 1910.

de la literatura francesa que para una lectura del pensamiento proustiano o de los temas universales que pueden interesar a un lector actual.

Pero la mayoría de las veces Proust despista al lector de su correspondencia. El destinatario de una carta o la temática de la misma no prefigura el interés o la profundidad de su contenido. Una invitación mundana o una especulación en bolsa puede contener tantas reflexiones importantes como una carta a su editor, a sus críticos, o a alguno de sus confidentes, lo que obliga a leer la correspondencia completa para poder ofrecer una selección que constituya una buena muestra. Tampoco es un indicio *a priori* de falta de interés de la carta el que su destinatario no sea un intelectual: hay comentarios sustancialmente reveladores de su pensamiento en cartas a amigos o a personajes de su entorno alejados del mundo cultural.

A pesar de existir una gran cantidad de cartas conservadas, no están representados en ellas todos los momentos de la vida de Proust, ni todos los personajes importantes en su vida, ni todas las facetas de su intimidad. Como ya hemos comentado no hay correspondencia erótica ni nos es posible, salvo en algunas excepciones, aseverar basándonos en la correspondencia quién fue amante de Proust. Tampoco conocer su actividad sexual esporádica, sus gustos sexuales o su deseo. No podemos saber cuándo se trata de un amor platónico, puramente imaginario, o se ha llevado a alguna concreción. Distinción que, por cierto, no le parecía de ninguna importancia a Proust. En carta a la señora Straus dice: «*Hay que conceder mucho* al amor platónico. Una persona no del todo sentimental extrañamente se vuelve tal si se ve obligada al amor platónico».[1] Lo que importaba siempre era el sentimiento, y de ello sí tenemos extraordinarias muestras en la correspondencia.

[1] Carta a la señora Straus de los primeros meses de 1893(?).

Su familia es un elemento fundamental en su vida. Y su madre es el centro. De ello da sobrada prueba la correspondencia, pero a tenor de la cantidad de cartas que Proust dice haberle escrito se han conservado muchas menos de las enviadas. Los padres de su madre, los abuelos Weil, también tienen una gran importancia en su vida porque la tienen en la vida de su madre. Sin embargo, la correspondencia con ellos de la que disponemos es muy escasa, igual que con su hermano y su padre. Se sabe muy poco de la infancia y la adolescencia de Proust, y de ese período no hay cartas. Podríamos sentir la tentación de hacer de este hecho un motivo de análisis, pero no olvidemos que el azar es siempre un gran protagonista. La estrella indudable de la constelación familiar de Proust es su madre, pero el hecho de encontrar pocas cartas con el resto de su familia no debe inducirnos a sacar conclusiones apresuradas.

La correspondencia es extremadamente iluminadora para conocer los últimos años de la vida literaria de Proust, la relación con sus editores y sus propios juicios acerca de su obra. Después de 1916 la correspondencia con Gaston Gallimard y con los miembros de la *Nouvelle Revue Française* nos proporciona un material imprescindible para conocer sus ideas. En cambio, hay una gran laguna respecto de los años de gestación y escritura de *En busca del tiempo perdido*. Su concepción y elaboración se realiza entre 1908 y 1911, y durante este período no comunica a sus correspondientes lo que ocupa su tiempo ni su pensamiento. Entre 1912 y 1913, cuando se está dactilografiando el primer tomo (*Du côté de chez Swann*), así como después de su publicación, aparecen cartas en las que pide consejos a sus allegados y explica sus intenciones al escribir esta obra.

El hecho de que la correspondencia de Proust tenga un tono tan personal, y esté alejada de una intencionalidad literaria o de cualquier impostura con vistas a la posteridad de su obra, no significa que la correspondencia carezca de valor literario, aunque esta cuestión haya sido—y siga siendo— motivo de controversia entre algunos de los especialistas en su obra. Las metáforas que caracterizan la escritura proustiana, la profundidad de pensamiento, el escritor reflexivo, el observador agudo, se encuentran tanto en su literatura como en sus cartas. No se puede olvidar que la correspondencia de Proust es la de un escritor, por lo tanto una sedimentación de su pensamiento. Aún cuando estuviera escribiendo una nota a su madre al volver del teatro está pendiente de la pertinencia de un adjetivo. O, en muchas cartas, pide disculpas a su interlocutor por estar demasiado cansado para escribir con la fluidez de estilo de que se sabe capaz.

Aparece un escritor en diálogo consigo mismo, buscando su propia estética a través de la obra de otro escritor o comunicándola a quien supone que puede ser un buen consejero y lector. En sus cartas hay constantemente pasajes de crítica artística o literaria entremezclada con otros asuntos. La voz del Narrador de *En busca del tiempo perdido* es la misma que la de las cartas, una voz que se hace comprender, que quiere trasmitir una idea o un sentimiento, e incidentes que aparecen en su correspondencia encuentran su primera formulación y luego se vuelcan a la novela. En la correspondencia y en *En busca del tiempo perdido* se encuentran exactamente las mismas ideas acerca del mundo, del arte y de la literatura.

La diferencia estilística, sin duda, es que las cartas están escritas a vuelapluma (y en ello reside también mucho de su encanto) y, a pesar de alguna tachadura, no están corregidas una y otra vez como su obra literaria. En ocasiones se aprecia incluso alguna falta ortográfica o sintáctica producto de la rapidez de la escritura. Y surgen de su propia mano. Salvo al final de su vida, cuando el cansancio le causa estragos, no dicta sus cartas, sino que todas poseen esa grafía que los lectores amantes de Proust reconocen inmediatamente, y que Montesquiou, como comenta el propio Proust, consideraba «endemoniada».

Por todo ello, su correspondencia es un corpus de tanta importancia como la obra de ficción, aunque esto no le haya sido siempre reconocido. Philip Kolb, el gran estudioso de su obra y editor de su correspondencia completa, pensaba que las cartas publicadas en 21 volúmenes eran solamente una parte de las escritas, habiéndose perdido o destruido una gran cantidad. Kolb recoge cartas escritas entre 1879 y 1922, el año de su muerte, cuarenta años de escritura. Los comentaristas de la obra de Proust coinciden en que la correspondencia y su obra literaria son indisociables. Algunos amigos de Proust, como Lucien Daudet, una de las tres personas que Proust cita como lectores del manuscrito de *En busca del tiempo perdido*, ya lo habían dicho. Para Daudet hay una profunda unidad entre ambos *corpus* y es la misma voz la que está detrás de las dos escrituras. En *Autour de soixante lettres de Marcel Proust* tanto comenta las cartas como hace reflexiones sobre los personajes de *En busca del tiempo perdido*. Esta interrelación incluso ha llevado a algunos excesos interpretativos, como leer la obra literaria de Proust en clave personal basándose en las cartas escritas por él, a pesar de que en esta misma correspondencia, en cartas a diferentes correspondientes, se empeña en hacer entender que una cosa es Proust, la persona que escribe, y otra distinta el personaje del Narrador en su novela.

Proust no quería que sus cartas se publicaran, ni siquiera que se conservaran. En una carta a la duquesa de Clermont-Tonnerre de los primeros días de enero de 1921, es decir, el año anterior a su muerte y por ello tiene algo de deseo testamentario, Proust dice: «Al enviarle esta carta permítame que le exprese el deseo de que usted la destruya [...] porque no deseo que se conserve, y *a fortiori* sea publicada ninguna correspondencia mía». Su deseo parece muy claro y taxativamente expresado. Céleste Albaret lo corrobora cuando dice en su libro, *Monsieur Proust*, que en los últimos tiempos Proust estaba preocupado porque sus cartas fueran publicadas y pensaba que había escrito demasiadas. Un año antes, en 1920, le preguntaba a la señora Straus si su marido, abogado, podría asesorarlo sobre la manera de impedir que sus cartas fueran publicadas. Todo ello es muy coherente con lo anteriormente comentado: se trata de un material muy íntimo, muy personal, de un espacio delimitado entre el correspondiente y él mismo, que rechaza la mirada «impropia».

De todas maneras, las cartas «comprometedoras» han desaparecido, seguramente por su insistencia: las cartas más íntimas a Reynaldo Hahn, de las que no se conservan los años de su relación amorosa, a Lucien Daudet, censuradas por el mismo Daudet, a Alfred Agostinelli, destruidas por su familia luego de su muerte, a Bertrand de Fénelon.

Es probable que Proust no supiera que legalmente los correspondientes tienen la propiedad material de la carta, pero que él conservaba la propiedad intelectual, es decir, que podía impedir su publicación. Sea como fuere, Proust no hizo nada por llevar a cabo su deseo de que no se publicara su correspondencia. No hay instrucciones a su hermano (que será precisamente el primero en establecer un *corpus* de cartas de Proust), ni a Céleste Albaret ni a sus amigos, en el sentido de destruir las cartas o impedir que se publiquen por medios legales. En la carta a Clermont-Tonnerre, Proust explica que en *Swann*, como le gustaba referirse familiarmente a *En busca del tiempo perdido*, habría una indicación al respecto. Sin embargo, esta indicación no aparece en ninguna de las obras publicadas a partir de 1920: *Le Côté de Guermantes I*, en 1920, *Le Côté de Guermantes II- Sodome et Gomorrhe I* en 1921, *Sodome et Gomorrhe II* en 1922, ni tampoco en *La Prisonnière*, cuya publicación acuerda cuatro días antes de su muerte.

También es posible que Proust pensara que impedir que aparecieran a la luz pública tal cantidad de cartas era tarea imposible, que dejarlo establecido testamentariamente no tendría ningún efecto o incluso que sus editores le hubieran comentado que no era usual dejar establecido este tipo de consideraciones en las obras literarias. Sea como fuere, Proust no dejó a nadie a cargo de la edición de sus inéditos, incluida la correspondencia, ni tampoco establecida una prohibición testamentaria, ni de cualquier otro tipo, de publicación. Afortunadamente para todos nosotros, que gracias a ello podemos oír su voz casi con la misma frescura, sorpresa y encantamiento que sus verdaderos destinatarios.

ALGUNOS COMENTARIOS A ESTA EDICIÓN

La primera edición completa de las cartas de Proust fue publicada por Philip Kolb como *Correspondance de Proust* en veintiún volúmenes, en la editorial Plon, a lo que se ha sumado con posterioridad la publicación de una selección de 627 cartas de esa misma correspondencia, más algunas inéditas, titulada *Lettres* (Plon, 2004), con revisión realizada por Françoise Leriche.

Nuestra edición, la primera que se realiza en castellano basada en la correspondencia general, es una selección de cartas procedentes de estas dos fuentes. Nuestro interés es, fundamentalmente, que el lector conozca el pensamiento de Proust, tan rico, profundo, diverso, así como los principales asuntos que condicionaron y marcaron su vida, a través de su propia voz. La correspondencia es una forma privilegiada para llegar a Proust y la lectura de sus cartas es un placer de índole similar al que procura la lectura de su obra literaria.

Toda selección de cartas, sobre todo buceando en un verdadero mar de escritura, es parcial, y ésta no es una excepción. Hemos escogido las cartas que constituyen esta edición de acuerdo con los siguientes criterios.

El primero de ellos ha sido seleccionar cartas esenciales, tanto en lo que se refiere a sus ideas, su pensamiento sobre el mundo, los sentimientos y las cosas, como en las claves para entender la realización de su obra y el significado que el propio Proust le asignaba. Es decir, un destilado de su pensamiento.

Ello nos ha obligado a incluir solamente una pequeña muestra de la correspondencia que podríamos adscribir a la faceta mundana de Proust, aquella que le ha valido muchas veces—en su propia época y con posterioridad—el apelativo de *snob*. Son cartas que parecen de compromiso dirigidas a algún escritor hoy desconocido que le ha enviado su libro, respuesta a algún evento mundano al que ha asistido, comentarios sobre el medio social que frecuentó en una época de su vida. No obstante, hemos incluido alguna carta de esta clase, sobre todo cuando poseía además alguna reflexión valiosa, para mantener una visión de Proust que se acerque lo más posible al ser que fue.

También nos ha guiado, de manera muy preponderante, el valor literario de las cartas. Hemos intentado seleccionar aquellas en las cuales resplandece la prosa proustiana, la riqueza de sus metáforas, los hallazgos sorprendentes.

Hemos pensado que la manera más adecuada de proporcionarle al lector de la correspondencia proustiana su pensamiento y sus valores literarios, era una aproximación temática. Creemos que, dado que publicar su correspondencia completa excede por el momento las posibilidades editoriales en español, y que la selección habría de ser necesariamente parcial, la agrupación por temas podría servir de guía para el lector.

Somos conscientes, no obstante, de que en más de una ocasión Proust, además de exponer el tema por el cual su carta ha sido incluida en un determinado apartado, habla de algún otro asunto. Si algo caracteriza la correspondencia proustiana es su riqueza en el volcar su pensamiento y sus avatares vitales en una carta. La clasificación temática ha sido pensada para subrayar la cuestión que se considera más importante, a veces única, pero el lector, además de poder leer de primera mano lo que opina sobre un asunto concreto, leerá, al mismo tiempo, otros temas que también le resultarán de interés. Proust mezcla asuntos banales—referencias a muebles o dinero—con cuestiones de profunda reflexión filosófica. Y a veces es una oración de dos líneas la que nos da la clave de su pensamiento en una cuestión fundamental como el amor o su literatura.

Así, la selección de la correspondencia proustiana se ha ordenado en cinco partes, que consideramos que abarcan lo fundamental del contenido que podemos encontrar en ella.

1. El mundo sentimental de Proust

El comienzo del acercamiento a Proust debe ser su mundo sentimental. Es éste el ámbito en el cual Proust es imbatible, donde su profundidad espiritual y su perspicacia se muestran en cada detalle. Ya se trate de la relación con su madre—tan especial que requiere un análisis propio—, con sus amantes o sus amigos, Proust está hablándonos a cada uno de nosotros. Bucea en la profundidad de la psique humana y alcanza esa universalidad que caracteriza a los grandes escritores.

2. Proust de puertas adentro

Si bien nuestra selección es fundamentalmente una biografía intelectual, una cartografía del pensamiento proustiano, su peculiar vida cotidiana, revelada a través de algunas cartas clave, nos muestra facetas del hombre y del escritor. La importancia que tuvo la enfermedad (prácticamente todas las cartas contienen alguna alusión)—y el uso que muchas veces hizo de la misma como coartada—, su extravagante organización cotidiana, su vida rodeado de algunos personajes fieles como escuderos, sus viajes, reales e imaginarios, concretos y planeados, nos interesan y nos atraen en su propia narración.

Asimismo, a través de la correspondencia también nos enteramos tanto de su fortuna y de sus especulaciones bursátiles como de los medios sociales y los lugares que frecuenta.

3. Proust en el mundo: historia y sociología

Muy lejos de estar aislado del mundo, desconociendo lo que ocurre a su alrededor, Proust está al tanto de los avatares sociales e históricos de su momento.

A lo largo de su vida dos episodios le marcarán profundamente. De joven, el *affaire* Dreyfus, mostrándose siempre claramente a favor de Dreyfus y convencido de que había sido acusado falsamente de traición por un entorno profundamente antisemita. Como se comprobó a los pocos años, se trataba de una conspiración en su contra.

El segundo episodio fundamental en su vida, su literatura y su cotidianeidad es la Primera Guerra Mundial. No solamente se preocupa por la suerte de las personas a las que quiere—Reynaldo Hahn, su hermano, Bertrand de Fénelon que pierde la vida en ella—, sino por todo lo que supone la contienda. Pero su participación emocional no le impide tener una visión muy lúcida de los hechos y criticar un antigermanismo visceral que tuvo tremendas consecuencias posteriores. En este sentido, las cartas incluidas, como la enviada a Lucien Daudet,[1] son muy esclarecedoras.

Sus opiniones sobre la germanofobia de la Primera Guerra Mundial, la separación de la Iglesia y el Estado, la política internacional o el tratado de Versalles, nos muestran a un

[1] Carta a Lucien Daudet de lunes por la noche, 16 de noviembre de 1914, o poco después.

intelectual que no se deja llevar por impresiones momentáneas y ha reflexionado profundamente sobre lo que ocurre en el mundo.

4. Proust sobre el arte

Proust vierte en su correspondencia un verdadero tratado de estética. Las cartas dirigidas a escritores y amigos, así como a personajes pertenecientes al mundo del periodismo o la edición, muestran la coherencia de su pensamiento. La teoría sobre el arte que puede reconstruirse como un *puzzle* al hilo de sus cartas es la misma que sustenta *En busca del tiempo perdido*. Proust se interesa por todas las artes: adora la pintura, conoce a fondo la música, a la que se rinde siempre que puede, y está al tanto de la literatura, la de los clásicos y la de sus contemporáneos. Es de un extremo interés, tanto en sí mismo como genéticamente, para entender su obra leer a Proust escribiendo sobre arte.

5. Proust sobre su obra

Las cartas en las que Proust habla sobre su obra sobrepasan en mucho el valor académico que puedan tener para los investigadores de su literatura. En los años de concepción y escritura de su principal obra, 1908-1911, Proust no habla de ella en la correspondencia. Más adelante, entre 1912 y 1913, cuando se está dactilografiando y luego editando el primer tomo, *Du côté de chez Swann*, aparecen referencias en las cartas. Pero será al final de su trayectoria, después de 1916, en cartas a sus editores, críticos literarios y amigos, cuando la correspondencia aporte datos preciosos sobre *En busca del tiempo perdido*, su concepción de la escritura en general y de él como escritor.

La relación con sus editores, compleja, intrincada, hasta llegar finalmente a entenderse con Gaston Gallimard, que será su editor definitivo, nos da mucha información sobre su literatura. Y en este sentido es también remarcable la correspondencia con los críticos literarios de los principales periódicos y revistas literarias, a los que envía larguísimas cartas intentando explicarse y convencer sobre los fundamentos de su obra, que cree incomprendidos.

Como lectores de su obra oímos su voz contarnos por qué le encontró sentido a dedicarle casi la totalidad de su vida a la literatura, de la que en *El tiempo recobrado* dice: «La verdadera vida, la vida al fin descubierta y dilucidada, la única vida, por lo tanto, realmente vivida es la literatura; esa vida que, en cierto sentido, habita a cada instante en todos los hombres tanto como en el artista».[1]

[1] Marcel Proust, *En busca del tiempo perdido. El tiempo recobrado*, vol. 7, Madrid, Alianza, 1980, p. 126.

PRIMERA PARTE

EL MUNDO SENTIMENTAL DE PROUST

I. SU FAMILIA. SU MADRE

1. A SU MADRE

Sábado por la noche [*6 de diciembre de 1902*]

Mi querida mamá:

Como no puedo hablar contigo te escribo para decirte que no te entiendo. Tú sabes o intuyes que me paso todas las noches desde que he vuelto llorando, no sin motivo, pero todo el santo día me dices cosas como: «Esta noche no he podido pegar ojo porque los criados no se han acostado hasta las once». ¡Ya quisiera yo que fuera eso lo que me impidiera dormir! Hoy he cometido el error, presa de un ahogo por el asma, de llamar por el timbre a Marie (para que me trajera los inhaladores), que acababa de decirme que había terminado de almorzar, y tú me has castigado al momento dejando que, en cuanto me he tomado mi Trional, se pusieran a dar martillazos y voceasen todo el santo día. Por tu culpa, cuando ha venido el pobre Fénelon con Lauris, me encontraba en tal estado de nerviosismo que ha bastado que me dijera una simple palabra, muy desagradable, debo decir, para que me abalanzara a puñetazos sobre él (sobre Fénelon, no sobre Lauris) y sin saber ya lo que hacía le cogiese el sombrero nuevo que acababa de comprarse, lo pisoteara y a continuación le arrancara el forro. Como podrías creer que exagero añado a esta carta un trozo del forro para que veas que es cierto. Pero no lo tires, porque te pediré que me lo devuelvas por si todavía pudiera resultarle útil. Por supuesto, si ves a Fénelon ni palabra sobre el particular. Por lo demás, menos mal que esto me ha pasado con un amigo, porque si en ese momento papá o tú me hubierais dicho algo desagradable, seguramente no habría hecho nada, pero no sé lo que habría dicho. Tras lo sucedido me he acalorado tanto que ni siquiera he podido vestirme y he mandado a preguntarte si yo debía comer aquí o no. A este respecto, crees complacer a los criados y a la vez castigarme poniéndome en entredicho y diciéndoles que no vienen cuando los llamo, que no me sirven a la mesa, etcétera. Estás muy equivocada. No sabes lo molesto que está tu ayuda de cámara esta noche por no poder servirme. Lo ha dejado todo cerca de mí y se ha disculpado diciéndome: «Son órdenes de la señora. Yo no puedo hacer nada». En cuanto al «mueble» que tú me has retirado como si fuera un postre, me es imposible prescindir de él. Si lo necesitas, proporcióname otro o bien compraré yo uno. Prefiero prescindir de sillas. Por lo que hace a los criados, sabes que soy psicólogo y tengo olfato, y te aseguro que te equivocas de todo punto. Pero esto no es de mi incumbencia y me alegrará siempre secundar tus decisiones al respecto, previo aviso, eso sí, porque no puedo adivinar que cuando Marie ha terminado de almorzar yo me expongo a hacerla retirarse pidiéndole que encienda el fuego en una habitación en la que Fénelon y Lauris no han podido resistir pese a llevar gabán, y me traiga el inhalador. Pero lo que verdaderamente me aflige—pues en la angustia en que me encuentro todas estas pequeñas discusiones me dejan muy indiferente—es no encontrar en estas horas verdaderamente desesperadas el consuelo moral con el que habría podido contar de tu parte. La verdad es que, en cuanto me siento bien, como la vida que me hace sentirme mejor te exaspera, te dedicas a demolerlo todo hasta que vuelvo a encontrarme mal. No es la primera vez que ocurre. Esta noche he cogido frío; si ello deriva en asma, que no tardará en reaparecer, en el actual estado de cosas no tengo duda de que serás de nuevo amable conmigo como el último año por la misma época. Pero es triste no poder tener a la vez afecto y salud. Si tuviera el uno y la otra en este momento apenas si sería bastante para ayudarme a hacer frente a una tristeza que, sobre todo desde ayer por la noche (no te he visto después), se vuelve excesivamente aguda para que pueda continuar luchando contra ella. Así he querido, aunque demasiado tarde, recuperar mi carta para el señor Vallette. Por otra parte, podría escribirle en sentido contrario. Ya volveremos a hablar de esto.

Mil besos cariñosos,

MARCEL

2. A SU MADRE

Lunes [*9 de marzo de 1903*]

Mi querida mamita:

Con tu habitual falta de intuición materna no habrías podido ser más intempestiva que con tu carta, haciendo abortar inmediatamente la triple reforma que debía poner en práctica al día siguiente de mi última invitación a cenar fuera (la del jueves último, Pierrebourg), pero que mi nuevo resfriado me obligó a posponer. Es una lástima, porque luego será demasiado tarde. Aunque me hubiera levantado a las cinco de la mañana hasta entonces, desde el mes de mayo hasta finales de julio en ningún caso lo haría antes de las siete de la tarde, pues sé de sobra lo que supone para mi asma en esta estación. Pero sin duda pensaste que si tenía intención de cambiar bastaba con decirme «Cambia o no darás la cena que piensas dar» para que renunciara inmediatamente a cambiar—mostrándome así menos frívolo y caprichoso, más serio y razonable—, y que si no tenía el propósito de cambiar ni una amenaza ni una promesa me induciría a hacerlo, porque ¿cómo habría quedado ante mis propios ojos y ante los tuyos? En cuanto a la que tú llamas con tanta delicadeza una cena de *cocottes*, tendrá lugar en una fecha que aún no está decidida pero que probablemente será el 30 de marzo, o quizá el 25, porque no me queda más remedio y porque para mí es más importante que sea antes de Pascua que la insolvencia económica que me causará. No podré darla, en efecto, más que en un restaurante, porque tú te niegas a permitirme darla aquí. Y no me hago ilusiones: a pesar de que afirmes que no adoptas represalias, para el restaurante no me darás una cantidad igual a la que te gastarías en casa. Todo esto resulta tanto más singular cuanto que, sin hablar de otras razones tal vez más serias que no vienen al caso, Calmette, por poner un ejemplo, o Hervieu, son tan útiles para mí como Lyon-Caen para papá o sus jefes para Robert. Y el motivo que aduces, que pondrían la casa patas arriba, no te impide dar las comidas que papá y Robert desean, ni tienes en cuenta que el lamentable estado en que pueda encontrarme ese día me impida salir. Por tanto, te costará hacerme creer que no adoptas represalias, ya que lo que es posible cuando se trata de ellos se vuelve imposible cuando se trata de mí. La verdad es que necesitaría dar cuatro o cinco comidas, o al menos una para Cardane y otra para Vallette. Como no puedo reunir a la gente *chic* que Calmette desea conocer, ni invitar a la vez a Hervieu y a la señora Lemaire, me veo obligado a hacer primero una y luego otra. No comprendo por qué son posibles esas cenas—para las que nunca te ha faltado mi colaboración, aunque a mí me resulte más difícil que a vosotros recibir visitas, dado mi estado de salud—cuando resultan útiles a papá o a Robert, pero imposibles cuando se trata de comidas útiles para mí. O, mejor dicho, lo comprendo, pero yo me doy una explicación distinta de la tuya. Esta noche he estado trabajando con mucha fiebre en Ruskin y estoy exhausto. Tal fatiga me domina tan a menudo que muchas veces me impide hacer frente a los obstáculos que la vida opone y retomar el control, de modo que no me extenderé más. Ya a primeros de diciembre te dije que estabas realmente imposible cuando te quejabas de mi inactividad intelectual, pues ante mi verdadera resurrección, en vez de admirarla y de apreciar lo que la había hecho posible, necesitabas que me pusiera a trabajar de inmediato. Sin embargo, me he puesto a trabajar y precisamente en lo que tú deseabas. De haber podido hacerlo en un lugar más saludable que se calentara sin necesidad de calefacción, tal vez me habría agotado menos, aunque no es seguro y a decir verdad no lo creo. Pese a seguir más o menos vivo y a la enorme cantidad de trabajo que he sacado adelante, pese a que cada día me refieres testimonios de gente asombrada y contenta de verme tan bien, y pese a que incluso encontré la manera, por penosa que me resultara, de participar en la boda de Robert, todo esto no te basta, o más bien no cuenta para nada: hasta que vuelvas a verme enfermo como hace dos años todo seguirá pareciéndote mal. ¡Incluso esa maldita *Renaissance Latine*! Te has encargado de envenenarme el día en que aparece y, como comprenderás, en la disposición de ánimo en que voy a recibir el segundo número no me proporcionará mucho placer, pues por tu culpa ya no lo obtuve del primero (y no habrá un tercero). Pero no aspiro ya al placer. Hace mucho tiempo que he renunciado a él, y éste en particular era realmente frívolo. Aun así, no comprendo por qué, justo en el momento en que me pides que modere mis gastos, etcétera, me abocas de nuevo al déficit obligándome a dar en el restaurante una comida que debía celebrarse *antes de la petición de mano de Robert*, pues te recuerdo que fuisteis vosotros quienes me rogasteis que la pospusiera para después del 3 de febrero. Demasiado he esperado, eso es lo único que digo. Como en vez de acostarme hace un rato me he puesto a responderte, estoy molido. Aunque todavía no sé si podré bajar a comer al comedor, trata de que esté bien caldeado. Anteayer estaba tan frío que me destemplé, debilitado como estoy en estos momentos. Al no poder aguantar allí salí, como recordarás, a fin de calentarme, pese a lo cual hoy ha vuelto a subirme la fiebre. Por lo visto, ni ahora ni en un futuro inmediato vas a poder ayudarme activamente, pero evitándome unos resfriados demasiado frecuentes podrías ayudarme pasivamente, y mucho. Ello me facilitaría la vida, que por muchas razones desearía hacer en otra casa. Tal vez, puesto que pago mis fármacos (lo que todos encuentran fantástico y yo totalmente natural), también debería pagar mi alquiler. Pero, como comprenderás, me resigno a la vida tal como es. La tristeza en que vivo requiere mucha filosofía. El problema de la filosofía es que lleva a aceptar casi con la misma naturalidad la tristeza propia que la ajena. Pero al menos si yo te entristezco es por cosas que no dependen de mí. En todas las demás hago siempre lo posible por complacerte. No puedo decir lo mismo de ti. ¡Me pongo en tu lugar y me veo teniendo que negarte que des no una, sino cien cenas! Pero no te guardo rencor y solamente te pido que no me escribas más cartas que requieran dar respuesta, porque estoy muerto de cansancio y lo único que deseo es dejar atrás todas estas fatigas.

Mil besos cariñosos,

MARCEL

3. A ANNA DE NOAILLES

Jueves [*3 de diciembre de 1903*]

Señora:[1]

Es usted demasiado gentil. Comprendo que en los tiempos de fe la gente amara a la Santísima Virgen, pues dejaba que se le acercaran los cojos, los ciegos, los leprosos, los paralíticos, todos los desventurados a tocarle el vestido. Pero usted es aún mejor, y, con cada nueva revelación de su infinito gran corazón, comprendo mejor la base inquebrantable, las profundas razones de la eternidad de su genio. Y si le incomoda un poco el ser aún mejor que la Santísima Virgen, diré que es usted como esa diosa cartaginesa que inspiraba a todos ideas de lujuria y a algunos, deseos de piedad.

[1] Poetisa amiga de Proust con quien intercambió numerosas cartas a partir de 1901 y hasta 1913, cuando parece que la relación se había enfriado. Proust hace elogios desmedidos de la obra de Noailles en su correspondencia y en artículos publicados.

No debe compadecerme, señora, aunque sea muy desgraciado. Compadezca a mi pobre madre, en cuya vida ni siquiera tengo el valor de *pensar* cuando me digo que no volverá a ver más a la persona para quien vivía (no puedo decir siquiera el único ser al que quería después de la muerte de sus padres, porque cualquier otro afecto estaba muy lejos de ése). Le había dedicado, hasta un punto que apenas resulta creíble para quien no ha sido testigo, todos los minutos de su vida. Todos ellos, ahora vacíos de lo que constituía su razón de ser y su dulzura, vienen a representarle, cada uno bajo otra forma y como otras tantas hadas maléficas hábiles en el tormento, la desgracia que ya no la abandonará. Por lo demás, nadie puede darse cuenta de su desdicha: mi madre posee tal energía (la que nunca adopta apariencia enérgica ni delata cuánto esfuerzo hace por dominarse) que no hay ninguna diferencia aparente entre ella ocho días atrás y hoy. Pero yo que sé a qué honduras, con qué violencia y por cuánto tiempo se representa el drama, no puedo no estar asustado. Por eso apenas pienso en mi tristeza. Y, sin embargo, es muy profunda. Usted, que ha visto a mi padre sólo en un par o tres de ocasiones, no puede saber lo amable y sencillo que era. Yo no trataba de responder a sus expectativas—pues me doy perfecta cuenta de que he sido siempre el garbanzo negro de su vida—, sino de testimoniarle mi cariño. Y, a pesar de todo, había días en que me rebelaba ante el exceso de seguridad en sus afirmaciones, y recuerdo que el domingo pasado, en el curso de una discusión sobre política, dije cosas que no hubiera tenido que decir. No puedo explicarle cuánto me apena ahora. Siento que fui demasiado cruel con alguien que ya no podía defenderse. No sabe lo que daría por haber sido pura dulzura y cariño esa noche. Sólo me consuela pensar, en fin, que lo fui casi siempre. Papá tenía una naturaleza mucho más noble que la mía. Yo no paro de quejarme, mientras que lo único que le preocupaba a papá cuando estaba enfermo era que nosotros no lo supiéramos. Hay cosas, por lo demás, en las que aún no puedo ni pensar, me apenan demasiado. La vida ha vuelto a empezar. Si tuviera un objetivo, una ambición cualquiera, quizá me ayudaría a soportarlo. Pero no es éste el caso. Mi vaga felicidad no era sino un reflejo de lo que veía entre papá y mamá, no sin tener el remordimiento—cuánto más doloroso ahora—de sentir que yo era su única nube. Ahora todos los pequeños placeres de la vida, en los que yo cifraba su dulzura, resultan dolorosos. Pero, en suma, es la vida que vuelve a empezar, no una de esas desesperaciones bruscas y breves que duran poco tiempo. Por eso pronto podré volver a verla y prometo no hablarle ya egoístamente de cosas que ni siquiera puedo explicarle porque jamás he hablado de ellas. Casi puedo decir que nunca antes había pensado en ellas. Mi vida estaba hecha de ellas, pero no era consciente. Dígale a la princesa de Chimay que tenía el propósito de escribirle estos días, antes de ponerme a responder las cartas, lo que será una fatiga inaudita. Pero he aquí que a mamá, al saber que yo había renunciado a Ruskin, se le ha metido en la cabeza que esto era todo cuanto papá deseaba, que esperaba de día en día su publicación. Así que he tenido que dar la contraorden y aquí me tiene de vuelta a mis pruebas, etcétera. Dígale pues a la princesa de Chimay que quizá estaré algunos días sin escribirle, pero ni un minuto sin aplicarme como un bálsamo, el único que yo conozco, sus palabras increíblemente bondadosas, las más bondadosas que me hayan escrito.

Le mando, señora, mis recuerdos más respetuosos.

Su admirador agradecido

MARCEL PROUST

4. A SU MADRE

Yate *Hélène*
Jueves [*11 de agosto de 1904*]

Mi querida mamita:

Voy a responder punto por punto todas las preguntas que me harías. Viajé en tren hasta El Havre sin ningún ataque ni ahogo gracias a que dejé correr el aire a este efecto.[1] En la estación me he encontrado con el señor Mirabaud y he ido con él en coche hasta el puerto. Al minuto de entrar en el puerto de El Havre, asma intensa (no ahogo, ni ataques, asma). Tras la visita al barco, el asma creciente sin ahogos en ningún momento. Luego me he instalado en mi camarote hacia la una de la noche o las dos. Inhalaciones inútiles. Imposibilidad de desnudarme porque está todo frío, húmedo, etcétera. Trional hacia las tres y entonces trato de dormir. Me echo de tres y media a cinco, vestido. A las cinco subo al puente (cinco de la madrugada). A las siete zarpamos. No respiro del todo bien, pero a fin de cuentas es muy soportable, tomo el desayuno, luego mi asma se calma cada vez más, la tarde espléndida (aunque sigo sin dormir ni desvestirme). A las siete llegamos frente a Cherburgo. Hacemos una cena ligera (siempre a bordo, naturalmente), y no me produce ahogo alguno después de cenar, pero me impide acostarme. Me quedo en el puente *sin el menor ahogo* (desde las tres había notado que hacía mucho frío, todos estaban helados menos yo), con el pecho absolutamente despejado, sintiéndome muy bien (del asma). Entonces decido no partir al día siguiente por la mañana (esta mañana). A las dos y media de la mañana o a las tres me acuesto (totalmente desnudo, la primera

[1] El 9 de agosto Proust toma el tren hasta El Havre para embarcar en un crucero en el yate *Hélène* del banquero Paul Mirabaud, suegro de su amigo Robert de Billy. Pasa una semana de viaje por la costa, que recordará siempre y comenta en más de una ocasión.

vez desde París) y duermo bien, pero me despierto a las siete a causa de un ataque de asma. El tiempo ha cambiado, llovizna. Mi asma parece ser muy sensible a la humedad que reina a bordo. Quiero partir, pero ante el anuncio de que irán esta noche a Dinard renuncio y decido quedarme dos días en Dinard. Pero he aquí que, como entretanto el señor Mirabaud no ha podido pegar ojo, decide quedarse acostado y pide que el yate no salga para dormir más tranquilamente. Así que pasaremos la jornada en el puerto, pero como son las once de la mañana ya es muy tarde para cambiar de decisión y partir. No desayuno, porque la cena de ayer, por ligera que fuese, me ha quitado el apetito, así que me visto. Ya a las doce y media almuerzo, aunque muy ligeramente. Después de almorzar una lancha a vapor (*steam-lanch*) [*sic*] nos lleva a Cherburgo. Pido quedarme solo para escribir y descansar, pero al no encontrar lugar ni coche cerrado echo a andar lentamente, y de todos modos me fatigo y quedo empapado de sudor; para regresar al yate tengo que tomar la lancha y sopla mucho viento, comienzo de nuevo a toser, etcétera. De regreso en el yate me confirman que decididamente no se moverá, porque el señor Mirabaud ha almorzado en su cama y sólo se ha levantado a la hora de la merienda. Arman una pequeña yola de vela para dar una vuelta, yo recorro unos cien metros pero pido regresar, ya que me da un poco de miedo. Ahora acabo de volver al yate (inmóvil en la rada desde anoche) y te escribo. Aunque gracias al buen tiempo de ayer (ahora vuelve a hacer bueno a ratos, pero no tiene el mismo encanto que cuando navegas) la bonita travesía, sin asma y con el gran encanto de la soledad anoche delante de Cherburgo, me gustó mucho, creo que tomaré mañana el tren de París parando en Bayeux y en Caen. Aún no estoy del todo decidido, pero por si acaso no me envíes (excepto si es necesario) ningún comunicado, pues el de ayer causó grandes complicaciones. El señor Mirabaud es de lo más encantador conmigo y De Billy hasta diría que es fraternal si no aborreciera los sacrilegios. También tenemos a bordo a la señora Fortoul, de soltera De Bourgoing, que es extremadamente amable conmigo, la muy linda esposa [Gallay] de Jacques Faure, la señorita Oberkampf y la esposa de De Billy [Mirabaud], que es encantadora conmigo y con todos. El yate es una maravilla. Por lo demás, no he querido informarte más que de mi salud y me reservo los relatos para cuando estemos a solas. Naturalmente, no he tocado el jarabe de éter, puesto que no he tenido un solo ahogo desde que te dejé. En cuanto al mareo, ni he pensado en él. Vale decir que, aun sin tener una mar lisa, estaba tan hermosa y tan débilmente agitada que no había razón para marearse. La señora De Billy, sin embargo, sí se mareó, pero creo que fue por culpa de una lancha de vapor. Tengo alguna que otra ocasional molestia asmática, pero en definitiva no tengo ataques. No sé cuándo recibirás esta carta; sin duda tendrá que pasar por París antes de llegar a Étretat. Me produce un efecto extraño, a mí, que estoy acurrucado en tu corazón y nunca te aparto de mis pensamientos ni de mi cariño, que te dirijo mentalmente mil veces por minuto la palabra y otras tantas te abrazo, que mi carta tenga que buscarte tan lejos y no llegue sino mucho tiempo después de que yo la haya escrito. Nuestros corazones, más avanzados, tienen el teléfono. Ayer la vida en el yate me sedujo tanto que hoy me he informado con De Billy de lo que cuesta alquilar uno. ¡No te lo imaginas! Éste (sin contar, por supuesto, la enorme suma que pagaron por él) cuesta 25 000 (veinticinco mil francos) de mantenimiento mensual (los meses que está armado, naturalmente). El señor Mirabaud es magnífico, un Dios sajón inmenso y fuerte con el semblante idéntico a la señora De Billy, su nariz, su tez, sus ojos (más azules), su pelo, su manera de hablar. El doctor Merklen lo ha resucitado y está muy bien. Creo que ayer lo que le impidió dormir por la noche fue una infracción de la dieta (demasiado melón) y de carambola nos ha impedido a nosotros viajar hoy. Un abrazo cariñoso para Robert y Marthe [Dubois]. Me alegro mucho de que sean unos hijos amables, más que yo. Estoy seguro de que a Díaz [de la Peña] le gustaría que su taller estuviera ocupado por Marthe, que tanto se parece al tipo que siempre pintó, con sus bonitos ojos, sus hermosos cabellos, su bonito rostro. Seguramente habría querido hacerla posar a condición de que Robert no se hubiera opuesto, pues solía pintar diosas ligeras de ropa.

Mil besos cariñosos,

MARCEL

No tengo palabras para decirte hasta qué punto te echo de menos. El mar que tanto te gusta, unos colores que te encantarían, un aire que no tiene nada del aire cargado del comedor, una temperatura que hace que nos arrebujemos con un chal (no en nuestros aposentos, por ejemplo, a cuyo lado el comedor es una nevera; de hecho, en el camarote me veo obligado a dejar el ojo de buey entreabierto, aunque por la mañana me produce ahogo a causa de la humedad, porque, como no se puede abrir a voluntad, por la noche hay que decidir si uno quiere que se lo abran). Habiéndote visto padecer por el calor, siempre huyendo de él, o durmiendo a pierna suelta cuando te quedas, me gustaría verte aquí contemplando y respirando. Explícale bien a Robert tu cansancio del otro día y refiérele los mínimos detalles de tu salud. Yo no lo hago porque no quiero intervenir en cosas que te irritarían si te enteraras (e incluso si no te enteraras). Pero piensa que pese a vivir a tu lado me tienes a ciegas, que puedes tener dolores, cólicos nefríticos, que pasaste tu enfermedad de este invierno sin que yo supiera nada. Así que permíteme al menos que tenga la tranquilizadora certeza de saber que le cuentas todo con detalle a Robert. En él, la felicidad y la tristeza han madurado como un fruto que se vuelve dulce tras haber sido un tanto ácido, de suerte que su inteligencia y su amabilidad te aconsejarán al mismo tiempo. Lamento la muerte de Waldeck-Rousseau por partida doble, porque presiento cuánto te debe haber entristecido. Y, además, realmente tiene uno la impresión de que estos últimos meses han sido, sin que nada lo dejara traslucir, tan calladamente crueles, tan amargos, aún más bajo el signo de la desilusión y del desencanto existenciales que de la preocupación por la muerte. Yo quizá habría preferido una conversión más discreta. «*Les sentiments chrétiens, mon frère, que voilà*» ['¡Qué sentimientos tan humanitarios, hermano mío!'].[1]

Pero es sumamente útil mostrar a la humanidad que la religión y la política no tienen nada que ver entre sí y que es posible ser severo con el clero y piadoso a pesar de todo. No obstante, creo que él no lo era.

Mil besos cariñosos, pronto efectivos.

Desde el momento en que me he puesto a escribir he entrado en calor, ya no tengo asma. Como en una ópera te has inclinado sobre mí mientras escribía y la dulzura de nuestra charla ha borrado los últimos vestigios de ahogo. Creo que partiré mañana, pero habrá que salir temprano. Ahora bien, tras haber desayunado poco, habrá que hacer una comida ligera, lo cual me impedirá acostarme temprano. ¡Complicado!

Mil besos cariñosos,

MARCEL

5. A LA SEÑORA STRAUS

[*Poco antes del 26 de septiembre de 1905*]

Señora:[2]

Un día o dos después de haber recibido su carta (la primera), quizá es, de todas las que me ha mandado usted, la que

[1] Molière, *Tartufo*, acto 1, escena 5, v. 280.

[2] Geneviève Halévy fue una persona muy importante en la vida de Proust. Se casó con el compositor Georges Bizet y a su muerte con Émile Straus. Poseía un salón que Proust frecuentó y se dijo enamorado platónicamente de ella. Proust le escribió que «todo lo espiritual» que tiene la duquesa de Guermantes proviene de ella (carta del 18 de octubre de 1920).

me ha causado la impresión más deliciosa: me ha conmovido hasta la lágrimas que pensara lo bastante en mí para hablar de mi persona a Wiedmer, y que me dijera usted que podría instalarme en su casa de Trouville, etcétera. Dos días después de esta carta, lleno del optimismo que me había infundido, partí para Évian con mamá. ¡Estaba dichoso! *Dos horas* después de nuestra llegada mamá se sintió presa de vómitos y de vahídos, y cayó gravemente enferma. Hubo que llevarla a París. Pero el regreso la remató, y actualmente se encuentra en un estado terrible. Tal es el motivo de que no le haya agradecido su carta y la encantadora postdata que añadió usted algunos días después. Soy tan desdichado que me faltan arrestos para escribir. Mamá, que tanto nos quiere, no comprende que es muy cruel por su parte no cuidarse. Por eso partió a Évian, aquejada de uremia, algo que todos ignorábamos y que sólo nos ha sido revelado al llegar a París, pues en Évian mismo era imposible conseguir que se dejara hacer un análisis. A solas con ella en Évian, en plenos vahídos, yo tenía la tristeza de verla, pese a todo cuanto podía decirle, bajar por la mañana al salón del hotel aunque necesitaba apoyarse en dos personas para no caerse. Continúa en un estado de debilidad del que sólo puede darle una idea el hecho de que no ha tomado nada desde hace quince días, tienen que ayudarla a levantarse, a lavarse, vestirse de pies a cabeza a diario, cosa que ella detesta. Es imposible hacerle tomar un medicamento, un poco de alimento. No necesito explicarle mi tristeza, si tuviera fuerzas para escribirle más vería que es aún mayor de lo que usted puede imaginar y que es imposible que me suceda nada tan espantoso. En fin, hay cierta mejora, muy poca, desde ayer, pero el médico (en la medida que mamá consiente verlo) asegura que, si mamá logra salir triunfante de esta crisis, recobrará su salud de antes. Pero a mí me cuesta creerlo. Y estoy seguro de que ella está convencida de lo contrario y que moralmente sufre horrores. Yo siempre había deseado morir después que ella para que no tuviera la tristeza de perderme. Pero me pregunto si la ansiedad en que se halla al pensar que quizá va a dejarnos, a dejarme tan poco capaz de valerme solo en la vida, que tal vez viva desvalidamente, frágil, todo esto debe de torturarla quizá aún más. En todo lo que he imaginado de más triste en mi vida cuando trataba de anticipar los dolores futuros, nunca me temí esto. Disculpe, señora, por darle todos estos detalles, pero es usted tan buena que he creído que resultaba más afectuoso escribirle sinceramente. Si estos días, como creo, hay alguna mejora un poco sensible le escribiré. Pero le suplico que no lo haga usted, pues sé que se sentirá llena de compasión por mí y es algo que resulta absolutamente inútil, me entristecería que se fatigara escribiéndome.

Reciba mis más respetuosos saludos, suyo afectísimo,

MARCEL PROUST

6. A ANNA DE NOAILLES

Miércoles [*27 de septiembre de 1905*]

Gracias, señora:

Mi pobre madre no admiraba a nadie como a usted, sentía un infinito agradecimiento por su bondad hacia mí. Muere con cincuenta y seis años, pero aparenta treinta desde que la enfermedad la hizo adelgazar y sobre todo desde que la muerte le ha devuelto la juventud de antes de las penas, pues no tenía un cabello blanco. Se lleva mi vida con ella, como papá se llevó la suya. Ella quiso sobrevivirle por nosotros y no ha podido... Como no había cambiado su religión judía al casarse con papá, porque veía en ello un refinamiento de respeto para con sus padres, no habrá ceremonia en la iglesia, sólo en casa mañana jueves a las doce del mediodía en punto, y el cementerio, pero no se canse usted, no venga, en todo caso si viene hágalo sólo a casa. Si es así, que sea a mediodía, pues no habrá rezos en la casa, partiremos enseguida.

Hoy la tengo aún, muerta pero recibiendo aún mis ternezas. Y luego no la tendré nunca más.

La saluda respetuosamente su amigo

MARCEL PROUST

He querido hacer llamar de vuelta a la persona que me envió usted, pero ya se había ido cuando yo dije que no quería que me molestase nadie.

7. A LA SEÑORA CATUSSE

Versalles [*primeros días de septiembre de 1906*]

Señora:

Justamente me disponía a escribirle. Dejé París hace aproximadamente un mes y partí a Versalles, pero caí enfermo al llegar a pesar de un trayecto tan corto y todavía no he conocido nada más que mi cama. Mi pobre tío [Georges Weil] estaba en ese momento extremadamente enfermo, razón por la cual no me había alejado más, y si no obstante dejé París fue porque esperaba que salir me permitiría recuperarme, pues no había viajado desde hacía muchos meses, e ir a ver a mi tío, lo que no había podido hacer ni una sola vez. Lo visité durante su agonía, cuando ya ni siquiera me reconocía, y ese viaje me puso tan enfermo que no pude, pese a mi firme voluntad, ir a su entierro. Ha muerto de la misma enfermedad que mamá, una uremia que le había sido diagnosticada hacía años y que tal vez habría evitado si se me hubiera hecho caso. La forma no ha sido la misma que para mamá, pues él no tuvo nunca esa especie de parálisis que obstaculiza el habla, pero en cambio sufrió durante dos meses un martirio incesante, al haber tomado esta uremia, según creen los médicos (que no parecen, por otra parte, muy seguros: están seguros de la uremia, pero no tanto de la causa secundaria de los dolores), una forma muscular que le impedía hacer un solo movimiento sin gemir de dolor. Lo que voy a decir es horrible, pero el sufrimiento físico era tan poca cosa para mi pobre mamá, que nadie puede imaginarse a este respecto su valor admirable, y por el contrario encontraba en su gran corazón recursos tan inagotables para sufrir moralmente que no sé si no hubiera preferido incluso para sí esa forma de la enfermedad que la habría hecho sufrir físicamente, pero que no le hubiera dado, como lo hicieron las dificultades en el habla y la parálisis, la idea de que estaba tocada de muerte e iba a abandonarme. Sé que lo que digo puede parecer una barbaridad, pero yo, que desde su muerte no he pasado ni una sola hora sin tratar de revivir lo que ella pudo pensar y sufrir desde su regreso de Évian, llego a reconstruir unos sufrimientos tales que habría preferido mil veces para ella los sufrimientos físicos, pues sé que le parecían muy poca cosa. Sin embargo, también me resulta muy dulce pensar que no sufrió físicamente, salvo quizá los dos últimos días, aunque si fue tan desdichada como imagino a ratos, me resulta tanto más espantoso. Sé perfectamente que para todo el mundo, y para mí el primero, el sufrimiento físico es más temible que el sufrimiento moral, pero es que yo soy cobarde y egoísta. Y mamá carecía de cobardía y de egoísmo en un grado casi sobrehumano.

No sabría decirle con qué amistad cada día acrecida pienso en usted, señora, y cuánto me gustaría no tenerla demasiado lejos. Me parece que si estuviéramos en un mismo lugar, aunque yo no pudiera salir, podríamos vernos por la tarde. Si mi tío no hubiera estado tan mal, tal vez habría intentado ir a verla a Interlaken cuando estuvo usted allí. Me han dicho que Charles [Catusse] acudió al entierro de mi tío «yendo en tren desde Laón». Ya me imagino que no debió de cometer la locura de volver sólo para el entierro, pero en cualquier caso fue muy amable por presentarse, así que le ruego que si le escribe usted le exprese mi inmensa gratitud y sobre todo mi amistad.

Ignoraba absolutamente el contratiempo al que se refiere

usted y no comprendo nada puesto que yo creía que era justamente el deseo de esta dama.

Adiós, señora, dígnese aceptar mi respetuoso afecto,

MARCEL PROUST

II. EL AMOR

8. A JACQUES BIZET

[*Poco antes del 14 de junio de 1888*]

Al señor Jacques Bizet, la carta que más me ha costado escribir en toda mi vida.

Querido:[1]

Por qué, como ves, no lo sé. Ni por cuánto tiempo. Acaso para siempre, acaso por algunos días. ¿Por qué?... Acaso porque ella tema este afecto un poco excesivo para mí, ¿no? Tal vez tema que degenere (quizá eso es lo que cree) en... afecto *sensual*... A lo mejor supone que tú tienes los mismos defectos que yo (espíritu independiente, nerviosismo, una mente desordenada; quizá incluso onanismo). ¿Cómo? Tampoco lo sé. Quizá por tu apariencia, quizá por haber oído hablar a mi hermano de ti, o al señor Rodrigues, o a lo mejor habrá entrado mientras mi hermano hablaba de ti con Baignères, o mi hermano habrá despotricado contra ti, porque a menudo estamos mal juntos. Pero sobre todo creo que mi madre me pidió de buen principio que no te viera por mi causa, por mi excesivo afecto hacia ti. Ante mi enérgica negativa, ahora me ha prohibido que vaya a tu casa o te reciba en la mía. Escena, acalorada discusión, desesperación lenta, amenazas, mala salud (que me procuró un día de tregua, pero inmediatamente después ella volvió a su decisión primera), nada que hacer. ¡Ah!, esta mañana, querido, cuando mi padre ha venido a suplicarme que dejara de masturbarme por

[1] Jacques Bizet era hijo del compositor Georges Bizet y de Geneviève Halévy, futura señora Straus. Compañero del Liceo Condorcet, Proust se enamoró de él sin ser correspondido.

lo menos cuatro días, no me habría costado nada decirle: lo hago porque, etcétera, no lo haré más si... Pero no, porque no es eso lo que tú habrías deseado que hiciera. No quiero que mi «querido» esté en mi casa como un proscrito tolerado, llegará el día en que consiga demostrar que eres un ser delicioso, y ese día vendrás a mi casa y se te mimará. ¿Y si no llega? ¡Ah, entonces te amaré extramuros! Y haré de un café nuestro domicilio común. Pero, perdón, te hablo como a un amigo de toda la vida aunque apenas te conozco, y te debo parecer un pegajoso. He hecho lo que me pediste. Te aseguro que no ha sido nada fácil. Espero que me estés agradecido.

M. P.

9. A DANIEL HALÉVY

[*Hacia el otoño de 1888*]

Mi querido amigo:[1]

Me aplicas un pequeño correctivo en toda regla, pero tus varas son tan floridas que me sería imposible estar resentido contigo, y el esplendor, el perfume de estas flores me han embriagado tan dulcemente como para mitigar la aspereza de las espinas. Me has flagelado a golpes de lira. Y tu lira es encantadora. Estaré, pues, encantado si... Pero voy a explicarte lo que pienso o, más bien, a charlar contigo como con un chico exquisito de cosas muy dignas de interés, aunque no nos guste hablar de esas cosas entre nosotros. Espero que me agradezcas el pudor. La impudicia me parece horrible, peor incluso que la depravación. Mis creencias morales me permiten creer que los placeres de los sentidos son muy buenos. Asimismo, me recomiendan respetar determinados sentimientos, determinadas delicadezas de la amistad, y en par-

[1] Daniel Halèvy conoce a Proust en el Liceo Condorcet en 1887 y funda con él varias revistas, entre ellas *Le Banquet*. Proust sintió una atracción sentimental por él no correspondida.

ticular la lengua francesa, una dama amable e infinitamente graciosa, cuya tristeza y voluptuosidad son igualmente exquisitas, pero a la que no hay que imponer nunca actitudes sucias. Es deshonrar su belleza.

Me tomas por alguien hastiado y fatigado, y te equivocas. Por más que tú seas una persona deliciosa, por más que tengas unos bonitos ojos claros que reflejan la gracia sutil de tu inteligencia con tanta pureza que me parece no amar completamente esa inteligencia si no beso tus ojos, por más que tu cuerpo y tus ojos sean tan gráciles y ágiles como tu pensamiento hasta el punto de hacerme creer que me adheriría mejor a él sentándome sobre tus rodillas; por más que, en fin, crea que el encanto de tu persona, en la que a mis ojos están indisolublemente fundidos tu vivaz inteligencia y tu cuerpo ligero, refinaría la «dulce alegría del amor» aun aumentándola para mí, nada justifica que me dediques unas frases despectivas que convendrían mejor a alguien que, cansado de las mujeres, buscara en el amor homosexual goces nuevos. Tengo amigos inteligentísimos y, quiero pensar, de una gran delicadeza moral, que una vez se divirtieron con un amigo... Era en la primera juventud. Más tarde volvieron a las mujeres, pero si ésa hubiera sido su inclinación definitiva, qué serían, santo cielo, ¡y qué crees que soy yo, qué seré sobre todo, si según tú ya he terminado con el amor puro y simple! Con gusto te hablaré de dos maestros de gran sabiduría que cogieron sólo la flor de la vida, Sócrates y Montaigne. Según ellos, a los jóvenes les está permitido «holgar» para así conocer un poco todos los placeres, y para liberar el excedente de su ternura. Ambos pensaban que estas amistades sensuales a la vez que intelectuales son preferibles a las relaciones con mujeres necias y corrompidas cuando se es joven y se tiene además un vivo sentido de la belleza y gran «sensibilidad». Yo creo que estos viejos maestros se equivocaban, ya te explicaré el porqué. Pero me atengo tan sólo al carácter general del consejo. No me trates de sodomita, porque eso me apena. Moralmente trato, aunque sólo sea por elegancia, de permanecer puro. Puedes preguntar al señor Straus qué influencia he tenido sobre Jacques [Bizet]. Y por la influencia que se ejerce sobre otros juzgo la moralidad de una persona.

El señor Darlu me ha advertido de que me interrogará, por lo que interrumpo este comienzo de carta. Sólo te pido que me digas qué significa que tus manos no son puras...

Te... abrazo, si me permites esta casta declaración.

MARCEL

10. A LA SEÑORA STRAUS

Jueves, tras haberla dejado [*primeros meses de 1893?*]

Señora:

Amo a las mujeres misteriosas, y usted lo es, como he dicho varias veces en *Le Banquet*,[1] donde a menudo me habría gustado que usted se reconociese. Pero no puedo amarla completamente, y voy a decirle el porqué, aunque no sirva en absoluto de nada, pero ya sabe que nos pasamos la vida haciendo cosas inútiles, o incluso muy perjudiciales, sobre todo cuando amamos, incluso menos que eso. Piensa usted que ser demasiado abierto hace desvanecerse el propio encanto y creo que está en lo cierto. Pero voy a explicarle lo que pasa con usted. Se la ve generalmente con veinte personas, o mejor dicho, a través de veinte personas, porque es el joven quien se queda a mayor distancia de usted. Pero supongamos que se consigue, al cabo de muchos días, verla por una vez sola. No tiene más que cinco minutos, y aun durante esos

[1] *Le Banquet* era una revista fundada por el grupo de amigos de Proust del Liceo Condorcet. El comité de lectura estaba formado por Daniel Halévy, Robert Dreyfus y Proust. Fernand Gregh era el jefe de redacción. La revista publicaba cuentos, poemas y críticas teatrales y literarias. Proust publicó notas de crítica literaria y varios estudios, uno de los cuales, «Les Maîtresses de Fabrice», termina con una alusión a la señora Straus sumamente elogiosa.

cinco minutos piensa usted en otra cosa. Pero esto no es todo. Que le hablen de libros le parece pedante, que le hablen de gente, indiscreto (si le cuentan detalles) o entrometido (si le preguntan), que le hablen de usted, ridículo. Por eso la gente está cien veces a punto de considerarla mucho menos deliciosa, cuando he aquí que, de golpe, concede algún pequeño favor que parece indicar cierta preferencia, y de nuevo se quedan prendados. Pero no está usted lo bastante convencida de esta verdad (¡creo que no está convencida de ninguna verdad!): *que hay que conceder mucho* al amor platónico. Una persona no del todo sentimental extrañamente se vuelve tal si se ve obligada al amor platónico. Tratando de atenerme a sus preceptos contra la vulgaridad, no entraré en detalles. Pero reflexione sobre el particular, se lo ruego. Tenga a bien hacer alguna concesión al amor platónico más vivo que se le profesa a usted, dígnese a creerlo y consentirlo. Su siempre respetuoso y devoto

MARCEL PROUST

II. A ROBERT DE BILLY

Martes [10 de enero de 1893]

Mi querido Robert:

Apenas si me atrevo a escribirle. No soy digno, pues no hago nada, aunque por suerte Paul Baignères, al pedirme que pose para un retrato, me brinda en este período un pretexto para la inactividad. Sin esto, me habrían devorado los remordimientos a causa de mi apatía y me habría afligido entregar mi cuerpecillo inocente a las inmundas fieras de la ociosidad. Pienso en usted por las noches al acostarme, por las mañanas al levantarme, y en todo momento. Nunca hubiera creído que tal cosa fuera posible hasta este punto. No hay nada que haya cambiado radicalmente en mi vida sentimental, sino que he encontrado a un amigo, quiero decir a alguien que es para mí lo que habría sido yo para Cachard, por ejemplo, de no haber sido tan frío. Es el joven amable, inteligente, bueno, afectuoso Robert de Flers. ¡Ah!, vuelva pronto a París, usted, el otro Robert, para aprender cómo se debe querer a los amigos.

Me habla de Poirson de un modo que lo ofendería. ¿Sabe que ahora las cartas de su madre están llenas de escudos de armas que muestran un brazo alzado? Viéndolo, un día el señor Étienne Ganderax exclamó: «Es la mano izquierda», broma que al parecer fue más del agrado de los Baignères que de los Poirson.

Como usted sabe, el señor Secrétan ha honrado París con una visita. Como era huésped de los Desjardins, imagínese si lo hemos visto. No me permitiría expresarme negativamente sobre un maestro tan admirable si se tratara de un juicio personal. Pero al propio Desjardins lo ha decepcionado y no comprendía nada, le parecía aburguesado, provinciano y calvinizado. Su conferencia y el posterior debate con Ravaisson, Brochard, Séailles, etcétera, han sido grotescos. «Esta juventud no tiene respeto por los maestros», como dice Laure Baignères.

Le mando un abrazo de corazón y le suplico que escriba a su pequeño Marcel que se consume y atormenta por su causa.

Suyo,

MARCEL PROUST

12. A REYNALDO HAHN

Lunes por la noche [*27 de agosto o 3 de septiembre de 1894*]

Mi querido amigo:[1]

Son las nueve y no quiero acostarme aún.

[1] Reynaldo Hahn fue compositor, cantante, pianista y director de orquesta desde muy joven. Durante dos años (1894-1896) mantuvo una relación sentimental con Proust, la más importante para el escritor, y una amistad hasta su muerte. En los últimos meses de la vida de Proust fue la única persona que tuvo acceso a él.

Para agradecerle todas sus amabilidades de hace un rato continúo con mis modestos ejercicios sobre Bouvard y Pécuchet, para usted, y sobre la música.[1] Aunque no hace mucho que le conozco, he sido tantas veces uno y otro de estos dos imbéciles con usted que ya no tendré necesidad de ir a buscar muy lejos mis modelos.

Que duerma bien, le digo como Horacio: «Feliz noche eterna, amado príncipe, y coros de ángeles arrullen tu sueño».[2]

Diez menos cuarto

Querido amigo:

No se me ocurre ninguna idea, y decididamente no puedo seguir así hasta la hora de acostarme. Guárdelo todo igualmente y veremos juntos si se puede hacer algo al respecto.

En otra ocasión le haré otro regalo, hecho para usted, trabajado más primorosamente, y «en el género serio». Espero que sea menos detestable. Nunca estará bien, pero no puedo ofrecerle más que lo que poseo. Sólo que trataré de trabajar con más esmero, con «amor», como dicen los cinceladores. Será uno de esos trabajillos que llevan en las tiendas el nombre de *souvenirs* y que con frecuencia son chucherías de mal gusto, pero de una intención excelente, conmovedora y pueril.

Suyo,

M. P.

P.D.: He olvidado mi respuesta sobre la cita de Massenet: «Una canción de despedida es siempre la misma nota». La habría añadido si no estuviera un poco fatigado, como demuestran estas melancólicas facecias, laboriosas y anhelan-

[1] Madeleine Lemaire invitó a Proust a pasar un mes en su castillo de Réveillon. Allí se reencontró con Reynaldo Hahn, en el comienzo de su relación sentimental. Su compañía le inspiró «Mélomanie de Bouvard et Pécuchet», segunda parte de su *pastiche* de Flaubert, que demuestra la amplia cultura musical de Proust.

[2] Shakespeare, *Hamlet*, acto V, escena II, en: *Obras completas*, t. II, trad. Luis Astrana Marín, Madrid, Aguilar, s. f., p. 288.

tes. Pero le prometo no publicar nunca un *Bouvard* sobre la música sin incluir en él la cita expiatoria y vengativa.

13. A REYNALDO HAHN

Miércoles [*8? de julio de 1896*]

Mi buen Reynaldo:

Le he telegrafiado mi respuesta. Me alegraría que, ahorrándose las fatigas de un nuevo viaje, pudiera serle un poco provechosa su «buena Alemania», como dice la reina en *Ruy Blas*, durante un período prolongado. Yo no soy como las Lemaire, hostil a todos los lugares en los que no podemos estar juntos. Y puesto que estoy encantado de saber que disfruta de la quietud, le deseo que se quede allí el mayor tiempo posible. Le juro que si los raros momentos en los que me dan ganas de tomar un tren para ir a verle se hicieran más frecuentes y se volvieran insoportables le pediría que se reuniera conmigo o que volviera. Pero esta hipótesis es totalmente inverosímil. Quédese allí mientras se encuentre bien. Sólo de vez en cuando ponga en sus cartas un poquito, apenas una pizca, de *mosch*,[1] porque aunque según usted se sobreentienda, yo me sentiría más contento si alguna vez lo dijera. Y estoy contento—*sin abnegación*—de que se quede donde está. Pero lo estaré más—de veras muy contento, querido mío—cuando pueda abrazarle a usted, la persona a la que verdaderamente junto con mi madre más quiero en el mundo. Me las apañaré para acabar cuanto antes mis proyectos (pues me comprometo a no escribirle nada que pueda irritarle o aburrirle, imposibilitado como estoy a distancia de ablandarle con las mil amabilidades de pony que reservo para la vuelta).[2] Si regresa us-

[1] Encontraremos muchas más veces este término. En el lenguaje privado de Proust y de Hahn, *mosch* y *moschant* (que remite a *méchant*), en la forma adjetivada y sustantiva, son sinónimos de homosexual. (*N. del T.*).

[2] *Pony* es un término cariñoso bastante usado en Francia. (*N. del T.*).

ted, seguramente estaré en París o más bien en Versalles con mamá, es decir, muy cerca de su querido Saint-Cloud. Luego, a finales de agosto, iré a pasar un mes o algo más con mamá a orillas del mar, cerca de su Villiers, a Cabourg, por ejemplo. Si prefiere Bex, allí iré con o sin mamá. En tal caso tendré, de todos modos, que dirigirme con ella a orillas del mar, pues creo que le sentará bien. Es muy posible que una buena dosis de montaña pueda sustituir al mar. Por otra parte, ella quiere pasar conmigo un mes solamente, pues cree que el resto del tiempo debo «distraerme». Pero ¿prefiere Bex a otras localidades suizas? Si es que sí, está bien, si es que no fingiré haber oído decir que el calor es muy sofocante. Por último, si no podemos vernos de ningún modo, pensaremos el uno en el otro. Las Lemaire partirán, creo, dentro de poco a Dieppe. Luego la señora Lemaire piensa alquilar algo por los alrededores de Versalles (todo es extremadamente vago y, para serle franco, creo que irá a Réveillon, adonde la señorita Suzette, que no puede dejar sola a su «pobre anciana tía», está decidida a dirigirse de todas formas; quiero hacer notar aquí que la señora Lemaire, que no se siente bien en Réveillon y no puede trabajar allí, duda por temor a molestar a la hija, mientras que a ésta ni se le ha pasado por la cabeza dejar Réveillon. Sólo se lo hago notar, y no hay que concluir de ello que encuentro a la madre mejor que a la hija, porque ambas son buenas y la hija incluso más afectuosa). Están, con todo, resignadas a no vernos este verano. Pero creo que sería un motivo de alegría para ellas que fuésemos en octubre a Réveillon o a la propiedad de la señora Lemaire, y le confieso, querido mío, que creo que la cosa sería una verdadera prueba de amor (Reynaldo en este punto: «¿Qué has dicho? ¿De verdadero amor? ¿He oído bien?»). Te habrías muerto de risa de haber asistido ayer a la vuelta de Clairin,[1] muy cambiado de aspecto, pobre hombre (al que como un chi-

[1] Georges Clairin, pintor francés, retratista de sociedad.

quillo embustero le dije que en tu última carta me habías pedido noticias suyas). Tras haber bromeado nuestro Édouard [Risler] a costa de Clairin con la señora Lemaire, ésta no se ha compadecido de él y el pobre está decepcionado de ver apagarse todos sus encendidos recuerdos sobre Egipto uno tras otro en las orillas de una Lemaire inconmovible como un lago risueño y pérfido. A pesar de ello, en un determinado momento se puso a escuchar sus peroratas sobre arte con el aire de profunda seriedad que da una mente completamente ausente. Aunque, mejor dicho, creo que incluso escuchaba, y el resultado era más o menos éste:

CLAIRIN: Porque, ¿sabe?, los griegos lo tomaron todo de ellos, me refiero a los griegos de Jonia.

SEÑORA LEMAIRE: Ya, ya.

CLAIRIN: Y entonces hacen cabezas que se parecen todas a esas muy pequeñas de la cuarta dinastía que se ven en el Museo de Siena.

SEÑORA LEMAIRE: ¡Oh! Debe de ser algo curioso.

CLAIRIN: Y su Esfinge, que llaman el Padre del Terror.

SEÑORA LEMAIRE: Ya, ya.

CLAIRIN: Es un nombre apropiado. Son perfectamente conscientes de la sensación que se experimenta bajo ese cielo egipcio.

SEÑORA LEMAIRE *(Interrumpiendo a la palabra «egipcio»)*: Ya, ya.

CLAIRIN: *(Prosiguiendo)* Bajo ese cielo egipcio, esas noches de Egipto, cuando parece como si las estrellas estuvieran a punto de caer, estrellas que en sus pinturas representan suspendidas de cuerdecillas.

SEÑORA LEMAIRE: Ya, debe de ser curioso *(con énfasis)*, muy curioso… *(silencio, sonrisa)* Nuestro Jotte… *(sonriendo cada vez más)*, etcétera…

La señora Lemaire ha quedado embelesada con la fiesta

de los Castellane. En el fondo, no puedo entender qué es lo que le gustó.

Me ha dicho: «Era exactamente como en el Gran Siglo, ¿sabe?, puro Luis XIV».

La señora de Framboise me ha dicho: «Se hubiera creído uno en Atenas» y nuestro Tur [Arthur Meyer] dice en *Le Gaulois*: «Tenía uno la impresión de estar en los tiempos de Lohengrin». Comprenderá por qué no tengo una clara idea de qué época ha reconstruido el «joven conde». Se pueden encontrar un montón de perlas en *Le Gaulois*. Por ejemplo, ya sabe que para decir que el ejército debe someterse a las leyes civiles los latinos decían *cedant arma togae* ['cedan las armas ante las togas'],[1] porque todos los cargos públicos llevaban toga. Meyer cuenta que en el ballet de la fiesta en casa de los Castellane hacían aparición unos tremendos guerreros, a los que se unían sin embargo enseguida unas bonitas jóvenes que los desarmaban, momento en que nuestro amigo exclama: «*Cedant arma togae!*». Me falta espacio para contarle todo, por lo que sólo añadiré una cosa. Ya sabe que en esta fiesta había tres mil personas. *Le Figaro* añade en tono solemne: «Toda la alta sociedad parisién estaba allí. No daremos ningún nombre, pues si el gran mundo estaba allí al completo lo estaba de incógnito, debido a la muerte del señor duque de Nemours». Como no llevaban máscara, me pregunto en qué consistía el incógnito. Pero es una buena artimaña para ir por ahí mientras se está de luto. Tendría otras mil cosas que contarle, pero como se hace tarde le mando un abrazo de todo corazón con el ruego de que lo haga extensivo a su hermana María.

MARCEL

Mamá no se encuentra del todo mal. Me parece que supera su inmenso dolor con más entereza de la que yo habría esperado.

[1] Alocución de Cicerón.

14. A REYNALDO HAHN

[*Entre mediados de julio y 8 de agosto de 1896*]

Esta noche he tenido un ataque de mal humor, Reynaldo: no se asombre ni me culpe de ello. Me dijo usted: «Ya no le contaré nada». Si fuese cierto, sería un perjuro, pero al no serlo el golpe me resulta todavía más doloroso. Que me lo cuente usted todo es desde el 20 de junio mi esperanza, mi consuelo, mi sostén, mi vida. Para no apenarle no se lo saco a relucir casi nunca, pero para no apenarme yo demasiado pienso en ello todos los días. Me dijo lo único para mí hiriente. Preferiría mil insultos. A menudo los merezco, más a menudo de lo que cree. Cuando no los merezco es en los momentos de doloroso esfuerzo en los que, observando un rostro, asociando nombres, reconstruyendo una escena, trato de colmar las lagunas de una vida que me es más querida que cualquier otra cosa, pero que será para mí motivo de gran tristeza y de turbación en la medida en que no conozca sus aspectos más inocentes. Es una tarea imposible, ¡ay!, y se somete usted con su gentileza a un esfuerzo de danaide tratando de satisfacer mi curiosidad ofreciéndome un poco de su pasado. Pero si mi fantasía es absurda, es la de un enfermo, y en cuanto tal no debe ser contrariada. Sería una crueldad amenazar a un enfermo con abandonarlo porque sus manías nos exasperan. Espero me perdone estos reproches puesto que no se los hago a menudo y los merezco siempre, cosa consoladora para su orgullo. Sea indulgente con un pony. Con las cualidades que exige de un pony encontrará muchos maestros…

M. P.

15. A REYNALDO HAHN

[*Entre mediados de julio y 8 de agosto de 1896*]

En este punto nuestra amistad no tiene ya derecho a decir nada por escrito, pues ahora no es lo bastante fuerte para tal cosa. Pero su pasado me impone el deber de no dejarle cometer actos tan estúpidos como malvados y cobardes sin tratar de sacudir su conciencia y hacerle, si no confesar, puesto que se lo impide el orgullo, al menos sentir, por su propio bien. Cuando me dijo que se quedaría a cenar, no era la primera prueba de indiferencia que me daba. Pero cuando, pasadas dos horas, tras haber estado charlando amablemente, luego de lo divertido que fue escuchar su música, me ha comunicado sin ira pero fríamente que no volvería conmigo, me ha dado la primera prueba de maldad. Ha sacrificado fácilmente, como otras muchas veces, el deseo de complacerme a su placer, que era quedarse a cenar. Pero lo ha sacrificado por su orgullo, que lo obligaba a disimular que deseaba quedarse a cenar. Y como era un duro sacrificio y yo era la causa del mismo, ha querido hacérmelo pagar caro. Lo ha conseguido a la perfección, debo reconocerlo. En toda esta historia se comporta como un insensato. Esta noche me decía usted que me arrepentiría un día de lo que le había pedido. Lejos de mí el decirle lo mismo. No es mi deseo que se arrepienta de nada, porque no deseo que sufra, y menos aún por mi causa. No lo deseo, pero estoy casi seguro de que pasará. Desgraciado como soy, no comprende, pues, mis tormentos de cada día y de cada noche cuando el solo temor que me frena es el de causarle pena. No comprende usted que, a mi pesar, cuando la imagen que me venga a la mente sea la de un Reynaldo que desde hace un tiempo no teme ya lastimarme, incluso de noche, al dejarle, no habrá ya ningún obstáculo a mis deseos y nada podrá detenerme. ¿No se da cuenta de los funestos progresos que la cosa ha hecho desde que siento que cuento poco para usted? Y no por venganza ni rencor—seguramente ni siquiera lo piensa usted y no es preciso que se lo diga—sino inconscientemente, porque las grandes motivaciones que tenía para comportarme de un determinado modo me van faltando poco a poco. Lleno como estoy de remordimientos por tantos malos pensamientos, tantos proyectos malos y cobardes, lejos de mí el proclamarme mejor que usted. Pero al menos en el momento mismo, cuando no estaba lejos de usted y dominado por una sugestión cualquiera, yo no dudé nunca entre lo que podía disgustarle y lo que no. Y si algo me daba placer a mí y un verdadero placer a usted, como Reviers, por ejemplo, nunca he tenido dudas. Por lo demás, no me arrepiento de nada de lo hecho. A veces me gustaría que no quedara en usted ni resto del deseo de complacerme, que desapareciera por completo. Pues cabe suponer que algunas miserias que le importan más de lo que cree, a juzgar por lo mucho que prevalecen, han podido ejercer sobre usted un dominio impensable que yo no concibo. Todo ello no sería más que debilidad, orgullo, afectación de fuerza.

Así que no creo en nada de eso. Simplemente creo que si ahora yo le quiero mucho menos, usted ha dejado de quererme del todo. Y no puedo estar resentido por ello con usted, querido Reynaldo.

Esto por el momento no cambia nada y no me impide decirle que le quiero igualmente. Su pequeño Marcel se asombra no obstante de ver «*Que peu de temps suffit à changer toutes choses*» ['Que basta poco tiempo para cambiarlo todo'][1] y que todo sucederá cada vez más deprisa. Reflexione, mi querido Blaise,[2] sobre todo esto, y si su pensamiento de poeta y su genio de músico se nutre de ello tendré al menos el consuelo de creer que no he sido del todo inútil para usted.

Su pequeño pony, que tras haber soltado unas coces regresa triste y solo al establo del que le gustaba antaño llamarlo a usted amo.

MARCEL

[1] Victor Hugo, «Tristesse d'Olympio», décima estrofa.

[2] Referencia a *Petit Blaise*, novela de la condesa de Ségur, escritora de narraciones infantiles.

16. A LA SEÑORA STRAUS

[*17 o 18 de febrero de 1902*]

Señora:

Le agradezco infinitamente sus breves palabras que han sido para mí un gran placer. Yo estoy aún en cama, pero de un día para otro estaré en condiciones de salir y mi primera o segunda visita será para verla a usted. Reynaldo sigue en el número 9 de la rue de Vigny. Pero se fue ayer para Montecarlo, donde ignoro su dirección. Sin embargo, por si esto pudiera serle de utilidad, me sería fácil conseguírsela en una o dos horas, pues su hermana se encuentra en París en estos momentos. Él se quedará un mes en Montecarlo y luego regresará a París. Tiene una inmensa admiración por usted y adora al señor Straus, cuya particular dicción, entre muchos otros méritos, le parece la más bonita que haya oído jamás. Confieso que no alcanzo a entenderlo muy bien, pero entiendo que tal apreciación de un cantante no pueda resultar indiferente a un abogado. El mismo Reynaldo, no recuerdo a cuento de qué, me cantó el otro día *Eros* de la Holmès. No sabría expresarle la emoción que me produjo el «cruel cazador de dulcísimos ojos»: no había vuelto a escucharlo desde que lo cantó usted después del almuerzo en el boulevard Haussmann para los amigos de Jacques [Bizet], como si pensara en otra cosa, probablemente en sus amigos. Eran los tiempos en que, durante dos meses, yo me prometía cada día darle un beso en la mano al día siguiente y nunca me atrevía. No se imagina hasta qué punto esa melodía, no por recordarme todo esto, pues pienso en ello a menudo, sino por hacérmelo presente sin que yo lo hubiera fantaseado antes, me pareció mucho más fascinante y poética de lo que realmente es. Gracias por todo, señora, por sus palabras tan gentiles de hoy, le ruego acepte mis afectuosos respetos.

MARCEL PROUST

17. A ANTOINE BIBESCO

Domingo por la noche [*10 de agosto? de 1902*]

Querido amigo:[1]

He aquí lo que no he podido decirle antes sobre Nonelef:[2]

1. Lo que me ha dicho usted: «Por una noche que sale se cita con él y no con uno de sus amigos, etcétera», me ha hecho reflexionar. Es cierto, tanto más cuanto que antes de esa velada en Larue no estaba yo tan interesado. Le explicaré pues lo que ha ocurrido después de los dos grandes repuntes que fueron las dos veladas en casa de las Lemaire y, el sábado, en Larue. Como parece usted diagnosticar, es muy posible que en estos momentos esté yo experimentando el inicio de un intenso afecto por Nonelef, pasajero como siempre ocurre conmigo, pero lamentablemente susceptible de prolongarse no poco tiempo. Ahora bien, sé con seguridad que este afecto sólo podría causarme una gran infelicidad. De modo que tengo, no diría que el deseo, porque nunca se tiene el deseo de luchar contra un afecto, sino la voluntad de tratar de ahogar este afecto antes de que ocupe un lugar demasiado grande—lo que por ahora no ocurre—. No obstante, he aquí lo que he pensado. Sabe que en mi caso ningún afecto, por grande que sea, resiste la ausencia—otros bastante más fuertes que el afecto por Nonelef han terminado para siempre por este motivo—. Así pues, si Nonelef partiese a alguna parte, o si yo hiciera un viaje, sería un asunto concluido. Pero resulta que él tiene que estar en París, y también yo hasta el momento en que parta para Biskra, El Cairo o donde sea. Será dentro de unos meses, y no veo ningún inconveniente. Pero

[1] Príncipe rumano, conoció a Proust en 1899 y fue su corresponsal habitual y amigo íntimo. Proust tuvo con él una amistad basada en pactos y confidencias que Bibesco no siempre respetó.

[2] Anagrama de Fénelon. Bertrand de Fénelon fue uno de los amores no correspondidos de Proust más importantes.

¿seguro que iré? Y si yo no parto y él también se queda en París, no hay motivos para que el afecto no crezca, y entonces quizá dure un año o un año y medio (término más allá del cual un afecto, utilizo la palabra en su acepción médica, decae siempre y muere: ahí tiene los ejemplos de Lucien, Flers, etcétera).[1] El hecho es que yo no quiero que la cosa vaya así: ya tengo bastantes disgustos para buscarme otros nuevos, y es cierto que Nonelef no puede ser para mí una «amistad» feliz. «Demasiado inteligente o no lo bastante» no es cierto en su caso, porque en mi opinión lo sería mucho más de lo que es con el condicional virgiliano *eris* ['serías']. Pero lo que me dice de su carácter basta para hacerme pensar que sólo me ocasionará tristeza. Hay, por supuesto, otro remedio aparte de la ausencia. Sería preciso que él fuese desagradable o al menos frío, indiferente, etcétera. Pero tiene una intuición tan rápida de los caracteres que, sin duda, ha notado—aunque yo haya tratado de disimularlo—que carezco de coquetería, que su gentileza y sus demostraciones de predilección exaltan la mía, que el «si tú no me amas, yo te amo»[2] es falso para mí en el amor y con mayor razón en la amistad. De suerte que, a pesar de que le dé absolutamente igual gustarme o no (o no, Bibesco), instintivamente será amable conmigo, y yo más. Por tanto, el único recurso es la ausencia, es decir, puesto que estamos los dos en París, no vernos más. En resumen, cada vez que aumenta mi interés (a causa de su gentileza en casa de las Lemaire o en Larue) al cabo de algunos días decae, y decaería del todo si no lo reavivase una nueva velada. A pesar de ello, le escribo sobre Versalles y sobre los Noailles (aunque afirme que «en este punto dejo de comprenderle» usted sí lo entiende, amigo mío), porque respecto a Versalles hay un acuerdo con Reynaldo, y en lo relativo a los Noailles le explicaré. Tan-

[1] Lucien Daudet y Robert de Flers fueron dos relaciones sentimentales anteriores de Proust.

[2] Extraído de la ópera *Carmen* de Georges Bizet.

to más cuanto que existen grandes probabilidades de que en esas veladas él me brinde razones para el enfriamiento comportándose con sequedad, como ha sucedido a menudo. Sin duda, se acordará lo poco que me interesaba cuando se marchó usted para España, de donde pensaba no sería relevado nunca. Fue culpa de esa malhadada velada de las Lemaire y de la vuelta. En estos casos las personas vulgares vuelven con «algún otro». Entonces, uno se siente un poco despechado, la cosa deja mal sabor de boca, mientras que cuando no es así (y vuelve uno a casa con la persona en cuestión) tiene uno la impresión de haber sido, si no el único, sí el último, y por lo tanto el mal humor no empaña los gratos recuerdos ni la buena disposición afectuosa, ninguna sensación extraña interfiere, y uno vuelve a casa arropado, casi apresado en ese calor de recuerdos que se mantiene entretanto e incuba en los días siguientes el afecto naciente. Una persona que era muy amable conmigo (aunque en el terreno del amor) y que sabía que yo buscaba liberarme de mi sentimiento hacia ella, me decía siempre imperiosamente: «Tú me vas a acompañar a casa».

Querido amigo, estoy tan fatigado que dejo para otro día la continuación de esta conversación. Sería estúpido que le dijese que no siento nada de afecto por Nonelef. Nadie toma tantas precauciones contra un sentimiento que no existe, y el placer que da afirmar que queremos renunciar prueba que es algo que aún no hemos llevado a cabo. Pero, por otra parte, esta carta lo exagera más de lo que es. Todo esto es el último eco de la velada de Larue. Si no pasa nada nuevo, pronto Nonelef será exactamente como otras veinte personas y ya no habrá que luchar contra esta Sirena clásica de Ojos Azul Marino, descendiente directo de Telémaco cuyo rastro el señor Bérard ha debido de encontrar cerca de la isla de Calipso. El pobre chico, al que le importo un pimiento, se quedaría muy asombrado si supiera que es objeto de tanto debate. Yo, que no comprendía el sentido de estos versos de la señora de Noailles en *L'Ombre des jours*:

Quand Fénelon au temps champêtre
Marchait dans le soir parfumé
Portant déjà la langueur d'être
Un jour malgré soi-même aimé.[1]

[Cuando Fénelon, en tiempos agrestes, | caminaba por la noche olorosa, | ya languideciendo al pensar en ser | un día amado a despecho de sí mismo],

comienzo a creer que se aplican a Nonelef y a mí. En todo caso, querido amigo, aunque las cosas sean así, no hable con *nadie* de mi afecto. La conclusión será para otra ocasión, pues estoy muerto de cansancio.

Suyo,

MARCEL

P. D.: Pues bien, decisión de última hora: aplico sin más demora el tratamiento. Voy esta noche a casa de los Noailles y no pregunto si puedo llevar conmigo a Nonelef. A las once y media voy a Larue sin avisar a Nonelef. ¿Qué le parece?

Gracias de nuevo por su gentileza en esta circunstancia y en general, mi muy sublime amigo. Es también amable (e inteligente) por su parte no hablarme nunca mal de Nonelef. Es usted muy, pero que muy amable, y le quiero mucho.

18. A ANTOINE BIBESCO

[*9 o 10 de septiembre de 1902*]

Mi querido Antoine:

No te tomes a mal lo que te escribo, que es muy afectuoso (nada que ver con mis «dudas», subsistan éstas o no). Pero me asustas cuando te veo preguntarme en voz alta si le he pedido a Lauris su parecer sobre la mayor o menor gentileza de «Sus Ojos Azules»[2] conmigo (¡no de los ojos de Lorris!), tal o cual noche, etcétera.

[1] Décima estrofa del poema «Parfumés de trèfle et d'armoise».

[2] Proust llamaba así a Fénelon.

Estábamos de acuerdo en que tú eras la *única* persona a quien yo le había confesado el asunto, que incluso Reynaldo ignora. Involuntariamente se lo has contado a otros. He hecho cuanto estaba en mi mano para arreglarlo, ¡pero va a ser difícil si sigues haciendo alusiones al respecto con Lauris u otros! Piensa un poco en el efecto que causará, en lo que van a pensar de mí. Especialmente en un momento como éste, en el que mi *Final de los celos*[1] me provoca unos sufrimientos mortales, lo que pueda pensarse de mí y de tales o cuales puerilidades me parece irrelevante. Pero no estoy solo, también está mi familia, ante la cual tengo que evitar parecer gratuitamente un *salaísta*,[2] puesto que no lo soy. No necesariamente la cosa me haría pasar por tal, pero al margen de la interpretación a la que te haya llevado el conocimiento de mi carácter y la diaria sucesión de acontecimientos, el asunto parecería muy extraño. Además, mi afectación de humildad, etcétera, me coloca en una posición lo bastante dependiente para que encima haya que subrayarla imaginándome ante Lauris u otros como si esperara la sonrisa del rey. Y luego, por último y sobre todo, lo que te he confiado por la gran simpatía y la absoluta confianza que te tengo, así como por la costumbre de contártelo todo, debe seguir siendo un exclusivo privilegio tuyo. Tanto Lucien Daudet, como Reynaldo, Yeatman, etcétera, lo ignoran. No es asunto del que hablar con Lauris, De Billy ni Constantin [Brancovan]. Te aseguro que me asustas un poco, y no será porque no te haya hablado largo y tendido al respecto. Espero haber sido más persuasivo esta vez.

De nuevo me siento muy desgraciado, mi querido Antoine, y la vida no me resulta dulce en este momento. Perdóname si lo dejo ver demasiado a mis amigos.

Tuyo,

MARCEL PROUST

[1] «El final de los celos» es una narración de Proust aparecida en *Los placeres y los días*. Proust utiliza la alusión para referirse a sus propios celos.

[2] Sinónimo de homosexual.

¿Haces algo esta tarde? (Más pronto no me iría muy bien). ¿Y para cuándo tu marcha definitiva? No me acuerdo ya de la fecha. ¿Y la fecha de vuelta? *¿Qué es lo que te ha hecho reír tanto al partir en coche* (cuando te has ido de Larue con Constantin [Brancovan])?

P. D.: Muy importante y *ultra tumba*. Como *tal vez esta noche podría descubrirse* todo un lado oculto de la vida de «Sus Ojos Azules», dime exactamente las horas del día en que estarás en tu casa para que, en caso necesario, pueda comunicarme contigo si lo deseo—y lo que es más importante, dónde comes, dónde estarás después de comer, en la velada, etcétera, por si quisiera hablar contigo, ya que sin ti no podría saber nada—. Guarda esta carta cuidadosamente escondida y tráemela cuando nos veamos. No vengas por la tarde a menos que yo te telefonee, porque estoy muy mal.

19. A LOUISA DE MORNAND

[*Abril de 1904*]
Para Louisa[1]

(LE CIEL DE LIT COULEUR DE CIEL,
L'ANGE DU LIT COULEUR DE ROSE)

Couleur de ciel, le ciel du lit,
Azur strié de nuée blanche,
Flotte sur Louisa qui lit
Avant de dormir, sur la hanche.

[1] Louisa de Mornand era amante del duque de Albufera, amigo de Proust. El escritor la trataba con cierta frecuencia y fue uno de los modelos de Odette en *En busca del tiempo perdido*. Louisa había regalado una fotografía a Proust con la dedicatoria: «El original que tanto ama al pequeño Marcel. Louisa. Abril de 1904».

Son attention certes faiblit:
Sa tête sommeilleuse penche,
Regardant sans voir une branche
Que Madeleine Lemaire pinxit.

Sous prétexte que c'est dimanche
Marcel Proust, dans ce paradis
Duquel un ange se penche,
Est tan resté… que c'est lundi!

Du calice le plus pur de la manche
(Du tissu le plus fin ourdi)
D'un geste beau quoique engourdi
Le bras de Louisa, tige blanche
S'évase, monte, et resplendit.

Si j'ai qu'un ange se penche
De ce paradis si troublant,
Descendant du ciel bleu et blanc
Sur la vierge rose et blanche,

Je me suis sans doute mépris
Car c'est deux amours de Sèvres
Qui délicieux et surpris
Regardent s'unir des lèvres
Et deux cœurs qui se sont compris.

Le huis du salon entr'ouvert
Laisse voir la tenture rouge…
Le bleu de Tunis semble vert…

Le lit est bleu, le salon rouge
L'on n'entend plus rien qui bouge
Cher écrin de pourpre et d'azur
Tu renfermes une perle rose.

[(El cielo de la cama color de cielo. | El ángel de la cama color de rosa). Color de cielo, el cielo de la cama, | azul estriado de nube blanca, | suspendido sobre Luisa que lee, | de costado, antes de conciliar el sueño. || Su atención, es cierto, se debilita: | su cabeza soñolienta se inclina, | mirando sin ver una rama | que Madaleine Lemaire *pinxit*. || Con la excusa de que es domingo, | Marcel Proust, en este paraíso | del que un ángel se asoma, | tanto tiempo se ha quedado... ¡que es ya lunes! || Del más puro cáliz de la manga | (de tela de la más recia urdimbre) | con bello gesto, pero envarado, | el brazo de Louisa, blanco tallo, | asoma, se alza y resplandece. || Hubiérase dicho que un ángel se inclina | de un tan turbador paraíso, | que de este cielo azul y albo desciende | sobre la virgen rosa y blanca, || sin duda ha sido una falsa ilusión, | pues son dos amorcillos de Sèvres | que, deliciosos y sorprendidos, | observan cómo se unen unos labios | y dos corazones que se entienden. || La puerta del salón entreabierta | deja ver la colgadura roja... | El azul de Túnez parece verde... || El lecho es azul, rojo el salón, | no se oye moverse nada, | amado joyero púrpura y azul | encierras una perla roja...].

Estoy loco por mi fotografía. Me parece que lo que usted ha escrito para complacerme se convertirá para mí en una realidad y será capaz de fijar mi inestable corazón. Nunca un niño al que acaban de regalar su primera muñeca ha estado tan contento como yo.

Con agradecimiento,

MARCEL PROUST

20. A GEORGES DE LAURIS

[*Septiembre de 1904*]

Mi querido Georges:

Discúlpeme si me limito a un breve agradecimiento. Estoy muy mal y tengo un montón de cartas atrasadas. Es usted muy amable. Se lo agradezco de corazón y trato de responder brevemente a su carta punto por punto.

1. Estoy desde hace mucho en París, de donde me ausenté apenas una semana, y saldré de inmediato encantado de verle si me lo hace saber con tiempo. Si no puede avisarme previamente, en cualquier caso tendrá muchas probabilidades de encontrarme en casa hacia las diez de la noche.

2. Se equivoca si me cree usted inconstante. El recuerdo del placer que me proporciona compartir su compañía y conversar con usted es siempre en mí igual de vivo y delicioso. Había confiado, es cierto, en una amistad aún más íntima. Tres o cuatro veces le he guiado de la mano por el sendero que «lleva a mi corazón», pero cuando le he abandonado a su suerte para ver si lo había seguido, con prisa frenética y casi instintivamente ha dado usted marcha atrás. Sé mejor que nadie que en el fondo de nuestro instinto duermen esas aversiones de caballo nervioso por un determinado camino, esos temores de campesino supersticioso ante la encrucijada. Pero es evidente que desde el día en que renuncié definitivamente a verle tomar ese camino, he renunciado por eso mismo a una parte de usted, lo que ha implicado el retirarse forzoso de una parte también mía. Sabe, sin embargo, que me ha quedado la más grande y la mejor (admitiendo que haya algo bueno en mí). (De repente caigo en la cuenta de que esta carta se presta maravillosamente a ser interpretada en un sentido... Observación irrelevante que no tiene otra finalidad que divertirle y rogarle que no enseñe a nadie mis cartas, cuyo sentido justamente contrario sólo puede comprender usted).

No le envié el artículo de *Le Figaro* porque me parece pésimo. Por casualidad volví a París el día antes de que se publicara.[1] Como no estaba informado de la fecha de publicación, no lo corregí, de modo que hay por los menos tres erratas por línea. Aun sin erratas, lo juzgaría en cualquier caso detestable. Personas muy inteligentes me escriben que han quedado profundamente *impresionadas*, pero yo me pregunto cómo lo que no ha gustado al autor puede gustar al lector. Es un artículo ingenioso pero falto de verdad, sobrecargado de falsa poesía. Hay dos frases que me parecen hermosas, pero resultan incomprensibles impresas de mala manera. No

[1] «La muerte de las catedrales», *Le Figaro*, 6 de agosto de 1904.

estoy de acuerdo con usted. Son los horribles devotos los que son incapaces de sensibilidad estética, los verdaderos, últimos católicos los que están destinados a desaparecer un día, como pitecántropos de Java para cuyo estudio en su bosque se envía a unos científicos, para traerlos posteriormente y de los que todavía queda alguno en el Jardin des Plantes, que es apasionante y melancólico observar mientras se abandona ingenuamente a sus típicos retozos en esos misteriosos edificios en los que sumergen los dedos en unas pilas de agua bendita y que tienen forma del instrumento de suplicio de aquel al que lloran, imploran y glorifican. ¿Qué no daríamos por ver animadas por arqueros del palacio de Darío ciertas arquitecturas a las que se ha referido la señora Dieulafoy? Yo no soy como usted, no me parece tan difícil llenar la vida, ¡y qué cosa locamente embriagadora sería si tuviera asegurada la eternidad! ¿Cómo puede usted, no digo ya creer, pues que una cosa sea deseable no la hace creíble—más bien al contrario, por desgracia—, sino estar satisfecho (no me refiero a la satisfacción intelectual de preferir la triste verdad a la dulce mentira)? ¡Sería hermoso volver a encontrar a todos aquellos que nos han dejado, y que nos dejarán, bajo otro cielo, en los valles prometidos en vano e inútilmente esperados! ¡Y ver cumplirse por fin lo prometido!

Suyo, querido amigo,

MARCEL

21. A LOUIS D'ALBUFERA

Lunes por la noche [*22 de junio de 1908*]

Mi querido Louis:

Respondo a tus diversas preguntas.

1. Quería dar con Fouquières una cena de la que nuestra amiga [De Mornand] fuera la reina y la razón secreta (Fouquières ignora que la razón secreta era ella, sólo sabe que invitaba yo), así habría sido menos intimidante para mí no verla

sola para no tener que expresarle mis reproches, y una vez la hubiera vuelto a ver le habría dado una cita. La cena no pudo organizarse debido a un ataque de fiebre y otras razones. De suerte que ella ni sabe que debía celebrarse. Hice telegrafiar anteayer a su casa sin decir que era de mi parte para saber si estaba en París antes de decidir nada. Por casualidad respondieron enseguida al teléfono, diciendo que ella estaba en París. Sólo Fouquières y Dorziat estaban al corriente de esta cena, que había de ser muy numerosa y que, por lo demás, creo que quedará para otra ocasión. Esta noche la he hecho telefonear para pedir verla de nueve a once, o de doce de la noche a una, porque tras haberme enterado de que la señorita de Goyon debía pasarse por casa de tu cuñada,[1] he decidido ir para allí, de lo contrario no lo habría hecho sabiéndote ausente a ti, que eres para mí el único atractivo. Así que esperaba ver a nuestra amiga antes o después. Pero me han respondido que ella había salido, que no había nadie en su casa y que no sabían a qué hora regresaría (eran las ocho y media cuando he hecho telefonear). Ya sabes, puesto que eres tan bueno conmigo, que he sido presentado finalmente a la señorita de Goyon, lo que ha sido para mí una emoción tan grande que iba a sufrir un desmayo, pero también una decepción no menor, pues en la distancia corta no me ha parecido tan bien y sí un tanto irritante cuando se pone a hablar, más coqueta que amable. Voy a reflexionar más tranquilamente sobre ella, pues tengo un poco de lío mental. Por desgracia, al haberme visto obligado antes de encontrar quien me la presentara a pedírselo inútilmente a varias personas que no la conocían, la señora de Chevigné y otras fueron a escrutarla indiscretamente y me temo que ello la haya ofendido.

En cuanto al hotel Dinard: tengo ideas para trabajar durante unos meses, y como mi mudanza va a interrumpirme

[1] Proust tuvo circunstancialmente un interés sentimental en la señorita de Goyon, de la que rápidamente se desilusionó.

me habría gustado ir a un lugar donde pudiera quedarme indefinidamente para no estar cambiando todo el tiempo. El hotel de Cabourg cierra a finales de septiembre y no es cómodo, pero pese a todo me siento bien allí. Dado que si fueras a Dinard sin duda no te quedarías más que un mes no vale la pena considerar la cosa, pero como resulta muy agradable podría quedarme después de ti. Por lo demás, si alquilas cerca de París, preferiría que fuera yo quien alquilara, pues pasaría todo el año, y os invitaría a venir a pasar el otoño. ¿Te parece bien? Le estoy tan agradecido a Fouquières por haberme presentado a la señorita de Goyon, que no sé cómo expresárselo. Si tienes ocasión de escribirle, hazle saber mi gratitud. Debo decir que François de Pâris ha estado también muy bien, así como la señora de Chevigné. Pero es inaudito que sean tan displicentes, sobre todo cuando hay amor de por medio. Por lo demás, es menester que no exagere, pues no es verdadero amor, no sé muy bien lo que es. Hay también una tal señorita Marshall (no sé si se escribe así) que la verdad no está mal, y una señora Barrachin que tiene una linda cara.

Mi querido Louis, ¿sabes cómo encontrar un trabajo de guardabosques, a quién hay que dirigirse, y si es difícil conseguirlo para un buen chico muy inteligente, en el fondo honesto y muy versado en caballos, etcétera? Mi criado personal [Cottin] se vuelve neurasténico de estar siempre encerrado y eso es lo que le gustaría. ¿Debería hablar con Guiche? ¿Con Loche? ¿Con Robert de Rothschild? No es urgente, pero si tienes ocasión dime los pasos a seguir.

Si la cena que quería dar con Fouquières se solucionara, ¿crees que nuestro amigo aceptaría cenar con Cléo [Mérode]? Me temo que le ponga mala cara a esta bailarina, teniendo en cuenta que ella conoce a Dorziat, que por lo demás sigue siendo compañero de él, y muy buen compañero. Si por casualidad sabes dónde pasa la señorita de Goyon el verano, dímelo. Imagínate que esta noche me han dicho que no se casa con su rumano, que era una broma. Y al minuto un señor se hacía presentar a mí diciéndome que me había conocido en casa de la señora de Briey, un nombre algo así como Vaugirant, y me ha parecido comprender (aunque la presencia de la señorita Goyon me turbaba tanto que he debido de entender mal) que estaba prometido con la señorita de Goyon. De suerte que no desaparecía un prometido sino para aparecer otro un segundo después. Pero debo de estar equivocado y haber oído mal. El otro día, en un corrillo de damas tipo Lucien Murat y Ludre, te creé una reputación de intelectual de primer orden. No me desmientas, por favor.

En cuanto haya terminado mis trabajos creo que partiré a Italia y si no puedo establecerme cerca de ti, cerca de París, compraré una casita por encima de Florencia y trataré de decir a alguna pobre italiana lo que me inspira tal o cual, y en particular la señorita de Goyon. Hubiera tenido que hacerme presentar a su padre, pero yo había perdido la cabeza. Quizá me habría dado un tortazo, pues su hija se había convertido por mi culpa en el punto de mira de todo el mundo.

De todo corazón,

MARCEL

Emmanuel [Bibesco] jura que yo estaba invitado a tu cena. En todo caso, como me ha invitado próximamente a una comida con las dos jóvenes señoras Lubersac, me envía unas tarjetas, afirmando que sin ellas no me considere invitado. Pero seguramente no iré, pues para mí es una fatalidad que cuando hay una Hinnisdael en una reunión me falta la disposición para asistir.

22. A GEORGES DE LAURIS

París [*Primera quincena de octubre de 1909*]

Mi querido Georges:

Unas pocas palabras porque acabo de regresar y estoy en plena crisis. Su carta me ha llegado a París, pues en el hotel no quisieron guardármela y no me apetecía volver a Versalles tras el tiempo que pasé allí el último año.

Me alegra que recién terminado su libro piense ya en cosas nuevas. Me ha gustado lo de «aventura sentimental no muy feliz» en su carta. ¿Es que las hay felices? Sí, hay gente afortunada que asegura que sus aventuras son muy felices. Pero yo me pregunto si son verdaderamente sentimentales.

Estoy contento de lo que me cuenta del posible regreso de Bertrand [Fénelon]. Pienso a menudo en él y me alegrará volver a verle, siempre que eso no perjudique nuestra amistad, ya que ahora el orden de los factores se ha invertido: usted es mi amistad principal y él es secundario. Y si él tuviera una influencia tan mala en mi amistad con usted como la tuvo usted en mi amistad con él, ahora sentiría hacia él un resentimiento parecido al que en su día guardé tan largo tiempo contra usted, pero ya se ha disipado por completo.

Georges, probablemente no trataré de verle antes de principios de noviembre. Pero mientras me recupero de la vuelta a casa, voy a hacer copiar de uno de mis informes borradores el primer párrafo del primer capítulo de *Sainte-Beuve* (¡es casi un volumen ese primer párrafo!) y, en cuanto esté copiado, ¿me reservará una velada y vendrá a leer a mi lado? Aunque casi no puedo hablar, lo que he escrito le hablará por mí. Al menos es lo que yo querría.

Afectuosamente suyo,

MARCEL

Estoy encantado de lo que me dice respecto a Fasquelle.[1] Como su libro es «conforme a las conveniencias» y está usted ligado a Calmann, éste me había parecido de lo más indicado, pero creo que Fasquelle es aún mejor. Por consiguiente, sería perfecto.

[1] Eugène Fasquelle era el editor en el que pensaba Proust para la publicación de su libro, pero éste lo rechazó.

23. A ALBERT NAHMIAS

[*Noviembre de 1909*]

Querido amigo:[1]

Como creo que vivir de acuerdo con un sentimiento sincero es la única sabiduría en este mundo, ciertamente no lo tacharé de locura. Respeto demasiado todo amor verdadero para hacerlo.

Ahora bien, eso no impide que convenga pensar, y creo que eso ha hecho usted para no disgustar a la familia de su amiga ni a la suya propia, pues dado que su situación anterior nada tenía de espantoso y que con su amada tenía una intimidad bastante agradable, no será necesario que una mayor felicidad entre ambos haga la desgracia de siete personas, digo siete y no ocho, pues no puedo creer que los ojos del señor Magnus se hayan convertido en mares de lágrimas. Por otra parte, desde el punto de vista material, ¿es razonable? Y, por último, el tercer factor: la sociedad. Me dirá usted, mi querido señor Nahmias, que le trae sin cuidado. Y le confesaré con franqueza que esta concepción no me parece muy insensata. Pero conviene tener en cuenta, por si un día la futura señora de Albert Nahmias (pues creo que tales son sus planes) deseara prodigarse un poco, que debería evitar ponerla en una situación insostenible a causa de una imprudencia actual. Ahora bien, la sociedad, que gusta de la lógica y de la virtud por encima de todo, encuentra muy natural que una mujer casada se acueste con un amante viejo y feo por dinero o por vicio, pero yo encuentro imperdonable que una joven sinceramente enamorada viva abiertamente con el que no es todavía su marido. Pongámosle, pues, un poco de disimulo, señor Nahmias. En cuanto a la locura, no puedo llamar a esto

[1] Proust conocía a Nahmias desde 1908, y a partir de 1911 se convirtió en su secretario. También realizó alguna operación financiera para Proust, que se sentía atraído sentimentalmente por él.

locura: sólo he conocido a una persona más sensata que usted y era usted mismo cuando daba consejos a Aranyi. Dichosos los que no son vencidos más que por ellos mismos. El amor ha sido más fuerte que usted, es un dios poderoso y no es usted el primero en sucumbir a él. Pero aun así debo confesar que habría imaginado un futuro más tranquilo para usted si todo hubiera ocurrido en unos pocos años. Sin embargo, sé que es usted prudente, valiente y amable, y que sólo ha actuado después de consultar a su conciencia y a su corazón.

Amén.

Su devoto pero enfermo amigo

MARCEL PROUST

24. A «ZADIG»

[*Poco después del 8 de octubre o después del 2 de noviembre de 1911*]

Mi querido *Zadig*:[1]

Te quiero mucho porque tienes mucha tristeza y amor,[2] igual que yo; y no podías encontrar nadie mejor en el mundo entero. Pero no estoy celoso de que él pase más tiempo contigo, porque es justo que así sea y porque tú eres más desdichado y más cariñoso. Y voy a decirte cómo lo sé, mi amable cachorrillo. Cuando yo era pequeño y me disgustaba porque tenía que separarme de mamá, por un viaje, o para acostarme, o por una chica que amaba, era más desgraciado que hoy en día, ante todo porque, al igual que tú, no era libre como lo soy hoy de ir a distraerme de mi tristeza, de modo que me encerraba con ella, también porque en mi cabeza no había ninguna idea, ningún recuerdo de lecturas, ningún proyecto que me permi-

[1] Nombre del primer perro de Reynaldo Hahn, al parecer un regalo de Proust.

[2] La carta está llena de las acostumbradas deformaciones léxicas de la correspondencia de Proust a Hahn, de imposible transcripción. (*N. del T.*).

tiera evadirme. Y tú eres así, *Zadig*, nunca has hecho lecturas y no tienes ideas. Y debes ser tan desgraciado como triste eres.

Pero has de saber, mi querido *Zadig*, que esa especie de cachorrillo que soy yo en tu género te habla y lo hace porque ha sido hombre y tú no. Nuestra inteligencia nos sirve tan sólo para sustituir estas impresiones que hacen amar y sufrir por débiles facsímiles que hacen amar y sufrir menos. En los raros momentos en que recobro todo mi cariño, todo mi sufrimiento, es porque mis sensaciones no están ya basadas en falsas ideas, sino en alguna otra cosa que existe, igual, en ti y en mí, cachorrillo mío. Y esto me parece tan superior al resto que sólo cuando vuelvo a ser perro, un pobre *Zadig* como tú, me pongo a escribir, y sólo los libros escritos así me gustan.

El que lleva tu nombre,[1] mi viejo *Zadig*, no es en absoluto así. Ése es un pequeño motivo de discusión con tu amo, que es también el mío. Pero tú no discutirás con él porque no piensas.

Querido *Zadig*, los dos somos viejos enfermos. Pero me gustaría ir a hacerte a menudo una visita para que me acerques a tu amo en vez de alejarme de él. Te abrazo con todo mi afecto y a tu amigo Reynaldo le mando el pago de lo poquito que has costado.

Tu amigo

BUNCHT[2]

25. A LA SEÑORA DE CAILLAVET

[*Poco antes del 4 de junio de 1912*]

Señora:

Se puede amar tipos físicos opuestos. Aquí me tiene enamorado de su hija [Simone de Caillavet]. Qué malicia por su parte mostrarse amable, porque es su sonrisa la que me ha

[1] Zadig es el nombre del protagonista de un cuento de Voltaire.

[2] Uno de los apodos que Proust se da en las cartas a Hahn; otros son: Bunchnibuls, Bunchniguls, Bunibuls, etcétera. (*N. del T.*).

hecho enamorarme de ella y ha transmitido su significado a toda su persona. De haberse mostrado cascarrabias, estaría tranquilo. Trato de acordarme de la especie de flores cuyos pétalos son exactamente como sus mejillas cuando sonríe. Quisiera tanto verla sonreír de nuevo. Es cierto que si la volviera a ver quizá me quedaría con un palmo de narices: símbolo, por otra parte, de la actitud respecto a mí de sus padres, y sobre todo de su padre, al que he escrito cosas muy afectuosas sin que me haya contestado nunca.

Si alguna vez Calmette ve oportuno publicar un artículo mío que guarda en el cajón desde hace mucho tiempo y que es un recuerdo de un amor de niñez (no mi amor por usted, uno de *antes*)[1] encontrará usted en cualquier caso amalgamado en él algo de la emoción que yo sentía al preguntarme si iría usted al tenis. Pero ¿para qué recordar cosas que ha tomado usted la absurda y malvada decisión de fingir que jamás advirtió?

Con qué gracia sonríe su hija. Qué linda es. Me gusta hasta decir basta.

Respetuosamente suyo,

MARCEL PROUST

26. A ALFRED AGOSTINELLI

[*Sábado, 30 de mayo de 1914*]

Mi querido Alfred:[2]

Muchas gracias por su carta—había una frase *encantadora* (crepuscular, etcétera)—y por el telegrama que la antici-

[1] Proust alude a Marie de Bénardaky. En carta a Louisa de Mornand (junio de 1917) dice: «... cuando ella tenía quince años fue el gran amor de mi juventud y por ella quise matarme». En junio apareció el artículo titulado «Un rayo de sol en el balcón».

[2] Esta carta, la única destinada a Agostinelli que se conserva, demuestra el profundo vínculo sentimental que Proust tenía con él. Las referencias a Agostinelli en cartas a otros destinatarios refuerzan esta idea.

paba, una amabilidad más. Si yo no le telegrafío es porque es un poco tarde: me han traído la carta cuando ya dormía, etcétera. Como la suya me ha complacido, la mía no fue del todo inútil. Sin embargo, en todo lo demás (va a decir usted de nuevo que no sé lo que quiero) sí lo ha sido. Pues reflexionando he llegado a la conclusión de que sería poco delicado por mi parte aceptar de usted un favor de este tipo, y por tanto quiero tratar de llegar por mí solo a obtener lo que pido. No le explico por qué no me parecería delicado aceptarlo, pues correría el riesgo de volver a molestarle y es lo que quiero evitar. Habría podido pensar en ello antes, pero no se me ocurrió hasta después de haberle escrito. Creo, de todos modos, que la cosa no terminará por solucionarse.

En cuanto al aeroplano, es más complicado por la misma razón que con Grasset últimamente.[1] Recordará que cuando él me escribió: «Le libero de toda obligación, haga lo que le parezca», yo sólo pude hacer una cosa, lo que él deseaba. El otro día, de noche, bajo la lluvia, volví a ver a Collin antes de ir a los Ballets Rusos. Se mostró incluso excesivamente amable y me dejó en la práctica libre, de lo que no me atrevo a hacer uso. En fin, ya veré. Pero no crea que él está personalmente interesado en estas ventas. Del precio del aeroplano, veintiséis mil francos, no se lleva un *céntimo*. De todas formas, si lo compro, cosa que no creo, porque es de temer que se quede en el hangar, le haré grabar (no sé el nombre de la pieza y no quiero cometer herejías delante de un aviador) los versos de Mallarmé que ya conoce:

Un cygne d'autrefois se souvient que c'est lui
Magnifique mais qui sans espoir se délivre
Pour n'avoir pas chanté la région où vivre
Quand du stérile hiver a resplendi l'ennui.

[1] Proust encargó un aeroplano para Agostinelli, quien quería dedicarse a la aviación.

Tout son col secouera cette blanche agonie
Par l'espace infligée à l'oiseau qui le nie,
Mais non l'horreur du sol où le plumage est pris.
Fantôme qu'à ce lieu son pur éclat assigne,
Il s'immobilise au songe froid de mépris
Que vêt parmi l'exil inutile le Cygne.

[«Algún cisne de antaño ignora que es él mismo | quien, magnífico y vano, ya logra liberarse | por no haber ensalzado la región de la vida | cuando en torno al hastío resplandece el invierno. | Se agitará su cuello en la blanca agonía | transmitida en el aire al ave que la niega | mas no el horror del suelo en que el plumaje yace. | Es un fantasma a quien su resplandor gobierna | y el desprecio, frío sueño, lo inmoviliza al punto | y hasta su exilio inútil llega para cubrirlo», trad. Lezama Lima].

Es el poema que a usted le gusta, aun encontrándolo oscuro, y que comienza:

La vierge le vivace et le bel Aujourd'hui
Va-t-il déchirer avec un coup d'aile ivre
Ce lac dur oublié, que hante sous le givre,
Le transparent glacier des vols qui n'ont pas fui.[1]

[El virgen, el vivaz y el hermoso presente | con sus ebrios zarpazos pretende destrozarnos | duro lago olvidado que la escarcha somete | transparente glaciar de vuelos que no huyeron].

¡Ay! El «presente» no es ni «virgen», ni «vivaz», ni «hermoso».

Sobre todo, para acabar de una vez por todas con este asunto del aeroplano, le ruego encarecidamente que me crea si le digo que en mis palabras no hay ninguna intención, ni siquiera oculta, de reproche. Sería estúpido. No me faltarían justos motivos para hacerle reproches, pero sabe que me los callo. ¡Pero habría que ser realmente muy necio para acha-

[1] Soneto de Mallarmé «El cisne», en el original citado incompleto y con inexactitudes, que transcribimos correctamente. (*N. del T.*).

carle la responsabilidad (moral, quiero decir) de una compra de la que nada sabía usted!

Compadezco enormemente al señor de Neufville, que sufre en lo material por la pérdida de sus haberes y en lo moral por no poder ya sentir aprecio por su hermano. Confieso, sin embargo, que, pese a comprender que él y su madre no hayan querido tener nada más que ver con los que han ido a la bancarrota, me parece que han llevado el sentido del honor hasta una especie de dureza de la que, a pesar de todo, yo no sería capaz con un hermano. De no haber mediado ellos y la respetabilidad de su nombre, como ha explicado bien en su artículo Vandérem (lo habrá leído en *Le Figaro*, si no ando errado, del viernes 29), nunca lo habrían detenido y la cosa se habría resuelto sin armar ruido. Es triste decirlo, pero a muchos banqueros les parecen de lo más naturales cosas que a mí se me antojan abusos de confianza, como jugar con el dinero que se les confía. ¡Y sus clientes lo encuentran estupendo mientras ganan! Piense en qué situación me habría encontrado yo, continuamente obligado por culpa de mis estúpidas especulaciones a vender títulos mientras la Bolsa está a la baja, si los bancos que los tienen en depósito fueran del tipo de la banca de Neufville y me hubieran respondido: «Lo lamentamos, pero no tenemos dinero». En cuanto a lo que comenta del ayuda de cámara de Neufville no quiero volver sobre el tema, pues estoy decidido a decirle sólo cosas amables. Sin embargo, no quiero que mi silencio le autorice a creer que en realidad «no pienso lo que dije». Lo dije porque lo pensaba y lo pensaba porque lamentablemente, tanto en la vida de la gente corriente como en la física, «no hay efecto sin causa». Lo único extraño es que el efecto siga a la causa con una rapidez tan vertiginosa.

¿Ha leído la requisitoria del procurador Lescouvé contra la señora Caillaux? *Le Figaro* de esta mañana la reproducía en su integridad en primera página. Es un gesto muy valiente y del que mucho me alegro, porque Lescouvé era gran amigo de mi tío (el juez). ¡Pero no le servirá ciertamente para su promoción!

En vista de que se interesa por *Swann* y por los deportes, adjunto un artículo sobre mi libro aparecido en un periódico deportivo. Lamento que no sea el *Aereo* (¡quizá un día!). Lo que me gustaría que pudiera leer, pero son veinte páginas, es la carta del autor de este artículo que se excusa conmigo por haber citado tan descuidadamente el libro.

Le había pedido que me devolviera mi carta y no lo ha hecho.[1] También le pedí que sellara en varios puntos el sobre, y tampoco lo ha hecho. En cuanto a la carta certificada [-] podría remitírmela al mismo tiempo [con unos formidables sellos] con la otra. Es inútil que se fatigue escribiéndome, en vista de que tiene mucho que hacer, póngalo simplemente dentro de un sobre. Un amistoso apretón de manos,

MARCEL PROUST

Si me reexpide las cartas, convendría ponerles numerosos y grandes sellos. Asimismo debería meterlas dentro de dos sobres distintos, porque en uno solo no cabrían.

27. A ÉMILE STRAUS

[*Miércoles, 3 de junio de 1914*]

Estimado señor Straus:

Gracias de corazón. Esta activa bondad me enternece y asombra. Le he citado ya el *bis dat qui cito dat* ['el que da pronto da dos veces'].

En mi nota no dije una cosa que quizá le sorprenda, porque no sé si hemos hablado nunca de que Agostinelli (no lo *ima-*

[1] La correspondencia con Agostinelli no se ha conservado porque Proust le ordenó que las cartas le fueran devueltas para poder destruirlas. Las que conservaba Agostinelli consigo fueron destruidas por su familia después de su muerte.

giné en Cabourg, donde lo conocía sólo como chofer, y luego estuve años sin verlo) era una persona extraordinaria, ¡poseía las dotes intelectuales más grandes que yo haya conocido! El año pasado, tras perder su puesto, vino a pedirme que lo tomara como chofer, pero como yo no podía hacerle un feo a Albaret tomándolo, le propuse mecanografiar mi libro, aunque no confiaba en que lo hiciera bien. Fue una revelación para mí, y él y su mujer se convirtieron en parte integrante de mi vida.[1] ¡Ay!, me digo ahora con dolor que si no me hubiera conocido y no hubiese ganado conmigo tanto dinero, no habría contado con los medios para aprender a pilotar el avión.[2] Desgraciadamente, ninguno de sus familiares estaba mínimamente a su altura. Acabamos discutiendo y tras haberse comportado de manera verdaderamente ingrata le escribí: «Si la mala fortuna quisiera que tuviese un accidente de vuelo, dígale a su mujer que no encontraría en mí un protector ni un amigo, y que no le daría un céntimo».

Está usted en lo cierto cuando piensa que ante esta desgracia lo he olvidado todo y ella lo ha intuido perfectamente, tanto es así que he sido el primero al que ella ha mandado un telegrama desesperado. Yo traté de disuadirlo por todos los medios posibles de que volara, pero su mujer estaba convencida de que iba a ganar un millón.

Haré todo lo que esté en mi mano para ayudarlos, pero el problema es doble. Las terribles especulaciones financieras de las que le hablé, que contaba con parar a la primera subida, he tenido que continuarlas sin cesar, porque la Bolsa ha bajado de forma imparable. Pago cada mes entre treinta y

[1] Agostinelli y su mujer Anna se instalaron en casa de Proust en 1913. Proust, profundamente enamorado de él, le hizo constantes regalos y le dio dinero. Su encierro en casa de Proust, su huida y posterior muerte en accidente, proporcionaron el modelo para el desarrollo de la historia de Albertine con el narrador en *En busca del tiempo perdido*.

[2] Agostinelli sufrió un accidente con su avión, que se precipitó al mar, encontrándose su cuerpo tiempo después.

cuarenta mil francos a los *coulissiers*[1] y mi capital no aguantará por mucho tiempo. Por su parte, los Agostinelli son de los que cuando tienen cincuenta francos gastan veinte en melocotones, veinte en taxis, etcétera, y al día siguiente se encuentran sin tener con qué hacer cantar a un ciego. Y hablo de las compras de última hora—*cet exemple tiré d'animaux plus petits* ['este ejemplo tomado de animales más pequeños']—, porque si le contase su tren de vida *no me creería.*

Una vez más le doy las gracias de corazón y siento muchísimo que la señora Straus tenga mal de gota. También yo lo tengo, sin explicarme el motivo, pero en mi caso no tiene importancia. Veré de repescar un fragmento del Brissaud en el que se habla de un *remedio soberano para el herpes*, que según el autor vale más que todos los remedios sugeridos por los médicos.

¿Quiere que le mande la *Nouvelle Revue Française* en la que han salido extractos del segundo volumen de mi libro? Me han hecho unos cortes infames.

Bese de mi parte los pies a la señora Straus, y comparta con ella mi más respetuoso agradecimiento.

MARCEL PROUST

28. A ÉMILE STRAUS

[*6 o 7 de junio de 1914*]

Querido señor Straus:

Déjeme ante todo que le diga que esta carta no es para pedirle una nueva gestión con el príncipe de Mónaco, porque puedo valerme de alguien que lo conoce muy bien.[2] Cuan-

[1] Así se designaba a los agentes de Bolsa (*courtiers*) de valores inmobiliarios. (*N. del T.*).

[2] Una vez muerto Agostinelli, Proust quiso proteger a su viuda, pidiéndole a Émile Straus que la recomendara al príncipe Luis de Mónaco. Posteriormente se enteró de que no estaba casada con Agostinelli y por lo tanto no tenía derecho a ninguna herencia.

do me haya leído comprenderá, sin embargo, que es mi deber ponerle al corriente, en primer lugar para disculparme y, en segundo lugar, para indicarle que es libre de ocuparse del asunto o de dejar que me ocupe yo, como prefiera.

Parece que la mujer de Agostinelli, que decía siempre «mi marido» al referirse a él, como él decía «mi mujer», y que firma todas sus cartas como Anna Agostinelli, en realidad no estaba casada con todas las de la ley. Yo sabía que era su antigua amante y que él tenía intención de casarse con ella, y creía que la cosa se había producido hacía tiempo. Con mi error, debo de haber dado la impresión de actuar de forma indebida y de hacerle comportarse a usted mal con el príncipe de Mónaco, pues le pedimos apiadarse de una viuda que legalmente no era tal. Viuda de Agostinelli la considero yo igualmente, porque (pese a no tenerle afecto personal y habiendo estado en malos términos con ella a la muerte de aquel que yo creía su marido y que no era más que su «hombre») debo reconocer que ella lo adoraba. Ha intentado varias veces suicidarse tras su muerte. En cuanto a él, pese a traicionarla (cosa que ella ignoraba, porque de haberlo sabido, locamente celosa como era, lo habría matado), la amaba más que cualquier cosa en el mundo. No se explica cómo se enamoró de ella, porque es fea, pero, en fin, vivía sólo para ella y ciertamente le habría dejado todo lo que poseía. Los otros familiares, sin embargo, gentuza, me temo, y que no la querían (lo cual, por otra parte, comprendo), en medio de su acaso sincero dolor, fueron presa del terror de que se ocuparan de la viuda y que, si se encontraba el cuerpo, la suma (creo que cinco o seis mil francos) que llevaba él encima iría a parar a ella y no a ellos. Cosas de este tipo, por horribles que puedan ser, ocurren todos los días con los La Rochefoucauld y los Montmorency en cuanto hay intereses de por medio. Con los Agostinelli no ha sido distinto. Me han contado que han llegado a telegrafiarle al príncipe de Mónaco que la viuda no era la mujer legítima del difunto. No sé si es cierto y me inclino a creer que no. La verdad es que el príncipe había dicho que haría algo por ella, pero no ha hecho nada. Creo, así pues, que es mi deber hacerle saber que me equivoqué, que Anna Agostinelli no era la mujer legítima de Alfred, pero que no por eso es menos digna de que se ocupe de ella, porque raramente he visto en mi vida a dos personas tan unidas por el cariño: vivían verdaderamente la una para la otra.

Quisiera aprovechar la ocasión para saber por el príncipe si de veras los familiares de Agostinelli le mandaron el telegrama o si se me quiere embaucar. Para no crearle más molestias, y siendo el asunto de suma urgencia, querría servirme de alguna otra persona indicada para hacer la gestión ante el príncipe. Pero como tengo remordimientos no sólo con el príncipe sino también con usted, habiéndole engañado (involuntariamente), me ha parecido oportuno, antes de dar otros pasos, preguntarle si prefería ocuparse usted del asunto. Resumiendo: se trata de disculparse con el príncipe por el error sobre la legitimidad del vínculo entre los dos, pero añadiendo que el amor de la viuda y los sentimientos del difunto hacia ella eran más tiernos que los de muchas uniones legítimas (sin pedir nada para ella, simplemente para dejar claros los hechos); y de preguntar si los familiares de Agostinelli han escrito al príncipe para decirle que la unión era ilegítima.

Me duele tener que reconocer que no le faltan motivos para estar resentido conmigo, y que por hacer un favor a unas personas que nunca fueron amables conmigo le he engañado y le he hecho intervenir en un asunto basado en un equívoco.

Su respetuoso, devoto y desolado

MARCEL PROUST

29. A ANDRÉ GIDE

[*10 u 11 de junio de 1914*]

Querido amigo:[1]

Le agradezco mil veces que haya tenido la gentileza de escribirme. Temo que poco de lo que he querido decir haya pasado a mis frases y que lo único que para mí valía la pena escribir se haya quedado en la pluma.

Es mucha bondad por su parte preocuparse por mis problemas y por mis penas; lamentablemente, la gota que ha colmado el vaso ha sido la muerte de un jovencito [Agostinelli] al que probablemente quería más que a cualquier amigo, en vista de cuán desgraciado me siento tras lo sucedido. Era de «extracción» muy humilde y nada culto, y sin embargo tengo cartas de él que son de gran escritor. Tenía una inteligencia deliciosa, aunque no era ésta la razón por la que yo lo amaba. Me llevó bastante tiempo, aunque menos que a él en cualquier caso, darme cuenta de ello. Descubrí en él esa valía maravillosa incompatible con todo lo que él era, lo descubrí con asombro, pero sin que añadiera nada a mi afecto. Y tras descubrirlo sólo experimenté cierto placer revelándoselo. Pero murió antes de haberse dado perfecta cuenta de lo que era, antes incluso de serlo enteramente. Y todo ello se une a circunstancias tan horribles que, destrozado como estaba, no sé cómo consigo soportar este dolor.

Gracias también por haber sido indulgente con el señor de Charlus.[2] He tratado de describir al homosexual prendado

[1] Proust mantuvo una relación frecuente con el escritor André Gide, aunque nunca fue su amigo. En 1912 la editorial de la *Nouvelle Revue Française* había rechazado *Du côté de chez Swann*, que Proust había enviado para su publicación. En una carta del 11 de enero de 2014 Gide le escribió a Proust: «El rechazo de ese libro quedará como el error más grave de la NRF y (como yo tengo la vergüenza de ser muy responsable) una de las penas, de los remordimientos más dolorosos de mi vida».

[2] Gide se había referido en su carta en términos muy elogiosos al retra-

de la virilidad porque, sin él saberlo, es Mujer. No pretendo que sea el único tipo de homosexual, pero es un tipo interesantísimo que, creo, nunca antes se ha descrito. Como todos los homosexuales, por lo demás, es distinto del resto de los hombres, en ciertos aspectos peor, infinitamente mejor en muchos otros. Del mismo modo que puede decirse: «Existe cierta relación entre la condición física artrítica o nerviosa de alguien y su sensibilidad, etcétera», estoy convencido de que es a su homosexualidad a lo que el señor de Charlus debe la capacidad de comprender tantas cosas que no están al alcance, en cambio, de su hermano, el duque de Guermantes, así como su sutileza y sensibilidad. Lo he puesto en evidencia desde un principio. Por desgracia, el esfuerzo de objetividad que he hecho en esa parte como en otras hará el libro particularmente detestable.

En el tercer volumen, donde el señor de Charlus (que en éste hace sólo una aparición) ocupa un lugar considerable, los enemigos de la homosexualidad se sublevarán ante las escenas que describiré. Y los otros tampoco quedarán contentos de ver presentado su ideal viril como resultado de un temperamento femenino.

En cuanto a este volumen (donde el señor de Charlus aparecerá en otros pasajes además del que usted ha leído), no sé si debo dejar el título de *Le Côté de Guermantes*. En las novelas rusas, inglesas, así como en las novelas francesas de otro tiempo, pone Primera Parte, Segunda Parte, y nadie se asombra de que una parte comience al final del primer volumen y termine al comienzo del tercero. Pero, cuando los volúmenes tienen títulos distintos, es un problema. En realidad la primera parte de *Le Côté de Guermantes* se desarrolla aún en el *côté* de Swann, mientras que el primer tercio del tercer volumen se desarrolla en el *côté* de Guermantes. ¿Hay que

---

to que Proust hacía del barón de Charlus. En el *Diario* de Gide hay múltiples alusiones a las diferencias que existían entre su forma de abordar la homosexualidad y la de Proust.

dejar este título y explicar la imprecisión en una nota o encontrar para el segundo volumen otro título?

Por lo que se refiere al título general de la obra, *À la recherche du temps perdu*, la interpretación que ha dado de ella el señor de Ghéon ha sido verdaderamente funesta para mí, porque (prueba, por otra parte, de su gran influencia) no hay ya un crítico, holandés o bretón, que no me «reserve», en los términos más desafortunados, los mismos reproches. Y sin embargo debería estar claro que «tiempo perdido» significa «pasado», y visto que anunciaba el tercer volumen con el título *Le Temps retrouvé*, era bastante evidente que me dirigía *hacia* algún lugar, que no se trataba de una ociosa evocación de *dilettante*. ¿Hubiera debido, pues, hacer explícito desde el principio lo que me propongo revelar sólo al final? No lo creo, ni tampoco que fuese acertado desde el punto de vista artístico desvelar enseguida que si Swann deja que el señor de Charlus salga con Odette es porque el señor de Charlus estuvo enamorado de Swann desde los tiempos de la escuela, por lo que Swann sabe que no tiene ninguna razón para los celos.

Querido amigo, me gusta tanto charlar con usted que me fatigo demasiado. Me despido y le reitero mi agradecimiento, con todo mi afecto y mi admiración.

MARCEL PROUST

30. A REYNALDO HAHN

[*Poco después del 24 de octubre de 1914*]

Querido Reynaldo:

Le agradezco de corazón su carta, imperecedero monumento de bondad y de amistad. Pero Bize se equivoca de medio a medio si cree que un certificado me dispensa de cualquier cosa.[1] Tal vez un certificado de Pozzi, teniente coro-

[1] Reynaldo Hahn había obtenido un certificado médico del doctor Bize exponiendo que Proust no podía cumplir ningún tipo de servicio militar por su estado de salud.

nel en el Val-de-Grâce, habría podido hacerlo (aunque no lo creo), pero con unos modales encantadores y un proceder perfecto lo ha eludido y rechazado. Le tendré al corriente de mis desventuras militarescas cuando se produzcan.

Querido mío, es muy amable por haber pensado que Cabourg me habría resultado penoso debido a Agostinelli. Debo confesar para mi vergüenza que no lo fue tanto como yo hubiera creído y que ese viaje más bien marcó una primera etapa de indiferencia hacia mi tristeza, etapa tras la cual felizmente he retrocedido, una vez de vuelta, hacia los primeros sufrimientos. Pero en Cabourg, sin dejar de estar triste ni de añorarlo, hubo momentos, quizá horas, en que desapareció de mi pensamiento.

Querido mío, no vaya a juzgarme demasiado mal por eso (¡tan mal como me juzgo yo!). Y no augure por ello una falta de fidelidad en mis afectos, como yo cometí el error de augurarla respecto a usted cuando le veía echar poco de menos a gente de mundo a la que yo creía que usted quería mucho. Entonces supuse que había en usted menos ternura de la que le había creído. Sólo después he comprendido que era porque se trataba de personas a las que no quería usted de verdad. Yo quiero de veras a Alfred. No es mucho decir que le amaba, pues lo adoraba. Y no sé por qué he escrito esto en pasado, porque lo sigo queriendo. Pero, pese a todo, hay en las lamentaciones una parte de no voluntariedad y otra de deber que fija lo involuntario y asegura su duración. Pues bien, este deber no existe hacia Alfred, que se había portado muy mal conmigo y no le niego el sentimiento de pesar que no puedo dejar de sentir por él, ni me siento obligado con él por un deber como el que me une a usted, que me uniría a usted incluso si le debiera mil veces menos, si le amara mil veces menos. Por tanto, si tuve en Cabourg algunas semanas de relativa inconstancia, no me juzgue por ello inconstante, ni acuse por ello sino a aquel que no podía ser merecedor de fidelidad. He tenido, por otra parte, una gran alegría de ver que mis sufrimientos retornaban; pero a ratos son lo bastante vivos para que eche de menos un poco del apaciguamiento de hace un mes. Pero tengo también la tristeza de sentir que, incluso vivos, son, sin embargo, quizá menos obsesivos que hace un mes y medio o dos meses. No es que la pena disminuya porque los otros están muertos, sino porque uno mismo muere. Y hace falta una enorme vitalidad para mantener y hacer vivir intacto el «yo» de hace algunas semanas. Su amigo no lo ha olvidado, pobre Alfred. Pero se ha reunido con él en la muerte, y su heredero, el «yo» de hoy, ama a Alfred, pero sólo lo ha conocido por lo que contaba el otro. Es un cariño de segunda mano. (Le ruego que no hable de todo esto con nadie; si el carácter general de estas verdades le provocara la tentación de leer algunos extractos a Gregh o a otros, me causaría un gran pesar. Si alguna vez quiero formular tales cosas será bajo el pseudónimo de Swann. Por otra parte, no tengo ya que formularlas. Hace mucho tiempo que la vida no me ofrece más que acontecimientos que ya he descrito. Cuando lea mi tercer volumen, el que se llama en parte *A la sombra de las muchachas en flor*, reconocerá la anticipación y la segura profecía de lo que he experimentado posteriormente).

Espero que lo que le he escrito ya le haya convencido y que siga estando en Albi. Por otra parte, espero que su querido comandante, si sus veleidades absurdas persisten, sabrá «mandar» y usted «obedecer». No quiero dar la impresión de eludir sus preguntas sobre mí mismo, pues sé que no me las hace por cortesía; no me «alimento» en este momento, pues la frecuencia de las crisis lo impide. Sabe usted que en cuanto disminuyen, sé remontar la pendiente, recuerde el año pasado y mi victoria del Marne. Lamento un poco lo que le he escrito de Pozzi. Creo que no está muy bien con Février, el director del Servicio de Salud ni con los de Galliéni. Por lo demás, todo esto será sin duda inútil, ya que quizá no seré llamado a filas. En todo caso, me he alistado. La causa de mi exención es una debilidad visible como la falta de un pulgar, etcétera. Enfermedades como el asma no están previstas. Es cierto que para mi libro fui entrevistado en la cama; pero ¡¿acaso cree que el gobierno militar de París lo sabe?! Bize se equivoca si cree que es una exención legal.

Mil cariños de su

MARCEL

Recibo en este instante el certificado de Bize, voy a escribirle para pedirle que lo haga de otro modo, en papel de sesenta gramos, pues este certificado sin validez de dispensa puede serme útil llegado el momento. Pero no urge, no seré llamado a filas en ningún caso antes de un mes o dos. De todos modos, voy a escribirle.

P. D.: Le ruego que mi carta no vaya a hacerle pensar que he olvidado a Alfred. A pesar de la distancia que siento, ¡ay!, a ratos, ni siquiera en estos momentos dudaría en correr para hacerme cortar un brazo o una pierna si eso pudiera resucitarlo.

3.ª P. D.: Sobre todo, querido mío, no haga nada por oponerse. Lo que hizo usted fue divinamente amable y ha sido perfecto. Pero hacer otra cosa no podría sino acarrearme complicaciones. Creo que todo saldrá estupendamente. Y, por otra parte, no será antes de algunos meses. ¿Qué piensa el comandante de la guerra? ¿Cuánto cree que va a durar y cuál será el resultado, cómo ve el *presente*, el pasado, el porvenir?

31. A LOUISA DE MORNAND

[*Hacia junio de 1917*]

Mi querida Louisa:

Me es imposible explicarle sino brevemente la gran pena que me causa su carta.[1] Esta gran pena es de lo más natural:

[1] En la carta le comunicaba la muerte de su hermano, en abril de 1917.

queriéndola a usted como la quiero, no puedo dejar de sentirme cruelmente afectado por la idea de que sufre. Y, como sabe, en estos casos se piensa tanto más en los seres que se quiere, aunque este pensamiento resulte doloroso, como cuando se está enfermo hace uno precisamente los movimientos que lo atormentan y no debería hacer.

Si le escribo brevemente sobre mis dolencias y mi pena es porque esta mañana mientras hacía mis inhalaciones, como probablemente hasta mis polvos antihistamínicos deben de estar menos bien fabricados durante la guerra, me ha saltado a los ojos una pizca inflamada abrasándome la comisura de un ojo. No he visto al médico y creo que no será nada, pero sigue doliéndome bastante, y ha sido necesaria la noticia de la desgracia que me anuncia usted para que hiciera el esfuerzo de escribir.

No me extraña que Louis [de Albufera] le haya escrito una carta deliciosa. Como le decía últimamente a cierto número de damas a las que prácticamente ha formado él pero que sin embargo tal vez no lo conozcan tan bien como yo, tiene el corazón más grande que conozco y no hay cartas que me gusten tanto como las suyas.

Admiro infinitamente lo que hace usted por la familia de su pobre hermano. E imagínese (me parece, por lo demás, que se lo dije a Louis) que, a partir de una fotografía que vi de él, sentí una gran curiosidad por conocerle, pues siempre he sido curioso por lo que podía ofrecer la transposición de un rostro amigo, o amado, del sexo masculino al femenino, y viceversa. Fue así como hace tres años deseaba mucho ver al pequeño Bénardaky, hermano de una mujer que cuando tenía yo quince años fue el gran amor de mi juventud y por quien quise quitarme la vida. Hacía muchos años de eso, pues, a pesar de lo cual sentía curiosidad por ver a su joven hermano. Lamentablemente murió casi al comienzo de la guerra. Si mis ojos no me abandonaran podría citarle muchos otros casos, entre otros el de un tal señor de Fréminville (al que, por lo demás, nunca he conocido, pero es el hijo de una mujer con la que jugaba en los Campos Elíseos, aunque fuera sensiblemente mayor que yo).

Hasta la vista, mi querida Louisa, mi corazón no se cansa de charlar con el suyo. Recuérdele de mi parte a Louis que no me escribe ya y no contesta mis últimas cartas, las cuales, por otra parte, no requerían ninguna respuesta, pero me gusta seguir en contacto con sus pensamientos.

Suyo afectísimo,

MARCEL PROUST

Le contaré en otra ocasión cómo en un restaurante creí reconocerla a tal punto que hice preguntar si era la señorita de Mornand. La dama se llamaba, si no recuerdo mal, señora Dussaud. ¿Se parecen?

32. A LIONEL HAUSER

Sábado noche [*26 de octubre de 1918*]

Mi querido Lionel:[1]

Antes de responder a tu carta, quisiera decirte que, si mal no recuerdo, en una carta, no personal sino a tu banco, recibida ayer, la cifra de los títulos egipcios vendidos no era muy legible en el texto mecanografiado, pero me pareció algo inferior a la de las rentas francesas suscritas. Por consiguiente, seré deudor con tu banco por la diferencia. Como nunca he podido soportar tener deudas, espero que tengas la amabilidad de hacerme saber lo que debo a fin de pagarlo inmediatamente.

Una cuestión más. La conversión de mis bonos rusos representa un verdadero beneficio para mí (creo que tengo al-

[1] Lionel Hauser tenía con Proust una curiosa amistad que hace su correspondencia muy interesante. Era su banquero y asesor financiero, y también compartía con él ideas filosóficas y literarias.

rededor de cuarenta obligaciones al 4 por ciento). Te lo digo porque como ello obligará a la banca Rothschild a liquidarme mi saldo a favor e incluso quizá a emplear por adelantado los próximos pagos atrasados, no podría por decoro, durante un tiempo, extenderle cheques. Ahora bien, como me dices que no deseas que presente cheques al London Bank, cuando Céleste me presente sus cuentas, la nota del carbonero, etcétera, será preciso que me dirija a uno de estos dos establecimientos.

Dicho esto, paso a mi respuesta. Afirmas que tu bondad por mí no entraña ninguna simpatía especial y es la misma que le habrías dedicado a un desconocido que pasara por la calle, que por consiguiente no te debo agradecimiento alguno. Permíteme que lo analice y te diga: 1.º Que quizá esta simpatía es parte integrante, sin embargo, de la composición de la mencionada bondad, aunque a ti se te escape. 2.º Que tal vez no se te escapa, pero te parece más delicado decir que habrías hecho eso por cualquiera. 3.º Que si, no obstante, la simpatía no existe, el hecho de que actuaras con todo el mundo igual más bien aumenta que disminuye mi agradecimiento. He tenido ocasión últimamente de hacer grandes favores a dos personas que no conocía, que me resultan antipáticas y están probablemente destinadas a ignorar lo que yo he hecho. Lo que hice en su favor es la cosa más natural del mundo, pero me parece más meritorio que si esas personas hubieran sido de mi agrado u objeto de cierta amistad por mi parte o de una simpatía especial. Te desafío, pues, como conclusión de este razonamiento, a eximirme de reconocimiento, aunque sólo sea en nombre de tus teorías, a fin de no relegarme a la casta de los seres no evolucionados.

Lo que dices del «corazón» es totalmente cierto. Empleé la palabra tan sólo por alusión a la cita de Pascal.[1] Pero no hay

[1] Cita de Blaise Pascal, *Pensamientos*: «El corazón tiene sus razones que la razón no conoce».

nada más alejado del «corazón» que ese sentimiento egoísta, llamado amor, que en las tragedias de Racine incluso lleva al asesinato o al suicidio por poco que el ser elegido no parezca profesar el mismo sentimiento. Lo cual no significa en absoluto que este amor me parezca desprovisto de interés. Es un tema importante para la filosofía, lleno de enseñanzas para quien lo analiza, pero atroz, algo sé de ello, para quien lo experimenta.[1] Sin embargo, jamás he pretendido asimilarlo al buen corazón.

Finalmente, para terminar, unas palabras relativas a mi apartamento. Si te sitúas en el punto de vista de la vanidad, es totalmente exacto que un apartamento más modesto me bastaría perfectamente. En efecto, incluso suponiendo que yo fuese vanidoso, y padeciera este tipo particular de vanidad, no podría deducirse ninguna de mi apartamento, y voy a decirte el porqué: no dejo entrar a nadie. Cuando veo a gente lo hago en otras partes. Estaría de más cualquier otra explicación y lo comprenderías todo si vieras mi comedor. De arriba abajo, las sillas, las mesas, los aparadores, cosas que no puedo siquiera reconocer bajo el polvo, armarios con cristales, mesas de tocador, se hallan esparcidas en un verdadero guardamuebles en el que sería imposible entrar. Quiero decirte con esto que desde que me mudé a la casa (hará unos doce años, creo) no he hecho una *sola comida*, digo ni una. O me acuesto y tomo café con leche en mi cama, o, si me levanto, como en un restaurante.

Desgraciadamente, el punto de vista de la vanidad no es el único en el mundo. Ha resultado que en ese apartamento tengo menos asma que en otros lugares. Por otra parte, la aclimatación a un nuevo apartamento entrañaría ataques de asma durante un tiempo prolongado (aunque el apartamento ter-

[1] En este párrafo está condensada la concepción del amor de Proust como un sentimiento egoísta y que conduce a la infelicidad, pero que es, al mismo tiempo, una fuente extraordinaria de experiencia y sabiduría.

minara conviniéndome). No creo que mi salud esté en condiciones de soportar eso (mi alquiler es de seis mil quinientos francos). Por otra parte, no puedo plantearme la cuestión actualmente. Como el señor Neuburger me ha aconsejado que no pague a mi casero hasta que haya cobrado mi cheque de treinta mil francos (y a este respecto me pregunto si podré cobrarlo por las buenas, ya que no he cumplido con ninguna de las formalidades requeridas por la ley, pero era preferible), no puedo mudarme antes de eso.

Veo que la mañana despunta e imito a Sherezade: «Al ver que la mañana se acercaba interrumpió el relato», y sin otro particular me despido con mi cariño agradecido,

MARCEL PROUST

33. A PAUL SOUDAY

Jueves [*1.º de enero de 1920*]

Estimado señor:

Acabo de leer hace un momento su artículo de *Le Temps*.[1] Las últimas líneas sobre el amor son admirables. Le hablaré de ellas dentro de un momento. En las primeras, sobre la concesión del premio [Goncourt], me defiende usted con un sentimiento en el que reconozco, además del sentido de la justicia, una benevolencia que desearía tratar de convertir en simpatía cuando nos veamos. La hay ya por mi parte (muy deferente).

Por lo que se refiere al propio artículo, estoy muy impresionado. Es usted demasiado indulgente con mis retratos. Sin embargo, otros críticos, sobre todo extranjeros, gustaban más de mi libro. El Premio Goncourt debería tener como finalidad útil hacer que la obra sea leída. Un artículo, y más de una personalidad tan notoria, en el que se muestra en primer

[1] La carta responde a un artículo de Paul Souday, del 1.º de enero de 1920, de crítica a los libros de Proust publicados por la NRF.

lugar el rechazo a leerlo por cómo se presenta materialmente, por lo extenso de las frases (yo vuelvo siempre a «frases a lo Patin»), neutraliza en cierto modo el efecto del premio y desalienta al lector. Pero tiene usted mil veces razón al decir lo que piensa, y además el papel del crítico no es en absoluto el mismo que el del escritor que gana un premio. No tiene sólo que señalar, tiene que juzgar.

Espero que no pasen varios meses sin que nos encontremos para comer, si tiene usted a bien aceptarlo. Mientras tanto, permítame disculparme por lo siguiente: cuando se preparó el número de la *Nouvelle Revue Française*, éste no era lo bastante extenso, Jacques Rivière estaba enfermo (menos que yo, sin embargo); para aligerar su tarea, hice deprisa y corriendo, sin ningún libro a mano, un artículo sobre el estilo de Flaubert;[1] como lo escribí en unas pocas horas no pude encontrar lo que usted había escrito sobre el mismo tema y yo quería citar. Pensé en subsanarlo en la lectura de pruebas, pero no las recibí; el propio Jacques Rivière se fue a corregir y cerrar el número a Brujas. Cuento con reunir un día algunos estudios literarios, y en ese volumen figurará el artículo sobre Flaubert. Mucho me gustará, de aquí a entonces, entenderme con usted. Tal como es, el artículo, que le envío, le demostrará que no soy tan indiferente como usted cree a las cuestiones de gramática. Nuestra conclusión es, me parece a mí, casi idéntica.

Aquí me tiene, querido señor, muy cansado para hablarle de su final magnífico sobre el amor. Creo que su antisubjetivismo es muy apropiado *para usted*, porque ha encontrado a un ser excepcional, y la señora Souday explicó sobradamente por qué hizo usted «cantar su sueño», como ella hizo cantar el suyo. Pero como tales uniones son tan raras sólo pueden justificar el pensamiento de aquellos bendecidos por las

[1] «A propósito del estilo de Flaubert», publicado en *Nouvelle Revue Française* en junio de 1920.

mismas. Tal era ella, porque tal era usted. Tiene derecho a ser optimista y objetivista. El novelista tiene el deber de ser pesimista y fenomenista.

Profundamente agradecido, su

MARCEL PROUST

Estoy un poco asustado de ver que el señor de Charlus parece al lector sólo un noble lleno de prejuicios. Es, en efecto, la primera impresión que produce y seguirá produciendo durante algún tiempo al «narrador», que usted con tanta finura ha distinguido de mí, pero, en realidad, el señor de Charlus (y esto es lo que explica esa misantropía, esos cambios bruscos de carácter, con respeto al «yo») es una vieja «tía»[1] (puedo decir la palabra pues está en Balzac). Pero si continuara hablándole de mi libro no acabaría nunca, «como dice usted respecto a *Swann*».

Y, para terminar (pues he retomado esta carta interrumpida), le diré que aprecio aún más todas las amabilidades que ha tenido conmigo en ese artículo desde que he visto a algunos fervorosos admiradores de Souday que no habían leído *Le Temps* porque era Año Nuevo: «*Ab uno disce omnes*» ['Por uno los conocerás a todos'].[2] He comprendido que, en efecto, ese artículo sería mucho menos leído que otros debido a la fecha nefasta y, como se tarda en comprender bien la recompensa de lo que uno pierde, sólo ahora he reparado de golpe, al advertir que no sería demasiado leído, que este artículo buenísimo (ya me había dado cuenta de que era buenísimo y, hacia el final, soberbio) era también, cosa que había ignorado, un artículo inmensamente favorable. No puedo evitar que sea el primero de enero. *Habent sua fata libelli* ['Los libros tienen su destino'].[3] Pero, como dice el pro-

[1] *Tante* en el original, en argot 'homosexual masculino'. (*N. del T.*).

[2] Virgilio, *Eneida*, II, vv. 65-66.

[3] Terencio Mauro, *De litteris, de syllabis, de metris*, v. 1286.

verbio, no hay mal que por bien no venga, y este lamentable accidente me ha permitido apreciar mejor la deuda que he contraído con usted: el reconocimiento y un afecto tan amistoso como deferente.

MARCEL PROUST

34. A JACQUES BENOIST-MÉCHIN

[*Finales de mayo o principios de junio de 1922*]

[-] No se disculpe usted, soy yo el que está equivocado. Hubiera hecho mejor informándome antes de escribirle. Pero, tal como están las cosas son infinitamente más interesantes de lo que cabe imaginar, pues su fotografía me ha confirmado lo bien fundado de mis concepciones sobre el amor. Así que no se asombre si le concedo una gran importancia. Pienso, en efecto, que los hombres aman a tal o cual mujer aislada, pero cierto tipo de mujer del que no se apartan nunca. Si, a raíz de un duelo o de una separación, pierden a la mujer que aman, corren detrás de su tipo, que persiguen obstinadamente, aunque a menudo sin saberlo. Su padre se casó en segundas nupcias con su señora madre, y ello porque encarnaba ese tipo especial que él amaba por encima de todo. Debía de guardar un parecido, por algún lado, con su primera esposa. No es, pues, de extrañar que yo encuentre en su imagen algunos rasgos de una mujer que no era su madre y que usted sin duda no ha visto nunca. A través de ella, un reflejo del tipo de mujer que amaba su padre vino a posarse sobre su rostro, creando de alguna manera una semejanza en segundo grado. Esto confirma todo lo que pienso y, como puede ver, a pesar de las apariencias, no ando equivocado. Por otra parte, hablaremos de ello cuando venga a verme, pues espero que me dará esa satisfacción con ocasión del próximo permiso que pase usted en París [-]

III. LA AMISTAD

35. A ROBERT DREYFUS

L'Isle-Adam [*7 de septiembre de 1888*]

Mi querido amigo:[1]

¿Querías hacerme saber educadamente que [Daniel] Halévy me consideraba un chiflado? Te confieso no haber entendido muy bien.

No creo que un tipo corresponda a un carácter. *Creo* que lo que a nosotros nos parece intuir de un carácter es tan sólo el resultado de una asociación de ideas. Me explico, poniendo por delante que mi teoría, totalmente personal, podría estar del todo equivocada.

Así, supongamos que en la vida, o en una obra literaria, tú te topas con alguien que llora por una desgracia ajena. Como cada vez que has visto a un tipo sentir compasión se trataba de un ser sensible, dulce y bueno, deducirás que éste también lo es, pues construimos en nuestra mente un carácter sólo a partir de la observación de algunos trazos que suponen otros. Pero es una construcción un tanto hipotética. *Quare*, mientras que Coquelin considera que Alcestes huye de los hombres a causa de su absurdo mal humor, Worms cree que se debe a un noble desprecio de las bajas pasiones. *Item* en la vida. Así Halévy me planta, arreglándoselas para que yo me entere de que lo hizo expresamente, pues al cabo de un

[1] Proust, en una carta de 1920, lo consideraba «uno de mis más viejos amigos». Eran amigos desde la infancia y se reencontraron en el Liceo Condorcet. Durante toda su vida compartieron sus libros, artículos e ideas literarias y políticas, sobre todo desde que Dreyfus fue redactor de *Le Figaro*.

mes acaba por dar señales de vida. Ahora bien, de las distintas personas de que estoy hecho, la romántica, a la que hago poco caso, me dice: «Lo ha hecho para chincharte, divertirse y ponerte a prueba, pero no desea dejarte de verdad». Y, así, esta persona me presenta a Halévy como un amigo fantástico y deseoso de conocerme.

Pero la persona desconfiada, que yo prefiero, me dice que es mucho más simple, que exaspero a Halévy, que mi entusiasmo se le antoja—sensato como es—primero ridículo y luego tedioso, que quiso hacerme comprender que era pegajoso y quitárseme de encima. Cuando se dio cuenta definitivamente de que yo no lo fastidiaría más con mi presencia, me dirigió la palabra. Este caballero no sabe si ese pequeño gesto estuvo motivado por la compasión, por la indiferencia o por la moderación, pero sí sabe perfectamente que no tiene ninguna importancia y ya apenas le preocupa, o sólo le preocupa como problema psicológico.

Pero está la cuestión de la carta: ¿será A o B? Ésta es la madre del cordero. Si es A (conjunto de fenómenos de amistad), la ruptura no tiene más importancia que un capricho, una prueba, un desaire, y lo que cuenta es la reconciliación. Si, en cambio, es B—antipatía—, la reconciliación no es nada y lo que cuenta es la ruptura.

¡Oh! ¡Perdón! He dedicado toda la carta a exponer mi teoría y ahora Joyant me reclama. Te escribiré en otra ocasión. Pero sobre este asunto tú podrías confirmar mis investigaciones psicológicas, pues sabes si Halévy te ha dicho (y no le guardaré rencor): «Ese Proust, ¡qué pelmazo!».

O «ese Proust es muy gentil».

Es cierto que hay una tercera solución, la más probable: que no te haya dicho nada.

Yo no soy más que un elemento indiferente.

Aclárame este pequeño problema. Te responderé sobre lo que quieras.

Tres perdones:

1. Por no haberte respondido antes: pero mi madre y mi hermano partían. Luego mi traslado a casa de Joyant.

2. Por eso escribo mal y a vuela pluma todos los puntos de vista: Joyant me espera.

3. Por haberte fastidiado con esta historia... ¡Pero es que me interesa!...

Sinceramente tuyo,

MARCEL PROUST

(Monograma de Joyant, en cuya casa estoy en L'Isle-Adam, pero escríbeme a Auteuil, adonde vuelvo esta noche).

36. A ROBERT DREYFUS

[*10? de septiembre de 1888*]

Mi querido amigo:

Hoy hace tan buen día que he tenido veleidades de gran señor. Quisiera consagrarme a la comedia. Lo que significa para mí recibir o ver a muchos compañeros, salir de mí mismo, estar tranquilo, o apasionado, o mostrarme extravagante, u obsceno, según mi antojo, seguir las inclinaciones de mi cuerpo y entregarme al espectáculo no sólo de las tonterías de la mayoría, sino también de la originalidad, o únicamente del carácter de algunos. Me gustaría decirle a J[acques] B[izet] que lo adoro y a X o a Y que soy un decadente. Como hoy no me puedo permitir este regio placer, trato de resarcirme yendo en coche a las Acacias. Es, para mi gusto, la flor de la estética parisiense en 1888. Gustosamente la analizaría si fuese periodista, lo que me divertiría una barbaridad, tanto es así que quise crear una revista en el liceo. Floreció sobre unos hombros verdaderamente blancos y dulces, en caprichos de telas a veces exquisitas. Como una gran cortesana cuya nuca tiene justamente el ensanchamiento seductor de las ánforas en que los pacientes etruscos expresaron todo su ideal, su sueño consolador de gracia, cuyos labios tienen el mismo pliegue que el de las vírgenes ingenuas de Luini (Bernardino) o de Botticelli, que yo prefiero de lejos a las de Rafael—¡córcholis, adónde he ido a parar!—... Espere, que releo, ah, sí, esa cortesana, decía, encierra entre los pliegues sabiamente ondulados de su vestido violeta más encanto que muchos «salones». Sobre todo es más moderna y sincera. Quiero decir que expresa con naturalidad, sin ánimo de imitación (como ocurre involuntariamente en pintura o en poesía), sin actitudes idealísticas o brutales lo que le parece el súmmum de la belleza, de la elegancia, con unos materiales absolutamente raros y preciosos, telas de un rosa más adorable que el cielo de las seis, que los crespones azules—que tienen la profundidad de un agua calma—. Me temo que en esto soy un poco Ohnet. Lo que me conforta es que amo en ella otra cosa de lo que ama Georges Ohnet y que la cambiante realidad es de por sí poco significativa.

Otro placer sería hablar mal de nuestros amigos, *querida mía*. Haciendo comedia, siendo otro distinto, puedo hablar mal sin cometer delito alguno. También de mí. Con gusto haría incluso mi retrato, un pedacito de mi retrato: «Querida mía, ¿conoce a X, es decir, a M. P.? Le confesaré que yo le tengo un poco de inquina, con sus grandes entusiasmos perpetuos, sus aires de persona atareada, sus grandes pasiones y sus adjetivos. Sobre todo me parece muy loco o muy falso. Juzgue usted. Es lo que yo llamaría un hombre de declaraciones. Al cabo de ocho días te da a entender que se siente atraído por ti, y con el pretexto de amar a un compañero como a un padre lo ama como una mujer. Va a verlo, proclama por todas partes su gran cariño, no lo pierde un instante de vista. Las charlas le saben a poco. Necesita el misterio y la regularidad de las citas. Te escribe cartas... febriles. Con la excusa de burlarse, de hacer frases, *pastiches*, te da a entender que tus ojos son divinos y que tus labios le tientan. Lo desagradable, *querida mía*, es que tras haber montado un escándalo a B lo deja y dedica sus mimos a D, para pronto dejarlo y arrojarse a los pies de E, e inmediatamente después a las rodillas de F. Es un p...,[1] ¿acaso está loco, es un charlatán o un imbécil? Creo que no lo sabremos nunca. Tal vez es todas estas cosas a la vez. No sé si esto es detestable, absurdo, verdadero. Me inclino a pensar que no significa nada. En todo caso, *querida mía*, no responda a sus ardientes ofrecimientos, si un día se los hiciese. Porque me cuentan que conserva ciertas cartas... En resumen, tiene la llave de varias intrigas. Me gustaría charlar una hora seriamente con él. Pero no, me besaría».

Te doy permiso, querido amigo, para enseñar esta carta a D[aniel] H[alévy], aunque la haya escrito a galope tendido, pues me sentía acicateado todo el tiempo por la hora, antes de ir al picadero.

Así que te dejo, habiendo expiado mis pecados con esta confesión, si es que lo es. Probablemente lo es. Pero, como dice Lemaître, se podría asegurar lo contrario, y en mi opinión con más razón. ¿Tú qué crees?

En todo caso, si es un retrato, es poco halagüeño y me halagaría menos que el retrato que hago de ti—según tú—escudado en tu desprecio por lo vulgar y poniendo en escena un Dreyfus imaginario, muy irónico.

Por supuesto que, si enseñas esta carta al mencionado D. H., será con la previa y formal obligación de no decir palabra de ella a nadie, siquiera y sobre todo a su hermano. Por último, no temas, a pesar de lo que decía hace un momento, que enseño tus cartas a alguien. Supongo que si D. H. viera este retrato diría lo que ya dijo de mí: «Es demasiado sincero para serlo realmente».

Y no le faltaría razón.

Estoy convencido, en efecto (es una de las únicas cosas de

[1] Seguramente *pédéraste*, término usual para referirse al homosexual en época de Proust, que difería de lo que en nuestros días se entiende por pederasta.

las que estoy convencido), de que hay cosas que sería detestable decir de uno mismo, a menos que fuese una mistificación trascendental, lo cual también es de mal gusto. Así que, a fin de cuentas, preferiría que no mostrases la carta a H.

Tuyo,

MARCEL P.

37. A ROBERT DE MONTESQUIOU

Boulevard Malesherbes, 9
Domingo a las 11 [*13 de mayo? de 1894*]

Estimado señor:[1]

Si se digna leer el estudio adjunto comprenderá por qué esta noche estoy particularmente *agradecido* (un estudio de hace mucho tiempo que no le enviaría si no se hubiese vuelto de actualidad, lamentablemente, por causa suya). Permítame no añadir justificación alguna. Renuncio desde ahora a él, convencido de que no podemos entendernos a un determinado nivel de profundidad sin tomárnoslo por el lado trágico. La máxima «a buen entendedor, pocas palabras bastan» es demasiado limitada. El mal entendedor puede, por otros aspectos, ser «delicioso». ¿Para qué privarse de sus delicias por una triste intransigencia? Los destinos de todos nosotros están sin duda hechos para ser vividos, no para ser comprendidos. Si quienes los desconocen los embellecen de otra manera, ¿por qué dejarles por unos reproches inevitablemente desconocidos o incomprendidos, y en cualquier caso muy molestos? Un malentendido (que yo creía equivocadamente

[1] Robert de Montesquiou fue una de las influencias más notables en el comienzo de la vida intelectual y mundana de Proust. Mantuvieron relación durante toda su vida, aunque con frecuencia e intensidad desigual. Poeta, esteta y crítico de arte inició a Proust en el conocimiento de Ruskin y de la historia del arte. Personaje extravagante, dio origen al barón de Charlus en *En busca del tiempo perdido*.

disipado) que se reaviva al cabo de un año es un malentendido eterno. Hay leyes tanto en la aritmética como en la cronología del sentimiento. ¿Es incompetencia sobre un punto por parte suya o inconsciencia por parte mía? No me veo capaz de discutirlo. Pero, para no volver nunca a tratar de convencerle, o bien carezco de acento o bien de oído. Sea como fuere, renunciando para siempre a una confianza más estrecha, y lamentando solamente, sin dejar de admirarle, a aquel que deja que se marchite bajo sus dedos recelosos la entrega más emocionada y el más sincero afecto, guardo un gusto demasiado profundo por el encanto de su inteligencia, una admiración demasiado sincera por su bondad hacia mí, para dejar debido a esta renuncia sentimental de disfrutar de forma tan viva de su trato, si se digna usted mantenerlo. Y le mando mil respetos afectuosos. Voy a escribir para el sábado al Folies-Bergère.

MARCEL PROUST

No tarde demasiado, señor, en mandar a recoger el pajarito azul. Me temo que muera esta noche. Tal vez lo encuentren ya muerto.

38. A CONSTANTIN DE BRANCOVAN

[*31 de enero? de 1901*]

Querido amigo:

No me atrevo a pensar que las ondas espirituales de las que habla el Nuevo Instituto de Psicología y capaces de superar distancias para alcanzar el objeto que ha provocado su partida, existan realmente, para que le hayan hecho creer que, con gripe desde el día de Año Nuevo, esperaba sentirme bien algún día para expresarle la tristeza que me causa su ausencia y todo el agradecimiento por los afectuosos recuerdos con los que ha tenido a bien reconfortarme y consolarme. Todos los que saben lo que es la amistad apreciarían su gentileza. Pero si piensa que, siempre enfermo, sin diversiones, sin un objetivo, sin actividad, sin ambición, con mi vida acabada ante mí y el sentimiento de pena que yo causo a mis padres, tengo muy pocos motivos para la alegría, comprenderá cuánta importancia pueden adquirir para mí las emociones de la amistad, y qué simpatía puede sentir un corazón separado de tantas cosas por sus amigos y el agradecimiento a los que como usted responden a unas muestras de amabilidad y de afecto delicadas. Gracias, pues, de corazón. Su hermosa carta me ha resultado muy interesante. Estoy tanto más interesado que nadie por los planes de vida cuanto que yo tendría tanta necesidad de tener uno para la mía y algunos pasajes un poco oscuros, no por el pensamiento ni por el estilo, sino por la escritura, requieren de una aclaración que le pediré a la vuelta, todo lo que cuenta de esa «*vita nuova*» me ha impresionado mucho y pienso a menudo en ella desde entonces. En cuanto a su telegrama del día de Año Nuevo me ha producido un placer infinito. No olvidaré el momento en que lo recibí. Tuve el sentimiento de la presencia real de la amistad.

Ahora, querido amigo, no expresaré ningún deseo respecto a usted, ni para su regreso ni de otro tipo. El objetivo de mis amigos está en ellos mismos y no en mí, y les deseo lo que desean y no lo que yo anhelaría si mi deseo de su felicidad y el respeto de su destino fuera menos profundo. Si Rumanía es una tierra favorable en la que su propósito puede dar sus frutos más felizmente, quédese allí, querido amigo, todo el tiempo que sea necesario. Haré el sacrificio de decir: quédese allí siempre si eso es lo mejor. No debemos nada más a la parte eterna que está en nosotros y tenemos el deber de no combinar las circunstancias efímeras más que en la medida en que éstas pueden contribuir más eficazmente al objetivo. Si, no obstante, un poco de París le parece a usted, único juez (y yo creo que lo ha juzgado usted así), compatible con el cumplimiento del deber sobrenatural, nadie será más dichoso que yo de volver a verle y de aprovechar sus horas de descanso para unas buenas charlas.

Su amigo de corazón

MARCEL PROUST

39. A ANTOINE BIBESCO

[*Poco después del 6 de junio de 1902*]

Ocsebib:[1]

He tenido una idea *sublime* para Nomara.[2] Lamentablemente no puede venir usted esta noche, y es demasiado complicada para ponerla por escrito. Renuncio, pues, en el mismo momento en que acabo de tenerla. Pero no le escribo por esto, sino más bien para advertirle de que no invite a ningún precio a la señora Lemaire ni a la señora de Pierrebourg juntas, so pena de las más graves conflagraciones. No lo pensé antes. A quien sí debería invitar, en cambio, es a Flament, para ver qué cara ponen los señores Robert de Billy, Léon Yeatman y Gaston de Caillavet. Y quizá así se ahorrará invitarlo en el futuro a las «*matinées* de una suprema elegancia de la princesa Alexandre Bibesco», obligando a *Le Gaulois*, siempre complaciente con *La Presse*, a incluir en un homogéneo reportaje de crónica social a un inútil, como mínimo, Albert Flament.

En cualquier caso, le aconsejo invitarle a él o su amigo, no a los dos. En cuanto a falsas parejas haría usted mejor, para ese té, en limitarse a las de sexo diferente, tanto más cuanto que tiene de éstas un buen número, si no he hecho mal la cuenta. Como no puedo esperar de usted sino toda suerte de amabilidades, y a fin de prevenir «*the evil consequences of the indiscriminate charity*»,[3] no invite a Nomara a ese té. Sin

[1] Anagrama de Bibesco.

[2] Anagrama de Aramon (conde Bertrand d'Aramon).

[3] Referencia a *La Biblia de Amiens* de John Ruskin.

duda, el pasaje en transbordador permitiría quizá un banvillesco «*Dans un bac à rame on | Peut voir Bertrand d'Aramon*» ['A bordo de una barca a remo | se puede ver a Bertrand d'Aramon'], pero ni siquiera, puesto que, por lo que dice, es eléctrico. Y además no lo considero lo bastante intelectual para disfrutar de esta reunión y tal vez «*Les Decori non sunt illo decori*» ['Los Decori no le sientan bien'].

Pero, sobre todo, porque la única persona que podría interesarse por él, yo, no estará presente, pues a pesar de la vaga amenaza con la que he querido amedrentarle no tomaré parte en ese té campestre. Estoy seguro, en cualquier caso, de que será algo encantador, una verdadera *Leçon d'amour dans un parc.*

Disculpe, sobre todo, mis consejos, que verdaderamente no tengo derecho a darle. El de esta noche será el último. Discúlpeme, repito, y dígase, si lo desaprueba, que es la actitud celosa de una Andrómeda masculina siempre encadenada a la roca y que sufre de ver a Antoine Bibesco alejarse y multiplicarse sin poder seguirlo. De suerte que mis consejos antimundanos no serían más que una forma inconsciente, didáctica y peyorativa de la fábula sublime: «*La pauvre fleur disait au papillon céleste: | "Ne fuis pas, je reste, tu t'en vas!"*» ['Decía la pobre flor a la mariposa celeste: | «¡No huyas..., tú te vas, yo me quedo!»'].[1]

Envidio a Nonelef[2] y a usted. Porque se verán, mientras que yo, como única distracción, estaré dando vueltas en mi cama. Sin embargo, durante el aparente descanso la mente y el corazón recorren tantas leguas que tal vez por eso el reposo no sea del todo eficaz, pues es exclusivamente físico. De esa opinión era al menos Chateaubriand, que decía de Joubert: «A fin de recobrar fuerzas, se creía a menudo obligado a cerrar los ojos y no abrir la boca en absoluto durante horas en-

[1] Victor Hugo, *Les Chants du crépuscule*, XXVII.

[2] Anagrama de Bertrand de Fénelon.

teras. Sabe Dios qué ruido y qué agitación habitaban en su interior durante ese silencio y reposo que se imponía».[1] He aquí que esta vez le he escrito una carta de lo más estúpida. No me atrevería a escribir una así a Nonelef, con el que estoy aún en la fase de la esperanza. Con usted me parece que no tengo ya nada que perder. Dígale a Fénelon que le tengo mucha simpatía y que me sentiría dichoso si a cambio de la mía, que es grandísima, me concediese él un pedacito de esa que desmenuza para repartirla entre tantas personas. También yo me disperso entre muchas, pero, eso sí, una después de otra. La parte que toca a cada uno es más breve, pero más grande. A este respecto, querido amigo, esto me recuerda que hace mucho tiempo que deberíamos habernos peleado. Ha superado de largo el tiempo máximo que concedo a mis amistades. Peleémonos pronto.

Suyo,

MARCEL PROUST

40. A ANTOINE BIBESCO

Lunes [*10 de noviembre de 1902*]

Mi querido Antoine:[2]

No sé nada de ti—y a pesar de ello sé demasiado, porque experimento al pensar en ti, es decir, todo el tiempo, lo que se experimenta en los celos, aunque esto no tenga nada que ver—. Quiero decir, como no sé nada concreto, imagino sin cesar todo cuanto puede atormentarme más, es decir, te veo a cada minuto llorando hasta hacerme desesperar, o bien con una calma aterradora, entristeciéndome de no verte ya llorar

[1] François-René de Chateaubriand, *Memorias de ultratumba*, vol. 1, trad. José Ramón Monreal, Barcelona, Acantilado, 2004, p. 624.

[2] Se trata de una carta escrita para consolar a Bibesco por la muerte de su madre, en octubre de 1902. Proust le escribió varias cartas de condolencia.

para calmarte un poco; ¡y no sólo me imagino tu triste semblante, tu insomnio, si logras dormir, tus horribles sueños, tus sueños más horribles si son dulces, tus despertares!, sino también todos tus pensamientos, y es lo que más me duele. A pesar de todo esto me digo: la princesa Bibesco admiraba a su hijo hasta un extremo inaudito. A pesar de ello, sería un deber para Antoine pensar que ella está todavía con él, que ella se siente mal y sufre al verlo lastimarse por tamaña tristeza y esforzarse, no para disminuir su pena, para olvidar—lo que tú no harás nunca—, sino para volver su pena compatible con la energía de la vida intelectual que es la única—perdóname, mi querido Antoine, que te exprese ya unas palabras de ánimo—que te permitirá convertirte en lo que tu madre quería y alcanzar los triunfos que ella ambicionada para ti. Sin duda, serán ahora sin dulzura, puesto que el pensamiento de complacerla era tu mayor estímulo y ya no podrás verla sonreír ni poner a sus pies tus coronas. Pero tú las depositarás sobre su tumba. Mi querido Antoine, en unos días en que yo me sentía desdichado me despertaron una inmensa ternura, que aún conservo, unas palabras de Ruskin que no puedo sino creer verdaderas y ciertas viniendo de un espíritu como el suyo, mucho más grande que el nuestro y que debió de haber percibido más rápidamente que el nuestro las objeciones en contra, pero que las había superado, un espíritu que las tenía por verdaderas y ciertas:

If, parting with the companions that have given you all the best joy you had on earth, you desire ever to [meet their eyes again, and clasp their hands,] where eyes shall no more be dim nor hands fail; if, preparing yourselves to lie down [beneath the grass in silence and loneliness,] seeing no more beauty and feeling no more gladness, you would care for the promise to you of a time when you have longed to know, and walk to know, and walk in the peace of everlasting love, etc.

[Si, separados de los compañeros que os proporcionaron los mejores días que gozasteis en el mundo, deseáis (encontrar de nuevo sus miradas y estrechar sus manos allí) donde las miradas no se nublan ni las manos desfallecen; si os preparáis para reposar (bajo la hierba en el silencio y la soledad), sin ver la belleza, sin sentir la alegría, desearéis el cumplimiento de la promesa que os han hecho de que veréis de nuevo la luz de Dios y conoceréis las cosas que aspiráis a conocer, marchando hacia la paz del Amor Eterno, etcétera].

Si crees que tu hermano[1] puede escuchar en este momento semejante tono y encontrarlo dulce, cítale este pasaje. Yo le escribí hace dos días, pero no me he atrevido a citarle estas palabras. Me acuerdo, sin embargo, del consuelo que me proporcionaron en su día. Y me parece que su poder apaciguador no se agota jamás.

Ahora sólo amo a las personas que pueden hablarme de tu madre o de ti.

Cree, mi querido pequeño Antoine, en mi ternura profunda.

MARCEL PROUST

Volverás pronto. Creo que me harán dejar París este invierno, pero me gustaría esperar hasta que pueda verte de nuevo.

41. A ANTOINE BIBESCO

Jueves [*4 de diciembre de 1902*]

Mi querido Antoine:

Por más que estuve pensando todo el tiempo en tu pena e imaginándola muy cruel, cuando he recibido tu pobre carta y he visto tu escritura totalmente cambiada, casi irreconocible, con las letras empequeñecidas, contraídas, como ojos que se hubieran achicado a fuerza de llorar, ha sido para mí un nuevo golpe, como tener por primera vez la clara sen-

[1] Emmanuel Bibesco.

sación de tu angustia. Recuerdo que cuando mamá perdió a sus padres—lo que para ella supuso un dolor al que aún me pregunto cómo pudo sobreponerse—la veía a diario, a todas horas del día. Pero una vez que fui a Fontainebleau la llamé por teléfono. Y por teléfono de golpe me llegó su pobre voz quebrada, herida de muerte para siempre, distinta de la que le conocía, llena de fracturas y desgarros; y fue al recoger en el receptor los pedazos sangrantes y rotos cuando tuve por primera vez la sensación atroz de lo que se había quebrado en ella para siempre. Otro tanto sucede con tu carta, en la que se advierte la infinita fatiga de escribir, tanto hablando de tu pena como sin hablar de ella. Tu carta me ha complacido, si puedo decirlo así, pero me ha hecho muy desgraciado.

En cuanto a reunirme contigo, no has entendido mi proposición. Por una parte, *será necesario* que deje París, por otra me es más o menos materialmente imposible hacerlo de inmediato. Y aunque el motivo es todavía absolutamente secreto, si quieres te lo digo, para que juzgues por ti mismo. No te pido que me escribas ahora que he comprendido el gran esfuerzo que te cuesta. Pero podrías hacerme saber por medio de alguien tus intenciones y si mi propuesta de ir a Corcova a pasar los meses de marzo a junio (admitiendo que no sea el período de la floración) te iría bien. Sé que vas a volver a París justo en el momento en que yo parta, lo que me entristece. Mejor dicho, no, no me entristece, porque en tal caso no partiré y me las arreglaré para pasar un mes entero con mi querido Antoine, llorando a su lado, o mejor dicho, no llorando, tratando de reconciliarlo con la vida, siendo amable, tan amable como sea posible. ¡Ay!, ya me reprochaba el no haberte hablado en mis cartas más que del dolor y me proponía hablarte de otras cosas, comenzando por aquellas que pudieran herir menos tu pena y tuvieran cierto interés intelectual o el atractivo de la costumbre para encontrar más fácilmente «el camino de tu corazón», violentándote menos.[1] Pero tu triste carta me hace desandar el camino que había hecho con mis pequeñas noticias, que podían no ser de tu interés, pero de todos modos habrían llamado tu atención. Te siento tan agotado, desapegado—o tan absorto—, que no me atrevo a decirte nada ni a contarte lo que quería. Te diré (júrame que no se lo repetirás a nadie) lo que me impide partir enseguida (a menos que yo no te sea indispensable, en cuyo caso partiría de todas formas): mi hermano probablemente se casará y me tocará hacerle una visita a la joven, que todavía no conozco, etcétera. Pero esto nadie lo sabe ni debe saberlo. Si en diciembre quisieras hacer igualmente algo sin mí, más que ir a Egipto, harías mejor yendo a Constantinopla, donde verías a Bertrand. Tu presencia le haría más dulce el comienzo de su exilio y la insólita soledad. Y la vieja amistad que hay entre vosotros te haría grata su compañía, que no es de ésas insoportables que obligan a disimular el propio dolor. Todo el mundo habla de ti con gran y conmovida simpatía. Muchas amigas tuyas que he conocido recientemente, como la señora Le Bargy y la señora Bernard me han conmovido hablándome de ti. Pero te diré lo que más me ha impresionado. Llevé a arreglar un jarrón a Gallé. Los operarios no trabajaban porque justo ese día había fallecido el señor Gallé padre. Cuando le dije al empleado que debía de ser una gran pena para Gallé hijo, él me respondió: «El señor Gallé no lo sabe». «¿Cómo es posible?». «Se halla en un estado de desesperación que ha afectado su salud hasta el extremo de que no nos atrevemos a darle la noticia que podría resultarle fatal». «¿La desesperación está causada por la enfermedad del padre?». «No, él no sabía que estaba enfermo. Pero hace cosa de un mes nos dejó la persona que él más admiraba en el mundo, la princesa Bibesco, y desde entonces está tan deprimido que ha habido que aislarlo y prohibirle

[1] Racine, *Fedra*, acto IV, escena VI, v. 1224. Dice Fedra: «Aricia ha encontrado el camino de su corazón» («*Arice a trouvé le chemin de son cœur*»).

toda ocupación. Y, caballero, nosotros lo comprendemos, porque era una mujer tan buena, etcétera». Y ese empleado no sabía que yo te conocía. Juicios de este tipo los he oído expresar cientos de veces. Discúlpame, Antoine querido, que sólo te diga cosas que pueden afligirte. Pero ahora basta. No te escribiré más, y cuando te vea te hablaré sólo de otras cosas y personas. Si no te sientes con fuerzas para leer mis cartas, no las leas, simplemente déjalo, pero esta complicidad con tu dolor es demasiado culpable y no me la permitiré más. Tu madre censuraría duramente al amigo criminal que cultivara, no digo ya por placer sino por debilidad y desconsuelo, las lágrimas de su hijo. Si estuviéramos juntos, estoy seguro de que encontraríamos en actividades serias e importantes un compromiso entre los consuelos que rechazarías y distracciones inadecuadas para ti, y un dolor en el que debes tratar de no hundirte a pesar de todo, aunque sólo sea para conservar la fuerza, la integridad y la pureza del recuerdo, de la visión del pasado que las lágrimas acabarían por obnubilar y ofuscar.

Por eso el matrimonio que te mencionaba llega en un momento inapropiado. Pero antes incluso de saberlo con certeza te dije que mi propuesta sólo era válida para el período de finales de febrero a abril, o para los dos meses siguientes, como prefieras. Sobre esto quisiera una respuesta, sin perjuicio de reunirme también contigo enseguida si se pospusiera la boda. No podría, física y psicológicamente, quedarme todo el invierno en París. Si volvieras en enero—o en cualquier época en que vuelvas—, aplazaré la partida para quedarme un poco contigo, si tienes ganas de verme un poco y crees que compartir conmigo tu pena te podría hacer más soportable mi intento de devolverte el interés por la vida del espíritu y otras varias formas de actividad.

La señora Le Bargy me ha parecido distinta de como la imaginaba por lo que me habías contado, muy, muy inteligente. La conocí con ocasión del ensayo general de *Joujou*. Sée me llevó a su casa a las dos de la mañana para que le contase que el espectáculo había sido un fracaso, y cuando se ve a una persona, todos los días siguientes se la vuelve a ver: durante esta semana he cenado dos veces con él en casa de la señora Pierrebourg y de la señora Straus, y me ha parecido de veras interesante. Esta noche he cenado en casa de los Noailles con tu prima Margilomane, que sé que te gusta mucho, pero no he tenido ocasión de hablar con ella. Varias veces he cenado en casa de tus primas, mujeres amabilísimas. Pero tú eres la única persona a quien quisiera ver en este momento. Y te mando un abrazo igual que te amo, con todo el corazón.

MARCEL PROUST

42. A ANTOINE BIBESCO

[*Poco antes del 11 de mayo de 1903*]

Mi querido Antoine:

Te escribo por un exceso de escrúpulo y por el miedo que tengo siempre de comportarme hipócritamente al limitarme a sustituir por otro un sentimiento cuya expresión puede permanecer en la mente ajena como enunciado de una verdad permanente (¡qué estilo!). Lo que tengo que escribirte es desagradable para mí, y puede no ser cierto, si por cierto entiendes algo plenamente realizado, pues en realidad se trata de una verdad *in fieri*. Quería decirte que tu nuevo (por otra parte, de lo más natural) cambio de actitud hacia mí, el andarte con misterios—o mejor dicho, la falta de confidencias y preguntas, en una palabra, la falta de *unión*—, ha encontrado en mí a alguien que yo no era antes de conocerte, que tú has hecho tal y que había adquirido la costumbre de no vivir ya sólo para sí, de incluir a otro ser en el horizonte de su vida y en consecuencia de canalizar en esta indiscernible prolongación de su yo lo que su vida podía arrastrar consigo, tal como lo encontraba, a diario, de brillante o de fangoso, con todos los espectáculos que ella había sorprendido y reflejado, y los secretos con que se había encontrado.

Ahora bien, al perder mi segundo yo (es decir, tú) por tu nueva actitud, no he podido cambiar la nueva forma que tú habías dado al primero. Y como un río encerrado entre altas e insuperables márgenes se refrena allí donde corría de forma natural, se derrama por otro lado obedeciendo a la ley de su flujo, que debe verter para fecundar otras tierras o perderse en ellas, yo he tenido que verter en otro lo que tú no querías ya recibir, y pedirle a él la confianza que se me ha hecho necesaria desde que tú me habías acostumbrado a ella. «*Allons, ce mot lâché me fait rougir de honte*» ['Adiós, estas palabras dichas a pesar mío me hacen sonrojarme de vergüenza'].[1]

Cardane me ha mandado decir que hoy tendría las pruebas. Creo, pues, que las penas que he soportado de pensar en hacerte esperar *La colère de Mario* están superadas y que el artículo aparecerá sin más retraso.[2]

Las jóvenes tienen verdaderamente maneras distintas de comportarse cuando están embarazadas. La señora Yeatman no se arriesga a ir a Senlis y la señora de Montebello va a Londres para una boda (la de Raoul-Duval). Es la señora Yeatman la que está en lo cierto. Con tal de que la futura sobrina o el futuro sobrinito de Bertrand, aparte de la actividad industriosa que heredará de los padres, no deba pagar luego el precio por este zarandeo tan prematuro.

Tu

MARCEL

Remíteme esta carta por medio del portador.

[1] Corneille, *El Cid*, acto V, escena II, verso 1577. El verso comienza con *Adieu*.

[2] Se trata del artículo sobre el salón de Madeleine Lemaire aparecido en *Le Figaro* el 11 de mayo de 1903. En él hay una serie de referencias en clave sobre la relación con Bertrand de Fénelon y su falta de reciprocidad amistosa con Proust que habrían provocado su «cólera».

43. RETRATO DEL PRÍNCIPE LÉON RADZIWILL

[*Diciembre de 1904?*]

1. En lo físico, Léon Radziwill no es una de esas personas que, como esos «espirituales» y soporíferos bustos de mármol de salón debajo de los cuales se despliega la insignia de la Legión de Honor, presentan a primera vista al observador un aspecto de pocos alcances y una expresión fácil de captar. Como todas las cosas grandes y hermosas—como una escultura gótica, como un Rodin—es, al mismo tiempo que infinitamente delicado, tan tosco que presenta más el aspecto de un bloque de mármol que el de una estatua, de suerte que corresponde a la delicadeza, a la capacidad de comprensión de quien observa, al escultor, encontrar su verdadera forma, determinar su belleza. «¿Cuál es tu nombre?», preguntó un poeta a una diosa a la que distinguía mal en la sombra. «Dime el tuyo—respondió ella—. Para los estúpidos soy la estupidez, para los inteligentes, la inteligencia». Una mirada estúpida que observe rasgo por rasgo el rostro de Loche[1] descubrirá en él fácilmente la estupidez. El «noble recato» que colorea el rostro de este Hippolyte emancipado le parecerá el vulgar rubor del hombre entregado únicamente a la vida material. Los ojos, tan expresivamente inexpresivos como los de las estatuas griegas, pequeños hoyos donde el mar al retirarse ha dejado dos charquitos color de piedras preciosas, esmeraldas o zafiros según la hora, adquirían el apagado aturdimiento del empedernido cretinismo. La dicción misma, caracterizada por una divertida lentitud y una falsa bonhomía, parecerá como abotargada por la idiotez y la ingenuidad. Pero para quienes saben situarse a distancia de las cosas en el punto generador del que arrancan las líneas con toda su significación gráfica y alcance espiritual, todo en ese rostro transmitirá a la vez el poder y la delicadeza, la calma de la naturaleza y las emocio-

[1] Apodo de Léon Radziwill.

nes de la sensibilidad, el encanto del natural y la profundidad de la reflexión. Y el cuerpo mismo del gigante revelará unas delicadezas extremas de actitudes y de líneas que harán de un saludo, de un gesto de deferencia o de complacencia algo lleno de gracia y de significado moral. Tal, según le parezca a un imbécil o a un artista, es en lo físico Léon Radziwill. Las mujeres, por una parcialidad que en *El banquete* parece haber previsto Platón, se alinean, aunque tengan más bien la mentalidad de los imbéciles, con la opinión de los artistas. Pues el deseo es una capacidad de comprensión ciega.

II. En lo intelectual. Morimos de una enfermedad que Renan ha clasificado como *morbus literarius*. Aunque fatal para nuestro espíritu, es sin embargo cómoda para todos, por cuanto permite a los necios distinguir de lejos, por el estandarte cultural que más o menos orgullosamente enarbolan, a la gente muy inteligente, a los mediocres y a los imbéciles. No cabe ninguna duda de que Balzac, Stendhal y muchos otros no habrían sido incluidos en las filas de la última categoría. A veces se hace el mismo honor a Loche, probablemente inmerecido, pues no escribirá nunca *El cura de Tours* ni *La cartuja de Parma*. Explicaremos por qué. Por lo demás, incluso los más dotados se hallan muy lejos de comenzar por la ingenua observación de la naturaleza. Sólo tras un largo exilio voluntario en lo quimérico experimentan—por la nostalgia—el amor por lo real. Loche, observador exquisito de la realidad mediocre con veinticinco años, observador de la vida cotidiana, de los pequeños caracteres y de las mentes estrechas, observador de las realidades que pinta Chardin antes de Balzac, es desde el primer momento un caso maravilloso. A las orquídeas que no nos recuerdan nada, él prefiere las alegrías «muy francesas» de las flores de un jardín de casa parroquial, el burlón diente de león, la campanilla que sabe lo que vale o la boca de dragón. Si no fuera ya tan tarde, si no tuviera tanto frío en el comedor, si no estuviera agotado, diría por qué temo que estas cualidades deliciosas no se realicen. Me parece que Loche carece de cultura en tal grado que significa indiferencia a la literatura e indiferencia a la belleza. Mientras que muchos otros tienen la madera, el cuerpo en el que encarnar una obra, pero no espíritu en el que albergarla, yo lo veo a él rico de un alma que busca eternamente un cuerpo en el que podría encarnarse. Me estoy helando. Se expondrá por extenso en otra ocasión.

III. En lo moral. Participa de la banalidad de los defectos de su tiempo, del que sin embargo difiere intelectualmente por una originalidad tan interesante y tan fuerte, prenda de un talento muy sabroso. Espíritu promiscuo, que se entrega al primero que se presenta, o más bien incapaz de darse a sí mismo, lleno de cosas nobles, generoso, sensible, sin nada de vulgar ni con el dinero, ni con la celebridad, ni con el mundo (con esa reserva que detesta y desprecia a la gente de moda, pero los teme, lo que le priva de esa soberana desenvoltura de comportamiento que tiene incluso la gente de mundo—tengo demasiado frío para desarrollarlo, ya no sé lo que escribo—), capaz de hacer mil cosas por un amigo, excepto ser amigo suyo, si esta palabra implica preferencia, fidelidad, seguridad, perseverancia, etcétera. Por otra parte, ciertos malos hábitos de lenguaje le permiten hacer uso de las típicas palabras del envidioso y del listo: «Yo que amo enormemente a Y, que siento por él un gran afecto, puedo decir, pues eso me causa una pena enorme, que es incapaz de...». Ello se debe sobre todo a su escasa capacidad de expresión. Por lo demás, hay cierto descuido general. Facilidad para ensartar como quien no quiere la cosa y como si fueran perlas frases cuyo significado exacto su mente no controla, que unas veces le dan un aire astuto y otras un aire idiota. Así, en una ocasión me dijo que el gran mérito de Ruskin era hacer las ideas más elevadas accesibles y agradables para cualquiera. ¿Fue la inferioridad literaria o su excesiva falta de cualquier saber que no sea el conocimiento humano y psicológico lo que le hizo decir semejante cosa, o fue más bien «hablar por hablar»? Es tan *poca su voluntad* que incluso la simple visión de la realidad que no compromete a la acción le resulta casi tan insoportable como el resplandor del sol. Se lo narcotiza muy rápido hablándole de la realidad. Al cabo de un instante el ojo azul se apaga, se produce la anestesia. Ya podéis decirle en ese momento algo absolutamente chocante, no se dará ni cuenta, imposible lograr una mirada de esos ojos que miran fijamente. Si se insiste demasiado, en una convulsión suprema se echa a un lado, momento en el que podría cortársele una pierna que no lo sentiría. Yo, que lo admiro infinitamente, por un fenómeno nervioso muy lamentable, en cuanto lo tengo delante mi mente yerra, incapaz de decir nada, me vuelvo estúpido. He querido vencer este encantamiento, pero él redobla su fuerza y todo es en vano, del mismo modo que el esfuerzo que se hace para no dar gatillazo con una mujer lo vuelve a uno más impotente o que el esfuerzo para dormirse aumenta el insomnio. Al cabo de tres o cuatro veces, cuando llamaban a la puerta y decían: «El príncipe Léon Radziwill», me irritaba pensando en ese penosísimo estado en el que me iba a sumir, y sufría también en mi amor propio, pensando que me juzgaba tan estúpido, que una de las personas a las que yo más apreciaba no tendría nunca la más remota idea de quién soy. Esto comenzó por matar el placer de verle. Y desde que sus visitas se asociaron a una sensación de incomodidad, la amistad estuvo amenazada de muerte inminente. El cariño es, por el contrario, la asociación de un nombre con una alegría. Luego, a fuerza de repetirse, tal estado se vuelve crónico, como una enfermedad cardíaca demasiado a menudo repetida acaba por convertirse en cardiopatía. Primera causa de destrucción de la amistad. Hubo otras, como el sentimiento, que al comienzo tan penoso me resultó, de la imposibilidad de contar con su amistad. No basta la inteligencia para amar a alguien. No por utilitarismo, sino por soledad moral y tristezas inconsolables, yo tengo necesidad de naturalezas no cambiantes con las que sea posible mantener un pacto sólido y una alianza duradera. Los gobiernos efímeros y contradictorios que se suceden bajo el nombre de Loche son de esos con los que es imposible aliarse, porque en cualquier momento es a una persona nueva a la que se dirige, para ser libremente disculpado de no mantener los compromisos que su predecesor y no ella ha adquirido. Hay otras disculpas que podría aducir aquí para su natural inconstancia, pero no puedo más...

MARCEL

44. A LOUIS D'ALBUFERA

[*5 o 6 de mayo de 1908*]

Mi querido Louis:

Trata de escribirme *enseguida* lo que quieres que diga... Montecarlo, etcétera, porque cuento con un pretexto excelente.[1] Como estoy *muy* fatigado, perdóname que no te responda para repetirte las mismas cosas en las que te niegas a creer, a saber, que te quiero como siempre, que volveremos a vernos cuando quieras (con tal de que ese día no me encuentre demasiado mal), que nunca he querido decir que tu afecto fuera interesado ni que me utilizaras. Si lo creyese, tengo la suficiente delicadeza para no hablar de ello. Pero estoy muy lejos de creerlo, y pienso que me has hecho enormes favores mientras que yo no te he hecho jamás ninguno (ése es mi mayor pesar). No, cuando decía que era conforme al carácter de nuestra amistad, me refería a algo más sutil, más profundo y más afectuoso: pensaba en el comienzo de esta amistad doble en cierto sentido, etcétera. Ninguna idea de favor, de utilidad. Soy menos vulgar de lo que crees. Pero es muy engorroso explicar cómo es uno.

[1] Se trata de la inquietud de Albufera sobre la conducta de su amante, Louisa de Mornand, en Montecarlo.

En cuanto a lo que dices de mis amigos, si te refieres a Reynaldo tienes razón de creer que es un amigo para mí, el más querido, el mejor, un hermano. Si me enterase de que ha asesinado a alguien, escondería el cadáver en mi habitación para simular que el culpable soy yo. Pero es una hipótesis que no se producirá, al ser la persona que es, de una sensibilidad exquisita. Creo haberte contado que desde hace años Reynaldo proyectaba un viaje a Argelia. Por fin, hace quince días partió para Marsella y reservó su pasaje en el barco. Pero al haber olvidado mi camarero telegrafiarle noticias mías, temiendo que estuviera peor de salud, dejó perder el viaje a Argelia y regresó.

A propósito de mis «conocidos», quizá tenga algunos de los que se dicen cosas peores que de los tuyos. Pero también es posible que (desde el punto de vista al que tú aludes) en el caso de tus conocidos resulten más creíbles. No es mi deseo acusar a nadie, aun a sabiendas de que pueden ser muy buenos chicos con vicios, pero por lo que concierne a tu generación, aparte de algunas personas *irreprochables* y por encima de toda maledicencia a las que jamás se pretendería desacreditar pues todo el mundo las considera intachables, como tú o Guiche (siento que mi lista se agote en este punto, pero no sabría a quién añadir, pese a que sin duda habrá otros), te garantizo que en materia de habladurías no sólo las hay en el mundillo teatral o literario. He citado a Guiche no por el lugar que ocupa en el rango de mis amigos, sino por su naturaleza fundamentalmente pura a este respecto. A propósito de Guiche, habrás leído en la prensa que me ha presentado en el Polo, ¡y la cosa te habrá hecho desternillarte de risa! Razones no te faltan. No me escriben más que para ofrecerme ponis. Hace ocho días le escribí al joven Maheux. Algunos días después me telefoneó, pero en una hora en que no podía recibirlo. Luego no ha vuelto a llamar. Por lo demás, no sé si no voy a abandonar mi novela parisién.

¿No tendrías por casualidad—cosa siempre muy interesante—álbumes de fotos de familia? Si pudieras prestarme uno (sobre todo si aparece en él la señorita de Goyon) durante una hora, me divertiría mucho. Es cierto que me divertiría más contigo aquí para decirme los nombres. Por otra parte, ¿tienes la *genealogía* de tus dos linajes familiares? Me interesaría, de nuevo para lo que tengo entre manos, que es:

- Un estudio sobre la nobleza.
- Una novela parisién.
- Un ensayo sobre Sainte-Beuve y Flaubert.
- Un ensayo sobre las mujeres.
- Un ensayo sobre la homosexualidad (no será fácil publicarlo).
- Un ensayo sobre los vitrales.
- Un estudio sobre las lápidas sepulcrales.
- Un estudio sobre la novela.

Afectuosamente tuyo,

MARCEL

45. A ROBERT DREYFUS

Jueves [*10 de noviembre de 1910*]

Mi querido Robert:

Tengo mucha pena, un gran desgarro. Sé todo lo que era en tu vida tu hermano, tus esperanzas, tus esfuerzos, tu voluntad, tu ternura hacia él. Sé que has desesperado y has vuelto a recobrar la esperanza; me decía contigo cada día: por fin la cosa va a ir mejor, va a ir bien. Comprendo todo lo que se desmorona y vuelvo a decirte que siento mucha mucha tristeza. Y además está el pensar en tu madre, que es lo que domina en mí, porque en este momento todo tu pensamiento debe de estar puesto en ella. Permíteme sólo una dulzura: todo lo que tu hermano tenía de bueno le venía de *ti*. Todo lo que tu madre ha tenido y, a pesar de su desesperación, guardará de bueno, de tan justo orgullo, le ha venido de *ti*. ¡Ah! Tú eres *un hombre*, y qué hombre. Aunque ello no te haga menos desgraciado. Michelet dijo que los más fuertes son los más tiernos.

El lunes por la noche, sin temerme nada, estaba yo en *Le Figaro* para verte, para verte a ti únicamente. Pero como no estabas, me limité a decir que te lo dijeran, sin pedir ver a nadie más. De haberlo hecho, sin duda me habría enterado. Pero el mozo (el de la entrada) ciertamente no sabía nada. Al día siguiente (martes) estuve tan mal por mi salida que, cosa rarísima, no leí el periódico. No te lo digo para disculparme por no haber ido [al funeral]. De haber sabido que podía encontrarme tan mal ayer [miércoles] por la mañana... Pero no sabía nada.

Espero, si te es posible, que continúes con tus D.[1] Eres tú quien ha creado D. Pero también D., si no te ha creado, al menos te ha hecho dar lo mejor de ti, ha sacado de ti muchas cosas. Por eso haces más precioso vuestro apellido, das a tu madre cierta dulzura, ya que ahora no es posible darle alegría.

Lamentablemente, sin temerme lo que pasaría, el otro día, mientras leía tu hermoso artículo tan conmovedor, tan simple y tan verdadero, sobre las «vidas preciosas que no deberían ponerse en riesgo», me decía: «Una vida preciosa donde las haya es la suya. Que no suba nunca a un automóvil».

Querido Robert, no sólo es tu vida preciosa para tu madre, para los tuyos que no están ya, sino también lo que tu vida puede dar, lo que ella contiene de más real, eres tú mismo, ese tú que acabarás de realizar escribiendo, retomando en *Le Figaro* ese contacto material con tantos corazones. Por otra parte, si continúas viviendo así vivirás en una región de ti mismo en la que las barreras de la carne y el tiempo ya no existen, en la que no hay muerte, porque no hay tiempo, ni cuerpo, y donde se vive dulcemente en medio de la sociedad inmortal de los que se aman.

Si puedo hacer algo por ti dímelo. La abnegación es una distracción para el afecto impotente. En cuanto a la propia

[1] Robert Dreyfus escribía la sección «Notes d'un parisien» en *Le Figaro* bajo la firma «D.».

desgracia, piensa en todas las preguntas que yo me hago. Pero como no quiero hacértelas a ti, y dado que en este momento no quiero por nada del mundo que me respondas, me contento con tomar mentalmente tu mano entre las mías y llorar (no sólo mentalmente) contigo.

Tu muy triste

MARCEL PROUST

46. A ALBERT NAHMIAS

Cabourg, miércoles [*21 de agosto de 1912*]

Querido amigo:

A pesar del cansancio y de la prisa (debo prepararme para una cena a la que no puedo faltar esta noche), tengo interés en escribirle unas líneas porque, si se entera usted de que voy a reunirme estos días con los jóvenes de Cabourg y otros, a falta de mis explicaciones no querría que pensara usted que no lo invito por un mezquino resentimiento tan indigno de usted como, me atrevo a decir, de mí.

Ya sabe que un hecho nimio, por insignificante que sea, puede a menudo, cuando exaspera una tensión interna, adquirir gran importancia. Yo no estaba bien ayer, pero como usted me había dado cita entre las seis y las siete en el rompeolas, y pensando que por eso quizá anticiparía su vuelta a Deauville, estaba decidido a encontrarme con usted en el lugar vivo o muerto. Y además, habiendo sabido de la presencia en Cabourg de algunas personas de Houlgate, por medio de la astucia hice que se quedaran con el fin de distraerle a usted.

Naturalmente no vino usted, ni consideró oportuno avisarme previamente, ni tampoco hacerme saber si Helleu había partido (no importa, porque mandé a Nicolas [Cottin] a Trouville y habló con él).[1]

[1] Se trata de un malentendido. Nahmias había tenido un accidente de tráfico y había atropellado a una niña, lo que le impidió ir a la cita

Más tarde, cenando en el restaurante del Casino, y luego en el *music-hall*, me decía mentalmente cosas cuya melancólica enumeración le ahorro. Debe disculparme, querido Albert. He sido mimado por amigos mayores que yo. He visto a Alphonse Daudet, en el colmo de la gloria y del sufrimiento, incapaz ya de pergeñar una línea sin llorar a causa del dolor que sentía en todo el cuerpo, mandarme dos breves cartas en torno a las siete, una noche que debía cenar en su casa a las ocho, para saber junto a quién me gustaría sentarme para disfrutar así más de la cena. He visto a France posponer de día en día durante una semana una excursión a Versalles para permitirme acompañarlo, y cada día enviaba a alguien para informarse de si la cosa no me fatigaría. Le cito expresamente sólo pequeñas cosas, pero podría citarle otras mil. Y eso que entonces estaba bien de salud y una salida o un encuentro no eran para mí lo que son ahora. Teniendo presente que vive usted a dos pasos de mí y que no tiene nada que hacer, permítame que, dadas las prisas, no pierda el tiempo en explicaciones de algo que comprenderá perfectamente.

Mi carta tiene como única intención no herir su amor propio, por respeto a la profunda y verdadera amistad que he tenido con usted. Pues sé, en efecto, que no es susceptible de cambiar a mejor. Tampoco está usted hecho de piedra, en cuyo caso podría ser esculpido si tuviera la fortuna de toparse con un escultor (y podría encontrar algunos más grandes que yo, pero dudo que tan afectuosos), sino de agua, un agua banal, inasible, incolora, siempre inconsistente, fugitiva. A lo sumo puede vérselo pasar entre la gente a la que eso le divierte, mundano, sin personalidad, pero poco más puede uno hacer. A mí, que he alimentado por usted un vivo afecto, el espectáculo me provoca ganas de bostezar o de llorar, y a veces de ahogarme.

---

con Proust. La carta es representativa de la susceptibilidad y exigencia de Proust respecto de sus amigos.

Discúlpeme, pues, si deserto de las orillas de estas aguas para siempre. Le he escrutado a usted a fondo, me di cuenta de su verdadera naturaleza el día en que salió con esta vehemente exclamación: «¡No puedo, porque tengo la recepción de los Foucart!». Pero nunca queremos precipitarnos, no nos gusta admitir que nos hemos equivocado. Amablemente, demasiado amablemente, porque son mejores las lilas no florecidas de entonces que el infecto hedor de las lilas podridas de hoy, me ha revelado usted su muy distinto carácter.

En efecto, esta amistad (me refiero a la mía) que creía tan frágil, la noté sólida como raramente sucede. Es usted una de las poquísimas personas a las que he frecuentado este año. Podrá decir usted que pasó muy cerca de una extraordinaria posibilidad de amistad y la echó a perder.

Concluyo; sé que M. D. o M. V. no cotizan más que usted, pero como nunca he pensado lo contrario y no me he hecho ilusiones al respecto, por lo menos su compañía no me entristece. Es más, quizá haya en ellos más armonía que en usted porque, parecidos en el fondo a usted, ellos no tienen ese resorte roto del esfuerzo por algo mejor no realizado, esas veleidades que se confunden con el talento, etcétera. Si yo estuviera bien, me decidiría a ver a mi ex amigo. Detesto afligir a la gente, y verle poner esa cara triste me apena tanto que inmediatamente cedo. Pero la víctima en este caso soy yo. ¡No es capaz siquiera de venir al rompeolas a las siete! Y el único que se fastidia soy yo, con la fatiga que ello me cuesta. Estoy demasiado cansado para volver a ver a un amigo que incluso materialmente, faltando a las citas, etcétera, me provoca nerviosismo y fatiga. Necesito amigos que me los ahorren, no que me los aumenten.

Amigo mío, tenga respeto por mi salud y no busque una ilusoria reconciliación que no estaría en condiciones de mantener ni durante un mes. Los que usted llama sus enojos no son sino lo que considera placeres, una fiestecita, una partida de golf, etcétera. Algún día describiré a los tipos que nunca sabrán, ni siquiera desde un punto de vista vulgar, cuánta elegancia hay en renunciar a un baile cuando ya se está listo para acudir a fin de disfrutar de la compañía de un amigo. Se consideran personas de mundo pese a ser todo lo contrario.

No tengo tiempo de escribir ni una línea más y le dejo de una vez por todas. Pero antes de concluir quisiera decirle que no vaya a pensar que le he escrito todo esto a la ligera. Me ha provocado—se lo digo porque creo que le complacerá y le enorgullecerá un poco—mucha pena. Mi corazón no es de los que sin sentir un encogimiento doloroso ponen en el imperfecto, en el pasado, lo que (aunque sea a menudo un simple objeto) ha sido, como usted, la predilección del presente y la esperanza del porvenir. Devuélvame esta carta y permita que le dé un amistoso apretón de manos.

MARCEL

47. A LOUIS DE ROBERT

[*Poco después del 1.º de mayo de 1913*]

[-] Su carta me ha emocionado y entristecido. No me atrevo a preguntarle. Pero quizá me equivoque no haciéndolo, porque como compensación a mi impotencia para consolarme a mí mismo tengo el don misterioso de poner fin de forma favorable a las penas de los amigos. Me doy el lujo, a despecho del buen sentido, de no contar a los enfermos que he curado. Basta que haga yo una especulación financiera para que el rey de Montenegro elija el día de la liquidación para negarse a devolver Scutari. Pero en cambio hay personas a las que he enriquecido con mis consejos. Soy un crítico detestable para mí mismo pero he mejorado los libros de otros. Por último, y sobre todo, yo, siempre tan desafortunado en el amor que he escrito en una página de *Swann* (la he suprimido, por lo demás): «... en el amor no correspondido, que es como decir simplemente en el amor, a menos que exista otro para los corazones menos difíciles o más favorecidos...», y en toda la

página siguiente (también suprimida), la cual, creo, le emocionaría, sí, yo, tan impotente para ablandar los corazones que quisiera unidos al mío, cuando no se trata de mí, querido amigo, poseo virtudes de hechicero que debería usted experimentar y que quizá persiguen simplemente una mezcla de clarividencia y de deseo de felicidad ajena llevado a un grado por encima de lo común. He reconciliado no sólo a amigos, sino también a amantes y a familias. He logrado que una famosa coqueta aceptara al desdichado amante al que desdeñaba.

¡Ah!, querido amigo, si pudiera hacer algo por usted al que tanto quiero, ¡qué feliz sería! No tiene usted más que decirlo; iré a recibir sus órdenes a Sannois, iré adonde usted quiera, haré lo que quiera [-]

48. A GEORGES DE LAURIS

Sábado [13 de marzo de 1915]

Mi pequeño Georges:

La columna de *Le Figaro* me resulta incomprensible, pero comprendo que no veremos nunca más a Bertrand en este mundo, de lo contrario no creo que se hubiera publicado.[1] Si lo han hecho es que es cierto, pero si lo es, lo era antes. Entonces, ¿a qué viene?

Mi pequeño Georges, perdóneme si le he apenado, pues es el momento en que menos hubiera querido hacerlo. Nuestra pena es lo bastante abrumadora como para no estar unidos para sobrellevarla. No creo yo, como usted, que las ganas de vivir hayan podido ser en Bertrand un signo de este final, sin negar nada de un mundo del que está muy claro que no sabemos casi nada; estaría incluso de acuerdo en que la urgencia por vivirlo todo fuera acorde con una muerte prematu-

[1] El 13 de marzo de 1915 *Le Figaro* publicó la noticia de la muerte de Bertrand de Fénelon, poniendo fin a las esperanzas de que estuviera con vida.

ra cuando ésta se halla grabada en un cuerpo enfermo cuya mente puede presentirla. Pero ¿en este caso? Incluso adoptando un determinismo extremo hasta el punto de considerar que esa bala que nos arrebata al ser más delicioso estaba preparada como la carga de Turena «desde la eternidad», ¿cómo podrían el cuerpo, el corazón y la mente saberlo? ¿Y no ve usted en la anciana señora D. [Deschamps], a cuya edad lamentablemente Bertrand tal vez habría podido llegar sin esta guerra, una actividad entusiasta, aunque puramente física, a la que la madre de Bertrand añadió otros deportes?

No, ni siquiera tengo el consuelo de creer que esta muerte era inevitable. Me gustaría hablarle de ello más extensamente, pero estoy muy abrumado, pues en los últimos tres años es la tercera muerte que me hace lamentar, como dice Musset, «que es menester morir en este mundo más de una vez».[1]

Y aun de las tres veces ésta es la menos cruel, pues hace más de doce años que no veía a Bertrand, lo que es una tristeza añadida porque una ausencia tan prolongada, que viene a sumarse a la vida de intoxicación perpetua que ha destruido mi cerebro y matado mi memoria, debilita los recursos de la pena e insensibiliza. Pese a ello, y sin que pueda compararse con mis dos últimas desgracias, esta muerte me causa muchísima más pena que la que sienten las tres cuartas partes de la gente por la muerte de sus mejores amigos e incluso de sus familiares.

Mi querido Georges, la vida entrecruza y enmaraña torpemente los hilos dolorosos «a los que nuestros corazones están atados»[2] con hilos muy vulgares, de suerte que yo debía ir a ver un día, y ya llevo mucho retraso, al señor Raphaël-Georges Lévy por una cuestión de negocios (un consejo que me ha mandado por escrito al no poder dármelo de viva voz).

[1] Alfred de Musset, «Lettre à M. de Lamartine» (1836).

[2] Victor Hugo, «Tristesse d'Olympio», décima estrofa (*Les Rayons et les ombres*, XXXIV).

Pero estoy tan abrumado que siento que no podré ir, y me pregunto si podría pedirle que fuera usted por mí. ¿Tendría tiempo para hacerlo? (Creo que apenas le llevará unos minutos). Conozco muy poco al señor R.-G. Lévy, a quien no veo desde hace muchos años, pero le he pedido a menudo por carta consejos que siempre me ha dado con mucha amabilidad. Últimamente la ha llevado más lejos e incluso ha tenido a bien ir por mí al banco de crédito para unos cheques que era imposible cobrar en el Crédit Industriel por un muy abultado (y muy desastroso) «depósito a plazo» que él tiene allí. Yo presto tan poca atención a estas cosas que le escribí que había comprado en otro tiempo con un anticipo de unos valores del Crédit Industriel de ciento veinticinco mil francos. Ahora bien, él me escribió que vio su cuenta y que me equivoco, que es por veintitrés mil francos. Me equivocaba sólo por valor de noventa y ocho mil francos. Es cierto que me envían constantemente su cuenta, pero no lo es menos que yo nunca la abro, por lo demás no sé por qué le doy todos estos detalles.

En una palabra, me ha escrito que querría darme un consejo de viva voz respecto a este depósito en el Crédit Industriel en el despacho de dos *coulissiers*. Si de aquí a dos días no estoy mejor de mi depresión, ¿me permitirá que le pida que vaya por mí? Y ya me dirá usted lo que me aconseja. Pero si es posible espere a que yo le vuelva a escribir. Sólo si usted está seguro de no poder a causa de su obra belga, dígamelo, porque le pediría a alguna otra persona que fuera a verle.

Con todo mi afecto,

MARCEL

49. A EMMANUEL BERL

[*1916*]

Querido amigo:

Estoy tan enfermo en estos momentos que me es imposible responder a su carta o, mejor dicho, a su hermoso ensayo, a su bonita defensa de la amistad. Por una vez—en contra de tantas otras en que los escritores nos aturden diciéndonos al final del volumen: Clarens, 1891, Le Huelgoat, etcétera—, el lugar y la fecha de su obra vienen a añadir un conmovedor significado.

En pocas palabras, todo cuanto dice me parece profundo y verdadero. Pero no es de la amistad de lo que habla usted, es siempre de algo más o de algo menos. Cuando dice que un amigo retiene a su alrededor (creo que en el tercer volumen de *Swann* hay una comparación con un imán) todas las pequeñas circunstancias en las que se vio mezclado, es cierto, pero puede serlo también para alguien que no es un amigo. Me honro de no ser amigo de Arthur Meyer y, sin embargo, de cuántas cosas no me hace acordarme su ridículo rostro. Más que el de un amigo quizá, pues el poder de evocación retiene más lo inconexo de los recuerdos que su continuidad. Y, dicho sea entre paréntesis, lo que dice usted respecto de la taza de tila prueba que en el primer volumen no se comprende bien lo que será dilucidado en el tercero, el problema de la memoria involuntaria.

Lo que hace tan feliz en este tipo de impresiones (se lo digo de un modo demasiado somero para que tenga algún sentido) es que, siendo idénticas, en un momento distinto nos transportan fuera del tiempo, son sentidas por el hombre eterno (disculpe, en pleno ataque de asma, no poder explicarme). Además, su carácter fortuito es la razón de su absoluta verdad, la inteligencia no interviene.

Otra cosa. Habla usted de amigos con los que ha pasado unas horas gratas, escuchando a uno (o más bien a una, la señora Duclaux, a la que lamento tanto no conocer) hablarle de literatura, a otro interpretar a Chopin, etcétera. Pero tampoco esto es amistad. Puede usted no ser amigo de Bergson o de Risler y sacar provecho de escuchar al primero hablarle de Fichte y al segundo interpretar a Beethoven. No hace mucho hablaba usted de algo que es *menos* que la amistad (lo que el amigo nos recuerda por asociación), y aquí habla de lo que parece *otra cosa*. Y, por último, habla de algo que es *más* que amistad cuando se refiere a esas relaciones humanas en las que se baja la barrera individual. Schopenhauer afirmaba que este milagro es obra de la *compasión*. En todo caso, rebasa la amistad, y no es necesario para llevarla a cabo, en el sentido corriente de la palabra *amistad*. Pero me dirá usted que aíslo diferentes partes de la amistad, cuando ella reúne todo lo que he dicho.

Y entonces me veo obligado a confesar que puede usted tener razón, porque su punto de vista me resulta tan ajeno que sinceramente me es imposible adoptarlo. Créame que lo siento. A nadie le gustaría tanto amar la amistad como a mí, y creo que no sabría hacerlo mejor. Pero mentiría. ¿Por qué ponerlo en condicional ya que tal o cual le dirá que yo soy un amigo perfecto, etcétera? Así pues, miento. Mi fatalidad quiere que sólo pueda sacar provecho de mí mismo. No trato de justificar con ello la vida absurda que llevo (por otro lado, en parte a pesar mío). Este tipo de soledad en lugar de exaltarme me apaga, me impide trabajar, y todo cuanto he hecho ha sido en otros momentos. Pero únicamente soy yo cuando estoy solo, y no me aprovecho de los otros más que en la medida en que me llevan a hacer descubrimientos sobre mí mismo, ya haciéndome sufrir (más por el amor que por la amistad), ya por sus ridiculeces (que yo no quiero ver en un amigo) de las que me burlo, pero me hacen comprender los caracteres.

Entre los amigos de los que me habla usted, hay uno (uno que es una vez más una) que no es nada corriente. Me refiero a la señora de Noailles. La conozco desde hace mucho tiempo, desde jovencita. No admiro a ningún escritor más que a ella, me une una profunda amistad, y reconozco que su conversación aporta cosas que no encontraría en los libros. Sin embargo (se lo digo con toda confianza), desde hace quince años no he tratado de verla más que tres veces. Aun en el momento en que le escribo me arrepiento de ello, arrepentimiento saludable porque me hace preguntarme si no hubiera «ganado» infinitamente estando a su lado (ya que no hablamos aquí más que de provecho intelectual). Pero ¿es esto amar en el sentido del amor humano del que habla usted? No lo creo.

Sepa (y que quede esto entre nosotros) que hay un viejo botones de restaurante que no era de mi agrado, al que no le dirigía la palabra nunca más de lo indispensable, y yo no sabía por qué. Lo creía mala persona. Últimamente tenía la impresión de que se había vuelto muy dulce. Luego me pareció que tenía muy mal aspecto, le pedí noticias suyas, y aunque me dijo que no tenía nada, quise mandarle a un médico, pero él se negó. Se ha vuelto cada vez más dulce, tan alegre, tan sencillo, jamás habla de él, y cuando yo le pregunto por su salud se repliega en sí mismo. Me he enterado de que tiene cáncer. Continúa trabajando. Entonces he sentido una infinita compasión por él, he tenido espantosos remordimientos de haberme arruinado, pues de lo contrario habría dotado a sus hijas, como les anuncié, cosa que habría endulzado su final. Y yo creo que esto es algo más humano que la amistad. Sin embargo, he aquí a un hombre con el que yo no había intercambiado nunca ni diez palabras, del que nada sabía, etcétera. No hable de ello, pues podría llegar a sus oídos, lo que podría revelarle que tiene cáncer. E ignoro si está obsesionado con la naturaleza de su mal.

Suyo,

MARCEL PROUST

Le ruego, sin embargo, que piense que lo que digo de la amistad viene quizá de una excesiva exigencia teórica. Desde hace mucho tiempo creo que el arte, etcétera, no me satisface. En la práctica me fueron beneficiosas estas dos frases célebres: «Un egoísta que no se ocupaba más que de los otros» y «Pobre alma, esto es la vida».[1]

[1] Chateaubriand, *Memorias de ultratumba*, *op. cit.*, vol. I, p. 624; Verlaine, *Cordura*, II parte, sección IV, poema IX.

50. A LIONEL HAUSER

Lunes por la noche [*29 de mayo de 1916*]

Mi querido Lionel:

No sólo el mal estado de mi *vista sino también* la divergencia de nuestra forma de ver *las cosas* me brindan una excusa para no embarcarme—sobre los temas de la madurez intelectual, del envejecimiento psicológico, de la simultaneidad o la anticipación o el retraso del crecimiento mental sobre el físico—en una disertación que a ti te aburriría sin convencerte y a mí me procuraría, sin duda, junto con muestras de bondad que me conmueven, muestras de incomprensión que no pueden sino entristecerme.

En cuanto a la cuestión de saber qué reacciones puede provocar en los nerviosos un exceso de brusquedad—haciendo que se encierren en sí mismos—y si existe o no una manera de tratarlos que sea una vía intermedia entre lo que tú graciosamente llamas el opio y la dinamita, son problemas de psicoterapia cuya solución dejo a los neurólogos. Yo me limito—puesto que siempre es inútil que una inexactitud acabe pasando por verdadera, por poco importante que sea—a hacerte notar que cometes un error de hecho (que en nada debilitaría, por otra parte, tu razonamiento si fuera acertado). Los amigos de los que hemos hablado no han franqueado mi umbral desde la muerte de mis padres, o casi, es decir, desde hace muchos años. No los he visto más que a otros, por la simple razón de que no los he visto en absoluto. Añadiré que nadie está menos imbuido que ellos de «idealismo», en el sentido que tú das al término. Estas siete u ocho personas son naturalmente distintas entre sí, como quiere la naturaleza humana, y el rasgo común entre ellas, una renta de cinco o seis mil francos, no tiene nada que ver con mi afecto por ellas, y por el mismo motivo sus ganas de verme no se ven disminuidas por el hecho de que haya yo perdido la mitad de cuanto poseía. Pero son muy poco sensibles a la literatura, y D'Albufera, por ejemplo, no ha leído nunca una línea mía.

Yo me considero lo bastante intelectual para disfrutar de la compañía de excelentes y encantadoras personas que no son sin embargo intelectuales, y cuando determinadas señoras «literatas», como la señora Clermont-Tonnerre o la señora de Murat se escandalizan de que un hombre que ellas consideran «etéreo» pueda ser amigo fraternal de D'Albufera, al que consideran un bruto, pienso, sin atreverme a decírselo (y, por otra parte, no son las únicas en pensar así), que las razones de mi corazón valen por las que su razón conoce (dicho sea esto, por otra parte, sin ingratitud hacia unas mujeres encantadoras, a las que debo muchísimo y que volvería a ver mañana si estuviera mejor, pero que cometen el error de despreciar a personas no etiquetables como intelectuales).

Por si pudiera interesarte, tengo a tu disposición mi correspondencia de este año que te demostraría que lo que tú llamas mi «círculo» no me frecuenta desde hace más de diez años. Para mi desgracia estos recuerdos se debilitan: han transcurrido doce años desde que vi por última vez a Fénelon, y no hay noche que no piense inconsolable en su muerte. Parece que tú consideres mi enfermedad un pretexto para no frecuentar a los amigos que podrían hacerme reproches. Pero si conocieses la *realidad* de mi existencia, te darías cuenta de que es todavía más solitaria de como te la describo. Podría ponerte cientos de ejemplos, pero bastará uno, no más clamoroso que los otros e igual de significativo.

Hará cerca de doce años, queriendo conocer, para describirlos, ciertos espectáculos, le pedí a Guiche y a Radziwill (también ellos multimillonarios, pero de un tipo más intelectual) que me introdujeran en el Club de Polo (sección de Hípica). Pues bien, no me he sentido con fuerzas suficientes para poner un pie allí *ni una sola vez*, no sé exactamente ni dónde está. Cada año pensaba en dejar de pagar la cuota, y todos los años me olvidaba antes de que se presentara al pago. Este año he aprovechado la guerra para cancelarla.

Me duelen terriblemente los ojos y me abandono a mi pesar a una inútil necesidad de autojustificación. Para concluir con las cuestiones de negocios, te mando a ti la carta para el Crédit Industriel. Juzga tú mismo si es oportuno enviarla o si debemos esperarnos como respuesta que, siendo mi cuenta deudora, han empleado lo obtenido de las ventas para cubrirlo. Es lo que me dijeron en el momento de la imprevista y fugaz subida de las de México, cuando traté de realizar beneficios. Por otra parte, es éste el motivo por el que me asombro de que el descubierto de la cuenta en cuestión sea aún tan elevado.

Tu lista me parece perfecta, aunque se me «deshauseriza» más de lo que desearía. Me parece que en la banca Rothschild había fondos públicos rusos, etcétera. En todo caso, doy mi pleno consentimiento. Me permito llamar tu atención sobre la cuestión de saber si el Banco Español del Río de la Plata, muy bajo es cierto, pero que representa aún un valor bastante elevado, permitiría, si se pudiera vender en este momento, disminuir la cifra del préstamo. La Rente Égyptienne, por baja que esté, ¿no está destinada a bajar después de la guerra ante unos préstamos más remunerativos?

No te tomes la molestia de responder a todo esto por medio de cartas, sino simplemente de actuar o de abstenerte, según te parezca. Lo mismo te digo sobre las Doubowaïa. En cuanto al chileno (que como el Banco del Río de la Plata es mi segunda cuenta del Crédit Industriel), quizá serían más fácilmente negociables por la nueva banca, visto que es inglesa.

Perdona este volumen a la vez enorme y vacuo, y cree en mi amistad agradecida.

MARCEL PROUST

51. A LUCIEN DAUDET

Noche del sábado al domingo, dos de la noche
[*de mediados de junio a finales de julio de 1916*]

Mi querido pequeño:[1]

Unas breves palabras no de reproche, sino de tristeza en su punto álgido, por haberte esperado en vano, cuando estaba tan seguro de que vendrías. Todo estaba listo a las nueve y media, pues por temor a volver con retraso no he salido, y me he instalado en el saloncito, donde no había estado solo desde hace muchos años, a abrir cajones en los que encontraba cosas dispares y aflictivas, que entristecen tanto el corazón, pero un corazón que yo creía que iba a dejar desbordar en el tuyo una hora más tarde. Condecoraciones de papá (¡una «gran cruz» de Francisco José!), sus tarjetas de visita, la lista de las personas que enviaron flores en su entierro, mi «certificado» de bautismo (¿para qué?) y de mi primera comunión (no contemporáneos el uno de la otra, como para [-]) expedidos por el arzobispado de Saint-Louis d'Antin. Por último, todo lo que un viejo Goncourt sin talento, sin objetos bonitos, sin nada, puede deplorar en sus últimas rumias.

A partir de las once, he escuchado cada paso, cada taxi, cada puerta, hasta ahora, que son las dos, y ya no espero más. Estos kilómetros entre el buró y la escalera para ver si habían llamado me han fatigado más que un paseo; y no creo que en los próximos días antes de tu partida pueda verte. Pasarán quince días antes de que estés de vuelta, antes del puente brumoso, extratemporal (palabra de mi taza de té, en mi último libro) e inteligencial.

[1] Lucien Daudet, hijo de Alphonse Daudet, novelista, fue una de las primeras relaciones sentimentales de Proust, iniciada en 1895, que se prolongó aproximadamente un año. Luego mantuvieron la amistad durante el resto de su vida, siendo Daudet uno de los tres lectores de sus manuscritos, según dice Proust, de cuya obra fue un gran admirador.

Mi querido pequeño, qué hastío, y para consolarme, ¿qué placeres, espero, te han impedido venir?

Te abrazo afectuosamente,

MARCEL

52. A LÉON DAUDET

[*Primeros días de marzo de 1917*]

Querido amigo:

Es tan maravilloso leerle que es imposible pensar ya en uno mismo. Yo sabía, por lo que me dijo la otra noche, que hablaría de mí en este libro.[1] De haber sido de otro quizá habría buscado primero el pasaje relativo a mí. Y habría sido aún más disculpable hacerlo siendo suyo el libro, porque la mención que haría usted de mí, por ser su autor, sería más importante.

Sólo cuando, cautivado por Meyer y por la señora de Loynes, encuentra uno cosas sublimes como «Houssaye, cuya barba le caía vencida por el peso sobre su pecho, luego sobre el pantalón, igual que la de un héroe griego cinematográfico», es imposible perderse palabra, y uno olvida entonces que existe y que se habla bien o mal de él, pues no se vive más que para la palabra que va a seguir, cuando uno lee «rozado» se siente encantado de que a renglón seguido haya un «de cerca» «por un hombre de mundo», tras pronunciar las «r» como quien mueve unos sillones. Uno se apasiona por Judet, por Fleury, por Faguet, por el inmundo Meyer. De suerte (le aseguro que es un gran éxito para el autor conseguir dejar en suspenso en el lector el funcionamiento del amor propio) que no he leído sino cuando tocaba las páginas relativas a mí, es decir, casi al final.

Querido amigo, le decía el otro día: «Quisiera que tuviera aprecio intelectual por mí». Pues me equivoqué. Lo que

[1] Se trata del libro *Salons et journaux. Souvenirs des milieux politiques, littéraires, artistiques et médicaux de 1880 à 1908*, París, Nouvelle Librairie Nationale, 1917.

quería decir era: «Me gustaría que fuera amigo mío». Por eso nado en la alegría ya que me parece que siente usted amistad por mí y podrá sentirla. Me digo: «Si no sintiera amistad por mí, si no tuviera ganas de agradarme, no habría hablado tan extensa y gentilmente de mí, tan desconocido como soy, sin interés alguno para sus lectores y por quien no tiene, diga lo que diga, ningún aprecio intelectual».

Querido amigo, sé lo que es encontrar a Swann «pasmoso», creer que no es condensado y ultra condensado, que no sé contenerme, que me dejo llevar por asociaciones de ideas fortuitas. Aunque no comparto este juicio, lo sigo perfectamente, no digo en absoluto que no sea cierto. Pero sé que, si se sostiene tal juicio (y, dicho sea entre nosotros, creo que sólo lo puede sostener si ha leído al azar diez líneas equívocas), no se puede sino execrar a Swann como la antítesis de lo que es, el peor Jean Christophe, un infra Péguy, etcétera. Así que, execrando a Swann, pero hablando tan gentilmente de mí, demuestra amistad. Y cuánto más feliz me hace esto que si conociera o amara a Swann, cosa que me trae sin cuidado. Qué placer más profundo me provoca, qué gratitud más emocionada despierta en mí, recordándome nuestras entrevistas en Weber, en Turena, con la señora Ephrussi.

Querido amigo, no abra nunca *Swann*, pero volvamos a comer juntos, si puedo sostenerme en pie paseemos juntos, tan encantado me sentí de volver a verle el otro día, tan joven, tan guapo (e incluso embellecido), tan gentil, tan sencillo. Esta sencillez, toba sólida de su genio creador, encanta en todo momento en este libro cuando dice lo que daría por no tener Chenonceaux ni yate; y ese desinterés tan conmovedor del corazón que hace que aquellos que usted más elogia sean los muertos, Lemaître, Vivier, hasta La Salle, todos los que no lo sabrán y que sentimos un tan gran placer (lamentando no poder compartirlo con ellos) de oír celebrar con esa nobleza de espíritu. No tengo palabras para expresarle lo que me enternece esta grandeza moral.

Querido amigo, como no he hecho sino hablarle demasiado de mí, quisiera decirle nada más que esto porque es una cuestión doctrinal, si soy un poco injusto con Péguy es sobre todo porque decir unas tres veces una cosa no es lo mismo, me parece a mí, que decirla una vez tal como es. La verdad, incluso literaria, no es fruto del azar, y uno podría sentarse delante del piano durante cincuenta años e intentar todas las combinaciones de notas sin dar con la divina frase de un gran músico. Creo que la verdad (literaria) se descubre cada vez, como una ley física. Se la encuentra o no. Las disquisiciones en torno a la palabra necesaria y la relación *única* entre dos hechos psicológicos son como si no existieran. Si hubiera chachareado (completamente a solas, pues se puede estar de cháchara con uno mismo), no habría publicado nunca *Swann*. Lo que no impide que la idea que tal o cual (y de quienes más admira usted) se hacen de él me parezca no sólo exagerada, sino también loca. En cualquier caso, «pasmosa y llena de promesas»...

Querido amigo, soy un perfecto imbécil por volver sobre ello, al hablar de mí con tanta amistad me ha dado usted un placer que no olvidaré jamás. Le he enjuagado una lagrimita a «nuestro querido Proust» y «Marcel» simplemente habría querido abrazarlo a usted. Lo hago aquí con un reconocimiento igual a mi admiración.

Suyo,

MARCEL PROUST

53. A JEAN-LOUIS VAUDOYER

Boulevard Haussmann, 102
Viernes [*13 de julio de 1917*]

Mi querido amigo:

Qué triste saberle de nuevo tan desgraciado.[1] Pensando sin cesar en usted, qué angustia imaginarlo presa de un sufri-

[1] La carta está escrita a raíz de la muerte del padre del destinatario.

miento que yo conozco tan bien que puedo ponerme en su lugar, en la minuciosamente exacta, en la más dolorosa, de las suposiciones. Verdaderamente lo que Musset decía del amor bien puede aplicarse a la amistad «*Quand par tant d'autres nœuds tu tiens à la douleur*» ['Cuando por tantos otros lazos estás unido al dolor].[1]

Al menos el amor tiene el goce compensatorio. Es cierto que para ciertos corazones particularmente delicados, para ciertos espíritus que pueden realizarse de modo distinto que en la soledad, parece existir un disfrute amistoso totalmente espiritual y casto. Y sus versos a la memoria del noble Drouot parecen indicar que es capaz usted de sentirlo. Lamentablemente yo no lo soy. Tengo, en cambio, una predisposición a acusar los sufrimientos de mis amigos que la vida no ha hecho más que desarrollar. Pienso con particular ansiedad en su señora madre a la que su doble luto debe de haber dejado tan desolada.

Su presencia le es necesaria y usted se la ha concedido. Me dijeron que había estado usted en París y lamentablemente quizá esté a punto de partir de nuevo. En cuanto pueda tranquilizarme sobre lo que queda de esa gloriosa mutilada que es su familia, sobre la «gran malherida» que es su señora madre, proporciónele la dulzura de un consuelo a su amigo.

MARCEL PROUST

54. A ANDRÉ GIDE

20 de enero de 1918

Querido amigo:

Su carta me ha emocionado mucho, me ha entristecido también a causa de lo que piensa de mi indiscreción, pero me

[1] Alfred de Musset, «Don Paez», fin de la II parte: «*Amour, fléau du monde, exécrable folie, | Toi qu'un lien si frêle à la volupté lie, | Quand par tant d'autres nœuds tu tiens à la douleur*».

alegra sobre todo porque creo entender que ha encontrado a alguien que le hace feliz. No me diga quién es, se lo suplico, porque no tiene usted en absoluto confianza en mí para revelármelo, siquiera sea parcialmente (porque actualmente no sospecho nada en absoluto). La Bruyère dice muy bien: «Toda confianza es peligrosa si no es completa: hay que decirlo todo o callarlo todo».[1]

Añadiré que no soy curioso, ni en el mejor sentido de la palabra. Me sabría mal que un amigo me ocultase un secreto sólo en el caso de que se vieran comprometidos sus sentimientos o su amor propio. Creo haberle dicho en varias ocasiones que, inepto cuando se trata de mí, porque fracaso siempre en las cosas que deseo, soy muy bueno cuando se trata de los demás, aunando dos cualidades que normalmente no se encuentran juntas en la misma persona: cierta perspicacia por una parte y por la otra una falta total de amor propio y la incapacidad de engañar a un amigo. He traicionado, por tanto, mi vocación, que habría querido que fuese mediador o padrino profesional de duelos. Por lo demás, a menudo la compensación de quien fracasa en todo cuanto se refiere a su persona es obtener éxitos para los demás.

Por lo que se refiere al defecto que me atribuye—absolutamente ajeno a mi carácter—, la indiscreción, lo que probablemente le haya inducido a error es lo siguiente: con ocasión de su última visita, recordé una página que usted había escrito (me parece que de su *Isabelle*), en la que decía que Jammes le gustaba por la manera que tiene de contar las historias. Presa de emulación, yo le conté o traté de contarle alguna, referida a personas que no conocía, con las que tal vez había cenado en una ocasión y no había vuelto a ver. No puedo llamar indiscreción a referir conversaciones en modo alguno confidenciales.

[1] La Bruyère, *Los caracteres*, «De la sociedad y de la conversación», 80, trad. Consuelo Berges, Paracuellos de Jarama, Hermida, 2013, p. 143.

Lamentablemente, a mí me llegan confidencias relativas a mis amigos, que han hecho ellos a alguien que creían discreto, pero que las ha referido a otro y así sucesivamente. Ahora bien, precisamente yo jamás haría una cosa así. Puedo expresar juicios más o menos severos sobre gente que me es indiferente, pero me sería imposible expresarlos sobre un amigo (y desde hace tres años diría que usted lo es para mí).

Me desesperaría, querido amigo, que para demostrarme que lo he convencido me hiciera cualquier confidencia. No me causaría en absoluto placer. Si está contento, tenga la fuerza de guardarse para usted su propio contento. El simple hecho de confiar una cosa hace que se pierda parte de ella. No por compartir la propia alegría se multiplica ésta, al contrario de lo que dice muy bien Hugo del amor materno.

En resumen, le suplico que no me diga nada.

Me figuro que no podré verle a su paso por París, y le explico el motivo. En este período mis ataques de asma no cesan casi nunca antes de avanzadas horas de la noche. Por ejemplo, a la hora en que me vio la última vez, nadie podría entrar en mi casa. Ello es debido a que me he fatigado por una persona que sufrió una intervención quirúrgica: tuve que resignarme a hacerle una visita en las horas permitidas por el médico y mi mal se ha tomado el desquite como una oscilación de péndulo. Creo que mejoraré (hay, por otra parte, días—pero muy raros—de relativa tregua), y tanto más lo deseo cuanto que sigo sin recibir las pruebas de la NRF, y mucho me temo que para cuando finalmente lleguen me toque hacer un esfuerzo supremo. Pero no proteste ante la NRF por el retraso; el impresor extravió un cuaderno; en la NRF ignoraban quién lo había enviado, etcétera. Ya me he quejado yo, acaso más de lo debido, y me sabría mal que sumase usted sus reproches a mis quejas. Sería tanto más inútil cuanto que la imprenta ha prometido darse prisa.

Mi querido amigo, sería para mí un inmenso placer y me demostraría que espera usted uno pequeño de mi libro, si lo leyera una vez impreso o al menos después de que yo le diga que las pruebas están listas, salvo modificaciones insignificantes. En este momento, sería darle una idea de lo más falsa. Por otra parte, estas mismas pruebas informes son nada más que el comienzo de un volumen. Ahora bien, yo publico toda la obra de una vez, pese a las razones que tendría para actuar de otro modo, para que así se la pueda juzgar en su conjunto. La lectura, por tanto, de cien páginas, aunque fuesen definitivas (y están lejos de serlo), chocaría contra una elección a la que he sacrificado importantes intereses. Si le divierte—¡aunque mi obra no lo merezca!—ver cómo progresa mi trabajo—qué más puedo pedir—, tras haber leído el libro impreso le pasaría las pruebas. Pero después, por favor, no antes. Y, por supuesto, si hubiera algún fragmento susceptible de provocar su curiosidad, con mucho gusto le daría las pruebas recién corregidas, pero en las que yo temo que no hay nada que pueda divertirle: sólo tienen sentido en su conjunto.

Perdóneme por hablarle tanto sobre mi salud y sobre mi libro, la una y el otro irrelevantes. Pero, aunque con muchas esperanzas de verle a su «paso», he querido que supiera que, si por casualidad no pudiera hacerlo, no sería por falta de ganas, pues me encantaría. Y si, por otra parte, tardo un poco en someter mi obra a su consideración, es porque su impresión me resulta preciosa. Pero ¿saldrá algún día este libro? El impresor dijo durante más de un mes que si no enviaba las pruebas era porque no tenía trabajadores, luego porque me había enviado todo del primer volumen… La NRF, por otra parte, no está demasiado al corriente para imaginar que las cosas son así y necesita que yo le refresque la memoria sobre la existencia de un cuaderno que supone un buen tercio del volumen, del que no tengo las pruebas. Por si fuera poco, sigo mandando cuadernos de los que no tengo ningún duplicado, pero ¿se estarán perdiendo por el camino? Todo esto, lo he dicho, escrito o telefoneado a la NRF, en este caso a la señora Lemarié, que ha sido muy amable y con la que me he puesto de acuerdo, y no es preciso repetirlo. Pero hubo un momento en el que tuve ganas de dejar al editor que prefiero a cualquier otro, cuya estima me honra mucho, por uno más modesto, que al menos habría asegurado la publicación de mi obra.

Por último, creo que de un día a otro recibiré un buen paquete de pruebas. Vistas mis condiciones de salud, no hay mucho tiempo que perder, tanto más cuanto que mis manuscritos son más bien indescifrables y las primeras pruebas siempre serán algo muy distinto del original, el cual nadie habría podido leer y, muerto yo, nadie sería capaz de entender.

Hasta la vista, mi querido amigo, le he hablado de mí, y sin embargo no pienso más que en usted.

Su admirador y amigo

MARCEL PROUST

SEGUNDA PARTE

PROUST DE PUERTAS ADENTRO

55. A NATHÉ WEIL

Jueves por la noche [*17 de mayo de 1888*]

Mi querido abuelito:[1]

Acabo de reclamar de tu gentileza la suma de trece francos que quería pedirle al señor Nathan, pero mamá prefiere que te los pida a ti. La razón es la siguiente: necesitaba tanto ver a una mujer para acabar con mis malos hábitos masturbatorios que papá me dio diez francos para que fuera a un burdel. Pero 1.º: en mi estado emocional rompí un orinal, tres francos; 2.º: en este mismo estado emocional no he podido joder. Aquí me tienes, pues, como antes, esperando a cada hora otros diez francos para aliviarme, además de los tres francos por el orinal. Pero como no me atrevo a volver a pedir tan pronto dinero a papá, confiaba en que tú tendrías a bien socorrerme en esta circunstancia que, como sabes, no es sólo excepcional sino también *única*: no sucede dos veces en la vida estar demasiado turbado para poder joder.

Te abrazo mil veces y no me atrevo a darte las gracias por adelantado.

Pasaré mañana a las once por tu casa. Si mi situación te ha conmovido y te rindes a mis ruegos espero encontrarte a ti o a un intermediario encargado de entregarme esa cantidad. En todo caso, gracias, pues tu decisión se deberá sin duda a tu cariño por mí.

[Sin firma]

[1] Es el abuelo materno de Proust. Proust siempre acudía a él cuando necesitaba dinero y en sus cartas lo menciona con ternura.

56. A ALPHONSE DARLU

Martes [2 de octubre de 1888]

Muy estimado señor:[1]

Esta mañana nos hablaba de los jóvenes que adquieren demasiado pronto malos hábitos mentales, para decirlo muy brevemente, se desdoblan, no pueden hacer o pensar nada sin que su conciencia examine o analice tales actos y pensamientos. Creo que tendrá a bien disculparme si, siendo alumno suyo desde hace sólo dos días, me tomo la libertad de llamarle por así decir a consulta moral. He concebido tan gran admiración por usted que siento la irremisible necesidad de pedirle un importante consejo antes de comenzar el estudio de la filosofía.

Hablaba tan bien de esta enfermedad que, de no haber sido por la presencia de mis compañeros, creo que no habría podido evitar preguntarle cuál sería el remedio.

Cuando, hace catorce o quince años, comencé a recogerme en mí mismo y a estudiar mi vida interior, esto no fue un sufrimiento, sino al contrario.

Más tarde, hacia los dieciséis años, la cosa se volvió insoportable, sobre todo físicamente. Me producía una fatiga extrema, una especie de obsesión. Ahora ya no es así. Habiéndose vuelto mi salud, en otro tiempo muy frágil, casi buena, he podido reaccionar contra el agotamiento y la desesperación causados por este constante desdoblamiento.

Pero mi sufrimiento, no por haber cambiado casi totalmente de carácter, es por ello menos vivo. Se ha intelectualizado. No puedo ya encontrar un placer completo en lo que antes era mi supremo disfrute, las obras literarias. Cuando leo, por ejemplo, una poesía de Leconte de Lisle, mientras sa-

[1] Se trata del profesor de filosofía en el Liceo Condorcet al que Proust conoce en octubre de 1888. De él se decía que era un profesor que pensaba y hacía pensar. Proust le tenía un gran aprecio.

boreo los infinitos goces de otro tiempo, el otro *yo* me observa, se divierte examinando las causas de mi placer, las descubre en cierta relación entre la obra y yo, y de este modo destruye la certeza de la belleza *propia* de la obra, sobre todo imagina inmediatamente unas condiciones de belleza opuestas, mata, en fin, casi todo mi placer. Desde hace más de un año no consigo juzgar nada literariamente, devorado como estoy por la necesidad de contar con reglas fijas mediante las que juzgar con seguridad las obras de arte. Pero entonces, para curarme, no podré sino anular mi vida interior, o mejor dicho, esa mirada siempre atenta a mi vida interior, y ello me parece espantoso.

Debe de ser un «caso» frecuente entre los jóvenes de mi edad, a quienes los sufrimientos físicos del pasado han acostumbrado de sobra a vivir consigo mismos.

Espero que me perdone, señor, en virtud de mi extrema admiración y de mi ilimitado deseo de saber lo que piensa acerca de este asunto, la extravagancia y quizá la indiscreción de hacer confidencias tan *íntimas* a un desconocido.

Pero creo conocerle ya por lo poco que le he oído expresar. Le suplico, señor, que no haga la menor alusión a esta carta que, por mi parte, es sobre todo una especie de confesión.

Su alumno y profundo admirador

MARCEL PROUST

57. A SU PADRE

Boulevard Malesherbes, 9
Jueves, a las 10 [*28 de septiembre? de 1893*]

Mi querido papá:

Siempre he mantenido la esperanza de que finalmente podría continuar los estudios literarios y filosóficos para los que creo estar hecho. Pero como cada año me veo más obligado a una disciplina práctica, prefiero elegir sin más demora una de las carreras que me sugieres. Me dedicaré a prepararme seriamente, a tu elección, para hacer oposiciones al Ministerio de Asuntos Exteriores o a la École des Chartes. Más que entrar en un despacho de abogado preferiría mil veces trabajar para un agente de cambio. Por otra parte, ¡estoy convencido de que no aguantaría ni tres días! Sigo siendo del parecer de que cualquier cosa que haga al margen de las letras y la filosofía será para mí tiempo perdido. De todas formas, hay males mayores y menores, y nunca, ni siquiera en los momentos más desesperados, he concebido uno más atroz que un despacho de abogado. Permitiéndome evitar esto, un trabajo en una embajada me parecería, aun sin ser mi vocación, un mal menor.

Espero que tengas ocasión de ver a los señores Roux y Fitch. Con el señor Fitch está, creo, Delpit. Te recuerdo, para evitar un *broek*, que es el hermano de la señora de Guyon.

Estoy tan encantado de encontrarme de nuevo en casa que ello me consuela de Normandía y de no ver más (como dice Baudelaire en un verso cuya fuerza espero que aprecies) «*le soleil rayonnant sur la mer*» ['el sol radiante sobre el mar'].[1]

Te beso mil veces de corazón.

Tu hijo

MARCEL

P.D.: Serías muy amable si pudieras escribir a mamá para contarle si has visto al doctor Kopff desde tu estancia en casa de los Brouardel por lo que respecta a mi examen de oficial.

58. A CHARLES GRANDJEAN

Domingo [*12? de noviembre de 1893*]

Estimado señor:

Si he tardado en darle las gracias es porque hoy debía ir a almorzar a Louveciennes a casa de sus vecinos los Beer y

[1] *Las flores del mal*, «Canto de otoño».

contaba con ir a verle sin previo aviso para no obligarle a quedarse en casa esperándome. Quería expresarle mi reconocimiento (e importunarlo una vez más), pero me he visto imposibilitado de ir a Louveciennes. En París voy de vez en cuando a la rue de Monceau, pero siempre me dicen que no ha vuelto usted (y me entristece mucho pensar que se deba en parte a que no se encuentra usted bien).

Me da usted argumentos terribles, es decir, excelentes, contra la École des Chartes. Pero piense que debería emplear ciertamente dos años en prepararme para el Tribunal de Cuentas, pues sin duda suspendería por lo menos una vez. Y en caso de ser admitido, sería ya cuando hubiese terminado de prepararme para la École des Chartes. Me quedaría por lo menos hacer la tesis, que es un trabajo personal. En cuanto a la École de Rome, me había dicho que en todo caso podría frecuentarla sin pagar. Pero el cuadro que me pinta de Roma, prescindiendo de la École, es efectivamente más seductor.

Sin tener en cuenta el siniestro Tribunal de Cuentas, veamos qué diría de la idea que le expongo. Podría ir a ver a un director del Louvre (el único que conozco es, creo, el señor Heuzey) o ponerme en contacto con el señor Reinach (Saint-Germain) o con el señor Saglio (Cluny) o con el señor [Nolhac] (Versalles) y pedirles que me tuvieran como voluntario no remunerado en uno de sus museos. Durante ese tiempo podría, si viera que me gusta, prepararme a su elección para la École des Chartes, la licenciatura en letras, la École du Louvre o simplemente para hacer unos trabajos personales, que serían provechosos para mí con miras a una futura *carrera*, llevando entretanto una existencia digna y discreta que me esforzaría en volver inspirada y elevada gracias al estudio de las cosas bellas de las que estaría rodeado. Versalles y Saint-Germain me parecerían, con miras a la reflexión y la escritura, más adecuados, pero quizá el Louvre y Cluny son más interesantes y de más futuro (para los conservadores), es decir, supongo, más ricos en materiales antiguos.

Pero, ¡ay!, su admirable espíritu crítico hará reventar este nuevo globo sonda—aunque más bien debería alegrarme, porque disipará usted mis espejismos, que son la cosa más peligrosa, y así me ahorrará crueles decepciones—. En vista de que tarde o temprano no basta con soñar la propia vida, sino que hay que vivirla, no sufriré de grandes desengaños—el mayor de todos es no ver realizada la propia vida—si gracias a su experiencia e intuición corrige mi buena voluntad excesivamente fantasiosa y mal instruida.

Seguro servidor de la señora de Grandjean, besa sus pies.

Mil respetos con el más efusivo agradecimiento,

[Sin firma]

59. A SU MADRE

Lunes por la noche, después de cenar, a las 9
[*18 de agosto de 1902*], *comedor, rue de Courcelles, 45*

Mi querida mamaíta:

Como ayer no te escribí, voy a retomarlo en el punto en que me quedé. Anteayer mis molestias se calmaron momentáneamente. Aproveché para acostarme hacia las tres (de la noche) o incluso antes y para no tomar Trional. Dormí a ratos y, en suma, bien (salvo el asma que me quedaba), y al despertar me asombró no sentir la acostumbrada sensación de absoluta desolación. Aproveché la ocasión para quedarme en la cama doce horas, el pulso me bajó de 120 a 76, así que ayer pude ir con Brancovan a cenar a Durand sin ataques ni durante ni después de la cena, ni tampoco de noche, lo que es una novedad desde mis veladas cotidianas. Más aún, mientras que en los días pasados había consumido grandes cantidades de polvo (pues me había vuelto el asma), he recurrido a los inhaladores sólo en torno a las cinco de la madrugada cuando me he acostado y luego nada hasta las ocho de la tarde, es decir, infinitamente menos que cuando me quedaba en cama. He estado acostado otras doce horas y me he levantado para cenar hacia las ocho, pero lamentablemente me han vuelto un poco mis molestias. No he retomado las lavativas, lo que demuestra que no son tan necesarias. Tu ausencia, incluso en un período tan desastroso de mi vida, comienza a dar algún fruto (¡no seas susceptible como lo sería la señora Roussel!). Así, anoche y esta noche, al vestirme he eliminado el segundo par de calzoncillos, y esta noche y luego durante la jornada en la cama he prescindido, cosa enormemente más difícil, del segundo jersey de lana de los Pirineos. Como hoy he cogido frío no sé si esta noche podré hacer lo mismo, pero, en cualquier caso, es un triunfo cuando ya no lo esperaba. Mis numerosas cenas en restaurantes me han dejado el estómago como nuevo, aunque coma mucho más (pero más despacio). Y, además, comer fuera de casa es mi Évian, mi viajar, mi manera de disfrutar del veraneo que no tengo. La gente, por lo demás, me encuentra buen aspecto. El asma, por lo visto, ha desaparecido. Si se calmaran mis molestias..., pero, ¡ay! Me dices que hay gente que tiene tantas como yo y que debe trabajar para sacar adelante a la familia. Lo sé. Aunque males idénticos, mucho mayores o infinitamente mayores no significan necesariamente los mismos sufrimientos. Son dos los aspectos que hay que tener presentes: las causas objetivas del sufrimiento y la capacidad—que varía según la naturaleza de la persona—de padecerlos. Sea como fuere, estoy convencido de que hay gente que sufre tanto o mucho más y trabaja. También sabemos que por esta u otra enfermedad se han visto obligados, demasiado tarde, a dejar de trabajar. Yo preferí dejar todo trabajo por adelantado. No me faltaban razones, porque hay trabajos y trabajos. El literario apela perpetuamente a esos sentimientos que están ligados al sufrimiento. «*Quand par tant d'autres nœuds tu tiens à la douleur*» ['Cuando por tantos otros lazos estás unido al dolor'].[1]

[1] Alfred de Musset, «Don Paez», fin de la segunda parte.

Es como hacer un movimiento que afecta a un órgano herido que conviene dejar inmóvil. Lo que querría hacer son frivolidades, tener distracciones. Pero estamos en agosto. Y luego, a pesar de todo, esto va mejor, al menos en estos momentos. ¡También hoy me siento feliz! Me resultan extrañas tus críticas. Dices, doliéndote, que comer una noche a las nueve y al día siguiente a la una de la tarde es un tanto irregular. Es cierto. Pero visto que ya cometía la irregularidad de estar levantado y de pasar toda la jornada fuera, ¿podía (sobre todo sin haber, repito, *tocado* mi cama) quedarme en ayunas hasta las nueve de la noche? Y habiendo comido, desfallecido, a la una, ¿debía arriesgarme, volviendo a comer a las nueve, a pasar una noche insomne? La verdad es que nunca debería contarte nada, porque juzgas las cosas demasiado *ab uno*. Te extraña que haya dejado que me visitara Vazquez, porque según tú todos los médicos dicen lo mismo. No soy de tu parecer, pues todos me han dicho cosas distintas. El hecho es que, padeciendo algo que no había padecido nunca antes y me obligaba a interrumpir una cura que me sentaba bien, era preciso que consultase a un médico, tanto para el corazón como para el estómago y el intestino (al que achacaba, equivocadamente, parte de mis malestares). No estando papá y no pudiendo visitarme Bize, pensé en Vazquez, que es un buen muchacho, inteligente y serio. No digo que haya ido a su consulta con la certeza de que si hubiese tenido algo en el corazón me lo habría dicho, pero al menos está bien haber sabido que no hay problemas especiales y que no debo preocuparme del estómago. Para terminar con las consultas, pregúntale a papá qué significa un escozor a la hora de la micción, que me hace parar y volver a intentarlo cinco o seis veces en un cuarto de hora. Visto que en este período he bebido ríos de cerveza, pudiera ser que ésta sea la causa. He pedido un favor en *Le Figaro* (no para mí, sino para Fénelon) a Baya, que ha sido muy amable. Puede (como verás, me expongo sin temor a la crítica) que haya exagerado anticipándome a los deseos de Fénelon, que no tenía un interés especial en *Le Figaro*. Por otra parte, ignoro aún el final. No he terminado de contarte mis noches. La calma me dura y sigo sin tomar Trional, duermo bastante, de media hora en media hora, y me siento realmente bien. A este respecto, Arthur me ha hablado de [-]

60. A SU MADRE

Hôtel de l'Europe, Ámsterdam
Viernes [*17 de octubre de 1902*]

Mi querida mamá:

Acabo de recibir tus dos breves cartas. Perdona si no te escribo más, pero estoy haciendo este viaje de un modo tan consciente—tan inteligente, añadiría—, tan minucioso, que no me queda un minuto. Salgo a menudo a las nueve y media o a las diez de la mañana y regreso muy tarde. El otro día fui en barco de pasajeros a Volendam, un sitio muy curioso ¡y por lo que creo no muy visitado! Hoy he visto en Haarlem los Hals. Desde ayer estoy solo: me encontraba en un estado sentimental tan desastroso que, temiendo envenenar con mi tristeza el viaje del pobre Fénelon, ¡lo dejé respirar lejos de mis gimoteos! Lo veré mañana en La Haya, pero regresaré por la noche a dormir a Ámsterdam y volveré a París el domingo o el lunes, contentísimo de abrazar de nuevo después de tanto tiempo a mi mamá y a mi papá. Tal vez no habría tenido el valor de una separación tan larga de haber tenido que decidirla de antemano. Pero la he prolongado casi día a día. He creído quince veces abrazarte al día siguiente. Nunca habría pensado que pudiera pasarme quince días sin abrazarte. Esto es aplicable igualmente a mi querido hermano, si es que su situación de «recién llegado» no le hace creer que está al abrigo de mis intempestivas muestras de afecto.[1] Me

[1] Su hermano Robert se había doctorado en medicina recientemente.

ha sabido muy mal ese robo, que aumentará para ti el coste de mi viaje. Aparte de este desgraciado incidente, administro mi presupuesto con la misma habilidad que el señor Rouvier. El hotel es una locura de caro, tanto que los dos últimos días Fénelon no comía en él para no pagar diez francos por una cena modesta. Pero ¿de quién es la culpa? ¿Y por qué lo eligió, poco menos que imponiéndomelo, pues cuando me reservó la habitación yo estaba en Amberes? Y, sobre todo, ¿por qué hizo caso al consejo de los Yeatman? La verdad es que si hago otros viajes tendré que elegir hoteles de segunda categoría, en los que se está igual de bien y no se pagan cifras exorbitantes por un lujo que no me seduce, sobre todo porque, no habiendo un francés en la ciudad, no se tiene siquiera el placer de que te lo envidien. El viaje en sí no es caro. Las excursiones más interesantes no nos han costado nada o casi nada. Tengo en cuenta tus consejos de salir al campo, con más razón porque los caloríferos me asustan, y supongo que si aquí no tengo *el más mínimo asomo de asma* (ni el más mínimo) es porque el hotel está caldeado con cañerías por las que circula agua caliente. Pero mi estado mental no me permite un experimento de este tipo, que sólo podría ponerme *malísimo*.

Fénelon era la *única persona* con la que podía ausentarme. Si no temiera afligirlo con mi morosidad presente, y sobre todo no tuviera la preocupación de quedarme sin dinero (es el verdadero motivo, y lo digo con tanto menor apuro cuanto que me volverás a ver casi al mismo tiempo que llegue esta carta, y no podrás responderme, así que la cosa no puede parecer destinada a armar un «follón»), prolongaría mi estancia ocho días en Holanda o en Bélgica. Pero en Illiers o en otra parte en este momento sería una verdadera locura.

Ya el regreso a París, tanto si encuentro a Bibesco (si no se ha ido) como a Reynaldo, etcétera, se me antojará duro, como todo cambio de ambiente. Pero al menos es un lugar que conozco. Illiers, o cualquier otra localidad, sería terrible *en este momento.*

Fénelon es de lo más amable conmigo. Le has escrito una preciosa carta llamándole Fén*é*lon. Por lo demás, este acento agudo, como la *k* de Bibesko, no tiene ninguna importancia. ¿Sabes algo de Fromentin? Es una pena que no puedas contarme nada de alguien con quien he pasado dos semanas en el hotel.[1]

Muchos besos afectuosos,

MARCEL

Tengo la sospecha de que no lees mis cartas, lo que sería horrible. Ésta la he escrito en un momento de pseudocalma, así que léela al menos.[2]

61. A GEORGES DE LAURIS

Splendide Hôtel, Évian-les-Bains
[*8 o 9 de septiembre de 1903*]

Mi querido Georges:

Gracias de corazón por las cosas tan amables que me dice. Le responderé mejor de viva voz. Pero ¿por qué me habla del «primer período de nuestra amistad»? ¿Es que los períodos siguientes le parecen peores? Hay otra cosa que no he comprendido. Pero, por otra parte, es probable que haya dicho todo ello por pura gentileza y para complacerme, y que ya ni siquiera se acuerde. En vista de que me pide noticias de mi salud, ahí van. Después de dejarle, la reconstituyente compañía de los dos Albu no consiguió hacerme bajar la fiebre y

[1] Proust se había llevado al viaje a Holanda el libro de Fromentin *Les Maîtres d'autrefois.*

[2] Esta carta es significativa de la relación con su madre. Para Proust no puede haber mayor afrenta que no leer sus cartas. Su madre le contestará que las lee y relee varias veces.

partí en un estado indescriptible. Ni siquiera intenté dormir en el tren. Contemplé la salida del sol, lo que no había tenido ocasión de hacer en mucho tiempo, y me pareció un hermoso espectáculo, la otra cara, a mi parecer más encantadora, de la puesta del sol. Por la mañana, me invadió un loco deseo de violar pequeñas *villes* ['ciudades'] adormecidas (léase *villes* ['ciudadelas'] no *filles* ['muchachas']), las que estaban a occidente, en un residuo moribundo de claro de luna, y las que estaban a oriente, a plena luz del sol naciente, pero me entretuve y me quedé en el tren. Tras llegar a Avallon hacia las once y visitar la localidad, tomé un coche y al cabo de tres horas llegué a Vézelay en un estado increíble. Vézelay es un sitio fantástico, en una especie de Suiza, aislada en un monte que se yergue encima de los otros, visible desde todas partes a leguas de distancia, en un paisaje armonioso y sumamente sobrecogedor. La iglesia es inmensa y se asemeja a unos baños turcos como en Notre-Dame, construida como está con piedras alternativamente negras y blancas, una deliciosa mezquita cristiana. Si no estuviera tan cansado (sólo he mandado tarjetas postales, ésta a usted es la *primera carta* que escribo) le contaría lo que se siente al entrar en la iglesia, una sensación curiosa y hermosa. Será para otra vez, porque ahora no puedo más. Volví por la tarde a Avallon, con un fiebrón tal que me fue imposible desvestirme. Estuve paseando durante toda la noche. A las cinco de la mañana me dijeron que había un tren que salía a las seis. Lo tomé. Divisé una admirable pequeña ciudad medieval, llamada Semur, y llegué a las diez a Dijon, donde vi algunas cosas hermosas y esas grandes tumbas de los duques de Borgoña, de las que las reproducciones no dan en absoluto una idea, pues son policromas. A las once de la noche llegué a Évian. Pero esta carrera desenfrenada e insomne a pesar de la enfermedad, esta «carrera mortal», me había trastornado hasta el punto de que mirándome al espejo no me reconocía ya y la gente en las estaciones me preguntaba si necesitaba algo, y comprendí lo prudente que era su consejo (que mi madre ha apreciado muchísimo) de no partir en tales condiciones. He pasado todo este tiempo tratando de recuperarme. Ahora estoy casi como antes de partir (y antes de estar mal), pero me levanto siempre a las dos o a las tres de la tarde dado que atribuye usted a esto una importancia supersticiosa. Estoy muy preocupado por Bertrand, por lo que pasa en Turquía, y espero con tristeza e impaciencia el periódico. Me sentiré más tranquilo cuando lo trasladen a una sede más próxima o a alguna pacífica América al abrigo de los búlgaros. Me parece que está usted en buena compañía y me alegra. Por primera vez en su carta ha hecho alusión a la señora... Nunca le había vuelto a hablar de ello, por lo que no sabía cuál era su estado sentimental. Me parece por el tono feliz y dulce de su carta que es el encanto de la convalecencia y la inquietud que acompaña a toda renovación. Ojalá pueda, amigo mío, ser bendecido por esa capacidad para vivir y esa felicidad que ya le han sido concedidas y que sus amigos le desean con tanto fervor.

MARCEL PROUST

No he visto a la señora de Noailles, que ya había salido para Évian. Afectuosos saludos a Bertrand. No le encargo ningún mensaje para Antoine [Bibesco] porque le escribiré en breve, pero salúdelo de mi parte mientras tanto. A usted le escribiré para comunicarle mis planes, aún vagos. En cuanto a mi lugar de retiro, todavía no lo he pensado ni tengo ninguna idea, pero no se lo comente a nadie, porque no sería ya un lugar de retiro si acudiesen todos.

62. A LOUIS D'ALBUFERA

[*Principios de diciembre de 1903*]

Mi pequeño Albu, mientras usted me hablaba yo pensaba en la tristeza espantosa de no disponer de algún dinero que pudiese ahuyentar de su pensamiento toda preocupación. Por desgracia, mi situación, que siempre he esperado ver mejorar un día, es peor que nunca. Me interesa que *la conozca en detalle* por dos razones. En primer lugar, como es un secreto que no desvelaré nunca a nadie le demostrará que considero que siempre debe saber todo sobre mí, y por consiguiente una prueba de amistad, muy cargante lo reconozco, pues me temo que le falte la paciencia de leer todos estos tontos detalles. En segundo lugar, para que vea usted mismo con toda exactitud las cosas y, si alguna vez pudiera yo ser útil en una ínfima medida, pudiera usted mismo indicármelo. Lamentablemente, ya verá que sería tan poca cosa que apenas me atrevería a ofrecérselo... Mis padres tenían (hablo en términos aproximativos, porque todavía no he visto al notario, espero no tener que verlo nunca y sólo sé lo que mi hermano me ha dicho de manera muy vaga) creo que ochenta mil francos, quizá un poco más, para gastar anualmente. Papá no tenía, por así decir, fortuna personal, pero, aunque no se hizo una clientela, venía a ganar unos cuarenta mil francos.[1] Como mamá tiene, por otra parte, casi cuarenta mil francos de renta, eso sumaba casi ochenta mil francos, que se convirtieron en cuarenta mil desde la muerte de papá. Cuando se casó mi hermano papá le dio ciento cincuenta mil francos y a mí la renta de la misma suma, es decir (como yo tenía también la renta de cincuenta mil francos que mi tío me dejó, lo mismo que a mi hermano), que papá me daba quinientos francos todos los meses, más ciento veinticinco francos todos los trimestres. Todo esto, mi querido amigo, es tan soporífero que me pregunto si tengo derecho a seguir aburriéndole de este modo. Siempre puede recurrir a dejar de leerme y quizá ya lo haya hecho. Papá y mamá se habían legado mutuamente

[1] Proust no es muy preciso en estos datos. Si bien su padre no tenía fortuna personal por herencia, había conseguido una buena posición económica con su profesión en la que estaba muy bien considerado. Su testamento desveló que legaba una considerable cantidad de dinero.

toda su fortuna: el que sobreviviera sería heredero del otro. Creo que no era sólo por cariño recíproco, sino también debido a esa idea absurda que han tenido siempre de que yo era un pródigo, que lo dilapidaría todo el día que tuviera cuatro chavos. Y como sabían a mi hermano casado con una mujer que un día será extremadamente rica y, por otra parte, él ganará el día que quiera un disparate de dinero con la cirugía con la que, ya sabe usted, ahora se gana trescientos mil francos al año como si nada, no tenían ningún escrúpulo por este lado y se decían que mientras fuera papá o mamá quien guardara la fortuna estaría muy bien conservada para mí el día de mañana y resguardada de mis dilapidaciones (!). Yo les supongo esta reserva, pero ignoro si supongo acertadamente. Sólo que la ley no permite (cosa que sé desde hace algunos días) que un marido le deje todo a su mujer. Y creo que mi hermano y yo tenemos derecho cada uno a una cuarta parte. O a una cuarta parte para ambos, no sé más. Sólo que como toda la fortuna viene de mamá, este cuarto no será tomado más que de lo que viene de papá, es decir, muy poca cosa. Si cree que he acabado, debo decirle que es sólo el comienzo. Mi tío (no el que me legó alguna fortuna, naturalmente, el hermano de mamá) me ha hecho el razonamiento siguiente: «Tu madre vivía a razón de ochenta mil francos de renta, va a pasar ahora con cuarenta mil. Es preciso que tu hermano y tú tratéis de que su situación se vea modificada lo menos posible, que declaréis que renunciáis a todo, contentándose Robert con lo que ya tiene, y tú vivas con tu madre». No he dado aún una respuesta en firme. Espero saber lo que hará mi hermano. Si es esta solución la que se impone, continuaré sin disponer de un capital propio, y aunque guarde mis quinientos francos al mes es probable que tenga además una pequeña pensión para sufragar mis gastos a mamá, piso, etcétera (pues nos mudaremos cuando venza nuestro contrato de alquiler ya que este apartamento es demasiado caro, demasiado grande y también demasiado lleno de recuerdos). Pero en realidad no tendré menos, pues trabajaré más y no será lo mismo. Pero si es la otra solución la que se impone y no percibimos mi hermano y yo lo que puede correspondernos, por poco que sea, contaré con unos cincuenta mil francos de libre disposición. Será una cantidad, en realidad, muy limitada, pues mamá no accederá a que yo disponga de esta suma si no es a condición de supervisar mi capital, y por otra parte papá escribió unas últimas voluntades que se han encontrado, en las que establecía el dinero que yo podría tener invertido en tales y cuales acciones. Todo ello siempre con la idea de protegerme contra mí mismo, si no ando errado, igual que la propuesta de mi tío no debe de tener otro objetivo. Pero incluso en el caso de que yo renunciara al capital me parece que mamá no puede negarme, si yo le digo que tengo necesidad de dos o tres mil francos para un gasto que no puedo decir, dármelos. Es exactamente una nimiedad para usted. Pero, en fin, esto puede completar la insuficiencia de tal pago, permitirle dar, por ejemplo, unos intereses por adelantado al capitán, o qué sé yo…

Piense en todo esto y sobre todo vea en ello una prueba de absoluta confianza y de afectuosa amistad. *Archítumba.*

Su

MARCEL

Si veo la posibilidad de ir mañana lo haré y le telefonearé.

63. AL DOCTOR GEORGES LINOSSIER

Rue de Courcelles, 45
[*Septiembre de 1904*]

Querido señor:[1]

No sé si recordará usted que en días más felices fui presentado a usted por mi padre, el doctor Proust, y yo me per-

[1] Era profesor en la Facultad de Medicina de Lyon y había escrito un *Tratado sobre las enfermedades del estómago.* Proust, normalmente muy es-

mití testimoniarle mi gran admiración por su tratado la *Hygiène du dyspeptique*.

Es esta admiración (que me servirá de disculpa ante usted) la que me lleva a cometer la indiscreción de interpelarle: si conociera otra teoría ingeniosa y profunda como la suya, le ahorraría el fastidio que le inflijo pidiéndole consejo. Consejo que será, en cualquier caso, necesariamente, limitado, porque soy muy consciente de la imposibilidad de hacer un diagnóstico a distancia sobre este tipo de cuestiones. Podría pedirle una cita, pero llevo una vida demasiado singular para pensar en ir a molestarle, pues sólo tengo disponibles las horas de la velada.

He aquí, de todos modos, algunas preguntas a las que podría quizá dar una respuesta.

Según parece, soy (desde el punto de vista médico) muchas cosas distintas, aunque a decir verdad nunca se ha sabido muy exactamente el qué. Pero sobre todo e indiscutiblemente soy muy asmático. En primer lugar, fiebre del heno, que no tardó en transformarse en asma estival y posteriormente en asma que se prolonga durante casi todo el año. Y como consecuencia de comidas muy copiosas se ha complicado con problemas aparentemente siempre de tipo asmático, pero en realidad de origen, según me han dicho, intestinal y gástrico, que están controlados desde hace tiempo, aunque prestos a reaparecer a la menor imprudencia. Hago una sola comida en las veinticuatro horas del día (y, dicho sea entre paréntesis, me permito preguntarle si lo considera suficiente para cubrir las necesidades alimentarias de la jornada: dos huevos a la crema, un muslo de pollo asado, tres cruasanes, un plato de patatas fritas, uva, café, un botellín de cerveza), y la única cosa que ingiero antes de acostarme es un cuarto de vaso de agua de Vichy (nueve o diez horas des-

céptico con los médicos, tenía mucha confianza en él. Sin embargo, nunca envió esta carta, que se encontró entre sus papeles a su muerte.

pués de la cena): si tomo un vaso entero, me despierto con un gran ahogo; y con más motivo si en vez de agua de Vichy tomo algún alimento.

Quisiera añadir que desde el punto de vista del estómago, a condición de tener el vientre suficientemente sujeto por los calzoncillos, no tengo nunca ni dolor ni malestar. Mi único problema ahora es la dificultad de respirar, el asma. Ésta es la ventaja que obtengo con mi régimen singular, pues, en otro tiempo, cuando hacía varias comidas y entre una y otra bebía, siempre tenía hinchazón de estómago, regurgitaciones, malestares de todo tipo que ahora han desaparecido.

El consejo que le pido es el siguiente: me han sugerido, para cambiar mis malos hábitos de vida, someterme a uno de esos tratamientos psicoterapéuticos, que usted ciertamente conoce, consistentes en aislar al enfermo, inmovilizarlo, sobrealimentarlo, curándolo mediante la persuasión.

Sólo quería preguntarle si, en principio y en líneas generales, considera que una cura de este tipo podría no estar contraindicada para mí, o si estima que la sobrealimentación puede agravar mi estado. Si desde este punto de vista considera que existen diferencias entre los diversos establecimientos de este tipo tanto de Francia como del extranjero, si sabe usted, por ejemplo, que en éste la sobrealimentación se hace con mayor prudencia y no se sacrifican las otras posibilidades a la idea apriorística de que los problemas gástricos son siempre de origen nervioso, sería usted muy amable de decirme también su parecer a este respecto. Huelga decir que mantendré rigurosamente para mí sus indicaciones.

También le ruego no decir que se las he pedido (por lo que se refiere al menos al tema específico de la relativa validez de los establecimientos) para que no parezca que he sospechado de antemano de aquel en el que es posible que acabe por ingresar.

Quizá la información siguiente le permita hacerse una idea más clara de mi estado artrítico. En mis orines están presentes en cantidad excesiva urea, ácido úrico y en cantidad insuficiente los cloruros. En el análisis había ligeros rastros de albúmina y azúcar, pero creo que se trataba de un episodio pasajero. Desde hace años orino poquísimo. Después de doce días de dieta láctea, no llegué a medio litro al día. Es cierto que tomaba la leche en forma de café con leche hervido, lo que aumentaba mucho mi habitual sudoración, y que consigo ingerir en las veinticuatro horas entre litro y medio y dos litros, no más.

Cuando llevo una vida distinta, llego a hacer dos comidas, pero entonces a duras penas consigo dormir, porque después de cada comida he de quedarme durante muchas horas (ocho) de pie o en una tumbona. Y, por lo demás, con ese tipo de vida (sin poder afirmar que la causa sea la frecuencia mayor de las comidas) tengo siempre mayores problemas de respiración, más sangre en la cabeza, y me siento peor que cuando vivo del extraño modo que es mi vida habitual y del que le hablaba al comienzo. Voy a menudo—y mal—de vientre, evacuando varias veces. Si cree que puedo proporcionarle indicaciones más útiles, me haré un examen de las heces. Pero no sé cómo se hace y, por otra parte, presentan muy distinto aspecto según mi estado físico. Van acompañadas a menudo de mucosidades, cuya expulsión, por lo que me es dado comprender, me es beneficiosa. Una vez cada quince días, más o menos, tomo durante la comida una píldora de Cascarine Leprince, que me hace evacuar siete u ocho veces en las veinticuatro horas siguientes. Hasta que hace efecto el purgante, tengo una sensación de ahogo, luego me libero y si el efecto se prolonga demasiado siento cierto dolor. No hago nunca largos baños porque me provocan sudoraciones insoportables.

Al empezar esta carta, señor, pensaba que escribiría pocas líneas. De haber podido prever que eran tantas las cosas que había de preguntarle, no habría preguntado nada. Pero a medida que escribía, me venían a la mente detalles que me parecían adecuados para proporcionarle unas explicaciones más claras y motivar un consejo más consistente. Ahora estoy confuso, por haber sido más indiscreto de lo que me había propuesto. Le pido sobre todo que me disculpe, y que acepte todos mis respetos confusos y agradecidos,

MARCEL PROUST

64. A ROBERT DE MONTESQUIOU

Lunes por la noche [*24 de abril de 1905*]

Estimado señor:

Le habría dado las gracias antes por haberse tomado tan amablemente la molestia de mandarme su carta de Neuilly sin esperar a que yo mandase a buscarla[1] si en estos dos últimos días no hubiera empeorado. Al no estar en condiciones de levantarme, era un problema para mí escribir. Es usted, señor, más cruel que el más cruel de los crueles teólogos católicos, según los cuales las enfermedades se nos mandan en castigo por nuestros pecados. Querría usted que las considerásemos, en sí mismas, como pecados y que no sufriéramos sólo físicamente por nuestros males, sino que sintiéramos remordimiento; que, aunque estos males inevitables ya son de por sí bastante dolorosos, fueran vistos sobre todo como faltas. Le confieso que además en su carta hay algo en lo que me esfuerzo en no pensar, pues envenenaría mis escasos días de salud, algo que agravaría el tormento ajeno y, en virtud del egoísmo propio del enfermo, acabaría por mezclar un rencor nervioso a la admiración, al respetuoso y agradecido afecto que siento por usted. Me refiero a su idea de que,

[1] Proust responde a una carta en la que Montesquiou le reprochaba no haber asistido a una conferencia suya y guiarse en sus salidas por el esnobismo. La relación de Proust con Montesquiou está jalonada de recriminaciones, sobre todo al final de su vida, cuando Proust no atiende a sus peticiones de atención.

cuando, cada quince días más o menos, consigo levantarme de la cama, vestirme, salir durante una hora o dos hacia las diez de la noche, este inocente descanso pueda ser considerado como una curación voluntaria (lo que implicaría que sería voluntaria también la enfermedad) destinada a satisfacer la vanidad. Sé perfectamente que un buen número de personas, porque tal día estoy enfermo y no puedo hacer esto o aquello, querrían que no hubiera un solo día del año en que no me dejase ver, y al no ser así dicen: «Vaya, para las cosas que te divierten no te encuentras tan mal». Pero que *usted* me diga casi lo mismo y no piense que si yo pudiera curarme para las cosas que más me gustan, sería siempre para ir adonde pueda verle y escucharle, me duele mucho. Cuando encuentre a una persona que comprenda de verdad mi vida y mis sentimientos íntimos, y habiéndome visto renunciar porque estaba mal a algo muy placentero me encuentre una hora después (lo que, por otra parte, no sucede en un intervalo tan breve) en la reunión más banal, me abordará diciéndome sinceramente: «¡Estoy tan contento de que se le haya pasado el ataque!». Son muy injustos también sus reproches a propósito de lo que llama «naranjada La Rochefoucauld». Hace cuatro jueves que me propongo, en vista de que recibe de tarde a una hora cómoda y no fatigosa para mí, ir a la rue de l'Université a dar las gracias a la señora de La Rochefoucauld por haber venido a hacerme una visita, al no poder hacérsela yo a ella, porque no salgo nunca de día. Y en tres años no lo he conseguido. La idea que parece tener usted de que el esnobismo regiría la elección de mis salidas (y que me haría ir a los sitios de que usted habla) me asombra aún más de lo que me humilla. El cambio del orden jerárquico de los propios placeres que se produce cuando se está enfermo y ha habido que renunciar a casi todos es tan claro y sincero que nos parece erróneamente que todo el mundo debería intuir lo que en nosotros está tan claro, dirige todas nuestras acciones hacía unos fines tan nobles y desinteresados, o querría dirigirlos si el cuerpo fuera capaz de secundarlos. Si supiera usted la de cosas por las que he cometido imprudencias y aquellas a las que he renunciado con un profundo pesar, ¡vería qué poco peso ha tenido en ellas la mundanidad! Lo que no impide que la noche en que salgo vaya a un sitio donde pueda encontrar abrigo esa noche y volver a ver algún rostro humano. Y sitios de este tipo los hay. En un momento en el que el campo, a primeras horas de la tarde, me resultaba funesto, milagrosamente he podido dirigirme siempre al Pabellón de las Musas (si no estaba enfermo ese día) sin sentirme mal.

Disculpe, mi querido señor, si le aburro con unas explicaciones tan enojosas. Encontrará inexplicable que se me ocurra incluso dárselas. Todo esto tiene por origen un estado de ánimo subjetivo provocado por su carta. No sabe usted en qué tensión nerviosa cae el enfermo que se siente mal juzgado por alguien a quien quiere cuando siente que sus más inocentes momentos de descanso serán interpretados negativamente. Hay en ello una fuente de agitaciones muy grande. Recuerdo que cuando me batí con el señor Lorrain en una época en que no estaba obligado aún a guardar cama durante todo el día, pero en que estaba acostado ya por la mañana, mi única preocupación era que el duelo tuviera lugar antes del mediodía.[1] Cuando me dijeron que tendría lugar a primera hora de la tarde la preocupación se desvaneció. Es así como los tormentos de las personas que sufren de los nervios no son proporcionales a la causa que los provoca. Me crearía también una gran preocupación una visita suya, porque me es casi imposible recibir de día, y la alegría y el honor que tendría sería un suplicio de Tántalo: no podría disfrutar de ello, tanto más cuanto que mi fiebre del heno va a

[1] Jean Lorrain publicó en el *Journal* del 3 de febrero de 1896 un artículo ofensivo sobre el libro de Proust *Los placeres y los días* y sobre el prólogo de Anatole France. Proust desafió en duelo a Lorrain sin que ninguno de los dos sufriera daño.

comenzar de nuevo y me pregunto con espanto si mi despertar a las nueve de la noche no se convertirá en un despertar a la una de la mañana.

Disculpe, señor, esta carta, tan estúpida que al escribirla siento que me convierto en un *catoblepas*. He pensado mucho en lo admirable que debió de ser esa conferencia, y no le he dicho una sola palabra de ella ni de usted; no he hablado más que de mí. Pero es siempre tan bueno conmigo que quería decirle que me había disgustado usted. Quisiera de veras estar bien y poder ir a escucharle a Bruselas. Tal vez, después de mi cura, podré hacer cosas como ésa. Salude de mi parte cordialmente a Yturri, que me ha parecido muy en forma y fue tan gentil el otro día, y crea, querido señor, en mi respetuosa admiración y en mi agradecido afecto.

MARCEL PROUST

Y no le he dicho el motivo por el que no he podido asistir a la conferencia. ¡Si usted supiera!

65. A LA SEÑORA STRAUS

Viernes [*28 de abril de 1905*]

Señora:

Encontré ayer a Jacques [Bizet] (tras su marcha sólo he podido salir de mi casa en dos ocasiones, y las dos me lo he encontrado en el café Weber). Me presentó a su mujer, con la que no pude hablar porque tenía ya una fuerte asma, pero me pareció fascinante, con un no sé qué tan simpático y raro, distinguido y superior, que he continuado pensando en sus ojos (¡no creo que haya en ello nada que pueda disgustar a Jacques!). Me ha dicho que, si yo quería escribirle un poco a usted, creía que podría hacerlo y no la fatigaría. Con todo, me ha dicho que estaba usted siempre cansada, lo que me ha preocupado mucho. No veo a nadie y por tanto no tengo nada de lo que «ponerla al corriente». Es tanto el trabajo que tengo de dos meses a esta parte, en los momentos de tregua que me dejan mis crisis, que no he podido recibir visitas de amigos ni siquiera en mi casa. Una pequeña parte de mi trabajo saldrá en la *Renaissance Latine* del 15 de junio.[1] Para entonces estará usted de vuelta y si eso no la cansa se lo regalaré. Con ocasión de una de mis veladas fuera de casa, a la salida de un concierto, oí (ya sé que no es muy decoroso, pero, en fin, estamos los dos enfermos) a la señora de Saint-Paul decir, como *cada vez* que la oigo hablar, cosas de una obscenidad involuntaria. Juzgaba que los fragmentos musicales estuvieron mal cantados: «Querida mía, iré a que me lo haga Plançon» (supongo que quería decir «que me lo cante»), «... será un verdadero disfrute. El próximo jueves a las diez. Lo digo por los aficionados que quieran asistir». Un revuelo de gentío me alejó un poco y dejé de oír, pero luego fui devuelto cerca de ella y la escuché agregar: «¿Qué quiere, querida mía?, a Madeleine le gusta la buena mesa, yo prefiero ofrecerle a usted buena música. Ella le da dos mil francos al cocinero y yo prefiero pagar a mis artistas. La compensación es siempre ésa. A Madeleine le gusta que le llenen la boca, a mí el oído. Cada cual tiene sus gustos, querida, somos libres, creo yo». No sé si leyó el artículo en *L'Écho de Paris* en el que Flament, creyendo resultar grato a Primoli y halagarlo, decía que le había producido un gran placer cenar con él en Calvé, y añadía: «Ese anciano completamente calvo, con su larga barba blanca, me hace pensar en un Padre Eterno indulgente y majestuoso». No sé si en el fondo la cosa le habrá contentado a Primoli, y ni siquiera sé si es por culpa de mis ojos, ya bastante viejos para ver sólo a través del diafragma engañoso de las imágenes antiguas, pero me parece que su barba, aunque un poco entrecana, es rubia y que no tiene en absoluto el aire de un anciano venerable.

[1] «Sobre la lectura», prefacio de Proust a la obra de Ruskin *Sésamo y lirios*, traducida por él.

Las cartas de Montesquiou me extenúan. Cada vez que pronuncia una conferencia, que da una fiesta, etcétera, no *admite* que yo me encuentre mal y primero hay requerimientos, amenazas, visitas de Yturri, quien me hace despertar, tras reproches por no haber ido. Creo que curarme sería aún posible si no estuviesen «los otros». Pero el agotamiento que producen, y la imposibilidad de hacerles comprender los sufrimientos que siguen, a veces durante un mes, a la imprudencia cometida para hacer lo que según ellos debería ser un gran placer, todo ello es la muerte.

Leo tantas cosas todas las noches que podría, para ahorrarle esfuerzos, enviarle una infinidad de extractos de lecturas. Pero son cosas tan serias y aburridas que no sé si sería para usted un placer. Esta noche he leído algunas cartas de Desbordes-Valmore, muy pretenciosas, del tipo señora Daudet, etcétera. En el fondo, nos equivocamos mofándonos de la pretensión, de las cosas irritantes. Las personas de talento son así. Desbordes-Valmore le escribe a Sainte-Beuve esquelas de este tenor:

Si vous étiez toujours notre ange
Et sans qu'un tel vol vous dérange
Vous viendriez demain
À Votre sœur serrer la main.
Pour la reposer de la terre
On nous l'envoie en Angleterre
On la mettra sur un bateau
Où j'irai la chercher malgré ma peur de l'eau.

[Si siguiera siendo nuestro ángel, | y si no le molestase hacer este vuelo, | vendría mañana a estrechar la mano a su hermana. | Para que se reponga de la tierra | la envían a Inglaterra, | la embarcarán en un barco, | al que yo iré a buscarla a pesar de mi miedo al agua].

Lo que asusta es descubrir en la esquela lo egoísta que es el amor. En cuando muere el amante, como no se espera ya nada, se acabó (ello no es verdad para todo el mundo, por lo demás). Pero, en fin, ella había amado locamente a Latouche, y nada había podido hacerle olvidar que se había comportado con ella abominablemente. Muere Latouche. Sainte-Beuve, que quiere escribir sobre él un artículo, pide a la señora Desbordes información sobre este personaje «que había pasado rozando el talento» (típico comentario de Sainte-Beuve, ¿no?). «Quisiera hablar de él—añade con benevolencia—con la indulgencia debida a un hombre que no ha hecho todo el daño que habría podido hacer». Yo pensaba que la señora Desbordes, indignada, le rogaría al menos hacer un buen artículo. Deja pasar un poco de tiempo antes de responder. Primer testimonio de dolor: «Espero que tenga la bondad de hablar de él—dice—"con la indulgencia debida a un hombre que no ha hecho todo el mal que habría podido hacer", dice usted. ¡Oh!, así es, es ciertamente así, ha hecho mucho mal, pero, etcétera. Este hombre que ha pasado rozando el talento. Qué cierto es eso. Para ser sincera, ni siquiera de esto estoy segura y no sabría qué decirle, porque *no me atrevía a abrir sus últimos libros por miedo a que me parecieran demasiado malos*. Todos me decían que no valían nada, etcétera». ¡Qué faena! Si piensa uno que estaba rendida a sus pies hasta el punto de volverse loca de alegría por tener el mismo nombre de pila, Joseph y Josèphe: «¡Tu nombre! ¡Tú sabes que el cielo se ha dignado grabarlo en el mío!» (lo que habría inducido a creer que, así como se llamaba también Marceline, sus cartas estaban dirigidas a un Marcellus). Quizá interpreto mal su carta a Sainte-Beuve. Habría que preguntárselo a una persona competente. Siempre me habían dicho que era un ángel. Me he quedado un poco desconcertado.

Sería mi deseo, señora, que se recuperase enseguida. Reciba mi más respetuoso y vivo afecto,

MARCEL PROUST

66. A LA SEÑORA STRAUS

Versalles [*9 o 10 de octubre de 1906*]

Señora:

No debe de entender nada de mi silencio y lamentablemente todavía no puedo romperlo. Tras haberme decidido, por necesidad, a dejar la rue de Courcelles, llevo más de un mes haciendo buscar todos los días apartamentos, lleno de dudas, ansiedad, alquileres comprometidos y rotos en el momento de la firma, todo lo cual me ha quitado el sueño y apenas tengo fuerzas para escribirle. Finalmente no he podido decidirme a ir a vivir a una casa que mamá ya no iba a conocer y para este año, como transición, he subarrendado un apartamento en nuestra casa del boulevard Haussmann donde a menudo iba a cenar con mamá, donde vimos juntos morir a mi viejo tío en la habitación que yo ocuparé. Por ejemplo, ¡tendré todo! ¡Un polvo espantoso, los árboles debajo de la ventana y contra ella, el ruido del bulevar, entre la Printemps y Saint-Augustin! Si no puedo quedarme, me iré. Y el apartamento es demasiado caro para que pueda quedarme para siempre. Pero este año, al haberlo subalquilado a un inquilino que lo pagaba sin ocuparlo, lo he conseguido por relativamente poco.

Ojalá tuviera cosas que decirle, cariño que prodigarle, incluso cosas divertidas que contarle. Pero estoy demasiado fatigado y únicamente quiero decirle que nunca la he querido tanto.

MARCEL PROUST

¡Hace dos meses y medio que estoy en Versalles y he conseguido (*unberufen*)[1] no ver a la señora de Saint-Paul! ¡Algunas cartas y nada más! Su postal (sus postales) de Bayeux me ha embriagado. Ah, ésa es la casa en la que quisiera vivir.

[1] Expresión alemana equivalente a «¡Toquemos madera!». (*N. del T.*).

¡Y las postales de Jacques [Bizet], de Bretaña! Me han faltado las fuerzas para darle las gracias.

67. A LA SEÑORA CATUSSE

Versalles [*octubre de 1906*]

Querida señora:[1]

Antoine [Bertholhomme] me dice que acaba de llamarle por teléfono y yo me siento locamente turbado al pensar que va usted a molestarse por ello, locamente turbado pero muy feliz (salvo por la hora, que me parece inútilmente fatigosa para usted). En cuanto a mí, que tanto me habría gustado hablar de ello con usted, ni siquiera he podido ir a ver el apartamento antes de alquilarlo. Después de un lamentable contratiempo (se lo cuento, pero prefiero no hablar de ello) en la Gare Saint-Lazare, la única vez que estuve en París fue para ir a decirle adiós a mi tío en su agonía, y no me he atrevido a volver allí, ni para su entierro. Temiendo mucho lo perjudicial que me resultaría inicialmente la aclimatación en el boulevard Haussmann, no me moveré de aquí. En Versalles no he podido ir a ver siquiera una sola vez el palacio, ni el Trianón. No puedo discutir con usted por carta las cuestiones estéticas o sentimentales por las que tal parte del mobiliario me parece fea o me es querida, ni por qué me es imposible reservarlo para mi cuñada. Creo, pues, que es indispensable dejar para el saloncito del boulevard Haussmann el mobiliario del saloncito de la rue de Courcelles, para el gran salón el mobiliario del gran salón de la rue de Courcelles, para el comedor el mobiliario del comedor de la rue de Courcelles. Quedan

[1] La señora Catusse era una amiga de su madre a la que Proust, luego de la muerte de ésta, encargó que se ocupase de todo lo referente a los objetos heredados y a su repartición entre su hermano y él, así como su mudanza de piso. A través de las cartas dirigidas a ella sabemos de qué objetos se había rodeado Proust y cuáles apreciaba simbólicamente.

(como estancias importantes) mi dormitorio (gran habitación con vistas al bulevar) y una pequeña sobre el patio que da al comedor y se convertirá en mi cuarto si el follaje de los árboles o el ruido del bulevar me molesta, o en ¡un *fumoir*, si me curara y recibiera! Para una de las piezas hay que utilizar el mobiliario azul de la habitación de mamá, para la otra los muebles de la habitación de papá, o bien los de mi antigua habitación o los muebles rojos de mis abuelos. En principio, creo que la habitación azul sería más indicada para la gran habitación con vistas al bulevar. Pero me temo que resulte muy cruel para mí y sea materialmente muy polvorienta. En cualquier caso, si la utilizara, haría falta iluminarla con la lámpara colgante azul de mamá. Hay un exceso de muebles azules para el cuartito que da al patio, si fuera ése al que volviera el mobiliario azul, pero no tiene gran importancia, porque ya tengo prometidos tres muebles azules. Una cuestión más importante es la de los papeles pintados que viene impuesta por los tapices. En principio, tengo que colocar tanto los tapices como, cosa que preferiría (con el consentimiento de Robert), una mitad de los antiguos tapices de papá (los que mamá había puesto en la antesala de la rue de Courcelles) y otro que sería o bien el del saloncito de la rue de Courcelles (el que por un momento pensé regalar al doctor Landowski), o bien el que se colocaba a modo de cortinaje en el comedor delante de la ventana. Quisiera que viera usted cuál es la habitación, en el boulevard Haussmann, donde me instalaría preferentemente, con tal de que esta estancia no sea mi habitación y a poder ser (aunque esto es indiferente) tampoco el saloncito. *¿La antesala? ¿El comedor? ¿El salón?* Naturalmente, no se trata de colocar los tapices inmediatamente. Pero ello permitirá zanjar dos cuestiones. En primer lugar, ¿puedo tener, con una mitad nada más, un bonito conjunto? En segundo lugar, una vez decidida la estancia donde irán los tapices, dado que debo elegir unos papeles pintados para la antesala y el cuartito que da al patio (únicas piezas, salvo el cuarto ropero insignificante, donde hay que poner un papel), sabré si debo hacer poner en la antesala un bonito papel (si no se ponen tapices) o uno feo si debe quedar cubierto de tapices. Si hay un papel bonito, ¿puede ser el rojo cereza? He encontrado, en medio de mil espantosos papeles pintados cuyos muestrarios me han enviado, uno de color cereza Imperio con unos motivos decorativos que no recuerdo, pero probablemente unos laureles (en todo caso, tengo el número del papel, por lo que será muy sencillo conseguirlo en un par de horas); es un rojo cereza de un tono adecuado y puro (el único tono acertado que he encontrado). ¿Es posible para la antesala? ¿Para la pequeña pieza que da al patio? Temiendo que si me acostara allí estaría un poco lúgubremente en medio de este rojo, he preferido un vago color crema Imperio. ¿Está bien? Por último (me doblego ante el peso de la confusión) será menester que tenga usted la bondad de dar unos consejos (sobre todo a Antoine [Bertholhomme], si está ahí, y a Jean Blanc, muy inteligentes) para el lugar de los apliques eléctricos. Si de entrada estaba en contra de los tapices en el saloncito (la pieza donde quizá quedarían mejor) es porque es allí donde cuento con estar casi siempre y acumulan mucho polvo. Pero en ese caso compraría un aparato «*vacuum cleaner*» (ignoro la ortografía) que evitaría este problema. Pero si quedara bastante bien en el comedor, donde no iré nunca, lo preferiría. No me atrevo a comenzar a expresar mi infinito reconocimiento…

Suyo afectísimo y desbordante de gratitud,

MARCEL PROUST

Me he tranquilizado con respecto a Lucien tras haber recibido precisamente unas palabras de la señora Daudet (anunciándome una nueva obra).

68. A LA SEÑORA CATUSSE

[Versalles] Lunes [5 de noviembre de 1906]

[-] ¡Habla usted de difteria! Yo creía que era una simple angina. Lo que no cambia lo demás, lo que le había dicho a Robert de no tomar precauciones de contagio conmigo, pues uno no presta atención a las enfermedades de los suyos, salvo para sentir pena por ellos (lo que me apena de esta niña, en la que me gusta pensar que quizá subsista un poco de su madre y de su padre, es que comienza de manera muy triste la vida). En cuanto a usted, ¡por teléfono, felizmente, no se contagia nada! ¡Pero cuando pienso que habría podido verla!

Antoine [Bertholhomme], cuya visita no me esperaba, interrumpe de la manera más feliz mi carta, como una «diversión campesina», una «*bourrée* bretona» si es que estas dos palabras pueden ir juntas, hace de interludio en mi elegía galante. Me plantea mil preguntas respecto a las cuales prefiero responderle a usted que a él. ¿Qué debo hacer, me pregunta? ¿Enviar al guardamuebles? Pues bien, en principio habría que procurar incluir algún mueble del saloncito de la rue de Courcelles en el saloncito del boulevard Haussmann y el sobrante en mi habitación o en el cuartito que da al patio. Que traten de meter algún mueble del gran salón de la rue de Courcelles en el gran salón del boulevard Haussmann. El remanente será cuidadosamente guardado en una pieza de reserva del boulevard Haussmann, de manera que, si no puedo acostarme en mi habitación, podría montarse con ello un tercer salón. En tal caso, los muebles del salón de la rue de Courcelles que no hubieran podido utilizarse en los salones del boulevard Haussmann llenarían este tercer salón y serían los muebles azules de mi habitación los que irían (aunque sólo después de probar si quedan bien en mi habitación) para el guardamuebles. Provisionalmente, mi habitación sigue siendo mi habitación y alberga todos los muebles azules. Ahora bien, ya tenemos el antiguo saloncito de la rue de Courcelles, el antiguo gran salón, la antigua habitación de mamá, el antiguo comedor, salvados del guardamuebles (y sobre todo la antigua antesala, algunas de cuyas *boiseries*, al no poder ir en la nueva antesala, podrían utilizarse en otras estancias). Quedan la habitación de papá (habitación de mamá desde la muerte de papá), donde se encontraban, creo, el mueblecito que supongo indochino y que deseo guardar conmigo, los muebles con incrustaciones que serán examinados desde el punto de vista de la boda de la futura «pequeña multimillonaria», mi antiguo dormitorio en el que un bonito pequeño canapé y una mesa de Maple son dignos de salvarse, así como las cortinas y los cubrepiés imitación de Jouy, y también una pequeña cómoda extremadamente útil. Las estancias llamadas «biblioteca», «*fumoir*», etcétera, no podrán, creo yo, sino amueblar el guardamuebles. Quizá algunos de los muebles rojos (antiguo mobiliario de mis abuelos) puedan servir en el cuarto ropero del boulevard Haussmann y en el cuarto de baño. Para mi habitación habría preferido guardar mi cama de cobre (la de mi habitación), pero Antoine me ha hecho comprender que no tengo sentido de los colores y que sería una herejía. Del mismo modo, el armario de luna del *fumoir*, vagamente rojizo, y mejor aún creo un armario de luna que se encuentra en un cuarto trastero de la rue de Courcelles, los preferiría al armario de luna negro de la habitación de mamá. Tanto más cuanto que cada día veía a mamá delante de uno y raramente delante del otro. Antoine me ha hecho comprender asimismo mi incompetencia y sin duda con razón, y sobre todo es un asunto que me da igual. El bonito buró de papá y su retrato están destinados a ir a casa de Robert. Pueden guardarse en el guardamuebles entretanto, aunque me temo que el retrato se estropee. Del mismo modo el Govaert Flinck irá a su casa. Si los encantadores ojos de usted y por tantas razones admirables han dejado caer su mirada por los lavabos, prefiero reservar el mejor para mí. Pero más que enviar todos los otros al guardamuebles, como le he prometido darle uno a mi amigo René Peter, que Antoine se lo lleve. Del mismo modo Jean Blanc y Auguste, y Antoine mismo tienen derecho a elegir algo (entre lo que a usted le parezca no muy atractivo aun si me decido a vivir más tarde en las afueras en una casa más grande). Si quisieran elegirlo ahora no habría que molestarse en hacerlo buscar más tarde en el guardamuebles. Auguste tiene que quedarse con lo mejor, y sobre todo con el mayor número de cosas. No obstante, no quisiera regalar el viejo buró del *fumoir* que mamá siempre vio en casa de sus abuelos. Tal vez se lo regalaré yo más tarde a Félicie, a alguien en cuya casa pudiera volver a verlo. Es un viejo amigo muy feo, pero ha conocido muy bien todo cuanto más he querido. Guardaré todas las fotografías en mi casa para hacer una selección, pues quiero que mis abuelos, incluso sus padres, que no conocí pero que mamá amó, estén cerca de mí. En cuanto a la alfombra del gran salón, en cuya elección de la persa que la reemplazará tuve el gusto de colaborar (lo digo sin presunción, créame, colaboré en mi ignorancia y con una docilidad servil, pero mediante el deseo y el amor), creo que no hay que demorarse. Si no es así, dentro de unos días mi cuñada querrá guardarla y ya no podremos tener la persa. La del comedor no es lo mismo. Es también un viejo sirviente. ¿No podría tener una jubilación honrosa en alguna habitación? Pero en el fondo no tiene importancia, mamá se había resignado a verla desaparecer a no mucho tardar.

No cuento con guardar en mi casa todos los bronces, pero es preferible guardarlos provisionalmente, pues cuando Robert, que suplica cada mes desde la muerte de mamá pensar en ello, quiera regalarlos como souvenirs, algunos podrán servir para las personas cuya estética no está a la altura del buen corazón: la señora Tirman, por ejemplo.

Querida señora, quisiera decirle mil cosas aún pero no puedo más. Piense que tengo prohibido escribir: y piense cuánto escribo. De todas formas, me fatiga mucho. Reciba mi infinita gratitud, mi infinito afecto, cariño admirativo y respetuoso,

MARCEL PROUST

69. A LA SEÑORA CATUSSE

[*Versalles, hacia principios de diciembre de 1906*]

[-] Veo que tiene más perspicacia aún y más franca de lo que había pensado. Pero reservándome el hacerle ver de viva voz lo extraño de todo esto, me limito a hacerle saber mis deseos (ya sabe usted que no tengo necesidad de hablar de mis derechos): deseo conservar *todo* el salón, incluso el piano de cola al que pienso hacer adaptar una pianola Aeolian, para lo cual hace falta un piano de cola. Deseo guardar todos los muebles del gran salón porque, aunque atesten un poco el boulevard Haussmann, como es muy posible que deje el boulevard Haussmann, sobre todo si mi cuñada pasa a ser propietaria (de la casa), sin duda alquilaré algo un poco más espacioso por la zona de la rue du Cherche-Midi o bien en Neuilly y allí todo encajará. Tras la muerte de mamá, quería alquilar un apartamento de mil quinientos francos. Pero como Robert no quiso llevarse ningún mueble me vi obligado a buscar unos apartamentos más caros y más espaciosos, no sin haberle hecho ver lo mucho que ello me fastidiaba. Su razón era que yo sólo tenía que vender lo sobrante. Como yo no quería, me las arreglé con mi presupuesto, mis inversiones y mi vida de una manera diferente, y el boulevard Haussmann, alquilado por las razones sentimentales que le he dicho, resulta incluso pequeño en comparación con lo que yo buscaba. Esta cuestión de los muebles ha sido discutida más de cien veces, y todo cuanto he sacado de Robert es que él se quedará con la mitad de los tapices y con el buró de papá. Pero últimamente he sentido ciertos deseos de una cura antineurálgica, pues Robert me dijo: «Llena el boulevard Haussmann tanto como puedas, lo que no quepa llévalo al guardamue-

bles y ya veremos qué hacemos más tarde». Mi respuesta fue que metería lo que hay de mejor en el piso y es lo que yo le he pedido hacer a usted, pero le pido mucho más, desde el incidente de ayer. No amueblemos el boulevard Haussmann más que con cosas exquisitas. Aquello que sea solamente pasable, metámoslo en el guardamuebles. Así mucho se salvará. Si me quedo en el boulevard Haussmann y mi cuñada desea, por ejemplo, unos muebles de salón que no serían indispensables, se los daré sin duda. Pero esto no lo sabré hasta dentro de un año, como muy pronto, y, por otra parte, ¿se habrá mudado de aquí a entonces? Los muebles de marquetería son regalos que mamá me hizo, Robert lo sabe. Cuento con regalarle a Marthe [Dubois] el día de Año Nuevo lo que no haya dado a la señorita Thomson, regalo que podremos antedatar un poco. Para los obsequios a los sirvientes, quizá sería preferible en estas condiciones esperar a que yo haya vuelto a ver a Robert para que no se me acuse de haber hecho desaparecer una parte del mobiliario. Por lo que hace a la moqueta de Antoine, él (Antoine) no tiene más que decirle a Robert que yo le he dicho que puede cogerla si Robert es del mismo parecer. Y Robert se la dará sin duda.

Tal vez los muebles de salón podrían amueblar mi habitación, yendo entonces el mobiliario azul al guardamuebles, pues como sin duda Marthe [Dubois] no querrá un mobiliario azul, los recuperaría más tarde, mientras que si los muebles de salón van al guardamuebles, su suerte está echada.

Querida señora, me dicen que la cama que tengo en mi habitación es la cama de mamá, que esa cama ha quedado tal y como estaba desde la muerte de mamá y que será preciso restaurarla. Yo no dejé tocar nada para guardarlo todo en el estado en que se encontraba los últimos días, pero parece que estaba equivocado. Puesto que hay que restaurarla, ¿no sería más simple que me dieran otra? Por otra parte, ¿el armario de luna de mamá no está un poco perfumado, así como los muebles? Ya sabe que los más ligeros perfumes me perjudican. Creo que también haré desinfectar el apartamento si hacerlo no deja olor (no le he comentado nada a Robert para que no piense que es una crítica indirecta por haber ido al boulevard Haussmann estando su hija enferma). Si el armario de luna del que me ha hablado Antoine es el que había en el *fumoir*, creo que quedará sumamente bien en el cuartito que da al patio, si no estorba demasiado. ¿No podría hacer un armario para las lozas, si no en el comedor al menos en el *office*? ¿O acaso sería preferible en la habitación que da al patio? Los dos Bagard (caja redonda y péndulo) son para mí, mamá me los dio. Hay una o dos cosas más mías. En cuanto a lo que mi cuñada le ha dicho por teléfono, no sé de qué querrá hablar. ¿De los muebles que están en el guardamuebles? Supongo que quiere hablar [-]

Estamos de acuerdo en que usted no me ha dicho nada y se supone que yo lo ignoro todo.

Creo que obraría usted sabiamente cogiendo desde ahora la alfombra del gran salón y comprando la persa. De lo contrario, quizá sea demasiado tarde.

Dada la situación, preferiría esperar para decidir si dar o no la poltrona a la portera de rue de Courcelles, a la que por lo demás ya he colmado de todas maneras.

[Sin firma]

70. A LA SEÑORA STRAUS

[*Hacia mediados de marzo de 1907*]

Querida señora:

¡Qué maravilla que precisamente el señor Straus conozca al señor Katz, que usted esté dispuesta a hablar con el señor Straus y él con el señor Katz! Permítame, pues, que le proporcione algún detalle. Ante todo, lo que me dice de que usted no permitiría llamar sino después de medianoche es muy gentil y me ha hecho reír mucho, pero veo que no sabe que he cambiado mis horarios y que ahora estoy despierto de día. No los cambiaré de nuevo más que en el caso de que los trabajos continúen de esta manera, porque comienzan a dar martillazos al otro lado de la pared donde se encuentra mi cama a las siete de la mañana y al mediodía paran del todo. De modo que he hecho una pésima elección dando orden de que se me despierte a primera hora de la tarde, que es justo el momento en que hay silencio y podría dormir. Después de haberle escrito, he sabido que la señora Katz tiene mucha prisa por mudarse, porque en el apartamento que deja están haciendo unos trabajos (menos molestos para ella de lo que son para mí los que hacen en su casa, porque ella no tiene los ataques de asma terribles que tengo yo desde hace dos meses, que no cesan más que cuando me duermo: estos trabajos le urgen más a ella que a mí, porque es a ella, no a mí, a quien crean problemas, y se acepta apasionadamente el sufrimiento ajeno si puede abreviar un pequeño inconveniente para uno mismo). Pero sería necesario que supiera esto: cuando sus obreros (tanto los que trabajan para ella como para el casero) llegan, a las siete, procuran manifestar enseguida su buen humor dando unos espantosos golpes y raspando con rasquetas al otro lado de mi cama, luego se toman un tiempo de descanso, cada media hora aproximadamente dan algún que otro golpe violentísimo, de manera que no puedo volver a pegar ojo, cuando llega mediodía se alejan un poco, siempre martilleando, y a partir de las dos todo enmudece. Por lo tanto, si la señora Katz, después de ponerse de acuerdo con el casero, el señor Couvreux, y en lo que hace a los trabajos de los que es responsable antes incluso de que se hayan puesto de acuerdo, hiciera venir a los obreros, a partir del jueves, sólo a mediodía o a la una, mejor aún a las dos (aunque a mediodía ya estaría muy bien), y los hiciese trabajar hasta el atardecer, en vez de perder tiempo lo ganaría y también algún dinero, pues puede decirle que yo estaría dispuesto a resarcirla en la medida deseada por ella. He conseguido asimismo de otro inquilino que hiciera sus trabajos de las ocho a mediodía, y todo se ha concluido muy rápidamente. A ella no le pido tanto. Si establece un horario de mediodía a las ocho de la tarde, sus trabajos, que están casi terminados (lamentablemente no lo sabía, si no le habría dirigido esta petición antes: ahora ya no quiero hacerla, y mi médico me aconseja partir, pues considera que estoy en muy malas condiciones para continuar soportando estas fatigas), terminarán mucho más rápidamente. Pero, por ejemplo, van a instalar un lavabo y un *water* (con perdón, señora) en su baño, que está exactamente pegado a mi habitación. Con sólo que tengan que golpear media hora, si lo hacen a las siete de la mañana, me fastidian igual que si el ruido durase tres horas. Podría mandarlo hacer, en cambio (o pedirle al señor Couvreux que lo mandara hacer él), a partir de mediodía o de la una. Y otro tanto cabe decir de sus tapiceros, que dentro de algunos días tendrán que poner tapicerías y cortinas. También sería de agradecer que, después de haberse instalado en el piso, y en los primeros tiempos en que sin duda deberá hacer colgar y fijar objetos con clavos, aceptase hacerlo a partir de mediodía en vez de por la mañana. Finalmente (pido adrede el máximo a sabiendas de que no podré obtenerlo), si un día estuviese demasiado mal y durante ese día me autorizase usted a hacer suspender cualquier trabajo, me haría con ello un inmenso favor. Si luego hubiera algo que obligase a la señora Katz a hacer venir a los obreros por la mañana (no lo creo, pero como le da igual encontrará fácilmente cualquier pretexto), le pediría que me avisase previamente, para evitarme tomar un gramo y medio de Trional a las seis si los obreros van a comenzar a las siete. Convendría que el señor Straus no presentase al señor Katz mi costumbre de dormir de día como un capricho, y le explicara que de noche tengo tremendos ataques de asma que se han visto muy agravados de un mes a esta parte (desde hace dos meses estoy muy mal), por lo que me encuentro en un estado de extrema tensión que sólo mejora cuando consigo descansar un poco.

Pero el problema—aunque no sea posible explicárselo todo al señor Katz—es que mi médico considera que, por determinadas razones harto difíciles de explicar, sería absolutamente necesario que empezara a tomar de nuevo un poco el aire. Pues bien, las primeras salidas me causarán ataques muy fuertes, y no podré arriesgarme siquiera a uno sin la certeza de disfrutar al día siguiente de un relativo silencio. Lo que presiento es que, aunque la señora Katz esté a punto de mudarse aquí, aún tendrá por delante meses de colocar y clavar cosas hermosas o lujosas ¡que a mí me llevarán a la tumba!

Regresé de Versalles el 27 de diciembre y como desde entonces no ha cesado el martilleo (al principio no era el de la señora Katz) no he conseguido hacer siquiera una de esas salidas necesarias para las que habría que contar con un día tranquilo asegurado. Creo que, para evitarme demasiado ruido por la mañana, la señora Katz debería resignarse a no hacer venir demasiado a los obreros. Porque por más que le ruegue que se trabaje en el otro lado del piso, no hacer demasiado ruido, darle al portero todas las propinas posibles, su rito inicial, que observan con religiosa obstinación, es despertar primero al vecino e incitarlo a compartir su alegría: «*Frappez marteaux et tenailles!*» ['Golpead martillos y tenazas'].

Además, a esa hora no están ni el arquitecto ni el casero para vigilarlos y sólo los moderan cuando ya me he despertado. Lamentablemente, D'Albufera, que asumió el encargo de hablar con la señora Katz (a la que no conoce), le dirigió un telegrama estúpido, en el que decía que yo era «hijo *del famoso doctor Proust*», cosa que debe de haberla dejado del todo indiferente, y se lo mandó a la una de la noche, lo que en cambio no la habrá dejado indiferente, aunque por suerte se lo entregaron al día siguiente. Que yo sepa, sin embargo, no ha habido resultados. Como en el inmueble hay un tal Sauphar (?), por quien el casero siente un terror sagrado, me pregunto si no es él quien impide a los obreros martillear por la tarde obligándoles a trabajar por la mañana. El tema es poco interesante para usted, señora, y le pido disculpas por hablarle de él tan extensamente por egoísmo. Pero es la única persona que lo comprende todo. Estoy tan fatigado que no le digo más por el momento. Le escribiré pronto, sin embargo, para hablarle de cosas desinteresadas.

¡Soy su respetuoso amigo, puede imaginar lo agradecido que le estoy, hasta el delirio! Piense en lo que será mi alegría después del martirio físico.

MARCEL PROUST

Creo que sería importante hablar específicamente también de los *tapiceros*. Si no la señora Katz dirá que todo estará pronto acabado, etcétera. Naturalmente correré con los gastos de la electricidad o, hasta que terminen la instalación, de las velas para trabajar con luz (por otra parte, hay luz hasta las seis y ésos se largan a las tres) o cualquier resarcimiento que pida. Pero sería necesario que el señor Katz hablase con su madre enseguida y que ella diera una contraorden a los obreros sin esperar a discutir con el casero. Si no, ella se tomará un tiempo, ellos escurrirán el bulto y entretanto continuarán con el martillo, y yo tendré que irme (cosa que pensaba hacer debido a este ruido). Para colmo, hay otro señor que vendrá a vivir al cuarto piso del inmueble de al lado, desde donde cada ruido se oye *como si lo tuviese uno en su habitación*.

71. A LA SEÑORA STRAUS

Boulevard Haussmann, 102
Lunes [*7? de octubre de 1907*]

Señora:

Dejé Cabourg el mismo día que usted Trouville, pero no a la misma hora. Poco antes de llegar a Évreux (donde me he quedado cuatro o cinco días) descendimos a un pequeño valle desde el cual se veía de lejos la bruma y se adivinaba el frescor. Desde entonces, y quién sabe hasta cuándo, he tenido de continuo problemas de respiración, ataques de asma. Es éste el motivo por el que, pese a pensar en usted casi a cada hora del día, no le he escrito, me han faltado los ánimos para coger la pluma. Naturalmente no fue ese pequeño valle el que hizo que volvieran los ataques. Pero desde ese momento no he hecho sino acercarme a París, y en Évreux ya estaba muy mal.

Allí vi «a la luz de la candela» un palacio episcopal cuyo interior no era muy hermoso y al caer la noche la iglesia de Saint-Taurin, que me pareció bonita (románica y gótica, si no ando errado, porque ahora usted conoce los estilos) con unas pilas en el altar bastante curiosas y bellos vitrales. Luego una catedral que sin duda usted ha visto que es de todas las épocas, con unos hermosos vitrales que se tornan luminosos a la hora casi crepuscular en que yo los vi, y durante un rato grises, bajo un cielo cubierto. A toda esta declinación de una jornada que ya desde la mañana parecía noche y que a punto estuvo de sustituirla, los vitrales encontraron la manera de robarle unas joyas de luz, un refulgir de púrpura, un fulgurar de zafiros, algo inaudito.

Estuve en Conches, muy cerca de Évreux, para ver una iglesia que ha conservado todos sus vitrales del siglo XVI, muchos de un alumno de Durero. Se diría una pequeña Biblia alemana del Renacimiento con iluminaciones. Los vitrales tienen su leyenda escrita debajo de los caracteres góticos. Pero los vitrales de esta época no me interesan mucho, pues son demasiado *cuadros* sobre cristal.

Desde que estoy en París no dejo la cama. Ayer sin embargo salí con Jossien, porque el pobre Agostinelli ha tenido que partir a Montecarlo, donde tiene un hermano que no está bien. Creo que se cometen graves errores en la gestión de los Unic. Se los indicaré a Jacques [Bizet], porque estoy convencido de que podría hacer diez veces más negocio. Yo, que tenía toda la información y la firme voluntad de hacerme con uno de sus coches, he empleado más de un día en ponerme en contacto telefónico con ellos. Amigos a los que les había recomendado esta empresa, no han tenido la misma paciencia o el mismo ocio, y han renunciado. En ningún anuario se encuentra su garaje. Si se telefonea a Georges Richard, la respuesta es que no saben nada de los Taximètres de Mónaco. Finalmente, si gracias a las *relaciones personales* (de lo contrario es imposible) se consigue llamar al garaje de Jacques, el guarda responde que no hay coches de Mónaco, etcétera. El resultado es que cuando ayer salí con Jossien era su primera salida desde que había dejado Cabourg (dos veces había conseguido tener a Agostinelli con grandes dificultades). Por desgracia aquí estoy demasiado mal para ser un cliente asiduo y en París es demasiado caro, con tantos cocheros que ahora prestan servicio por casi nada. De todos modos, se lo diré a Jacques, al que le he pedido que venga a verme.

He leído en la prensa que Edwards no conserva a sus amigos más tiempo que a sus mujeres.

En Glisolles, muy cerca de Évreux, vi en un lugar muy simpático a los Clermont-Tonnerre. Se habían propuesto llevarme a ver cosas preciosas en los alrededores, pero asqueado de Évreux me fui al día siguiente sin hacer ninguna de estas excursiones y sin ver el jardín de Claude Monet en Giverny, cerca del bonito recodo del río que tiene usted el privilegio de contemplar a través de la neblina en su salón.[1] Me gustaría regalar al señor Straus, si lo encontrase en una bonita edición, un libro delicioso que me han prestado, que ya había leído pero que se relee y mira con placer, el *Dictionnaire de l'architecture* de Viollet-le-Duc. Es una desgracia que Viollet-le-Duc haya estropeado Francia restaurando con competencia pero sin alma tantas iglesias, cuyas ruinas proporcionarían más emoción que los remiendos arqueológicos, realizados con piedras recientes que no dicen nada y con remodelados muy fieles a los originales que no tienen nada de

[1] En la colección de cuadros de Claude Monet que poseía la señora Straus figuraba *Brazo de Sena, cerca de Giverny, a la aurora*.

los originales. Pero Viollet poseía el genio de la arquitectura, y el libro es admirable.

Es realmente un problema escribirle, señora, estando en la cama, con un codo que se niega a continuar al sentir el dolor que le provoca el apoyo sobre una mesa de madera. Por lo cual le digo adiós en este punto y sin que haya intentado decirle cuánto más han crecido mi afecto y mi admiración por usted en Trouville, en esas benditas semanas que me han permitido volverla a ver y de las que conservaré siempre un delicioso y emocionado recuerdo, intacto sobre un trasfondo de flores. Dígale, se lo ruego, al señor Straus que si he cometido la monstruosidad de no escribir antes a ninguno de los dos no ha sido por ingratitud u olvido, sino por impotencia y sufrimiento. No me responda: sé, y tendré noticias más precisas si consigo ver a Jacques o hacer una visita al señor Straus en la rue de Mirosmesnil, que está usted descansando en Suiza y que escribir cartas le perjudica. Sólo espero que no le preocupe recibir una.

Su agradecidísimo y respetuoso amigo

MARCEL PROUST

72. A REYNALDO HAHN

Lunes por la noche [*22 de junio de 1908*]

¿Cómo hestá usted, Minusnichant?[1] ¿Le molesta que le diga que he conocido, por fin, a la señorita de Goyon[2] en casa de los Murat? Demasiado largo y largo, pero y pero. Debería mandarme usted notas sobre las cenas y veladas en Londres, al menos las más impresionantes. Porque aquí fulminará a las multitudes. Comprendo que los esnobs para los que existe el

[1] La carta está llena de palabras deformadas y otras inventadas, pues así era el lenguaje privado entre Marcel y Reynaldo. (*N. del T.*).

[2] Una joven por la que Proust dice en varias cartas que se siente atraído y a la que le gustaría conocer.

placer mundano deseen enterrar en el secreto estas alegrías, que bastan por sí mismas. Pero para usted, para quien son verdaderas bobadas, es necesario que tengan su resonancia en sociedad según las leyes de la multiplicación de las vibraciones (prensa, etcétera).

En casa de los Murat, la viuda pregunta:[1] «Suzette, indícame a la muchacha de la que habla Marcel». Ella la mira y se da la vuelta diciendo: «Es feísima y tiene aspecto de sucia». La joven viuda, en cambio, la ha encontrado guapa, pero ha sido cien veces peor, porque no le quitaba los ojos de encima, hacía comentarios, reía fuerte y no dejaba de decirme: «Venga aquí, mire hacia la puerta», y así sucesivamente. Fue Fouquières quien me presentó, y mi gratitud hacia él no hace sino crecer. Pero estaba completamente borracho, y mientras hacía la presentación decía, no en voz alta, sino a voz en grito: «¿Qué te parecen estas mejillitas? ¡Ah!, ¿te gustarían, eh, canalla? ¿Dices que te comerías esas dulces manzanitas?—yo no decía esta boca es mía—, tienes razón, por lo demás tienes un aspecto inmejorable hoy, te has recortado un poco la barba, me gusta», etcétera. La expresión «no saber dónde meterse» no basta para describir mi estado, ni el de la muchacha y su prometido allí presente. Ataque fortísimo de asma ayer, aparte de esto, bue.

Hasta pron,

WRIRNULS

No cuentes ninguna de mis viejas ocurrencias a la Chevigné, pues le he llenado una carta con ellas. No consigo encontrar su preciosa respuesta, si no te la habría enviado.

He sido presentado a la Barrachin, que me parece encantadora. No he sido presentado a la duquesa de Morny, que también me parece encantadora.

[1] Sobrenombre que utilizaba Proust para referirse a Madeleine Lemaire. A su hija Suzette la llamaba «la joven viuda».

73. A LA SEÑORA STRAUS

Versalles, martes [*27 de octubre de 1908*]

Señora:

No sé nada de usted; desde la última noche que la vi raramente he estado cuatro o cinco horas sin pensar en usted, pero mis pensamientos estaban hechos de recuerdos, y mucho me gustaría cambiarlos poniéndolos al día con noticias más recientes. No le he escrito porque no he estado nunca tan mal. Estoy en Versalles, en cama, casi postrado del todo, presa de incesantes ataques de asma y de un malestar provocado por los últimos fármacos, que sigo tomando porque pienso que sería peor si no los tomase. En resumen, realmente enojoso; había regresado sobre todo para hacerle una visita al pobre Lauris, que ha tenido un accidente de coche, pero resulta que no puedo dejar la cama. Espero que esta historia se acabe. He pensado en ir a Territet. Pero es más fácil decirlo que hacerlo cuando no puede uno ni levantarse. Me habló usted de un señor que allí no sufría nunca de asma. ¿En el sanatorio de Widmer? ¿En el mismo Territet? Ya me lo dirá a su vuelta, pues creo que volverá pronto, con unas bonitas rosas alpinas en las mejillas, con esa fina tez—nada que ver con el vulgar «colorido»—que tiene a menudo y tanto gusta a quienes han depositado una parte de su felicidad en la delicada textura de sus mejillas.

En los momentos en que he estado menos mal he comenzado (dos veces veinticinco minutos) a trabajar. Es tan desagradable pensar tantas cosas y sentir que la mente en que se agitan morirá dentro de poco sin que nadie las conozca. Es verdad que no tienen nada de inestimable y que otros las expresarán mejor.

Jacques [Bizet] me ha escrito una carta deliciosa en respuesta a una reclamación mía, muy justa al decir suyo, a propósito del coche que había alquilado al dejar Cabourg. Cuando lo vea le explicaré la verdadera razón por la que lo he hecho. No lo hago por escrito porque no sé si deja por ahí tirada su correspondencia.

Sé que el señor Reinach hará un discurso contra el ajenjo. Me parece ya oír lo que le objetarán: la libertad. Y él debería responder con esta breve cita de Ruskin: «Elige libremente, muchacho mío. Es algo excelente que tengas libertad, te formará el carácter, la personalidad. Elegirás el vino o las fresas envenenadas, morirás antes de que anochezca, pero habrás conquistado la dignidad de chico libre» (*The Queen of the Air*).

No he estado lo bastante bien para hacer una visita a Helleu y a Monet en Ruán (ni, por otra parte, para hacer nada) y lo he lamentado. Me gustaría saber (no se lo diga a su nuera) si el señor Straus tiene acciones de las Mines d'Or d'Australie, Tanganica, Rio de Janeiro Tram Light and Power, Harpener, Télégraphes du Nord. No es para saber nada de sus negocios, el «si tiene» significa «si le han aconsejado comprar», «si se las han recomendado». A mí me han hablado bien de las Mines d'Or, pero no sé cuáles, no sé de qué mina se trata.

Cuando llegué aquí estaba Reynaldo, con quien hablé mucho de usted y habla de usted mejor que nadie. Vino un par de veces a verme y a componer a mi cabecera la música de su ballet para la Ópera,[1] mientras Agostinelli y mi criado personal jugaban conmigo al dominó. No comprendo cómo hace para componer así, en medio del ruido. Pero al cabo de unos días partió y desde entonces no me he sentido lo bastante bien para recibirlo de nuevo, porque no he tenido ni una sola noche soportable. Apenas esté mejor volveré a París. Creo que usted no tardará en hacerlo y nos veremos pronto.

Tenga a bien, señora, aceptar mis respetuosos saludos de cariño y de admiración,

MARCEL PROUST

[1] *La Fête chez Thérèse*, estrenado el 16 de febrero de 1910.

74. A LA SEÑORA STRAUS

Cabourg [*Hacia el 16 de agosto de 1909*]

Señora:

Su deliciosa carta me causa, además de un inmenso placer, un poco de pena porque, como pensaba desde hace varios días en escribirle, resulta que mi carta se ha convertido en una respuesta, y ya no será usted consciente de la iniciativa de mi deseo y el impulso de mi corazón que va veinte veces por día a los Mûriers y me fatiga quizá más en mi inmovilidad ansiosa y vagabunda que un trayecto que al menos deleitaría mis ojos con aquello que mi recuerdo les ofrece sin cesar.

Partí, en efecto, de París muy dolorido y he seguido estándolo aquí. Me levanto, sin embargo, un poco a eso de las nueve y media de la noche, pero tengo unas malas habitaciones húmedas en las que no me restableceré fácilmente. Voy del hotel al Casino, lo que supone dos minutos, y me parece tan fatigoso que me pregunto cómo iré a Trouville. Pero iré. Lo prefiero a verla en Cabourg, por la sorpresa de su llegada, el temor a que se resfríe, el aturdimiento de la música y del gentío y la conmoción de verla sin el peregrinaje preparatorio durante el cual me hago paulatinamente digno de usted en el curso de mis meditaciones del camino: casi me impiden sentir que está usted ahí, y sólo pienso en las corrientes de aire que deben de molestarle, en el chocolate que el señor Straus ha ido a pagar a hurtadillas, y únicamente cuando su coche se ha ido y me quedo solo, me digo «¡Pero si era la señora Straus!» y tomo dolorosamente conciencia de una felicidad que no he sentido. Entonces trato de identificar todos los pensamientos de cariño, de belleza y de admiración que han significado para mí su nombre, con la imagen que huye y que he observado durante una hora sin ver.

No quisiera que se tomara demasiado en serio unas amenazas ya proferidas a menudo, pero quizá más efectivas esta vez, pero creo que me verá bastante a menudo este año en

París. Y antes de que me lea—más de lo que usted querrá— pues acabo de comenzar—y de terminar—todo un largo libro. Por desgracia la partida para Cabourg interrumpió mi trabajo y sólo ahora voy a ponerme de nuevo con él. Quizá una parte aparezca por entregas en *Le Figaro*, pero será sólo una parte, pues es demasiado inconveniente y demasiado largo para publicarlo entero. No obstante, quisiera darle un buen acabado, llevarlo a buen puerto. Aunque está todo escrito, hay muchas modificaciones que hacer.

Estoy muy contento de que, ya que yo no puedo verla a usted ni a Helleu, le vea usted. Sé que le hace a usted muy feliz y me parece que es algo que debe complacerla. Incluso físicamente es seductor y Montesquiou decía con razón que muy pocos descendientes de guillotinados poseían tanta «raza» como el descendiente del guillotinador. Y es muy cierto. Me gustaría que visitara su nuevo acomodo de París. Creemos estar hastiados de las casas bonitas porque todo es parecido y nos aburre. Pero ocurre como con las novelas, de las que uno se cansa hasta el día en que da con un libro original que le devuelve la frescura de las propias impresiones y el deseo de leer. Estoy seguro de que todo este acondicionamiento de un gusto exquisito le gustará mucho y que para él será un gran gusto mostrárselo. Como tiene la naturaleza muy simple del verdadero artista, aunque muy pocas personas pueden gustarle, de esas pocas le gusta todo. Ya conoce la frase de Labruyère [*sic*]: «Estar con las personas queridas, hablar con ellas o no hablar en absoluto, todo da igual con tal de estar con ellas» (cito muy inexactamente).[1] Por desgracia es un placer del que yo no disfruto, pues nunca estoy con las personas a las que quiero. En París al menos tengo el consuelo de tampoco estar con los que no me gustan, un consuelo que no tengo aquí en Cabourg.

No necesito decirle que no he visto a nadie en la costa,

[1] La Bruyère, *Los caracteres*, *op. cit.*, «Del corazón», p. 23.

pues no la he visto a usted. Si se encuentra a los Guiche, pues me he enterado por la prensa que sale usted un poco, no tengo interés siquiera de que sepan que estoy aquí. La señora Greffulhe me envió antes de mi partida una soberbia parra virgen, pero siento que si empiezo este relato la humedad de mi habitación empapará a tal punto las hojas ya escritas de mi carta que no podré enviársela: en este lugar, al cabo de un cuarto de hora una hoja de papel queda inservible y las paredes se cubren de manchas, no sé muy bien qué puede causar este fenómeno.

Adiós, señora, iré pronto a verla, y no dejo nunca de verla.

Tenga a bien aceptar, así como el señor Straus, mis respetos y mi agradecido y profundo afecto.

MARCEL PROUST

P. D.: Como después de escribir esta carta me veo obligado a quedarme en cama pues me ha subido un poco la fiebre, quizá esto me permita cambiar mis horarios e ir pronto a Trouville.

75. A GEORGES DE LAURIS

[*Algunos días antes del 27 de noviembre de 1909*]

Mi pequeño Georges:

Precisamente iba a escribirle para explicarle una cosa complicada, cuyo esfuerzo llevo posponiendo desde hace tres días. Se trata de lo siguiente: por escrúpulos que sería demasiado largo exponerle, sobre todo porque personas que en Cabourg me ven levantado cada día creen que no las veo en París por desdén, y como una persona que aprecio está relacionada con ellos (quizá dentro de poco, Georges, vuelva a saber de mí, o más bien le pida consejo: ¿no sería un crimen hacer que una deliciosa muchacha compartiera mi triste existencia por más que a ella no le asuste la perspectiva?), he prometido, salvo que sufra un ataque demasiado intenso en el último minuto, llevar a todos los hijos de esa gente (entre los que está el pequeño Plantevignes) el sábado a ver *Le Circuit*. Y como será la única vez que me levante, y siento que no puedo adquirir ya compromisos fijos, he pensado en aprovechar la ocasión para volver a ver a algunos amigos. He invitado a Loche Radziwill y a Christiane [Lorin], a Reynaldo, a Emmanuel Bibesco, también porque esos chicos simpáticos pero demasiado jóvenes me resultan un poco aburridos (hay uno *muy* inteligente). ¿Quiere venir? Así le veré y estaremos juntos. ¿Quiere invitar de mi parte a Bertrand y a F. de Pâris? Pero debería saberlo con certeza, porque los palcos no siempre están disponibles. A Lucien Henraux no, porque está Christiane.

Me pondré de nuevo al trabajo, Georges, porque he dado a leer el comienzo del libro (doscientas páginas) a Reynaldo y su reacción ha sido muy alentadora. La noche que quiera se lo leeré también a usted. Siento que ahora mi deber es subordinarlo todo a llevar a cabo esto. Después tendré un único objetivo, verle a menudo.

Afectuosamente,

MARCEL

76. A REYNALDO HAHN

Grand Hôtel, Cabourg
Lunes por la noche [*18 de julio de 1910*]

Mi querido Binibuls:

Si le cuento que su B. salió para Cabourg en un estado indescriptible y sin esperar más que su cama, acompañado de innumerables Antoine, todos ellos inútiles, como va a ver; si le cuento además que tras llegar a medianoche, ya en el hotel, Nicolas [Cottin] se dio cuenta de que Antoine había registrado mal nuestros equipajes de modo que fueron a parar a un destino desconocido y en su lugar nos entregaron los baúles de una dama, ¡y que habíamos cometido la estupidez de meterlo todo en los baúles y nada útil en la maleta!, y por tanto no he podido ni acostarme, ni desvestirme, ni nada; si le digo, en fin, que hubo que pasar la noche, luego la mañana, y a continuación el resto de la jornada y la velada así, sin duda me compadecerá.

Buncht, ya he avisado a Céline de que usted iría a pasar algunas noches en casa. Hemos acordado que un poco más adelante, cuando usted haya fijado sus planes, si finalmente no viene me lo dirá y yo le avisaré. Si de aquí a entonces puede pasarse por casa para decirle a Antoine que le diga a Céline que se pasará usted al día siguiente por la tarde o al otro por la tarde para ver con ella qué luz poner en el cuarto, y una vez más anunciar que irá usted por la tarde o ir sin anunciarse para decir que yo le he pedido ver con ella dónde había que colocar los cuadros para despejar el comedor, me haría un gran favor, pues con ello la obligaría a estar en casa y a no meter extraños. Dígale usted que en cuanto a los días que dormirá en casa no sabe todavía cuándo será, pero que autoriza usted en cualquier caso los trabajos, pues no duerme durante el día ni, por otra parte, suele comer en casa, sino que tan sólo pide a Céline el desayuno de la mañana y un poco de té por la tarde.

Me parece *muy bien* el artículo de Vaudoyer en la *Revue de Paris* y, como tenía que enviarle unos libros, le he escrito al respecto: léalo, me parece *muy*, pero que muy bueno.

Perdóneme si no escribo más, estoy destrozado, y cuando ya no lo esté partiré a trompicones, triste de marcharme sin haberle vuelto a ver, muy triste.

Hasmouen,

BUNCHT

Su amigo el señor Pierre Mortier ha escrito un artículo en el que dice que *Lucien* de Binet-Valmer quedará como el *Manon* del abate Prévost, etcétera. Claude Farrère, menos lírico, es sin embargo muy elogioso. En cuanto a Deschamps, ha publicado en *Le Temps*, con fecha del domingo, un artículo en el que dice que es un tema del que se puede hablar a orillas del Támesis y del Spree, pero no a orillas del Sena, y menos en la Rive Gauche, artículo que habría sido del agrado de Flaubert, pues hace retroceder sensiblemente los límites de la imbecilidad humana.

Buenos días:

Resulta que Nicolas [Cottin] vuelve a honrar a Dioniso. Es espantoso. Cuando hable con Céline no le diga ni palabra, pero sí podría dejar caer que no cree que Nicolas vaya a quedarse conmigo en Cabourg. Cuanto más vaya usted a mi casa o más amigos envíe mejor será.

Su artículo de *Femina* es encantador, pero ¡de una maldad hacia la Schola, Strauss, Terrasse, Adam! En el mismo número hay una vista de unos grandes almacenes de Nueva York donde aparece el retrato de la señora Lemaire. No sé si el Duvernois que envía los libros a *Femina* es el mismo para quien Bonnard solicitaba un premio. Su crítica es una sandez.

No me dijo usted que se iba a Toulouse y yo telefoneaba todos los días como un hermano huérfano.

Piense en recomendar calurosamente a Reboux el libro de Max Daireaux *Les premières amours d'un inutile*.

77. A LA SEÑORA EDWARDS

Jueves por la noche [*5? de junio de 1913*]

Señora:[1]

Por desgracia su carta con fecha del miércoles no ha llegado hasta hoy jueves y no ha entrado en mi habitación has-

[1] Misia Godebska, pianista, casada con T. Natanson, fundador de la *Revue Blanche* en la que Proust colaboró, luego casada con el hombre de negocios Alfred Edwards y finalmente con el pintor José María Sert. Siempre estuvo en el centro de la vida artística parisina.

ta las nueve de la noche. Ya no podía, por tanto, avisarla a tiempo. Mucho lo he lamentado: la similitud de las circunstancias—Ballets Rusos, cena en casa de usted—vuelve más vivos los recuerdos queridos y casi hace creer en una especie de reincidencia de la felicidad. Hasta la frase «¿Es usted esnob?», que tan estúpida me pareció la primera vez, pero que siento que acabará por gustarme porque se la oí decir a usted. No tiene ningún sentido en sí misma: aunque entre los escasísimos amigos que por costumbre continúan viniendo a pedir noticias mías haya ocasionalmente algún duque o príncipe, se ven ampliamente compensados por otros amigos, uno de los cuales es ayuda de cámara y el otro chofer, a los que trato mejor. Valen lo mismo. Los criados personales son más instruidos que los duques y hablan un francés más bonito, pero son más puntillosos en materia de etiqueta y menos simples, más susceptibles. En resumen, valen lo mismo. El chofer tiene más distinción. Pero, en fin, la frase «¿Es usted un esnob?» me ha gustado como un vestido del año anterior porque me pareció bonita. Sin embargo, le aseguro que la única persona cuya frecuentación podría hacer decir que soy esnob es usted. Y no sería cierto. Y usted sería la única en creer que la frecuento más por vanidad que por admiración. No sea tan modesta.

Si sigue bien con Sert, dígale que soy un verdadero fanático suyo.

Muy respetuosamente suyo,

MARCEL PROUST

78. A GEORGES DE LAURIS

[*Poco después del 11 de agosto de 1913*]

Mi pequeño Georges:

Estoy emocionado, muy profundamente, por su gran bondad. Mi libro es absolutamente ajeno a mi regreso. Este año mi salud ha cambiado por completo sin que me haya dado cuenta a tiempo ni sepa la razón. Ahora bien, mi estado físico me hace más difícil soportar ciertas tristezas.

Al partir a Cabourg dejé a una persona a la que veo raramente en París, pero que al menos sabía cerca, y en Cabourg me sentía lejos, ansioso. Por eso decidí volver a tocar tierra en París. Pero iba posponiendo de día en día la partida. El lunes pasado le dije a Nicolas que decididamente sólo dejaríamos Cabourg al cabo de unos días, una vez que hubiera hecho una salida en coche a Houlgate con mi secretario,[1] pero me vio tan triste que me dijo que debía dejar de lado mis dudas e ir a tomar el tren a Trouville sin regresar al hotel. Envié unas palabras a Nicolas para que hiciera los baúles y él hizo llegar unas palabras a su mujer para que se fuera con él en cuanto pudiera, hicieran las maletas y se reunieran conmigo tan pronto como les fuera posible, así que he regresado a París sin equipaje, sin camisón para acostarme, sin haber pagado la cuenta del hotel, sin haber dicho al hotel que me iba.

Creía que me quedaría en París sólo unos días. Pero mi estado de salud es tan precario y he adelgazado tantísimo que temo que un nuevo desplazamiento me haga perder todavía más peso, pues ahora está en un mínimo inverosímil.

Querido Georges, me hará feliz leer su libro; ya no trabajo; corrijo mal que bien las pruebas de un primer volumen que no tiene pies ni cabeza, pero que, salvo esa subdivisión ridícula, me parece bueno y lleno de vida, y completamente distinto de lo que conoce de mí. Quizá se parezca un poco a «El final de los celos»,[2] pero es cien veces menos malo y más profundo.

Mi querido Georges, espero que esté usted contento de la

[1] Alfred Agostinelli. Proust le había encargado la mecanografía de *Swann*.

[2] Narración que figura en el libro de Proust *Los placeres y los días*. Por primera vez el tema de los celos, que será uno de los motivos fundamentales de *En busca del tiempo perdido*, aparece tratado detenidamente.

salud de su mujer y de su padre. Pienso cariñosamente en usted, le agradezco su carta y le mando un abrazo de corazón.

MARCEL

Presente mis respetuosos saludos a su mujer y a la señora de Pierrebourg.

79. A LIONEL HAUSER

[*Principios de septiembre de 1915*]

Mi querido Lionel:

Cuando uno desciende de una gran altitud a la llanura, los médicos aconsejan no efectuar demasiado bruscamente el descenso, so pena de propiciar ciertas dolencias del corazón (físico) como consecuencia de una brusca transición. Me temo que el otro corazón, el moral, no se anda con estas susceptibilidades, aunque me habría gustado poner de por medio unas suaves pendientes entre el Buda del que tú me hablas en tan nobles y conmovedores términos en tu carta y una cuenta de la banca Rothschild.

Así es el escritor que tiene miedo de parecer demasiado materialista al eminente banquero hablándole de dinero. ¿No habría en ello un tema para una fábula? La del zapatero remendón y el banquero no haría al caso. No es que yo desprecie al zapatero remendón, cuyo papel asumiría con mucho gusto, pero éste canta desde la mañana hasta la puesta del sol y por la noche duerme como un tronco. Sé demasiado bien que no tengo ningún derecho a compararme con ese envidiable zapatero.

Así pues, la cuenta que acabo de encontrar responde a lo que dices de que «no conozco tu cartera de acciones». Si hubiera en ella algunos de esos valores que se han beneficiado de la tasa de cambio de la que me hablas, los depositaría en el Crédit Industriel, donde retomaría a cambio mis obligaciones privilegiadas de Egipto que retransferiría a la banca Rothschild (tengo ciento veinticinco que suman, con la rebaja actual, en torno a cincuenta mil francos), y el Crédit Industriel vendería obligaciones de la China (?), de Jutlandia, de Holanda y de Chile (?).

No he recibido respuesta de mi *coulissier*. Mi temor es que, siendo mis inversiones más fuertes (aparte de las Tramways de México y las Carpet) en Spassky, North Caucasian y Doubowaïa Balka (estas últimas no a término, sino compradas a crédito, que viene a ser más o menos lo mismo) títulos rusos, los ejércitos alemanes—o rusos—destruyan estas minas o fábricas y que estos tres o cuatro mil francos de hierro, cobre, petróleo queden reducidos a cero. ¿Es posible?

Para soltar lastre y retomar un poco de altura, si bien como tú dices no tengo fe, no obstante la preocupación religiosa no está ausente de mi vida. Por lo demás, he hablado recientemente (por carta, naturalmente) con el señor Neuburger de la posibilidad de que vuelva a ver un día a su hijo. Pero cuanto más religioso es uno menos se atreve a llegar con la afirmación más allá de lo que cree. Ahora bien, yo no niego nada, creo en la posibilidad de todo, las objeciones fundadas sobre la existencia del mal me parecen absurdas, porque me parece que sólo el sufrimiento puede haber hecho y seguir haciendo del hombre algo más que un bruto. De ahí, sin embargo, a la certeza, a la esperanza incluso, hay un largo trecho. Yo no lo he franqueado. ¿Lo franquearé algún día?

No me envíes tu libro, no tendría tiempo de leer en este momento. Pero retengo el título en la cabeza para leerlo más adelante. Ahora arriba y abajo de mi piso están haciendo trabajos que no me dejan pegar ojo y me hacen imposible la atención que esta hermosa lectura requeriría.

Tu fiel y agradecido amigo

MARCEL PROUST

Los consejos que te pido esta vez no tienen gran importancia, de modo que si no ves claro qué hacer no te tomes la molestia de responderme. Me parece que una cosa vale por la otra, y en cuanto a Rusia es lo desconocido.

Creo que tú eres amigo del joven Gans. Era uno de los competentes en materia de Doubowaïa. Podría escribirle, pero no sé si está en París. En cuanto al señor Mirabaud, me respondió que la Doubowaïa estaba fuera del teatro de operaciones, ¡pero ésta se ha ampliado mucho desde entonces!

80. A LA SEÑORA CATUSSE

[*Entre el 13 y el 20 de noviembre de 1917*]

Señora:

Las breves palabras que hoy le escribo no son una carta de amistad,[1] sino unas palabras puramente interesadas. Quise hacer algunas visitas de amistad estas últimas semanas, un par de veces estuve en condiciones de hacerlo. Pero la desgracia quiso que la niebla fuera tan espesa que ningún taxi quisiera llevarme.

Hoy se trata de algo que pasó anteayer, y como es sumamente urgente que lo sepa usted pero tengo miles de páginas de mis pruebas que devolver a la *Nouvelle Revue Française* y no sé muy bien cuándo podré ir, le escribo estas breves palabras. Me veo en la obligación moral de prestar ayuda en un gran infortunio, pero como mis propias necesidades exceden mis rentas, las cuales, como creo haberle contado ya, son excesivamente reducidas, he recordado que hará un par de años, cuando la vi a usted en la portería de su casa, me dijo que mis cuatro sillones y mi canapé serían una buena venta. Y como, por otra parte, se los comerían las polillas si se quedaran en casa, me parece que tal venta sería de lo más indicada. Habló usted, en ese momento, de añadir a ello las

[1] Esta carta se refiere a los problemas económicos de Proust, producidos en gran parte por sus excesivos gastos, que le hacen pensar en vender algunos de los objetos heredados de su familia.

verdures.[1] Salvo alguna grande, confieso que preferiría guardar las del saloncito. El resto se lo regalé a Marthe [Dubois] y, a menos que me vea obligado a decidir alojarme en el hotel, lo que me queda del boulevard Malesherbes me resulta bastante querido. Añadiría, sin embargo, que mi objeción no es absoluta, pues conservo mejor por medio del recuerdo y del corazón lo que he perdido, y casi no llego a conocer un objeto más que cuando me separo de él. Pero, en suma, si no le parecen irrenunciables, preferiría guardar los tapices.

«*De fil en aiguille*» ['De una cosa a otra'], locución que conviene en estas materias, me he acordado de que desde hace diez años pago a un gran almacén derechos de guarda y custodia, por otra parte insignificantes, por una gran alfombra. Como he hecho con todas mis alfombras y muebles del guardamuebles la felicidad de una multitud de desgraciados, no tendría ningún escrúpulo, más bien al contrario, en vender la alfombra guardada en el gran almacén. Para que se haga una idea de lo que es, voy a tratar de encontrar el recibo de custodia. ¿No podría aconsejarme un experto a quién mostrar la alfombra? (¿Podría ser La France? Es la compañía de seguros de la que mi papá fue médico, aunque por lo demás nunca tuvo nada que ver con ella, y de la que sigo siendo cliente).

Ya que estamos en ello, le aclaro toda la cuestión para tratar de obtener mi resultado filantrópico con el mejor provecho. Tengo un gran armario de luna, flamante, que pareció muy bonito a los padres de Marthe [Dubois], y como tengo otros no me sirve de nada y abarrota los trasteros. Como todo lo que es cristal o vidrio ha subido mucho de precio, creo que este armario de luna, así como unos «plafones», quizá me reportarían algún dinero en vez de echarse a perder el uno en el comedor (donde nunca he tomado una comida, y donde

[1] *Tapisserie à verdures*: se llama «verdor» a un tipo de tapiz que representa vegetación, bien sea follaje rizado o paisajes boscosos. (*N. del T.*).

no puedo dar un paso) y el otro en un trastero que no ha sido vaciado más que para unos refugiados. Tengo también todas las sillas de cuero del comedor que no son de ninguna utilidad ya que no hago uso del «comedor». Igualmente tengo un exceso de arañas, por otra parte muy bonitas. En cuanto a los «bronces» y el espantoso reloj de péndulo del saloncito (que reemplazaré por otra cosa, pues objetos no faltan) no sé si es el momento de venderlo. Pero para todo esto me hará falta un experto y, mejor aún, un comprador. ¿Se le ocurre alguien?

Para el mueble estilo Luis XIV me habló usted de Gandara. Le confesaré que preferiría otro comprador, y voy a decirle el porqué. Este año recibí la esquela del fallecimiento de su hermano, al que conocí mucho, y como hace unos meses no sospechaba la desgracia que ha sufrido hace dos días una persona querida de mi entorno, ni temía por consiguiente que pareciese que preparaba unas relaciones de las que no creía tener necesidad, pues no pensaba en absoluto en vender, le escribí una carta de pésame muy sincera, y tanto más larga cuanto que llevaba un retraso de varios meses debido a mi vista. Me respondió de manera encantadora. De modo que la idea de que pudiera pensar que ya tenía la idea de vender cuando le escribí y por eso exageré la amabilidad me resultaría tan desagradable que preferiría hacer este negocio con otra persona.

Por lo que respecta al almacén que guarda la alfombra, tengo amigos que afirman conocerlo y quizá podrían ir, si usted cree que La France no es la indicada. Pero, aunque se valore, quedará por encontrar un comprador. En fin, mientras la abrumo con todas estas insípidas cuestiones, también quisiera plantearle una que nada tiene que ver con las ventas. Tengo en mi horrible antesala un paragüero de madera magnífico, proveniente obviamente de una iglesia en la que desempeñaba otras funciones, con tallas dignas de las del liceo de Caen y que sin duda compró usted. Ahora bien, me parecía recordar que, en la rue de Courcelles, había otras tallas parecidas, y no las encuentro. Puede que mi memoria me engañe. ¿Se acuerda usted? En todo caso, si existieran, podrían haber desaparecido perfectamente, pues fue el «bueno de Antoine» quien supervisó mi mudanza, de suerte que una alfombra oriental que trajo D'Albufera de su viaje de bodas, así como muchas otras cosas, salieron de la rue de Courcelles y nunca llegaron al boulevard Haussmann.

Me avergüenza tener que escribirle una carta tan tediosa (¡tanto más cuanto que mi mala vista, más echada a perder aún por la corrección de pruebas, ha debido de volver mi letra más ilegible si cabe!), pero sé que en semejantes circunstancias es a usted a quien mamá habría pedido consejo y he hecho como ella.

Curiosamente, no puedo darle noticias directas de Robert, pues me ha escrito por primera vez desde hace seis meses, ya que es afectuoso, pero a la vez está abrumado de trabajo y de una incurable pereza. Está bien, pero la razón por la que me escribió hace dos días es de tal naturaleza que, si ve a mi cuñada, es preferible no decirle que he recibido unas breves palabras de su marido. Como yo no veo nunca a Marthe [Dubois], no tengo por qué sentirme incómodo. Naturalmente, no le he dicho a usted ni una de las cosas que me habría gustado decirle, puesto que no he hablado más que de negocios. Pero el infinito en cuyo umbral me he quedado es suficientemente sentido en el corazón y puede permanecer inexpresado.

Tenga a bien, señora, darle recuerdos de mi parte a Charles y crea en mi afecto respetuoso y agradecido,

MARCEL PROUST

Si le aburre ocuparse de esto, conozco mucho a Walter Berry, el presidente de la Chambre de Commerce Américaine, hombre de un gusto refinado que se pasa la vida en los anticuarios, y, por otra parte, conociendo a todos los americanos ricos quizá podría «colocar» mis muebles más ventajosamente que un vendedor. He visto últimamente a un joven que no lograba vender por mil quinientos francos unos bellos objetos chinos, el cual, tres semanas más tarde, vendió fácilmente por nueve mil francos. Naturalmente, si pudiera aprovechar una oportunidad de este tipo sería magnífico.

Y he olvidado decirle que en compensación por las «joyas» de mi pobre madre y no sé qué cosas más, es sobre mí sobre quien ha «recaído» (creo incluso compensada por cierta suma de dinero descontada de la herencia) la mayor parte de nuestra vajilla de plata. Ahora bien, por la misma razón, no sirve de nada. ¿Tiene una idea de lo que podría valer? No necesito decirle que toda esta carta es confidencial.

81. A JACQUES POREL

[*Poco después del 15 de julio de 1919*]

[...] Habré dejado la rue Laurent-Pichat cuando haya vuelto usted [...] Echaré de menos las flores negras y blancas sobre fondo rojo, pero las he descrito. Y le enviaré la descripción una vez que se haya mudado [...] Reynaldo Hahn me ha hablado de un apartamento en la rue de Rivoli a tres mil francos (lo que gasto semanalmente). La princesa Soutzo, ¡que dedica sus paseos matinales a buscar piso para mí!, ha visto uno por treinta mil francos y ha declarado: «Me parece realmente muy caro, incluso para Céleste». ¿Será tan gentil de decirle a su señora madre que no tengo en la rue Laurent-Pichat ni piano ni amante? Soy inocente de los ruidos del inmueble que llevan a reclamaciones de un piso al otro. Los vecinos de los que me separa el tabique hacen el amor todos los días con un frenesí que me pone celoso. Cuando pienso que para mí esa sensación es más débil que la de tomarse un vaso de cerveza fresca envidio a la gente que puede lanzar tales gritos que la primera vez creí que se trataba de un asesinato, pero enseguida el grito de la mujer repetido una octava más bajo por parte del hombre me tranquilizó sobre lo que estaba pasando. Yo no soy responsable de ese alboroto que debe de oírse a tanta distancia como el grito de las ballenas enamoradas que Michelet muestra alzadas como las dos torres de Notre-Dame [...] Lo único que conozco es el asma [...]

Un artículo que la NRF me anunció como un ramillete de flores no es sino una carretada de excrementos. Arrieros somos y en el camino nos encontraremos, señor Vandérem. Observe que me parece todo natural cuando no se ama a *Swann* (en particular a mí, que no le amo). Pero Vandérem (eso es lo cómico) me había escrito unos meses atrás exactamente lo contrario hasta en los mismos términos. La carta de Vandérem no era en absoluto una de las cartas amables que he recibido sobre *Swann* (ya conoce usted al admirable Francis Jammes), pero, en suma, son milagrosamente las mismas palabras para decir lo contrario. Por ejemplo, en la carta Vandérem me escribía: «Swann es exactamente todo lo que amo, ha tenido usted el arte de poner en él todo». En el artículo Vandérem escribe: «Swann es exactamente lo contrario de lo que amo, etcétera». Siento lástima por los críticos [...]

82. A JACQUES TRUELLE

Rue Laurent Pichat, 8 bis
[*Hacia finales de julio de 1919*]

Querido Jacques:[1]

Acabo de pasar unos días tan espantosos desde el punto de vista de la salud que espero me disculpe por no haberle escrito. Y sin embargo sería un gusto tan grande para mí charlar por carta o de otro modo con usted, pues tenemos a tal extremo el mismo punto de vista sobre la vida—algo casi admirable, verdaderamente una especie de ley de la naturaleza que hay que descubrir—, que su juventud y mi decrepi-

[1] Jacques Truelle fue una amistad tardía de Proust, a quien conoció en marzo de 1917.

tud han logrado tender por encima del Tiempo el más audaz, el más vertiginoso pero el menos frágil de los puentes, donde sus pensamientos y los míos convergen.

No he entendido a qué se refería cuando me hablaba de los secretos muy poco misteriosos de la casa sonora. En estos momentos el edificio está casi vacío, pues Jacques, su mujer y su madre están ausentes, pero los ruidos han aumentado. Me temo que haya hablado usted con Jacques de mis quejas sobre tales sonidos de un modo que lo haya indispuesto conmigo, pues, inmediatamente después de haberle visto, se me ha «quitado de encima» con un desenfado que sólo tiene igual en su gentileza. No le diga nada de esto.

La noche que vino usted a verme, yo no estaba en casa, había salido a acompañar a la Gare de Lyon, para estar seguro de que por el camino no encargaba treinta collares de brillantes, al joven[1] para quien usted consiguió tan amablemente sus pasaportes. Lamentablemente, no sólo hasta la Gare de Lyon, sino hasta la mismísima Suiza hubiera tenido que acompañarlo, pues en cuanto vio que las cosas no eran como esperaba y que el director de la compañía aérea con la que contaba estaba muerto, regresó a París sin avisarme. No se atrevió a regresar a mi casa los primeros días, tal vez porque quería pasarlos con su novia, pero en cuanto advirtió que gastaría cincuenta francos diarios en el hotel y nada en mi casa vino a pedirme una hospitalidad que yo no me he atrevido a negarle, aunque *envenena* mi existencia. Como su prometida (no le hable de su novia si lo ve en casa, pues la boda aún es secreta, y por otra parte no está destinada a figurar en las notas mundanas de Gabriac, ya que la joven, pese

[1] Henri Rochat, joven suizo, camarero del Ritz, con quien Proust tuvo una relación sentimental a partir de 1918. Vivió dos años en casa del escritor y trabajó para él como secretario hasta que Proust consiguió que se fuera, en enero de 1921, gracias a un trabajo en la banca en Buenos Aires. Algunos rasgos de Albertine en *En busca del tiempo perdido* le pertenecen.

a ser deliciosa, es hija de un portero) se va a casa de su abuela en les Deux Sèvres, yo lo he exhortado vivamente a que la acompañara allí. Pero a él le parece que la comprometería. Entretanto el que se ve comprometido es mi descanso, y tengo remordimientos por haberlo obligado a usted a tomarse tantas molestias para ofrecerle, en vez de lo que había creído su futuro, un viaje de recreo.

Soy incapaz de superar mis crisis. Por más que su amiga la señora de Ludre me haya proporcionado (a distancia, pues no he sido capaz de aceptar sus invitaciones como no lo he hecho con ninguna otra) unos tapones para los oídos me encuentro en un estado lamentable: no puedo trabajar, ni hacer nada, ni hablar, ni escribir.

Crea, mi querido Jacques, en mi afectuosa amistad,

MARCEL PROUST

83. A ROBERT PROUST

[*Poco después del 18 de septiembre de 1920*]

Mi querido hermano:

Gracias de corazón por tu amabilísima carta. Quédate tranquilo, pues en ningún caso habría dejado que me recomendaran al general M[angin],[1] sabiendo que es amigo tuyo, sin tener antes tu respuesta. No quiero decir con ello que no podamos actuar por separado, y en este caso en concreto el general tiene por mí unos sentimientos cuya única razón de ser son mis libros. A pesar de ello, consideraba que tenía que contar previamente con tu aprobación para no arriesgarme a incomodarte en tus relaciones. Me dices ahora que prefieres que no le pida nada. Ten la seguridad de que tus deseos son órdenes para mí y que no lo haré ni pediré a nadie que lo haga.

En cuanto a tu amable ofrecimiento de recomendarme al

[1] En una carta del mes anterior Proust pidió a su hermano que le consiguiera la recomendación del general Mangin para la Legión de Honor.

general Maunoury (aparte de mi temor a que la ceguera impida al vencedor del Ourcq tomar parte en las reuniones del Consejo) te lo agradezco sobre todo porque si es, efectivamente, miembro del Consejo, me puede ser *muy útil*. El dosier mismo (¡a menos que sea falso!) no puede contener nada que pueda perjudicar a mi condecoración. Pero te pongo un ejemplo: se ha anunciado mi libro titulado *Sodoma y Gomorra*. Los miembros del Consejo pueden (con menos satisfacción) creer que se trata de libros prosodomitas y progomorreanos, como lo creían Barrès y el padre Mugnier, quienes se han sentido un tanto decepcionados al enterarse de que eran, por el contrario, antisodomitas y antigomorreanos. En realidad, yo habría querido que no fuesen ni pro ni anti, simplemente objetivos. Pero la fatalidad de los personajes y de los caracteres los ha vuelto anti. Aun así, no es algo inherente al título. Por otra parte, incluso este «anti» implica descripciones que, por ásperas y severas que sean, parecerán terriblemente crudas a una gente que ha olvidado el lenguaje de los Padres de la Iglesia y se ha habituado a una literatura edulcorada. Ahora bien, sería verdaderamente ridículo que después de haber sido condecorado tuviese que sufrir censuras por haber escrito libros inconvenientes.

Por lo demás, te diré que el problema ni se planteará. Se lleva tanto retraso (evidentemente se ha perdido tiempo en discutir sobre candidatos, efectivamente, poco aceptables) con las cruces del 14 de julio, que me parece poco verosímil que yo pueda tener cabida en esta hornada. Para julio del año próximo *Sodoma y Gomorra* ya habrá aparecido y será tan reciente que seguirá siendo un obstáculo, creo yo. Pero no pospondré ni un solo día la publicación del libro, ni siquiera para complacer a la Academia, como les he dicho a Barrès y a Régnier, que me han dado su aprobación por ello. No es que desprecie las distinciones honoríficas, pero son un plus del que es posible prescindir. Lo que importa es la obra, el resto puede llegar o no, es secundario.

Quisiera prolongar esta carta y contarte mil minucias graciosas o tristes, pero diversos problemas han venido a añadirse a mi fatiga, que ya era mucha. Tal como preveías, me han quedado restos de tapones Quiès en los oídos. He sufrido un poco de uno, he tirado adelante y finalmente, al no haber vuelto Bize, le he pedido a Gagey que me indicara un especialista y me he decidido por Wicart (él parecía preferir a Castex; no conozco la grafía exacta del nombre, debo de haberte hablado de él, pues es el médico tanto de Clemenceau como de Reynaldo). Me ha encontrado un oído completamente taponado y, tras destaponarlo, se ha marchado de vacaciones. Por desgracia me ha dicho que a su regreso me volvería a ver para terminar el trabajo, que al parecer consistirá no sólo en liberarme el oído, sino también en curarme el asma, etcétera. Es encantador, pero demasiado inteligente para mí. ¡Ah, qué relajantes son los médicos como el bueno de Bize, que no me ha auscultado desde hace diez años!

Mi libro *El mundo de Guermantes* (¿te lo he dicho ya?, es que no lo sé, porque he escrito esta carta en dos tiempos) saldrá la segunda semana de octubre. Aunque sea más corto que los otros, estoy seguro de que no lo leerás. Por lo demás, me parece que no justifica en absoluto el entusiasmo de Daudet, a quien he mostrado las pruebas definitivas (está dedicado a Léon). Pero, en compensación, un día que vengas a verme tendré que hacerte tragar alguno de mis *pastiches*. Estoy seguro de que te divertirán. Y son muy cortos.

Gracias de nuevo, queridísimo. Comparte con Marthe y Suzy, si están contigo, los besos de tu hermano.

MARCEL

TERCERA PARTE

PROUST EN EL MUNDO: HISTORIA Y SOCIOLOGÍA

84. A DANIEL HALÉVY

Domingo por la mañana [*12 de diciembre de 1897*]

Mi querido amigo:

Me ha parecido una bobada tu frase «los políticos que tienen miedo». Pero como no soy de la opinión de este político (lo que no me obliga a acusarle de cobardía como hacéis vosotros), sobre todo desde que he tenido conocimiento de las manifestaciones contra Zola, he hecho inmediatamente lo que me has dicho. Y una hora después de la llegada de tu frase, la señora Straus ha obtenido la firma de Anatole France que yo le hice llegar (anoche, a las diez y media). France añadió una breve frase, diciendo que esperaba que esta gran hoja no resultara incómoda. Pero no la he adjuntado para no complicarte la vida. Trataré de conseguiros todas las firmas que pueda.[1] En cuanto a Massenet, he estado pensando que su hermano era general, pero se la pediré de todas formas. Tu padre me ha honrado escribiéndome una carta magnífica. No me atrevo a responderle por temor a aburrirlo, pero querría encargarte que le digas lo muy vivamente que me ha impresionado y cuánto lo admiro. Si no la conoces y el azar de esta dirección nos hace encontrarnos próximamente, te la mostraré, pues es realmente muy bonita y te interesará por partida doble. Digo doble, porque estoy seguro de que si no fueras el hijo del señor Halévy la encontrarías muy emocionante, como me ha pasado a mí. Cuento absolutamente que darás las gracias a tu padre puesto que yo no me atrevo a hacerlo directamente.

Tuyo,

MARCEL PROUST

[1] Proust era partidario de Dreyfus, convencido de su inocencia y de que había sido falsamente acusado de traición a causa del clima de antisemitismo reinante en Francia. Desempeñó un papel muy activo en recoger firmas para apoyar a Zola.

Rompe la carta estúpida que te escribí anoche. Además de que las bromas no tenían gracia, y eran de pésimo gusto en circunstancias trágicas, si ese «documento» fuera encontrado bastaría como prueba de la existencia del Sindicato a «nuestros adversarios».

Veo que tengo la frase de France. Te la copio: «Aquí tiene, querido Marcel, mi firma en una hoja en blanco. D. Halévy puede remitirla a la dirección de Zola. Sinceramente suyo». La pieza sigue estado en mi dosier. Pero me desprenderé de ella si tú la quieres.

En cuanto a Daudet no hagas nada. En el fondo sería poco amable y resultaría innoble ser malo con un hombre como Daudet. Ya bastantes sufrimientos tiene para que encima lo mortifiquen. Pero voy a hablar con él. Si no le resulta un fastidio, lo hará.

85. A LA SEÑORA STRAUS

[*Septiembre de 1898*]

Mi querida señora Straus:

El señor France, a petición del señor Labori,[1] querría que algunas personalidades destacadas firmasen una súplica a favor de Picquart,[2] pues en su opinión podría tener algún efecto sobre los jueces. Serían deseables nombres nuevos. He prometido al señor France que le pediría a usted que interpelara a D'Haussonville, a quien podría usted tranquilamente decir que la iniciativa es de France. La súplica sería expresamente concebida en términos muy moderados para

[1] Fue el abogado de Picquart en 1898, así como de Dreyfus en el juicio de Rennes.

[2] Marie-Georges Picquart tuvo un papel destacado en el *affaire* Dreyfus, pues fue él quien descubrió su inocencia y al verdadero traidor, el comandante Esterhazy. Como consecuencia de ello fue destinado a Túnez y luego expulsado del ejército y encarcelado durante un año en 1898. Fue rehabilitado junto con Dreyfus en 1906.

no comprometer lo más mínimo con el caso Dreyfus a los firmantes. Y podría ser que el señor D'Haussonville, persona de corazón y de mente preclara como es, no le diga que no. El señor France está convencido, como todo el mundo, de que su nombre, sin par se mire como se mire, tendría una importancia enorme para el porvenir, no del caso Dreyfus, sino de Picquart, que parece mucho más negro.[1] Me refiero a su futuro, porque el hombre es de una serenidad que arranca a France, habitualmente más distante, enternecidos acentos. Pero como el señor D'Haussonville es demasiado bueno para ser creíble,[2] si usted no lograra o incluso si no quisiera hacer el intento, podría volver sobre Dufeuille, sobre Ganderax, sobre cualquier persona distinguida que conozca, sobre Pozzi, en fin, sobre los que usted pueda sin tomarse demasiada molestia. Pero esta molestia será para usted un placer «*puisque vous êtes belle et qu'il est malheureux*» ['Puesto que usted es bella y él es desdichado'].

Se trata de algo bastante urgente. Yo mismo le habría escrito al señor D'Haussonville, pero como apenas lo conozco temo resultar ridículo y, lo que es más grave, ineficaz. No la he vuelto a ver a usted desde que el caso, de tan balzaquiano (Bertulus, el juez de instrucción de *Esplendores y miserias de las cortesanas*, Christian Esterhazy,[3] el sobrino de provincias de *Las ilusiones perdidas*, De Paty de Clam, el Rastignac que cita a Vautrin en unos suburbios apartados), se ha convertido en lo más shakespeariano en razón de la precipitada concatenación de sucesos. Pero no hablemos superficialmente de un tema del que tendremos ocasión de tratar en Trouville, don-

[1] El Tribunal rechazó la petición de libertad de Picquart, que fue entregado a la autoridad militar y encarcelado en aislamiento.

[2] Meses más tarde se demostró que D'Haussonville estaba en contra de Dreyfus.

[3] El conde Esterhazy, De Paty de Clam y Marguerite Pays participaron en la elaboración del falso telegrama con el que se acusó a Dreyfus de traición.

de espero que mandaremos a mamá para que se restablezca, lo que está ya casi hecho.

Respetuosamente suyo,

MARCEL

No hable de Picquart más que a los posibles firmantes para no ventilar demasiado la cosa.

86. A ERNEST VAUGHAN (?)

[*26 o 27 de noviembre de 1898*]

Señor director:

Envié mi firma para la protesta en el caso Picquart.[1] Veo que no se ha publicado. Me interesa mucho que se publique. Sé que mi nombre no añadirá nada a la lista. Pero el hecho de haber figurado en la misma añadirá algo a mi nombre: nadie deja pasar la ocasión de inscribir su nombre en un pedestal [-]

87. A SU MADRE

[Évian]
Domingo a la una y media [*10 de septiembre de 1899*]

Querida mamaíta:

Media hora después de haberte dejado (y yo ya consolado) hemos visto el vergonzoso comunicado fijado en el Casino para gran alegría de todos los empleados del mismo.[2] Luego

[1] Se trataba de una protesta por los ataques judiciales al coronel Picquart.

[2] El 9 de septiembre de 1899 el Consejo de Guerra dio a conocer su veredicto en el proceso contra Dreyfus, acusándolo de traición en connivencia con una potencia extranjera, con circunstancias atenuantes, y condenándolo a diez años de prisión. La aristocracia parisina que frecuentaba Proust se dividió, igual que la sociedad en general, en dreyfusistas y antidreyfusistas, como relata en esta carta.

hemos ido a cenar a la residencia de los Bassaraba. Al entrar en el pabellón de Constantin [Brancovan] para fumar antes de la cena he oído unos lamentos. Era la pequeña Noailles (la poetisa) que pasaba sollozando desesperadamente y gemía con voz rota: «¿Cómo han podido hacerle una cosa así, cómo se han atrevido a venir a decírselo? Y los extraños, la gente, ¿cómo han podido?». Su llanto tan desgarrador resultaba conmovedor y la ha rehabilitado a mis ojos. El príncipe de Polignac, que tutea a Galliffet, sostiene que es incapaz de cometer ninguna incorrección en materia de dinero.

Ha cambiado el tiempo, se ha vuelto frío, ligeramente ventoso, un tiempo de Todos los Santos, lo que ha tenido cierto efecto sobre mi intestino. Pero he pasado una buena noche. Hago seguir a ésta una carta para el abuelo. Dentro de poco iré a Maugny, pero volveré a dormir aquí. No te aflijas mucho por el comunicado. Es triste para el ejército, para Francia, para los jueces que han tenido la crueldad de pedir a un exhausto Dreyfus que se esfuerce por recobrar los ánimos. Pero este suplicio físico, este apelar a la fuerza moral en un estado de agotamiento, será el único que deberá afrontar y se acabó. Y ahora ya sólo puede irle bien, tanto en lo moral, por la estima de la gente, como en lo físico, por la libertad que supongo le habrán devuelto en estos momentos. En cuanto a la sentencia, pienso que será considerada jurídicamente nula. Moralmente ya lo es. La princesa Brancovan y todo el mundo, por otra parte, han sido encantadores conmigo. En Coppet, por la tarde, la señora de Polignac dijo incautamente a la señora D'Haussonville que yo estaba en Évian. Ella se informó dónde, pidió detalles, dijo que tenía una estrecha relación conmigo (?). Me temo una invitación a almorzar..., tanto más cuanto que le dijo a la señora de Polignac sobre el caso Dreyfus: «Comprendo muy bien que unos extranjeros como usted piensen así». La señora de Noailles ha telegrafiado el veredicto a sus hermanas las señoras de Virieu y a Henri de Montesquiou añadiendo: «Tan incomprensible como triste». Es verdad que lo de «circunstancias atenuantes» suena singular para un traidor, pero no es incomprensible. Por parte de los jueces es la clara y sacrílega confesión de sus dudas. En el hotel y en el lugar reina la calma más absoluta. He comido a las doce y media (había cenado entre las nueve y cuarto y las diez y cuarto, pues los Brancovan seguían hablando del *affaire*, y me acosté a la misma hora). Aconseja calma a Robert. Que piense que fomentar de cualquier modo desórdenes pondría en un gran aprieto al gobierno, que se vería obligado a castigar a los propios defensores. Es preferible que Millerand no tenga que hacer detener a Jaurès y se dé tiempo a esos ministros, tan faltos de previsión, para que al menos al día siguiente del veredicto podamos tener la satisfacción de ver que se toman medidas para corregirlo.

Mil besos afectuosos a papá, a mi hermano y a ti,

MARCEL

88. A PIERRE D'ORLÉANS

Boulevard Malesherbes, 9
Jueves, 30 de noviembre [*de 1899*]

Mi querido amigo:

No le he respondido antes porque acabo de estar bastante seriamente enfermo. Me pregunta si me he mantenido fiel a lo que prometí de bueno y de malo en el servicio militar.[1] Hay dos cosas al menos que no han cambiado. Mi salud se ha vuelto paulatinamente deplorable y el día en que no sufro en absoluto es bien raro. Hay otra promesa a la que me he mantenido fiel: la de no olvidar.

Cuando lo vea le contaré cómo me vi llevado a no escri-

[1] Proust se enroló para realizar el servicio militar voluntario el 11 de noviembre de 1899. Lo llevó a cabo en Orléans y sus referencias a este período siempre son positivas. Mucha de esta experiencia está presente en *En busca del tiempo perdido* a través del personaje de Robert de Saint-Loup.

birle más. De viva voz creo que todo me resultará agradable, tanto me alegrará verle. Pero los sentimientos que permanecen más vivos en nosotros no son por fuerza aquellos a los que las circunstancias brindan un modo material de expresarse. Y para no seguir dirigiéndome a usted como si fuera a mí mismo, para no conversar con usted sino silenciosamente, todavía guardo en el fondo de mí mismo un recuerdo que apenas ha palidecido y que su inesperada y encantadora carta ha encontrado tan vivo como habría podido desear usted.

Qué desgracia que el maldito «*affaire*» se haya interpuesto en este momento entre nosotros, y que me plantee usted una pregunta que yo desearía mil veces dejar de lado, pero a la que sería de cobarde hurtarme. Me pregunta si he olvidado que tuve por jefes a un Walewski, a un Neuville. Por supuesto que no lo olvido: guardo de ellos el recuerdo más respetuoso y agradecido. Y no son los únicos por los que guardo veneración. Pienso a menudo en el coronel Anvers, en el comandante Appert. El afecto que siento por cada uno de estos mandos, que fueron tan buenos conmigo, lo siento también de manera más abstracta por el ejército. El desarrollo de mis ideas me ha llevado poco a poco a considerarlo como la forma de vida con la que más simpatizo. Lamento que mi mala salud no me haya permitido seguir en él. Y cuando oigo atacarlo estúpida y odiosamente siento mucha tristeza e ira.

¿Por qué no me detengo aquí, por qué dejo que su franqueza me obligue a contárselo todo, a decirle lo que es capaz de alejarme para siempre de su simpatía, justo en el momento en que descubro que me la ha guardado? Porque sería hipocresía por mi parte detenerme ahí. No, en el caso (y no me refiero a lo que rodea el caso, el militarismo y el antimilitarismo, el anticlericalismo, etcétera, pues una vez más he sentido horror tanto del antimilitarismo como del anticlericalismo), en el caso *judicial*, he sido y seguiré siendo dreyfusista: estoy convencido de la inocencia de Dreyfus y admiro la abnegación del coronel Picquart. Mucho me ha costado decírselo, pero me lo preguntó usted. Aunque tal opinión se concilie en mi corazón con el más vivo amor por el ejército y el desprecio de algunos de sus adversarios, sé que le parecerá una prueba de fealdad moral, una tara. Pero ni siquiera a tanta distancia tenía el derecho de mentirle.

Dicho esto, y aunque supongo que mi nombre será borrado de la lista de sus amigos, por si acaso también le hablo un poco de mí para responder a sus preguntas. He escrito un poco, he publicado un libro,[1] he tenido (se lo digo para hacerle reír) un duelo y, lo que le hará reír aún más, ¡estuve a la altura!

En pocas palabras, de no ser por este repugnante caso Dreyfus no sé si me encontraría más soportable que en otro tiempo. El estado de mi salud le mostraría que lo que tomó usted por blandura y falta de energía era el inicio de unos males de los que no era responsable. Y quizá me encontrase de espíritu algo menos ligero que entonces. Pero confío más aún en que yo no lo encontraría cambiado, que lo encontraría tan bueno y encantador como en otros tiempos. Su carta me ha parecido avalarlo, he tenido la impresión de que conserva el acento de su voz. ¿Por qué ha tenido que hablarme del caso? ¿Y por qué un caso de psicología de las masas que no soy capaz de explicarme y que debería ayudarnos a comprender unas épocas que hasta ahora permanecían misteriosas para nosotros permite pensar de distinto modo sobre religión, moral, arte y política sin dejar por ello de ser amigos, pero una divergencia en la manera de apreciar la culpabilidad de un hombre—lo que es una cuestión de hecho y no de principio—se convierte en un obstáculo infranqueable entre los corazones? Esta sola cosa ha trastornado la faz de la sociedad, es el único signo, la única consigna en que la gente se reconoce, se agrupa y comparte. Si un general glorioso es dreyfusista no tarda en convertirse en objeto de odio para

[1] *Los placeres y los días*, publicado en 1896.

los amigos del ejército, si el que ostenta un gran apellido es dreyfusista la aristocracia reniega de él, si un sacerdote es dreyfusista los católicos lo insultan. En cambio, si un civil es antidreyfusista alardea de ello como de una gloria militar; si un radical es antidreyfusista todos los clericales votan por él, si un judío es antidreyfusista los antisemitas lo protegen y el faubourg Saint-Germain lo acoge. Esto es lo que hay: «Serlo o no serlo, he aquí la cuestión».

La lectura de la prensa da la impresión de que este período histórico es extraordinario desde el punto de vista público. Desde el punto de vista de la vida privada ha sido aún más extraordinario y no existe ningún vínculo, ni siquiera los familiares, que se le resista. Es más, y a pesar de las excepciones que han estado para mí llenas de dulzura, no me atrevo a pensar que el hilo misterioso que me unía aún con usted a través de los mares resiste allí donde se han roto lazos sólidos que la vida de cada día había estrechado. Sea como fuere, tome mi respuesta por lo que es, es decir, no una inconveniencia o un desafío que estaría a más leguas de mi pensamiento de lo que lo estamos el uno del otro, sino una confesión que he creído tanto más imposible de evitar cuanto más penosa me resultaba hacer. Y si ese detestable estandarte no le vuelve enemigo, acepte con la indulgencia curiosa y divertida que se tiene por las cosas lejanas el afecto duradero, el recuerdo agradecido y vivaz de un amigo de Francia que, más conmovido de lo que ha sabido expresarle por una carta exquisita e inesperada, será mucho más feliz el día en que pueda estrecharle la mano—¡si es que la tiende aún a un dreyfusista!

Su antiguo subordinado

MARCEL PROUST

89. A GEORGES DE LAURIS

Miércoles por la noche [*29 de julio de 1903*]

Querido amigo:

Después de haberse ido Albu,[1] me he puesto de nuevo a pensar en nuestras condenadas leyes y,[2] en un estado de increíble depresión y estupidez (quizá inevitablemente inseparable del partido cuya defensa asumo), anoto alguna pequeña y modesta reflexión, dictada sólo por el sentido común, muy inferiores a las de Yves Guyot y, me atrevo a decir, del nivel al que se han situado hasta ahora nuestras discusiones sobre el asunto. Rompa, pues, enseguida esta carta, ya que mucho me ruborizaría que alguien más pudiera leerla. Hasta ahora siempre había pensado en los valores y en los peligros del cristianismo, en su derecho a la existencia y a la libertad. Pero trataré de descender al organismo mismo de sus leyes y a lo que pueden representar para usted; no acabo de entender exactamente lo que quiere. ¿Hacer *una* Francia (como harían suponer sus ideas subsidiarias sobre Saint-Cyr y otras demasiado especiales para que pueda yo discutirlas)? No creo que desee usted la igualdad de los franceses, sueño irrealizable, afortunadamente, puesto que es estúpido. Sin duda, lo que usted desea es la fraternidad entre los franceses, o al menos que tengamos la posibilidad de ser amigos unos de otros, independientemente de los motivos de odio particulares y personales, y que ninguna apriorística enemistad pudiera alterar el curso de la justicia, como ocurrió hace algunos años. Piensa usted que las escuelas libres enseñan a los alumnos a detestar a los masones y a los judíos (lo que mayormente ha parecido provocar su ira esta noche, aparte de

[1] Diminutivo de Albufera.

[2] Se trataba de una legislación, de 1901, que prohibía la enseñanza a las congregaciones religiosas. Georges de Lauris estaba a favor de prohibir la enseñanza religiosa.

la presencia de Albu, es en particular la enseñanza, hasta hacerle poner en duda mi buena fe a propósito de Cochin, etcétera). Y es cierto que, de unos años a esta parte, en el ambiente de las personas formadas en tales escuelas no se acepta ya a los judíos, cosa de por sí irrelevante, pero síntoma de esa peligrosa mentalidad que ha dado pábulo al caso Dreyfus, etcétera. Le diré que en Illiers, pequeño municipio donde hace poco mi padre presidió el reparto de premios,[1] después de la ley Ferry el párroco no fue invitado a la ceremonia.[2] Acostumbramos a los alumnos a considerar a quienes frecuentan al párroco personas a las que hay que evitar, y tanto de un bando como del otro se trabaja para crear dos Francias. Y yo, que recuerdo este pueblecito de la Beauce inclinado sobre una tierra parca y madre de avaricia, donde el único impulso hacia el cielo—un cielo aborregado de nubes, pero a menudo también divinamente azul, que cada tarde a la puesta de sol se transfigura—es todavía el del campanario de la iglesia; yo, que recuerdo al párroco que me enseñó latín y los nombres de las flores de su jardín, pero que sobre todo conozco la mentalidad del cuñado de mi padre, teniente de alcalde—quien tras los «Decretos» dejó de saludar al cura y lee *L'Intransigeant*, y después del caso Dreyfus también *La Libre Parole*—, creo que no está bien que el viejo párroco no sea invitado al reparto de premios. Su función social en el pueblo es más difícil de definir que la función social simbolizada por el farmacéutico, el director de la tabacalera jubilado o el oculista, pero es igualmente respetable, aunque sólo sea por el pequeño campanario espiritualizado que apunta hacia el sol poniente y se funde amorosamente con sus nu-

[1] En la Escuela Primaria Superior para jóvenes de Illiers, el 27 de julio de 1903.

[2] Se trataba de una ley, del 29 de marzo de 1880, propuesta por Jules Ferry, que obligaba a la disolución de las congregaciones docentes de los jesuitas. Proust se refiere a ella luego como a los Decretos.

bes rosadas, apareciendo seguramente al forastero que va a parar al pueblo más bello, noble, desinteresado, inteligente y, lo que más nos importa, más amoroso que todas las demás construcciones, aunque cuenten con la aprobación de las leyes más recientes. En cualquier caso, el foso que separa a las dos Francias se ensancha con cada etapa de la política anticlerical. Y es perfectamente natural. En este punto sólo podrá objetarme que si uno tiene un tumor, para extirpárselo habrá que hacerle mucho daño, tendrá fiebre, afrontará una convalecencia, pero luego al menos estará bien. Tal era, por otra parte, mi razonamiento durante el caso Dreyfus. Por tanto, si pensase que con la abolición de las congregaciones de enseñanza se eliminarían asimismo los gérmenes de odio entre los franceses, me parecería muy bien llevarla a cabo, pero pienso exactamente lo contrario. Ante todo, es más que evidente que lo que podemos detestar en el clericalismo, el antisemitismo sobre todo, o mejor dicho el propio clericalismo, se ha separado completamente de los dogmas y de la fe católicos. Radicales antisemitas como Alphonse Humbert, Cavaignac, me parecen el tipo de gente que no debería tener descendencia. Y los curas, ni siquiera digo los dreyfusistas, sino tan sólo los tolerantes, me parecen tolerables exactamente en la medida en que son tolerantes. Hoy en día (es una vergüenza para el catolicismo aceptar su ayuda, pero recordemos que hemos aceptado a Gohier y a muchos otros, también *mala gente* y en el fondo antisemitas) los grandes electores del catolicismo (Barrès, etcétera) no son creyentes. Y a los clericales les importa un pimiento, porque saben que un cura rural, un fraile, un obispo, un papa pueden estar de parte del gobierno, y un redactor de *La Libre Parole* no. Y los absuelven por completo del pecado de no ir a la iglesia (excepto en los días en que se deja ver Charbonnel), y del de insultar poco menos que a todo el clero, y al papa el primero. Con las congregaciones desaparecidas, extinguido el catolicismo en Francia (admitiendo que ello sea posible, aunque las ideas y los credos no mueren a causa de las leyes, sino cuando lo que tenían de verdad y de utilidad social se corrompe o disminuye), habría otros tantos, y cien veces peores, clericales—clericales no creyentes—rabiosamente antisemitas, antidreyfusistas, antiliberales. Por otra parte, aunque los maestros (me refiero a los profesores de las escuelas) fuesen malos, no es merced a su influencia que se forma la opinión de los jóvenes (a excepción de los que llegan a frecuentar las escuelas superiores y se vuelven fervientes seguidores de un Boutroux o incluso de un Lavisse, al margen de si fueron alumnos del Stanislas o del Condorcet),[1] sino merced a la prensa. Si en vez de restringir la libertad de enseñanza se pudiera restringir la de prensa, se reducirían acaso un poco los gérmenes de división y de odio. Pero el *proteccionismo intelectual* (del que las leyes actuales son una forma de melinismo cien veces más detestable que Méline) también tendría sus inconvenientes. Y hasta ahora hemos hablado sólo de los otros, de los que nos odian. Pero nosotros, por nuestra parte, ¿tenemos derecho a odiar? ¿Y una sola Francia no significará por casualidad, no la unión de los franceses, sino la dominación, etcétera? (No puedo más con ello). Aduciré, por ejemplo, un hecho que no tiene que ver con el odio, pero que revela cierta pequeña malicia gentil en usted y en Bertrand. Cuando Bertrand se guasea al pensar en las monjas «obligadas a viajar», cuando usted se irrita viendo a un clérigo leer *La Libre Parole*, su actitud mental, pese a no ser de odio, no difiere sensiblemente de la de un muy amable oficial que siente fastidio al ver en el tren a un judío leyendo *L'Aurore* mientras él lee *La Libre Parole*. Ya ve que para las mentes condenadas a permanecer cerradas los maestros son *L'Écho*, *L'Éclair*, los periódicos de su clase social, que a su vez alimentan e informan las conversaciones, las ideas, ad-

[1] El colegio Stanislas era un instituto católico y el Liceo Condorcet era laico.

mitiendo que sea posible hablar de ideas para esta gente. Por su parte, las mentes abiertas tienen como maestros a un profesor de la Sorbona (o a un religioso *de ideas modernas*), y cuando se ha nacido Fénelon, Radziwill, Lauris, Gabriel de La Rochefoucauld, Guiche (cito expresamente a personas de inteligencia muy desigual) o simplemente Marcel Proust, sus ideas serán las mismas (o incluso las de los católicos más avanzados). Tenga la seguridad de que el hecho de exigir la licenciatura en letras para la carrera militar ha hecho más por la causa de la república que todas las expulsiones de religiosos. Los otros, los que no han cursado estudios superiores, Pâris, Albu, Muller, siguen con las ideas políticas de su grupo social, es decir, *de sus periódicos*. Con esto, por otra parte, no hemos rozado siquiera la cuestión, que es menos simple de lo que suele creerse. Nosotros hablamos, por ejemplo—yo el primero, pero también Albu—, con mucha ligereza de los jesuitas. Si estuviéramos más informados, ciertas cosas de ellos nos harían reflexionar, y ésta en particular: Auguste Comte, admirado por el general André, que, sin embargo, probablemente lo conocía mal, tenía tal estima por los jesuitas, y estaba tan convencido de que no era posible hacer nada bueno en Francia sin ellos, que propició un encuentro con el general de la orden para fusionar en una única organización la orden misma y la escuela positivista. El general de la orden era desconfiado y las negociaciones fracasaron. Se nos dice siempre que las monarquías absolutas no han podido tolerar nunca a los jesuitas. Pero ¿es un descrédito de éstos? Aun admitiendo que en última instancia yo estaría en contra de los jesuitas, querría que los anticlericales matizaran un poco más y antes de emprenderla con la piqueta mirasen con atención las grandes construcciones sociales que quieren demoler. A mí no me gusta el espíritu jesuítico, pero hay una filosofía, un arte, una pedagogía de los jesuitas. ¿Existirá alguna vez un arte anticlerical? La cosa es menos simple de lo que parece. Cuál será el futuro del catolicismo en Francia y en el mundo, es decir, cuánto tiempo y en qué formas su influencia se seguirá ejerciendo, es una cuestión que no cabe siquiera plantear, porque el catolicismo crece transformándose y en el pasado siglo, cuando parecía convertido en el refugio de los hermanos de San Juan de Dios, ejerció, hasta en aquellos que lo combatían y negaban, un influjo que en el siglo XVIII habría sido imprevisible. También desde el punto de vista del anticristianismo, el camino recorrido de Voltaire a Renan (recorrido en dirección al catolicismo) es inmenso. Renan es aún un anticristiano pero cristianizado: «*Graecia capta*» o, más bien, «*Christianismus captus ferum victorem cepit*». El siglo de Carlyle, de Ruskin, de Tolstói, aunque ha sido el siglo de Hugo, también ha sido el siglo de Renan (me abstengo de decir que debería ser visto también como el siglo de Lamartine y de Chateaubriand): no es un siglo antirreligioso. El mismo Baudelaire está ligado a la Iglesia, aunque no sea sino sacrílegamente. Pero, en cualquier caso, esta cuestión no tiene nada que ver con la de las escuelas cristianas. Ante todo porque no se matará el espíritu cristiano cerrando las escuelas cristianas, y si el espíritu cristiano debe morir, morirá incluso bajo una teocracia. Y además porque este espíritu y hasta el dogma católico no tienen nada que ver con el espíritu partidista que queremos destruir (y que copiamos).

Estoy agotado y le doy un apretón de manos conjurándole a quemar *en el acto esta* carta estúpida.

Suyo,

MARCEL PROUST

De veras, sufriría horrores si alguien más leyera esta carta inepta.

En cuanto a Denis Cochin (no me refiero a Aynard, que es un hombre admirable, una gran mente), debe de estar, creo, infectado de conservadurismo, reaccionarismo y clericalismo. Dado que habla maravillosamente y expresa ideas que me gustan, y es particularmente liberal porque en este momento naturalmente sólo desea la libertad (del mismo modo que nosotros hablamos sólo de justicia y de amor cuando pedimos un gesto de justicia o de amor), sus discursos me encantan. No llegaría a ofrecerle un puesto de ministro, pero un ministerio que contase con su apoyo no me asustaría, aunque yo sea muy progresista, más de lo que asustaba al realista De Witt en 1898 un ministerio apoyado por los colectivistas. Porque entonces el problema urgente era corregir las injusticias del Estado Mayor, hoy las del gobierno, si no queremos que un formidable partido se alce contra nosotros con esa capacidad de crecimiento que tienen los partidos animados por el sentido de la justicia (el socialismo dreyfusista, por ejemplo). En este momento los socialistas, con su anticlericalismo, cometen el mismo error que en 1897 los clericales alineándose contra Dreyfus. Lo expían ahora y nosotros lo expiaremos mañana.

90. A LA SEÑORA STRAUS

Sábado por la noche [*21 de julio de 1906*]

Señora:

Ha tenido la gentileza de escribirme tan exquisitas cartas que se lo agradezco de corazón. Lo que me dice del caso Dreyfus es naturalmente lo que cabía decir de más divertido, profundo y mejor escrito sobre el tema. Tiene usted la infalibilidad de la gracia y del ingenio. Es curioso pensar que por una vez en la vida—que es bien poco—resulta novelesco. Por desgracia desde hace seis años todos hemos tenido en nuestras vidas muchas penas, muchas decepciones y muchos tormentos. Y para ninguno de nosotros sonará la hora en que nuestras penas se truequen en ebriedades, nuestras decepciones en realizaciones inesperadas y nuestros tormentos en triunfos deliciosos. Yo estaré cada vez más enfermo y cada vez echaré más de menos a los seres que he perdido, todo cuanto yo había podido soñar de la vida me será cada vez más inaccesible. Pero para Dreyfus y Picquart no es así, la vida ha sido para ellos «providencial» a la manera de los cuentos de hadas y las novelas de folletín.[1] Es que nuestras tristezas descansaban sobre verdades, verdades fisiológicas, verdades humanas y sentimentales. Para ellos las penas descansaban sobre errores. ¡Dichosos los que son víctimas de errores judiciales u otros! Son los únicos humanos para quienes hay revanchas y reparaciones. Por otra parte, en esta reparación no sé quién es el director de escena de los últimos «cuadros», pero es incomparable e incluso conmovedor. Y es imposible leer el «último cuadro» de esta mañana, «En el patio de la Escuela Militar, con quinientos figurantes», sin que asomen las lágrimas a los ojos.[2] Cuando pienso lo que me costó hacer llegar a Picquart al Mont Valérien, donde estaba preso, *Los placeres y los días*, casi se me van las ganas de mandarle ahora *Sésamo y lirios*, demasiado fácil. Soy incapaz de encontrar en la prensa la historia de un comandante de las fuerzas armadas, del que hablan en *Débats*, quien en la toma de posesión del cuerpo pronunció un discurso sobre el caso Dreyfus ante el presidente del tribunal. Supongo que es el general Galliéni, pero no sé nada de él y no lo encuentro por parte alguna. Me habría gustado saber asimismo los nombres de los diputados que han votado el ascenso de Dreyfus y de Picquart. Lo que sé que le irritará, aunque espero que por carta no lo haga, es lo que pienso del capítulo Mercier: me disgusta que Barthou (dreyfusista desde hace algunas sema-

[1] El Tribunal de Casación, el 12 de julio de 1906, anuló el juicio contra Dreyfus. Además se votaron dos leyes que reconocían la inocencia de él y la de Picquart. Dreyfus fue reintegrado al ejército y recibió la Legión de Honor y Picquart fue ascendido a general de brigada.

[2] El sábado 21 de julio tuvo lugar, en la Escuela Militar, la imposición de nuevo de las insignias de oficial de la Legión de Honor al comandante Targe y unas insignias de caballero de la misma Orden al comandante Alfred Dreyfus.

nas) se diera publicidad insultando con una agresividad hiriente a ese crápula de Mercier, que a fin de cuentas es un anciano de setenta y cinco años y tuvo el coraje de subir a la tribuna del Senado ante una asamblea vociferante, a sabiendas de que no tenía absolutamente nada que decir, ni un argumento que aportar ¡excepto el tan increíble de que el Tribunal de Casación había juzgado a puerta cerrada y que el procedimiento no era regular! Pero para expresar lo que pienso sobre todo ello harían falta unas páginas que le ahorro. Un hombre que debe ser profundamente feliz y que lo merece, el hombre más envidiable que yo conozco por el bien que ha querido hacer, es [Joseph] Reinach. Lamento que su triunfo en la prensa y en la Cámara sea tan modesto. Ha hecho mucho más que Zola.

Por lo que hace, señora, a Trouville, puede que me decida a alquilar con unos muy buenos amigos míos cerca de Cabourg para el mes de agosto. Es muy incierto, pero en cuanto sepa el nombre de la posible propiedad me permitiré escribirle para que pueda por medio de Jacques o de Robert Dreyfus o algún otro preguntar a una agencia de alquiler de Trouville si sabe lo que es, si está bien, si es saludable, etcétera. Pero si renuncio a este plan, quizá podría ir yo a Trouville, solo entonces, con mi cocinera. ¿Sabe si el chalet de Harcourt (el chalecito de los Creuniers) está por alquilar, si no es peligroso vivir en un lugar tan aislado, si es lo bastante sólido para que no se oiga el viento y las corrientes de aire en las habitaciones? Haría falta también que se pudiera alquilar por no más de mil francos para agosto, pues ya eso me obligaría a contar con un automóvil, etcétera, todo lo cual constituiría una locura que estaría encantado de hacer por Trouville, pero que no debe exceder determinados límites. También he pensado alquilar una pequeña embarcación para mí solo con la que visitaría Normandía y Bretaña comenzando por Trouville, haciendo noche (en la embarcación), yendo a verla a usted durante el día. Pero creo que a un precio asequible sólo hay yates muy incómodos y peligrosísimos. Si no temiera tanto el ruido que debe de reinar en ellos y la imposibilidad de calentar la ropa de cama, tal vez lo menos costoso, sobre todo con mi alimentación tan parca, sería un apartamento de dos habitaciones en las Roches Noires. Pero me parece que las paredes son muy delgadas y se oye todo, y las chimeneas probablemente estén hechas para ser encendidas. Normandía es muy poco saludable para mí. Incluso en Trouville las brumas del valle, por la noche, me resultan perjudiciales y la brisa marina un poco excitante. Sin embargo, si encontrara alguna cosa bien construida, que no fuese húmeda ni polvorienta, moderna y aislada, no ahogada detrás de otras casas, sino al borde de la playa o en lo alto, y que no sobrepasara los mil francos para el mes de agosto, tal vez la tomaría. Quizá también en vez de esperar a septiembre para volver a hacer el calvario de Évian, iría en agosto. La embarcación sería una cosa encantadora, pero de vela creo que muy fría, y de vapor, como sería muy pequeño, olería mucho a humo. Perdone que le hable de mí y de mis planes con esta ingenua prolijidad. Es interesada, puesto que puede usted ayudarme en cierta medida a hacerlos realidad. Dedicar mil francos como máximo de alquiler (podría pagar más en un hotel, porque no tendría que contar con la comida, etcétera) supone de entrada una cantidad excesiva para mí, pues además nunca sé si un lugar no me provocará ataques y siempre puedo verme obligado a abandonarlo al cabo de dos días. Por supuesto, si estuviera perfectamente allí tal vez lo realquilaría en septiembre. Pero creo que lo más razonable sería Évian.

Su amigo respetuoso y agradecido

MARCEL PROUST

91. A REYNALDO HAHN

Domingo [30 de agosto de 1914]

Mi pequeño Reynaldo:

Puesto que no podré ir a Melun,[1] creo que partiré para Cabourg, si es que los trenes circulan. La única razón que me retenía era mi cuñada y su hija, pero están en Pau. Los lugares tranquilos no son accesibles para la gente como yo que no puede hacer largos trayectos en tren.

He recomendado a Guiraud Rivière tanto a Gautier-Vignal como a Cocteau. Son las únicas personas a las que he visto, si veo a otras no dejaré de recomendárselo. Lamento que me sea imposible.

Estoy asombrado de que mi pésame haya conmovido a la persona en cuestión. Tuve que vérmelas con mi antipatía antigua (y olvidada), mi agradecimiento nuevo, la admiración inculcada, el deseo de no parecer ingrato, el temor a que mi encorsetada carta, una prenda sencilla y mal cortada, fuese mostrada. Los pésames, más que cualquier otro tipo de género epistolar, me recuerdan unos versos que recuerdo mal: «*Pour que je sois ému il faut que vous pleuriez*».[2] Pero a su vez (qué horror, acabo de ver el dibujo en el dorso, pero no tengo el valor de volver a empezar la carta) el pésame glacial puede hacer volverse este verso contra las personas que no han sabido inspirar mejor porque no se las notaba sinceramente tristes.

Qué felicidad, mi querido Reynaldo, será volver a verse cuando estos días espantosos hayan concluido si no tenemos

[1] Reynaldo Hahn se encontraba en Melun adonde había sido movilizado al comienzo de la guerra.

[2] Alusión al verso de Boileau, *Art poétique*, canto III, verso 142: «*Il faut dans la douleur que vous abaissiez. | Pour me tirer des pleurs il faut que vous pleuriez*» ('Tenéis que rebajaros en el dolor. | Si queréis verme llorar tendréis que llorar vos primero'). (*N. del T.*).

demasiados amigos que llorar. Por otra parte, yo lloro también a los desconocidos. Ya ni siquiera vivo. En lo que concierne a H. Bardac, creo que no debería estar usted inquieto, porque si en alguna ocasión es cierto el absurdo dicho «si no hay noticias, buenas noticias» es en la guerra, ya que las familias son avisadas de inmediato de las muertes o de las heridas graves. No sé si el joven Crépy que ha muerto era el músico o su hermano. En todo caso, como el músico (?), era hijo de la señorita Chanzy.

No he visto a Frédéric [Madrazo] desde hace algún tiempo. Supongo que está en Versalles, porque no he tenido nunca respuesta al teléfono. El joven criado que él me consiguió y que yo tomé por su descripción antes que a uno que yo conocía porque este último me parecía amenazado ligeramente de tuberculosis (veo que mi frase es demasiado larga para evitar sus críticas). La cuestión es que cuando el criado de Frédéric se presentó en mi casa vi entrar a la Tisis galopante. Me dejó con grandes lamentos porque lo habían «llamado». No me extrañaría que no se hubiera reformado. Pero si yo me he ido a Cabourg, será demasiado tarde. Y creo que puedo llevar perfectamente a Cabourg a la señora Albaret, quien me ha ofrecido vestirse con ropa masculina, cosa a la que yo me he negado, aunque haría muy decorosamente de condesa Chevreau.

Espero de corazón, mi pequeño Reynaldo, que a pesar de sus veleidades se quede en Melun, o que no me deje más que para ir a Burdeos o a Tolón. Y que cuando esos malvados sean vencidos nos abracemos todos en París. Entretanto hacen mucho daño a los gentiles franceses.

Tuyo,

MARCEL

Carta no despachada hasta el jueves, 3 de septiembre. Tal vez parta a Cabourg (Grand Hôtel). ¿Ha recibido mi carta en la que le hablaba de la de Greffulhe? A menos que se haya perdido...

92. A LUCIEN DAUDET

Lunes por la noche [*16 de noviembre de 1914, o poco después*]

Mi querido pequeño:

Aunque no sea una grandísima alegría—pues no es posible sentir grandes alegrías en estos momentos—, recibir una carta como la suya, de alguien en quien no he dejado de pensar ni un solo día con un cariño que no hace sino acrecentarse, ha sido un inmenso alivio; en cualquier caso, leer esas páginas en las que no topa uno con un solo «*boche*», «su Kultur», «llorar como un niño», «hermanita», ni otras cosas por el estilo, todas ellas, por lo demás, fáciles de sobrellevar si piensa uno en el martirio de los soldados y oficiales y en lo conmovedor de su sacrificio.

Con todo, si el nivel de la prensa, me refiero sobre todo a [-], fuese más elevado, la victoria no podría sino ser más espléndida.

Frédéric Masson, cuyo estilo de viejo veterano de antaño he apreciado a menudo, realmente encarna en estos momentos un poco demasiado la «cultura» francesa. Incluso si es sincero cuando juzga *Los maestros cantores* como una porquería impuesta por el esnobismo, da más lástima que aquellos a quienes acusa de padecer «wagneritis». Si en vez de estar en guerra con Alemania lo estuviéramos con Rusia ¿qué habrían dicho de Tolstói y de Dostoievski? Pero como la literatura alemana contemporánea es tan insulsa que olvida uno enseguida nombres y títulos que sólo los críticos especialistas en literaturas extranjeras mencionan de cuando en cuando, sin saber con quién emprenderla se conforman con Wagner.

Mi querido pequeño, me he enterado con un mes de retraso del accidente de coche que tuvo su cuñado: no sabía nada de que se vio implicado Léon y estaba herido de gravedad. ¡Ya puede imaginarse que de haberlo sabido le habría escrito! ¿Y usted iba también en el coche? (Puesto que dice, en efecto: «Tenía a Léon herido a mi izquierda»). Me siento retrospectivamente muy turbado al enterarme de esto.

Voy a escribirle a su hermano. Iba, por otra parte, a hacerlo para expresarle mi admiración. La guerra lamentablemente ha confirmado, avalado e inmortalizado la *Avant-guerre*. Desde Balzac no ha habido nadie dotado de un talento imaginativo que en términos tan vigorosos haya descubierto una ley social (en el sentido en que Newton [?] descubrió la ley de la gravedad). Ya ve, iba a escribirle por esto y no le habría hablado del accidente. Espero que, aunque su profecía no haya sido escuchada, nosotros seamos capaces de *aplicar* su descubrimiento y ponerlo en práctica en la postguerra. No creo, sin embargo (e imagino, pese a no haber leído sus artículos, que es también la opinión de su hermano), que consista en volvernos inferiores privando, no digo ya a nuestros músicos sino incluso a nuestros escritores, del fecundísimo estímulo que representa la escucha de *Tristán* o de la *Tetralogía*, como Péladan, que quisiera que no se estudiase ya el alemán (lengua que los generales Pau y Joffre afortunadamente dominan a fondo).

También yo me he sentido atormentado, queridísimo, por mi hermano. Su hospital, en Étain, fue bombardeado, y él estaba operando mientras los obuses sacudían la mesa de operaciones. Ha recibido, por lo demás, una mención en la orden del día, no por esto, sino por los otros muchos actos de valor que lleva a cabo de continuo. Lamentablemente se expone a gravísimos peligros, y mientras dure la guerra no sabré qué noticias me traerá el día siguiente.

En cuanto a mí, voy a pasar por la junta de reclutamiento y probablemente me declararán hábil, porque declaran hábil a todo el mundo. Por lo demás, he sido estúpido, ya que no habría tenido que alistarme, pues había sido excluido y licenciado con el grado de oficial, cuando estas juntas son únicamente para los soldados, por lo que me ha dicho De Magny que, de paso por París, vino a verme una noche; muy amable, está muy mejorado físicamente, probablemente gracias a la influencia de su mujer. Ha tenido unas palabras muy amables sobre usted y mucha admiración por su último libro. ¡Debo decir que me pareció infinitamente menos entusiasta de *Swann*! Diría que tanto su libro como el mío se han visto eclipsados por el de una persona muy allegada a él y sobre todo interesante, al parecer, porque en él se trata de «conocidos nuestros». También él ha escrito un libro (de historia, creo) y me ha dicho que ya ha dado «el visto bueno para imprimir» (?): no sé qué quiere decir. Aparte de esto, muchos «qué te den», «el general dijo que lo manden a [...]», pero también una sencillez llena de donaire que ha impresionado incluso a mi criada (que es al mismo tiempo cocinera, doncella, etcétera), la cual me ha dicho: «¡Qué hombre tan llano, para ser un noble!».

Mi querido pequeño, hasta mi junta de reclutamiento estaré ocupado en curarme para poder presentarme. Sin embargo, si viniera usted a París, podría recibirle igualmente (aunque no me levanto). Después será todavía más fácil, si no me declaran hábil. Pero me declararán.

Llenaría volúmenes con lo que tengo que decirle, pero he querido responderle sin más tardanza para no dejarme «diezmar»[1] por ese entusiasmo hacia usted si me resistiera. Espero que no haya muchos amigos suyos entre los «caídos en el campo del honor», pues se quiere incluso a los extraños, se llora también a los desconocidos.

Y a este respecto, mi querido pequeño, una cosa que me han contado me ha dejado estupefacto: poco instruido respecto a la verdadera magnitud y duración de la luminosidad de los nuevos astros que resplandecen desde hace tiempo, creía que debía un gran respeto a M [-], del que no he leído nada, pero de quien me habían asegurado que era genial.

[1] En el original «*décimer*»: la grafía hace la palabra de dudosa lectura. (*N. del T.*).

Pues bien, me han contado de él ciertas declaraciones que hizo el otro día que me han provocado náuseas y que me parecen increíbles. Se las transcribo tanto más fielmente cuanto que se refieren a personas que no conozco, cuyos apellidos no habría podido inventar y menos aún los nombres: «¡Pues sí, esta guerra! Por lo menos tendrá por resultado reconciliar a [-] y [-] (el conde [-] y la condesa [-] nacida [-]). Oronte me ha pedido que le dijera que Valère se ha comportado muy bien—los nombres son obviamente los del señor M. de [-] y el joven duque de [-]—. Lo que no puedo soportar es enterarme de *la muerte de una persona bien* (de una persona *chic*, quiero decir). Ah, sí, saber que un [-] ha muerto es un golpe terrible para mí». ¿Es posible? ¿De veras? No habría creído a M [-] ni a ningún otro bufón capaz, no digo ya de hacer estas declaraciones, sino de pensar así, pero ¡un escritor, un filósofo! [-] Espero que todo esto no sea cierto. No reniego de nada [-] y creo que la «gente bien» a veces está muy bien, pero su muerte no puede producirme más dolor que la muerte de cualquier otro, y se da el caso, dadas mis amistades, de que hasta el momento me ha producido mucho menos.

En cuanto a los caídos en la guerra, son dignos de admiración, pero por muy otros motivos de los que cree la gente. Todo lo que se ha escrito del pobre Psichari, al que no conocía pero del que me han hablado mucho, es falso. Por lo demás, a excepción de uno o dos, los literatos que en este momento creen «servir» escribiendo tratan estos temas pésimamente. (Hay excepciones: ¿ha leído *Le trois croix* de Daniel Halévy, en *Les Débats*, periódico en el que, dicho sea entre paréntesis, aparece cada día un excelente e inequívoco artículo no sé de quién, titulado «La situación militar»?).

Por lo demás, todos estos importantes personajes son de una ignorancia infantil. No sé si ha leído un artículo del general Zurlinden sobre el origen de la palabra *boche*, acuñada según él en septiembre pasado, cuando nuestros soldados, etcétera... Es evidente que también él ha hablado sólo con «gente bien», si no sabría, como lo sé yo, que los criados, la gente del pueblo, siempre han dicho «cara de *boche*», «*boche* asqueroso». Debo decir que en boca suya suena a menudo más bien divertido (como en el admirable relato del mecánico de Paulhan). Pero cuando los académicos dicen *boches* para resultar simpáticos al pueblo, igual que los adultos hablan ceceando cuando se dirigen a los niños (Capus, Hanotaux, etcétera), es crispante.

Estoy paralizado por el cansancio, mi querido pequeño, y no tengo más fuerzas para darle noticias de Reynaldo. Como se encuentra en Melun, ha solicitado ser enviado al frente oriental: lo han mandado a Albi y de ahí saldrá para primera línea. No sé decirle cuántas pruebas de grandeza moral ha dado desde que estalló la guerra. Quiero decir también pruebas indirectas, no me refiero específicamente a su comportamiento militar. Reynaldo es verdaderamente una roca de bondad sobre la que se puede construir y permanecer, de verdadera bondad. Si quiere escribirle, mejor que se dirija, en vez de al regimiento, al Hôtel du Vigan, Albi, Tarn. Le produciría un gran placer, porque tiene por usted unos sentimientos muy particulares, y cuando lo compara con alguien es siempre para dejar claro que lo prefiere a usted.

Mi querido pequeño, presente mis respetos a su señora madre y a su señora hermana, y voy a escribirle a su hermano.

Mil cariños de su

MARCEL

P. D.: Hôtel Brunswick me parece un poco «*boche*», menos mal que lo neutraliza Béranger.

93. A LUCIEN DAUDET

[*Finales de febrero de 1915*]

[...] Mi querido muchacho, si ve a la princesa de Murat a la que me parece excesivo escribirle por esto, tenga a bien desmentir lo siguiente, pues me desconsuela. Ella dijo, según parece, que cuando me hablaban de la guerra yo respondía: «¿Qué guerra? Aún no he tenido tiempo de pensar en ella. En estos momentos estoy estudiando el caso Caillaux».[1] Nunca me he ocupado del caso Caillaux, pues conozco a los Caillaux y siempre me han inspirado una instintiva antipatía que me hizo rehusar una comida en Clermont-Tonnere [...] sólo por no volver a encontrármelos [...] Nunca, por tanto, he dicho a nadie que estudiaba el caso Caillaux. No sólo es inexacto, sino un invento absurdo. En cuanto a la otra parte de la declaración, es aún más insensata si cabe. Tengo todas las razones del mundo, ¡ay!, para no haber dejado de pensar en la guerra ni un minuto desde la víspera de la movilización en que llevé a mi hermano a la Gare de l'Est, e incluso la sigo «estratégicamente», lo que es bastante conmovedor y ridículo, sobre un mapa del Estado Mayor. Es verdad que «*boche*» no figura en mi vocabulario, y que las cosas no me parecen tan claras como a determinadas personas, pero nunca he dicho que no me interesara, pues es mi ansiedad de todo momento. Estoy seguro de que si la princesa Murat dice eso es porque se lo han dicho (me gustaría saber quién). Pero le han contado una estúpida mentira, ni siquiera cabe disculparse alegando que fue un malentendido, porque jamás he dicho nada parecido.

Mi querido pequeño, no hubiera debido siquiera explicarme sobre la cuestión de la que me habla usted, pues no ignoro nada de la nobleza de su carácter. ¿Por qué dar una falsa interpretación a una broma que yo no debería haber hecho si ha podido hacerle dudar de mi confianza y de mi cariño? [...]

Le mando un abrazo de corazón.

Suyo,

MARCEL

[1] Se trata del asesinato de Gaston Calmette, director de *Le Figaro*, a manos de la señora Caillaux en marzo de 1914.

P.D.: He querido telefonearle para tener noticias de su señora madre. Si no lo he hecho, luchando contra el gran deseo de saber si ella no se había fatigado por haber permanecido levantada, es por temor a que creyera usted que pretendía hacerle venir y abusar de la gentileza que ha tenido las dos últimas noches.

94. A LOUIS D'ALBUFERA

[*Principios de marzo? de 1915*]

Querido Louis:

Mucho me he retrasado en agradecerle su carta, discúlpeme, pues voy de luto en luto. ¡Y he aquí que uno de los seres por los que he sentido mayor cariño, Bertrand de Fénelon, al que creí muerto y luego prisionero, desgraciadamente, por lo que Antoine Bibesco vino a anunciarme la otra noche, parece que ha perdido la vida! Se le necesitaba en el desempeño de su cargo diplomático, el ministerio trató de retenerle, él quiso partir a toda costa, y ha sido impulsando su sección cómo ha «desaparecido», acaso para siempre. Lo lloro como a un hermano. En este momento todavía cabe guardar un destello de esperanza, aunque muy improbable. En cuanto se haya extinguido, le escribiré a Barrès para tratar de que él diga algunas palabras de un ser como hay pocos. Su valentía ha sido tanto más sublime cuanto que no había mezcla alguna de odio en ella. Conocía a fondo la literatura alemana que yo ignoro por completo. Y diplomáticamente, no hacía responsable de la guerra a Alemania (o al menos al emperador, pues éste es el único punto al que apuntaba su información, exacta o no). Muy posiblemente este punto de vista fuese erróneo, pero no por ello dejaba de atestiguar, hasta por su error, que el patriotismo de este héroe no tenía nada de excluyente ni de estrecho. Amaba apasionadamente a Francia tanto como ha debido de sufrir.

Lo que sé es que yo, dos o tres días antes de la victoria del Marne, cuando se creía inminente el asedio de París, me levanté una tarde, salí, debido a un claro de luna brillante, resplandeciente, reprobador, sereno, irónico y maternal, y al ver el inmenso París, que yo no he sabido amar tanto como él, aguardando en su inútil belleza la devastación que ya nada podía impedir, no pude contener las lágrimas.

Creo que se generaliza demasiado sobre los crímenes alemanes y tengo a este respecto testimonios poco sospechosos, como el de una dama de la Cruz Roja francesa que ha estado prisionera en Alemania, el de una dama cuyo castillo fue invadido, estando ella presente, por el ejército alemán, etcétera. Pero al mismo tiempo tengo la impresión de que, por ejemplo, conocían tan bien la catedral de Reims[1] y la preferían al resto (a causa de la de Bamberg), pues han escrito extensos volúmenes sobre su belleza, que le han «arrojado ácido» debido a una rabia horrorosa. La bajeza del sentimiento que inspiró el ataque iguala la enormidad del crimen.

Querido amigo, cuando la crisis de albúmina que sufro se haya atenuado un poco quiero tratar de verle; lo conseguiré. Pero no creo que sea la junta de reclutamiento la que nos reúna. He aquí por qué. En otro tiempo hice mi servicio en infantería, pero después, cuando estuve muy enfermo, para evitar ser dado de baja fui nombrado oficial administrativo. Hará sólo cuatro años que fui dado de baja del servicio. Me he alistado como usted en la alcaldía de Anjou, pero he sido amonestado, pues los oficiales excluidos no deben pasar revista con los soldados. No sé cómo irá la cosa. En cualquier caso, espero una convocatoria que todavía no ha sido fijada. Dependo del Servicio de Salud de los Hospitales, pero no estoy en condiciones de prestar ningún servicio, tanto más cuanto que no he hecho nunca ni veintiocho ni trece días y no sé una palabra de mi oficio. En estos momentos, además, tengo terribles ataques, de los que no obstante me alegro, pues al pensar en

[1] Los alemanes bombardearon la catedral de Reims los días 18 y 19 de septiembre de 1914, provocando un incendio y su parcial destrucción.

lo que soportan los soldados mi descanso me causa un sufrimiento moral menos agudo, al no ser un descanso verdadero sino también una vida dura, sólo que no aprovecha a nadie.

¡Cuántos amigos he perdido desde hace un año, que parecían destinados a vivir muchos más años que yo! Y antes de la guerra, víctima elegida, la primera cronológicamente, inocente, anunciadora, el pobre y querido Calmette, el hombre donde los haya que menos mereció la muerte. ¡Y víctima de esas gentes horribles!, «¡Ah, es morir dos veces!».

Querido Robert, mi fatiga me hace interrumpir esta charla que yo quisiera incesante como mi cariño.

Suyo,

MARCEL

«Querido Robert» es justamente un efecto de esta fatiga. Era *querido Louis* lo que quería decir.

95. A LA SEÑORA CATUSSE

[*Poco antes del 9 de abril de 1918*]

Querida señora:

Sus palabras me han producido una profunda emoción. Ciertamente, sigo con ansiedad estos acontecimientos formidables, y no digo como Gautier:

Comme Goethe sur son divan
A Weimar s'isolait des choses
... Sans perdre garde à l'ouragan
Qui fouettait mes vitres fermées
Moi j'ai fait Émaux et Cammées.[1]

[Como Goethe en su diván | se aislaba en Weimar de los acontecimientos | ... Sin preocuparme del huracán | que azotaba mis ventanas cerradas | yo he escrito *Esmaltes y camafeos*].

[1] Théophile Gautier, *Émaux et Camées*, 1858.

Como se imaginará, disto mucho de este desapego. Pero debo decir, por lo que a mí concierne, que el temor a los Gotha y a los cañones me es desconocido. No es coraje, temo a menudo cosas insignificantes. Pero, en fin, así es. Sólo que esto me crea una situación desagradable en el inmueble, pues como soy el único en no bajar al sótano creen que desprecio a quienes van allí, en lo que mucho se equivocan. Por desgracia mi indiferencia no es compartida por Céleste, que pasa buena parte de su vida en el sótano. Y me temo que acabe por dejarme, pero no me atrevo a disuadirla ya que, como no tenemos más que una planta por encima de nosotros (nuestra casa es la más baja del bulevar), tendría demasiados remordimientos si le ocurriera una desgracia por mi causa. En cualquier caso, yo me quedaré aquí. Ciertamente, habría aprovechado con alegría su infinita gentileza de ofrecerme en alquiler La Tour y habría sido un inquilino discretísimo. Pero me temo que en esta estación la vegetación me haría recaer en el asma y sobre todo no sé si mi situación militar es definitiva, dos razones serias para no ausentarme. Cabourg estaría más cerca que Niza, pero, me parece, sería igual de peligrosa para Céleste que París. Creo, por tanto, que lo mejor es que ella se quede en París conmigo o que, si tiene miedo, vaya a su casa, en cuyo caso yo debería tomar a otra persona. Tendría miedo, por otra parte, de no encontrar leche en Niza. Beaumont, que estaba en Cannes, se ha visto obligado a volver por este motivo.

Estoy tan fatigado que le expreso pésimamente mi gratitud por su amabilidad, pero estoy profundamente conmovido y no la olvidaré nunca. Robert sigue en Italia y querría ser trasladado a un sector menos tranquilo, y yo temo que su deseo se haga realidad.

Mil cariños a Charles. Su respetuoso y agradecido

MARCEL PROUST

96. A LA SEÑORA SOUTZO

Martes [9 de abril de 1918]

Princesa:[1]

Hágame justicia no incluyéndome entre los no diré que aburridos, sino indiscretos que la han perseguido. Me escribió al partir una carta encantadora, pero no me dio su dirección, y yo no he tratado de averiguarla. Debido a la enfermedad del marido de Céleste he cenado en el Ritz un día sí y otro no. No he preguntado a nadie—portero, *maître*, botones, etcétera—dónde estaba usted, y ha sido más bien para poder responder a los curiosos o curiosas por lo que me decidí la víspera de la llegada de su carta, hace unos tres días, a preguntarle a Lucien Daudet, que ve constantemente a los Beaumont, dónde se encontraba usted. Pregunta que me sentía un poco humillado de hacer…

No he visto a los Beaumont, aunque me han invitado tan a menudo a estar con ellos que me hace pensar que el riñón de su amigo va mejor. Una de estas numerosas cenas era en casa de la señora Scheikévitch y siento tanto más no haber participado en ella cuanto que habría encontrado a su señor hermano. Siempre me da mucha curiosidad reconocer un rostro querido en una persona del otro sexo: por eso me hubiera gustado mucho conocer al joven Bénardaky, muerto al comienzo de la guerra, y cuya hermana, quizá sin saberlo, fue el entusiasmo y la desesperación de mi infancia.[2]

No le hablo, princesa, de la guerra. Por desgracia la he asimilado tan completamente que no puedo considerarla por separado del resto, no puedo hablar de las esperanzas y de los temores que me inspira por la misma razón que no se puede

[1] Hélène Soutzo, divorciada del príncipe Dimitri Soutzo, esposa de Paul Morand desde 1927. La pareja es de las últimas amistades de Proust, enamorado de Morand. Durante la guerra vive en el Ritz, donde Proust la visita.

[2] Marie de Bénardaky.

hablar de sentimientos cuya intensidad es tal que no es posible separarlos de uno mismo. Para mí no es tanto un objeto (en el sentido filosófico del término) como una sustancia interpuesta entre los objetos y yo. Así como se ama en Dios, yo vivo en la guerra. (Ya sabe, como esas neuralgias que no dejan de sentirse mientras se habla de otra cosa, ni siquiera estando dormido).

En cuanto al cañón y a los Gotha le confesaré que no he pensado en ellos ni un segundo; tengo miedo de cosas mucho menos peligrosas, como los ratones, por ejemplo. En suma, sería afectación por mi parte fingir temerlos, en vista de que no me hacen efecto los bombardeos ni conozco todavía el trayecto que lleva a mi sótano (cosa que los inquilinos no me perdonan). Desgraciadamente, todo esto tiene en Céleste un efecto nervioso que no me explico pero que respeto, y dado que tiene una casa propia muy cómoda, temo que me plante. Por consideración, trato de no influir en ella. Pero al fastidio de perder a Céleste se añadiría el de tener que acudir de nuevo a Céline. Céleste está indignada porque la señora Catusse (con la que tantas bondades tuvo usted) me ha ofrecido su hotelito en la parte alta de Niza que ella no ocupa, y yo he preferido quedarme en París.

Pero para usted, princesa, me parece que es otra cosa, y en vista de que se encuentra en un lugar que no me revela (me ha gustado mucho el «me reexpedirán las cartas»), pero en cualquier caso lejos de París, creo que sería natural que se quedase allí y que habiendo dejado París no tenga prisa por volver. Hablo en contra de mi corazón, pero también, más aún, a favor de él, pues mi alegría de verla no sería tan grande como mi temor por usted cada vez que haya una alerta, y el sentimiento de su incomodidad.

Truelle, al que lamentablemente no pude recibir, vino ayer a verme y con una sencillez encantadora le entregó a Céleste una carta que le había mandado Morand. Pues bien, esta carta, en su *imperatoria brevitas*, es la bula papal más insolentemente autoritaria que pueda uno recibir. Probablemente, Truelle no se la tomó de esa manera, y yo me guardaré de decírselo. Tal vez bula papal es demasiado decir, más bien es una especie de «manual de comportamiento». Y para facilitar la comprensión de las explicaciones y la ejecución de las órdenes, Morand procede por números.

1.º Haga esto.

2.º Se equivoca usted en no hacer esto, etcétera.

No creo que Napoleón haya hablado jamás en un tono más perentorio.

Princesa, tengo un momento de malestar y me veo obligado a dejar para más tarde cosas que quisiera decirle.

Dígnese aceptar mis respetuosos saludos,

MARCEL PROUST

La mañana de su partida hice llevar a su casa los *Affranchis* de Hermant. ¿Se los entregaron?

97. A LA SEÑORA STRAUS

Martes por la noche [*12 de noviembre de 1918*]

Querida señora:

¡Qué hermosa carta! Pero sufro pensando en la fatiga de escribir frases y hacer acopio de los pensamientos. Mil gracias y mil veces por el perito. En cuanto al señor Sibilat, voy a escribirle que puede venir a ver mi feo y polvoriento comedor hecho un revoltijo el sábado a partir de las tres de la tarde.

He salido muy pronto y he regresado muy enfermo, lo que me hace temer que jueves y viernes será muy necesario que haga inhalaciones. No quiero decir que vaya a estar levantado el sábado, pues Céleste sabrá guiar muy bien a la persona que venga, quien será tan gentil de no decirle el precio de la estimación, sobre todo si es muy módica. Ya le contaré el porqué.

La evocación que hace usted de Shakespeare a propósito de la tragedia actual es tan profunda y deja sentir a tal punto la gran tradición literaria que enseguida recuerda uno que Sainte-Beuve llamaba al padre de usted el más grande literato de su tiempo y que este literato era secretario perpetuo del Instituto. Únicamente en los dramas de Shakespeare vemos en una sola escena precipitarse todos los acontecimientos y en una sola escena lo comprendemos todo: Guillermo II, «Abdico»; el rey de Baviera, «Yo, el heredero de la más antigua raza que haya en el mundo, abdico»; el Kronprintz llora, firma, sus soldados lo asesinan.

No hay que quejarse del destino, sobre todo cuando nos da, con un movimiento de efecto retardado del engranaje del reloj que parecía inmóvil desde hacía cuatro años, esta cascada final de triunfos. Sin embargo, yo que soy tan amigo de la paz porque acuso demasiado el sufrimiento de los hombres, creo a pesar de todo que, puesto que se ha querido una victoria total y una paz dura, sería mejor que fuese incluso un poco más dura. De todas las paces posibles prefiero las que no dejan rencor en el corazón de nadie, pero dado que no se trata de una de estas paces, desde el momento en que lega el deseo de venganza, quizá habría sido conveniente impedirla. Tal vez será el caso. Sin embargo, me parece sumamente blando el presidente Wilson, y puesto que la paz no es tal, ya que por culpa de la propia Alemania no ha podido ser de conciliación, me habrían gustado unas condiciones más rigurosas. Me aterra un poco la Austria germánica que viene a engrosar a Alemania como una posible compensación por la pérdida de Alsacia-Lorena. Pero no son más que conjeturas, quizá se me escapa algo y sea una buena solución. El general Galliffet decía del general Roget: «Habla bien, pero habla demasiado». Hay momentos en la vida de los pueblos, como en la de los hombres (he tenido ocasión de aplicármelo a mí mismo) en que la verdadera divisa es el verso de Vigny: «*Seul le Silence est grand, tout le reste est faiblesse*» ['Sólo el silencio es grande, todo lo demás es flaqueza']. Ya sabe que está en «La mort du loup» ['La muerte del lobo'][1] y recuerda usted todos esos versos sangrientos y estoicos.

Pero yo mismo en este momento falto a la ley del silencio, que además debe ser la prescripción de su médico, y la fatigo. Por eso le digo adiós rogándole que acepte y comparta con el señor Straus mis más vivas expresiones de respeto y afectuosa gratitud.

MARCEL PROUST

[1] Alfred de Vigny, *Poèmes philosophiques*.

CUARTA PARTE

PROUST SOBRE EL ARTE

I. LA LITERATURA

98. A DANIEL HALÉVY

[Antes del martes, 22 de mayo de 1888]

Mi querido Daniel:

A mi alrededor se estudia geografía con ahínco. Yo me concedo dos minutos de respiro. No soy *decadente*. En este siglo me gusta sobre todo Musset, el padre Hugo, Michelet, Renan, Sully Prudhomme, Leconte de Lisle, Halévy, Taine, Becque, France. Disfruto mucho con Banville, con Heredia y con cierta antología ideal, compuesta de fragmentos exquisitos de poetas que no adopto del todo: *Las flores* de Mallarmé, *Canciones* de Paul Verlaine, etcétera. Pero me horrorizan los críticos que tienen una actitud irónica hacia los decadentes. Creo que hay mucha hipocresía en su caso, pero inconsciente o al menos sin clarividencia. Las causas de esta hipocresía son, si tú quieres, la religión de las bellas formas de lenguaje, una perversión de los sentidos, una sensibilidad enfermiza que encuentra goces muy raros en lejanas armonías, en músicas más sugeridas que realmente existentes.

En cuanto al estilo, Mendès, Silvestre, Banville (en prosa) creo que llevan a la insinceridad, que es el comienzo de la banalidad (me recuerda un poco al señor Purgon: la disentería, etcétera). Si no te parece muy claro, te lo explicaré de viva voz.

No tengo *pasión*. Tu amigo me parece de lo más querible, o el que te quiere más que los otros, no sé cómo se dice eso en francés, es muy amable, y me produce un placer muy real, que no trato de disimular, verme con él. Pero tanto como verme contigo, así que me gustaría que me dijeras qué días no vuelves inmediatamente a las cuatro. Y los que me quieras contigo, estaré a tus órdenes. A Bizet le parecerá que empiezo contigo la serie de las «listas» que en mi caso son, como tú sabes, el inicio de la amistad. Se equivocará absolutamente, porque mi amistad contigo es ya antigua y—aunque sea bastante necio decirlo, pero, en fin, sobre el papel todo pasa—muy viva.

Te agradezco que me hayas brindado esta oportunidad de no hacer caso a Choublier. Por otra parte, al escribirte creía charlar contigo y me he hecho así la ilusión de un gran placer, que, como tú sabes, no es en absoluto ilusorio.

P. D.: Te propongo fundar conmigo (sólo nosotros, los directores) un gran periódico de arte. En cuanto a tu homosexual, virtual o no, puedes perfectamente llamarte a engaño. Sé... que hay jóvenes... (y si te interesa y me prometes *secreto absoluto*, incluso con Bizet, te proporcionaré ejemplos de enorme interés a este respecto, que me pertenecen y dirigidos a mí)... hay jóvenes y sobre todo tíos de ocho a diecisiete años que *aman* a otros tíos, siempre quieren verles (como yo, Bizet), lloran y sufren lejos de ellos y no desean más que abrazarlos y ponerse sobre sus rodillas, los aman por su *carne*, se los comen con los ojos, los llaman «querido», ángel mío, muy en serio, les escriben cartas apasionadas, y por nada del mundo incurrirían en homosexualidad.

Sin embargo, generalmente el amor se impone y se masturban juntos. Pero no te burles de ellos y de ése del que tú hablas, si es así. Son, en suma, enamorados. Y no sé por qué su amor es más indecente que el amor habitual.

99. A ANATOLE FRANCE

[*Hacia el 15 de mayo de 1889*]

Estimado señor:

He pensado que, habiendo leído usted el artículo del señor Chantavoine, un testimonio de apasionada simpatía podría acaso consolarle, si es que esas páginas poco inteligentes han podido entristecerle.

Desde hace cuatro años, señor, el sábado es mi día de fiesta, pues *Le Temps* me proporciona la más pura de las alegrías. Desde hace cuatro años leo y releo hasta aprendérmelos de memoria sus libros divinos. Y desde hace cuatro años siento por usted tal afecto que creo comprenderle un poco. Asimismo, si algún día mi talento está a la altura, trataré de exponer lo que me parece que es usted y le prometo que mi artículo le será más grato que el de su «colega» el señor Chantavoine.

Entretanto me contento con apreciarle, me esfuerzo por comprenderle más a fondo, y leo sus libros a mis compañeros más inteligentes del Condorcet. ¡Le he conseguido sólidas amistades, señor! Y he catequizado incluso a los profesores que todavía no le conocían. Este año me ha dado una gran alegría descubrir en mi profesor de filosofía [Darlu], que es un gran pensador, un amor extremadamente inteligente por sus libros.

He aprendido de usted a encontrar en las cosas, en los libros, en las ideas y en los hombres una belleza de la que antes no sabía disfrutar. Gracias a usted el universo me parece más bello, y siento tal amistad que no hay día en que no piense en usted varias veces, aunque me cueste un poco figurarme su aspecto físico. Con el recuerdo de las horas de exquisita delicia que me ha procurado me he hecho una capilla que ocupa sólo usted en el fondo de mi corazón.

Me ha hecho sufrir tanto ver cómo lo rebajaban públicamente en ese artículo que me he tomado la libertad de exponerle mi atroz aflicción.

UN ESTUDIANTE DE FILOSOFÍA

100. A ROBERT DE MONTESQUIOU

Jueves por la noche [*29 de junio de 1893*]

Señor:

Su exquisita carta, tan delicadamente caritativa, resultaría más bien irónica si hubiera podido verme en estos días.

Dado que la otra noche me aconsejaba admirar a los grandes poetas «como un bruto», no puede reprocharme el haberme vuelto, leyéndole sin descanso, un Brutus Redesc [?], en la hipótesis de que hubiera dejado de serlo, en virtud de esa gracia especial que dispensa por un instante sobre nosotros ese Dios que, según Emerson, se manifiesta en las grandes obras poéticas. Sí, admiro todo de *Le Chef des odeurs suaves*, como un bruto, y me reprocho haber declarado una preferencia exclusiva por la pieza titulada «Pavones». Me duelo tanto más de ello cuanto que ahora, sin quizá admirarla más, me siento particularmente atraído, sin comprender el motivo (es esto, ¿verdad?, admirar como un bruto), por su contigua «*Paon, l'oiseau paon est mort*».

Si ve a Robert de Flers antes de su marcha (aunque no cometeré la indiscreción de pedirle este favor) él le dirá probablemente que no hago sino declamar «*Tout à l'heure il jouait dans les fleurs et rouait*» ['Jugaba hace un momento entre las flores y hacía la rueda'] o:

Ses yeux se sont éteints, mais non ceux de su traîne,
Il rayonnait vivant, il rayonne défunt;
Il enseigne à mourir d'une façon sereine,
Ses pairs n'ont pas pour lui pris des crêpes d'emprunt.
Il a passé faisant le bel, faisant la roue,
(fort d'une caresse dont aucune en peut égaler la volupté)
Le paon se meurt, le Paon est mort, d'ombre effleuré
Sur son col de saphirs, descend son bec de proue;
Paon, l'oiseau Paon est mort, le dieu Pan l'a pleuré!

[Sus ojos se han apagado, pero no los ocelos de su rueda; | resplandecía vivo y resplandecía difunto; | enseña a morir serenamente, | sus iguales no se han puesto los crespones de luto, | pasa dándose postín, haciendo la rueda, | (con una caricia de inigualable voluptuosidad), | el Pavo Real muere, el Pavo Real ha muerto, rozado | por una sombra en su cuello de zafiros, cae la proa de su pico; | Pavo Real, el ave Pavo Real ha muerto, el dios Pan la ha llorado].

En medio de los tormentos que me inflige y me infligirá preparar mi examen de Derecho hasta el 31 de julio, estos versos son para mí, como dice Baudelaire, «un opio divino».

Me dispongo a mandar a la *Revue Blanche* una serie de breves *études* y me proponía pedirle permiso para dedicárselos, envalentonado como estoy desde el día en que Anatole France, que me dedicó un cuento, me permitió dedicarle uno mío. Pero, a pesar de esta excelente referencia, renuncio a servirle un plato que probablemente no sea de su gusto. Perdóneme por haberle escrito una vez más y no vea en ello un terrible presagio de que mi admiración por usted va a adquirir proporciones inquietantes para su descanso. Incapaz de moderación, es cierto, vedaré de ahora en adelante cualquier manifestación exterior susceptible de llamar su atención, en espera del día en que me autorice a hacerle una visita en su retiro desconocido, que, como ha tenido la amabilidad de prometer, no será inviolable para sus devotos y sus fieles, de los que yo soy el más humilde, pero no el menos respetuosamente leal,

MARCEL PROUST

101. A ROBERT DE MONTESQUIOU

Lunes por la noche [*3 de julio de 1893*]

Estimado señor:

Mil gracias por su envío. La dedicatoria, sin embargo, es demasiado modesta, tan ajena así a la obra que compendia, pretende dar una definición de usted. A mí me parece que es usted soberano también de las cosas eternas.[1] Me explicaré.

[1] Proust había pedido una foto a Montesquiou en la que éste escribe: «*Je suis le Souveraine des choses transitoires, 1893*», y sus iniciales. ('Soy el soberano de las cosas transitorias').

Hace mucho tiempo que me di cuenta de que estaba usted muy por encima del tipo de decadente refinado con cuyos rasgos se le pinta (nunca perfectos como los suyos, pero bastante comunes en estos tiempos). En una época vacua de pensamiento y de voluntad, es decir, desprovista en el fondo de genialidad, usted es el único en destacar en cuanto a fuerza intelectual y energía. Y creo que nunca se había dado ese supremo refinamiento unido al vigor creativo de los tiempos antiguos, esa intelectualidad del siglo XVII que tanto ha escaseado después. (Creo, por otra parte, que tanto en el caso de Baudelaire como en el suyo podría demostrarse—y no lo digo para hacer una divertida paradoja—que tienen algo de ese siglo. El gusto por las máximas, la costumbre—hoy perdida—de pensar en verso. ¿Escribió Corneille un verso más bello que éste: «*Elle y voit mieux en elle au déclin des clartés*» ['Ella ve mejor al declinar la luz'] ¿Y uno más corneliano que este otro: «*Ceux que la pudeur fière a voués au cil sec*» ['A quienes el orgulloso pudor ha negado las lágrimas']?).[1]

Creo que es esto lo que ha conservado tan pura en usted una generosidad hoy tan rara (y lo que habrá permitido al más sutil de los artistas escribir también los versos más vigorosos dignos de permanecer en una breve antología de la poesía filosófica en Francia), lo que ha hecho del soberano de las cosas transitorias el soberano de las cosas eternas y, por último, lo que nos impide prever cuál será la continuación de su obra, como siempre cuando hay materia, espontaneidad, auténtica vida espiritual, es decir, libertad. Todo para la mayor alegría de su respetuosísimo y agradecido

MARCEL PROUST

[1] Citas del poema de Montesquiou «Laus noctis», sexta y octava estrofas respectivamente.

102. REYNALDO HAHN

[París, 28 o 29 de agosto de 1896]

Pequeño mío querido:

He regresado porque no estaba bien, sólo que si no le he escrito ha sido para no crearle inquietud. Simplemente he cogido un fuerte resfriado, con fiebre, etcétera, y también ayer guardé cama hasta las cuatro. Hoy me siento mejor y ante todo quiero darle las gracias por su carta. No sé por qué dice que no está bien, para mí ha sido un placer leerla. La mía la ha entendido usted a medias. No sé qué ha podido hacerle creer que yo ponía en duda la sinceridad de su «tono». Tiemblo, querido mío, sólo de pensar que ha podido temerlo. Sepa que para mí esa tristeza suya no representa únicamente la sombría belleza de su carácter, sino más bien el nivel extremo de su hondura no sólo moral, sino también intelectual, el genio (uso la palabra en la vieja acepción, de manera que por una vez puede prescindir de su modestia, porque sería una muestra de falta de instrucción) de su música, el lastre de placer del que desprenderse para elevarse a una gran altura. Es la altura a la que ha llegado y de la que caería usted infaliblemente si renunciara a su tristeza, como esas personas que habrían podido ser grandes hombres si... («Tu Marcellus eris» ['Tú, Marcelo, serías...']), pero a los que, por el contrario, usted superaría si... por medio del noble arrepentimiento de una vida imperfecta se elevase a una vida serena. No, no me corresponde a mí decir estas cosas, todavía no tengo derecho. En cuanto al «pequeño rodeo», no lo decía en serio. La cosa le ha molestado, y sin embargo no quería decir nada malo, tontuelo.

Me dice, con esa concisa elegancia que tanto admiro en sus cartas como las más *sorprendentes expresiones felices* del siglo XVII: «Dígame lo que pienso de ello».[1] Eso está muy por encima de los versos de Mallarmé (y lo que digo es menos estúpido de lo que parece porque es de la misma época), tanto que ni siquiera bastaría con decirle a usted lo que dijo en cierta ocasión el Chevalier de Méré: «De vez en cuando me escribe usted cartas de esas que con tanto agrado se leen, sobre todo si se tiene buen gusto; pero sin duda son laboriosas y no creo que sea posible escribir más de dos al día. [Guez de] Balzac me contó en cierta ocasión que antes de considerarse satisfecho de una breve carta para el alcalde de Angulema empleó más de cuatro mañanas. Y sin embargo en esa carta no encontré nada bello, ni singular, etcétera». En cuanto a Mallarmé, si ya resulta pedante *explicar* la fascinación literaria y sobre todo poética, sería pretensión ridícula intentarlo con una cuarteta enteramente de circunstancias, una de esas poesías que se llama efímera quizá para subrayar el hecho de que de algún modo huyen incluso de la mente lo bastante audaz para tratar de retenerlas y analizarlas. Pero, dado que divierte a mi pequeño Kunst ver cómo me embrollo y se interesa por cuanto proviene de Mallarmé, del poeta en general le diré que por *oscuras y brillantes* que sean sus imágenes siguen siendo imágenes de cosas, ya que seríamos incapaces de imaginar otras, pero reflejadas por así decir en un oscuro y pulido espejo de mármol negro. Como si se tratara de un gran funeral en un día muy soleado donde las flores y el sol brillaran como oscuros reflejos invertidos de lo negro. Sigue siendo, no obstante, la misma primavera que «se enciende», pero es una primavera en un catafalco. A propósito del poemita en particular, que ruego a Jean que vaya a buscar donde lo tiene guardado y lo adjunte a esta carta certificada, me parece que su encanto, como el de muchas cosas

[1] Reynaldo Hahn había adjuntado a la carta a Proust un poema manuscrito de Mallarmé, escrito en ocasión del cumpleaños de su amiga Méry Laurent, pidiéndole que se lo explicara.

de Mallarmé, consiste en esto: pasar, como si se tratase de un arcaísmo (como de Malherbe a Voiture, o más bien en sentido inverso, de Malherbe a Desportes), de una forma clásica inflexible y pura, casi desnuda, al más desenfrenado preciosismo. Los dos primeros versos son de una sencillez espléndida. Añadiré que, incluso como valor intrínseco, esta desnuda sencillez evoca admirablemente y a grandes rasgos el verano. Pero el «Méry», tan siglos XVI y XVII, y el color de finales del XVII y principios del XVIII de los siguientes versos «*L'an pareil en sa course*», etcétera, tanto por la mitología de la época, la pomposidad, etcétera, como por la lengua, constituyen un seductor artificio del gusto para acercarlos a las inmediaciones del preciosismo. Y así como, en el fondo, este preciosismo es modernísimo y mallarmeano (verdad es que hay a menudo algo de moderno, si no de Mallarmé, en el siglo XVI), tal artificio vuelve la transición aceptable sin restarle atractivo. Añádase a ello que incluso en el preciosismo las imágenes siguen siendo de una sinceridad y una naturalidad exquisitas (quiero decir que están tomadas del natural). El pie *sediento* del último verso que bebe como una planta nos da una magnífica idea de esas entidades misteriosas que son nuestros órganos, que parecen, efectivamente, vivir una vida especial pero oscura (estoy tan cansado que me repito y no sé lo que me digo), este pie bebe como una raíz y luego, efectivamente, parece feliz y saciado. Así también, el pie festejado por el agua es delicioso, el agua da a tal punto la idea de estar de fiesta con sus mil olitas agitadas que vienen a murmurar unas caricias centelleantes a los «pies» de la belleza que las pisotea. En suma, es un gran placer encontrar tanto arcaísmo, tanta grandeza, tanta mitología, tanto gusto y tanta naturaleza en una especie de breve carta familiar. En esto, en última instancia, consiste su encanto. Por lo demás, el encanto de Mallarmé y el papel del poeta consiste en celebrar la vida. ¡Uf!

No he dado nunca la impresión de creer, querido mío, que no saldríamos triunfantes de nuestras pequeñas pruebas. Y, por lo demás, no es cierto, como usted dice, que la opinión antigua y general sea que no es posible. Es evidente que las personas superiores, los pensadores, los santos, etcétera, creen que es posible alcanzar lo que uno se proponga, o mejor dicho, que uno vale lo que quiere o, más aún, lo que puede (es decir, que nuestra voluntad, nuestro poder sobre nosotros mismos, da la medida de nuestro valor). La alternativa sería la vulgaridad. Pero precisamente a este respecto, por lo visto también creo en la libertad. A ella se debe asimismo su extrema severidad con ciertas faltas, que sin duda censuraría menos si las creyera inevitables. De hecho, me parece que no es un problema aparte. El problema de la libertad no se inaugura con cada orden de actos en particular. Le mando un abrazo y le pido disculpas por esta carta asfixiante. Como tengo muchas atrasadas, he querido empezar por usted, pero estoy demasiado cansado para seguir, así que tengo que dejar cosas en el tintero, por hoy tendrá que conformarse con la parte tediosa. Quédese un poco en Villiers para recobrar fuerzas a fin de ver Saint-Cloud. Cuenta con mi calurosa aprobación a su plan estival, aun sabiendo que mi aprobación le trae sin cuidado. No creo que le imite, a pesar de la inclinación de mi mamá (no por Villiers, sino por Saint-Cloud). Dé recuerdos en particular a la señorita María y en general a sus hermanas, entre las que tiene la fortuna de estar como Apolo entre las Gracias.

MARCEL

He tenido un contratiempo en Mont-Dore que ha estado a punto de acabar en duelo, aunque por suerte ya es agua pasada (por tanto, no se hable más de ello), y el señor Bérardi ha sido conmigo (era la única persona que conocía allí), por encima de toda ponderación, exquisito. No le hablo de este incidente más que para decirle bien de su persona.

103. A ROBERT D'HUMIÈRES

Jueves [2 de febrero de 1899]

Querido amigo:

El tiempo pasa, la señora Deslandes me promete una nueva dirección, al no ser la otra ya buena, y mientras tanto nada le llega y debe creer que el amigo que tanto piensa en usted le olvida. Quizá nunca, querido amigo, he pensado tanto en usted, no hay día que no lo haga.

He aquí que ayer la *Revue de Paris* me dio una nueva razón para admirarle por su adorable «El rapto de Mowgli».[1] También yo, como Mowgli, he sido raptado en la jungla, he corrido a lomo de los monos y he abrazado la amistad del milano. Si uno se siente más grande tras haber leído cosas tan hermosas, cómo no habrá de sentirse quien las ha traducido admirablemente, quien ha sido Kipling por más tiempo y más completamente de lo que lo he sido yo al comprenderlo y apreciarlo tantísimo. Y también usted, querido Mowgli, hombrecillo, usted ve en este momento la jungla en la que tiene los privilegios del descubridor intelectual por haber traducido bien a Kipling. Busque los caminos de los monos y la ciudad hindú abandonada para poder hablarme de todo eso. Por Dios, claro que me interesará.

Nada sé de [Joachim] Clary, al que echo mucho de menos y que, pensándolo bien, me parece tan encantador y tan afín a usted que lamento muchísimo el malentendido entre ustedes. Estoy seguro de que algún traidor y mentiroso se interpuso y los enemistó por maldad (aunque no sospecho quién).

[Robert] Sangnier (Dios sabe que no es en él en quien pien-

[1] El pasaje de *El libro de la selva* de Rudyard Kipling en que los monos *Bandar-log* secuestran a Mowgli (en el capítulo 2, «La caza de Kaa») traducido por Louis Fabulet y Robert d'Humières en el número de *La Revue de Paris* de febrero de 1899. (*N. del T.*).

so, incapaz como es de tales cosas) me abandonó horriblemente, con un cinismo y una grosería inimaginables. Era un chico muy amable, no del todo tonto, que en cualquier caso me gustaba, de modo que me dejó un poco triste. Pero ya no pienso en él en absoluto. Es el nombre de Clary el que ha traído el suyo a la mente, como se dice.

No sabría agradecerle lo bastante «El rapto de Mowgli». Al hacer semejante traducción me ha dado usted una de las más grandes joyas literarias que he disfrutado. Me dedico a difundir este poema encantador entre todas las personas inteligentes y sensibles que conozco. ¿Conoce la vida de Kipling? ¿Sabe de dónde le viene esa preocupación tan especial por la vida de los animales, esos raptos, esos viajes a lomo de un elefante, de un mono o de una pantera?

Le he hablado a Ganderax con tal entusiasmo de sus traducciones que espero que se las pida sin fin. Lo he hecho no por usted, sino por mí, tantas son las ganas que tengo de leer otras. Aunque, por otra parte, todo el mundo se lo dirá. Prefiero este Kipling que el de «La danza de los elefantes», ¿y usted? Lo único que no me gusta es cuando parece querer hacer alegorías, por ejemplo el pueblo de monos incapaz de fundar nada, etcétera. ¿Cree usted que se trata de una alegoría?

Suyo,

MARCEL PROUST

104. A LÉON DAUDET

[*Poco después del 25 de febrero de 1899*]

Querido amigo:

Acabo de terminar su *Sébastien Gouvès*, que me ha emocionado mucho y es un libro admirable. Estoy seguro de que, como a Tolstói en *El poder de las tinieblas* o como a Goethe en las *Afinidades*, lo que le sirvió de núcleo para el libro fue un pequeño hecho del que usted tuvo conocimiento. Pero logró cristalizar todo lo que contiene su espíritu, tan vasto que resulta absolutamente imposible prever lo que serán sus próximos libros, a diferencia de lo que ocurre con todo escritor, por grande que sea. Con usted no es así. ¿En qué podía ayudar *El viaje de Shakespeare* a profetizar la novela que le siguió o ésta? Tiene usted tanta capacidad para reconstruir la sensibilidad del erudito como la del poeta. Me parece que con cada libro se vuelve más objetivo, lo que para usted es la manera más sincera de ser subjetivo: como su pensamiento afronta a la vez toda la naturaleza, encarnar todas sus ideas es describir la naturaleza. Estoy seguro de que cuando describe usted a Gouvès o a Marianne lo hace movido por una serie de ideas que concibe desde hace tiempo y corresponden a algo intelectual que forma parte de su sistema, y deja que sea percibido así. Pero como su espíritu es tan vasto y tan natural, las criaturas mentales son seres vivos, y al ofrecer sus pensamientos diríase que pinta usted de acuerdo con el mundo. Es una gran verdad, para volver a la frase del epílogo, que los más fuertes son los más sensibles, que los que sostienen en su poderosa mano derecha todas las ciudades para descubrirnos con un simple movimiento «la inmensa caldera en la que lo horrible se cuece con lo sublime» (¡cómo le habría gustado a Balzac! Esto es lo que su Rastignac no habría visto ni desde lo alto del Père-Lachaise) son también lo bastante sensibles para encontrar palabras tan dulces como «en silencio ante la vida ligera de las aguas y el ballet de las libélulas», todas las páginas que van de la 375 a la 379 son de una gracia divina. Pero lo que me conmueve más que la novela misma, que prefiero a *La búsqueda del absoluto*, es la tristeza mortal de esa felicidad emponzoñada de Marianne que es la filosofía de toda vida y yo he sentido tan a menudo pero nunca he visto expresada. En cuanto a Mercier, antes de este último año me habría parecido inverosímil, pues no creía en absoluto en el mal. Ahora forma parte de mi experiencia. Hay libros que no podía comprender y ahora me gustan, y lo mismo ocurre con muchos personajes de Balzac, de Shakespeare y de Goethe. Asimismo, también estoy maduro para comprender a Mercier. Las verdades primordiales entrañan las verdades accesorias, de suerte que este libro, no sólo es verdadero como retrato psicológico, sino también como estudio histórico. Por ello, la sátira de la escuela de Medicina y del mundo percibido no es uno de los puntos de vista que resultaría menos profundo. No puedo agradecerle lo bastante el habérmelo enviado.

Su amigo

MARCEL PROUST

105. A HENRI DE RÉGNIER

Sábado [*5 de agosto de 1899*]

Estimado señor:

He pasado el verano en cama, no me he podido levantar ni un solo día antes de las siete u ocho de la tarde. Me he visto así privado de la posibilidad de asistir a la boda de una y otra de sus cuñadas, y tan fatigado que no les he escrito. Si fuera usted tan bondadoso de presentar mis disculpas a una y otra, así como a los señores Heredia y Pierre Louÿs (no conozco al señor Maindron), con el más vivo afecto respetuoso, la admiración y la simpatía profunda que tengo por su familia, LE ESTARÉ MUY AGRADECIDO. Y quizá me permita pedirle que al mismo tiempo exprese mi gratitud al señor Pierre Louÿs por el envío de *Aimienne*. Dado que firma el prefacio con sus iniciales, creo que quizá haya sido él quien me ha enviado este libro encantador. ¡Y sería particularmente chocante que no recibiera por el envío de *Aimienne* el agradecimiento de Sainties! Llegado a este punto, debe de preguntarse usted por qué le aburro con una carta en vez de dirigirme directamente a las personas de su familia. Es que este pretexto me permite decirle que su *Double maîtresse* es la compañera admirable y deliciosa de mis días. Los días en que «la abundancia de materiales» retrasa la publicación de su obra son días perdidos. Por el intenso y constante placer que me proporciona lo que usted escribe y el deseo perpetuo de leerle que cada página satisface y redobla («Deseo, viejo árbol cuya corteza es el placer»),[1] diría que soy uno de los que más disfrutan de esta publicación. Creo sentir con una fuerza muy particular la belleza del estilo, que se suma a la que había en los otros libros y la refuerza, lo cual la distingue de los anteriores, y ciertas particularidades de sintaxis y formales que aún no le conocía y que acaso reserve usted a las obras más vastas, como una forma de libertad y de desenfado, por ejemplo el empleo de los pronombres en vez de repetir un nombre, el uso de términos groseros y populares, de modismos corrientes («esta mañana desplumar a los ricachones, una buena cama y demás»). No hay ni un nombre, ni un detalle del jardín, de la huerta, de la carretera que no me encanten. Mi preferencia más marcada es, sin embargo, por esos seres deliciosos del Fresnay que Goethe habría adorado, pero a los que no habría sabido dar vida tan deliciosamente desde el punto de vista de la imaginación. Cada mañana es una nueva obra maestra. Las comidas son equiparables a la pesca, los conciertos a los juegos, y la primera rosa de *Printemps* del mes de julio es algo asombroso. Espero que se trate más bien del jardín, pues esta vez ha desatendido usted las flores en favor de los frutos. Es cierto que la señora de Galandot le dio ejemplo de cómo desatender el jardín. En fin, querido señor, si puede ser de su agrado oír que estas páginas cotidianas se elevan sobre un alto pedestal de expectativa, de admiración y de placer, puedo decir, sin restar ni un ápice de cortesía o de amabilidad, que estoy encantado con esta novela y espero cada día la continuación. Me gustaría saber cómo se le ha ocurrido cada cosa, ver los lugares y compararlos con los libros.

Su fiel admirador,

MARCEL PROUST

[1] Baudelaire, *Las flores del mal*, «CXXVI. El viaje», IV, v. 70.

Preguntas de Sainties: ¿Tiene libros que indicarme? ¿Bonitas ciudades o bellos lugares donde pasar las vacaciones? ¿El lago de Ginebra es hermoso? ¿Se han escrito cosas bonitas sobre el lago de Ginebra?

106. A LA SEÑORA FORTOUL

Sábado [*abril-mayo? de 1905*]

¡Claro que me acuerdo, señora, de las bellezas del museo flotante y de las diversiones de la Isla Encantada! Lo recuerdo a menudo y también a la graciosa «Señora del Mar», que como bien sé es también Señora de la Bondad, del Valor y del Saber. Si yo no hubiera llevado, después del crucero en el *Hélène*,[1] una vida inconcebible obligado a guardar cama nueve de cada diez días, habría preguntado a Robert [de Billy] si no había manera de verla a usted en tierra firme, pero tuve que posponer todo placer hasta después de mi curación, un poco menos problemática desde que por fin me he decidido a curarme seriamente.

Pero es hora de pasar al tema que le interesa. No he leído el libro de Crépet,[2] pero encontrará un análisis bastante exacto y muy agradable de leer en uno de Lemaître que me prestó a tal fin Reynaldo Hahn[3] (perdone el estado lamentable del ejemplar, se lo mando tal cual para ganar tiempo y porque, por otra parte, es usted lo bastante noble para no rehuir las cosas sórdidas). Por lo que recuerdo, Lemaître es muy injusto con Baudelaire y creo que su lectura le ayudará

[1] Crucero realizado del 9 al 14 de agosto de 1904 en el que la señora Fortoul también participó.

[2] *Œuvres posthumes et correspondances inédites précédées d'une étude biographique par Eugène Crépet*, París, Quantin, 1887. En este libro aparecieron por primera vez las obras de Baudelaire *Journaux intimes*, *Fusées*, *Mon cœur mis à nu*.

[3] Jules Lemaître, *Les Contemporains: études et portraits, quatrième série*, París, H. Lecène & H. Oudin, 1893.

más a prever las críticas que a refutarlas. La edición que tengo de *Las flores del mal* contiene diversos artículos de Barbey, de Asselineau, etcétera, que responden bastante bien a las cosas negativas que pueden decirse contra Baudelaire. Supongo que debe de tener usted la misma edición. Le confieso que, aunque Baudelaire es uno de los poetas que más conozco y amo, estoy muy poco informado, no sé por qué, sobre su biografía y la bibliografía en torno a su obra. Poco podría decirle, por tanto, apelando a cuanto sé, pero en cualquier caso, para una defensa mínimamente eficaz, debería yo conocer al menos cuáles son los puntos atacados. No me dice si se ataca al hombre o al artista. Si las críticas se refieren al artista y a su «satanismo», si queremos un poco *démodé* y considerado un tanto pueril, cabe en mi opinión responder que se trata de un aspecto secundario de Baudelaire, uno de esos aspectos que en vida del escritor pueden momentáneamente dominar y obnubilar el resto, pero que tenemos el derecho y el deber de olvidar. En realidad este poeta que se pretende inhumano, de un aristocratismo un poco ingenuo, ha sido el más tierno, el más cordial, el más humano, el más «popular» de los poetas. Una composición como «El vino del trabajador» (si no recuerdo mal el título del poema) es de una fraternidad democrática deliciosa, y si no fuera formalmente tan admirable uno se percataría de que hay en él tanta ternura hacia los humildes como en todo François Coppée. Evidentemente, es la única lágrima que derramó un rostro demasiado orgulloso para no mantenerse impasible, pero es una «lágrima inmortal», y basta para revelarnos el corazón del poeta. Baudelaire no es ni siquiera un romántico. Escribe como Racine, y podría aducir muchos ejemplos. Por lo demás, es un poeta cristiano, razón por la cual, como Bossuet y Massillon, habla continuamente del pecado. Digamos que, como todos los cristianos que son al mismo tiempo histéricos (por supuesto, no pretendo decir que todos los cristianos sean histéricos, me refiero a «esos cristianos que casualmente también son histéricos»), conoció el sadismo de la blasfemia. Me sentiría dichoso si por casualidad hubiera respondido a las objeciones de algunos críticos.

Tenga a bien, señora, aceptar mi respetuoso recuerdo.

MARCEL PROUST

107. A HÉLÈNE DE CARAMAN-CHIMAY

Boulevard Haussmann, 102
[*Segunda quincena de julio de 1907*]

Princesa:

Le pido perdón por no haberle escrito, pues he estado malísimo en este período. Supongo que sabrá que antes de su marcha la telefoneé un montón de veces para preguntar si podía hacerle una visita, y en una de las últimas un pinche de cocina me dijo que no podía avisarla porque «no conocía el piso». Esta llamada fue épica, pero el resultado es que no la he visto.

Pedirme, princesa, títulos de libros a mí, que desde hace años sólo leo guías Joanne, libros de geografía, anuarios de castillos, en suma, todo cuanto me permite planificar viajes, buscar ciudades y... no partir. Esta vez, sin embargo, creo que iré a Bretaña. Le estaría sumamente agradecido si pudiera sugerirme ciudades interesantes o bellos paisajes. Envidio a los ricos que poseen yates y pueden verlo todo sin cambiar de camarote. La perspectiva de ir del Hôtel de Lamballe al de Morlaix, y del de Morlaix al de Quimper y al de Ploermel seduce a mi imaginación pero aterra a mi asma. Pero no le escribo, princesa, para hablarle de esto, sino de libros. Algunos libros de Stevenson son de las cosas más deliciosas y divertidas que tuve ocasión de leer hace tiempo. *La isla del tesoro*, pese a ser estupenda, quizá es un poco demasiado para adolescentes. *El dinamitero* es terriblemente complicado, pero encantador. *El club de los suicidas* (que en las últimas ediciones creo que lleva el título *Las nuevas noches árabes* o *El diamante del rajá*, que es el del segundo relato) también es un libro seductor. Sin embargo, el relato más apasionante es *El extraño caso del doctor Jekyll y míster Hyde* (no forma parte de *Las nuevas noches árabes*, es un volumen aparte). El hecho de que Wells haya plagiado, diluido y remedado este relato en todo cuanto ha escrito, sobre todo en *El hombre invisible* y en *El amor y el señor Lewisham*, puede haber restado al texto de Stevenson un poco de su angustiosa singularidad. Pero no creo que el libro de un hombre de genio pierda interés porque un hombre de indudable talento, pero de segundo orden, lo imite, lo banalice y lo difunda por todas partes.

En cualquier caso, el relato de Stevenson es tan corto que merece la pena comprobar hasta qué punto es terrorífico y bello. Aunque *Las aventuras de David Balfour* se considera un libro tedioso, a mí me gustó muchísimo, con todos esos paisajes escoceses. Volviendo a Francia, hay al menos dos novelas de Boylesve de muy grata lectura, *La Becquée* (admirable) y *L'Enfant à la balustrade*. No podría calificarlas de divertidas en el sentido en que lo son los libros de Stevenson, que, medio muerto de tisis en un vagón de tren, tomando láudano para calmar los dolores, no dejaba de inventar, con un genio inagotable, las historias más divertidas y hermosas, las menos significativas, historias por contar una historia, llenas de esa alegría de vivir que tan poderosamente nos transmite y que él no conoció jamás. Pero, en fin, al leer una bonita novela de Boylesve bien escogida su amigo pasará sus vacaciones en un delicioso jardín de Turena, lo cual también es divertido. Tengo la impresión de que en sus primeros libros (que apenas he ojeado por encima) como *Le Parfum des Îles Borromées*, etcétera, estaba buscando torpemente su camino y lo buscaba demasiado lejos, fuera de su región, que no es muy grande, pero en la que reina verdaderamente como dueño y señor, después de Balzac. Su último, *Le bel avenir*, es un libro simpático y encantador, pese a no ser demasiado original, restringido a París, escrito por una persona muy dotada pero con grandes carencias.

Lo más divertido sería que su amigo se pusiera a leer a Balzac (si no lo ha leído), o al menos un ciclo de Balzac, porque no es posible leer una novela aisladamente, es difícil arreglárselas con menos de una tetralogía y en algún caso con una decalogía. Aisladamente se pueden leer algunos relatos, verdaderamente divinos, porque este gran pintor de frescos era también un incomparable miniaturista. Si quisiera indicaciones balzaquianas, se las proporcionaré, pero hará falta una carta entera.

Adiós, princesa, tenga a bien aceptar mis más respetuosos saludos.

MARCEL PROUST

¿Querrá darle recuerdos de mi parte al príncipe? Me ha escrito usted una carta deliciosa, con dos o tres frases extraordinarias (el universo es un capullo, etcétera). ¿Está escribiendo usted sobre Holanda tal como prometió? A propósito de Holanda, todavía no he contestado a la simpatiquísima carta que Paul me mandó desde Ámsterdam, porque seguía confiando en su visita. Le escribiré uno de estos días para disculparme.

P.D.: ¿Ha leído la carta de Montesquiou sobre la señora de Rohan?

108. A ROBERT DREYFUS

Sábado por la noche [*16 de mayo de 1908*]

Mi querido Robert:

Lo que has escrito sobre el señor Halévy es tan encantador, verdadero y profundo que me parecía volver a verlo, a oírlo, y conocerlo mejor. Me ha emocionado mucho y te lo agradezco. Te habría escrito de todas formas para agradecerte la visita, pero además tengo que agradecerte el haberme ofrecido estas páginas.

Quería preguntarte si te parecía que el artículo prohibido[1] sería tan inofensivo (tengo unas plumas tan atroces que, tras haber sufrido por cada palabra, cojo un lápiz) en el *Mercure* o en otra revista como en libro. No obstante, en el ínterin mi proyecto se ha ido concretando: será más bien un relato y por tanto habrá tiempo de volver a consultarte. Pero la misma razón por la que pienso que la importancia y la realidad suprasensible del arte impiden que ciertas novelas anecdóticas, por agradables que sean, merezcan, quizá absolutamente, el rango en que tú pareces situarlas (el arte es muy superior a la vida, tal como nosotros la juzgamos por medio de la inteligencia y la describimos en la conversación, para contentarse con falsearlo), esa misma razón me impide hacer depender la realización de un sueño artístico de razones asimismo anecdóticas y demasiado inspiradas en la vida para sustraerse a su contingencia e irrealidad. Todo esto, tal como lo expongo, parece, más que falso, banal, y tal vez merecería un doloroso pescozón de la existencia irritada (pienso en Oscar Wilde, quien escribió que la mayor tristeza que había conocido en su vida era la muerte de Lucien de Rubempré de Balzac, hasta que poco después, por su proceso, descubrió que hay penas mucho más reales).

Pero tú sabes que este esteticismo banal no podría ser mi filosofía estética. Y puesto que la fatiga, el temor a ser un pelma, y sobre todo *el lápiz* no me permiten explicártela, te ruego que confíes, si no en su verdad, en su seriedad.

Afectuosamente tuyo,

MARCEL

[1] El artículo aludido sería un estudio sobre la homosexualidad, como confirma Robert Dreyfus.

109. A LA SEÑORA STRAUS

Viernes [*6 de noviembre de 1908*]

Señora:

Le agradezco infinitamente su carta tan encantadora, divertida y gentil. Casi al mismo tiempo he leído el artículo del señor Ganderax. Me gustaría haberla conocido de ese modo, poder llamarla «mi amiga de Bas-Prunay», haber recibido el encargo de ese prólogo, saber todas esas cosas y haber sido capaz de escribirlas. En tal caso, creo, las habría escrito... ligeramente de otro modo. No lo digo *en contra* del señor Ganderax, que reúne inmensas cualidades, es un hombre de una talla verdaderamente rara hoy en día que, por mi parte, prefiero a la gente actual. Pero ¿por qué, él que escribía tan bien, escribe de este modo? ¿Por qué, hablando de 1871, añade «año abominable donde los haya»? ¿Por qué llamar a París «la gran ciudad» y a Delaunay «el maestro de la pintura»? ¿Por qué la emoción debe ser a toda costa «discreta», la bonhomía «risueña», los duelos «crueles» y así sucesivamente, y tantas otras expresiones que no recuerdo? No pensaría en ello si Ganderax, cuando corrige a los demás, no estuviera convencido de resultar útil a la lengua francesa. Lo dice en el artículo: «las notitas al margen que escribo para lustre y defensa de la lengua francesa». Ni lustre ni defensa: los únicos defensores de la lengua francesa (como del ejército en los tiempos del caso Dreyfus) son los que la «atacan». La idea que se tiene de que la lengua francesa existe independientemente de los escritores y hay que protegerla es increíble. Cada escritor debe crear su propia lengua, como cada violinista su propio «sonido». Entre el sonido de tal violinista mediocre y el sonido (para la misma nota) de Thibaut existe una diferencia infinitamente pequeña ¡que es todo un mundo! No quiero decir con ello que me gusten los escritores originales que escriben mal. Prefiero—tal vez sea una debilidad—a los que escriben bien. Pero éstos sólo comienzan a escribir bien a condición de ser originales, de crear su lengua. La corrección, la perfección del estilo existe, pero sólo más allá de la originalidad, tras haber pasado por los errores, no más acá. La corrección más acá—«emoción discreta», «bonhomía risueña», «año abominable donde los haya»—no existe. ¡Pues sí, señora Straus, la única manera de defender la lengua es atacarla! Porque su unidad está hecha de contrarios neutralizados, de una inmovilidad aparente que esconde una vida vertiginosa y perpetua. Porque el escritor sólo se «sostiene», sólo hace un buen papel ante los escritores del pasado a condición de haber intentado escribir de manera totalmente distinta. Y el escritor que quiere defender la lengua francesa, en realidad escribe todo lo contrario del francés clásico. Ejemplos: los revolucionarios Rousseau, Hugo, Flaubert, Maeterlinck «se sostienen» frente a Bossuet. Los neoclásicos del siglo XVIII e inicios del XIX, como la «bonhomía risueña» y la «emoción discreta» de cada época, se dan patadas con los maestros. Desgraciadamente los más bellos versos de Racine:

> *Je t'aimais inconstant, qu'eussé-je fait fidèle!*[1]
> *Pourquoi l'assassiner? Qu'a-t-il fait? À quel titre?*
> *Qui te l'a dit?*[2]

[¡Si te amaba inconstante, mucho más de ser fiel! | ¿Por qué asesinarle? ¿Qué ha hecho? ¿Por qué causa? | ¿Quién lo ha mandado?].

no se habrían publicado nunca, ni siquiera ahora, en la *Revue de Paris*. Nota al margen de Ganderax para el «lustre y defensa de la lengua francesa»: «Comprendo la idea, quiere decir: si te amaba cuando eras inconstante, ¿cuánto más te habría amado si me hubieras sido fiel? Pero está mal expresado, pues podría entenderse también que es quien exclama el que habría sido fiel. Como paladín del lustre y la defensa

[1] Hermione en *Andrómaca*, acto IV, escena 5, vv. 1365 de Racine.
[2] *Ibid.*, acto V, escena 3, vv. 1542-3.

de la lengua francesa, no puedo dejarlo pasar». No me burlo de su amigo, señora, se lo aseguro. Sé lo inteligente que es y lo preparado que está. Es un problema «doctrinal». Este hombre tan lleno de escepticismo tiene certezas gramaticales. ¡Ay!, señora Straus, no hay certezas, ni siquiera gramaticales. ¿Y no es una suerte? Así, en efecto, también una forma gramatical puede ser bella, puesto que bello puede ser lo que lleva el sello de nuestra elección, de nuestro gusto, de nuestra incertidumbre, de nuestro deseo, de nuestra debilidad. Sí, este hombre inteligentísimo la conoce a usted desde que nació. Ha recorrido ya un trecho del camino de toda vida, vuelve la vista atrás, la variedad de los planos debería multiplicar a sus ojos la belleza de las luces. Pero el dogma gramatical lo tiene encadenado. Emoción contenida, bonhomía risueña. Y, además, ¿es usted esa alegre Carmen? ¿No hay nada en usted de Perdita, de Imogena? Pese a todo, se trata de un digno testimonio sobre las vidas, dolorosas y bellas, en su gloria radiante, de las personas a las que ha conocido. Me ha resultado una lectura agradable y el retrato de usted me ha parecido delicioso. Recientemente Ganderax dio un admirable discursito a los niños de una escuela y estuvo mucho mejor.

¡Qué melancólica y loca idea, señora, escribirle sobre gramática y literatura! ¡Y me encuentro tan mal! Por el amor de Dios, *ni una palabra* de todo esto a la señora Ganderax. Por el amor de Dios en el que lamentablemente no creemos ni usted ni yo.

Respetuosamente suyo,

MARCEL PROUST

110. A ROBERT DE MONTESQUIOU

Martes [*16 de febrero de 1909*]

Estimado señor:

Mi enfermedad, un poco agravada en estos tiempos, se ha complicado a tal punto que por poco que escriba no puedo evitar acto seguido las jaquecas. Por ello, para no escribir en vano, esperaba ir a verle para decirle que pienso mucho en usted, que he leído sus encantadores artículos sobre El Greco, Leonardo, el pintor de la Engandina, y que si no hubiera estado enfermo le habría felicitado. El otro día leí su *Les Paon*s y, aunque la lectura me fatiga, ¡al menos he leído en él cosas muy hermosas! Y en las piezas más sencillas como las dedicadas al doctor Robin, a la duquesa de Rohan, hay verdadera grandeza, flores estilizadas pero irresistibles.

He lamentado que mi nombre no figurase en el encabezamiento de alguna pieza. No lo merezco tanto como André Maurel, pero ¿tampoco como Victor [Maurel]? Por lo demás, la dedicatoria no significa nada. Las piezas pertenecen a quien sabe aprovechar su pensamiento, y desde ese punto de vista tengo el orgullo de creer que soy su lector, o uno de sus lectores, predestinados.

Si por casualidad tiene aún el *pastiche* de Saint-Simon, *Fiesta en casa de Montesquiou*,[1] y no hace nada con él, ¿le importaría remitírmelo, sin que me urja en absoluto, cuando pueda, al 102 del boulevard Haussmann? Mientras no pueda trabajar, querría aprovechar para acabar algunos *pastiches* del último año, y quizá reunir todo el material. Y al hacer que me lean últimamente cosas sobre Saint-Simon me preguntaba si ése sería lo bastante exacto para acompañar a los otros en un conjunto. Muy imbuido de Saint-Simon en ese momento, lo habría corregido fácilmente. Ya no estoy en la misma disposición, pero si lo releo o hago que alguien me lo relea podría hacer rectificaciones, en caso de disponer de unas horas. Acabo de pasar por algunas horas espantosas.

En el fondo el *pastiche* que me divertiría más hacer en

[1] «Fiesta en casa de Montesquiou en Neuilly. (Fragmentos de las *Memorias* del duque de Saint-Simon)» había aparecido en *Le Figaro* el 18 de enero de 1904 bajo el pseudónimo «Horatio» y Montesquiou lo había hecho imprimir.

cuanto pueda escribir un poco (sin perjuicio de estudios más serios) ¡es el *pastiche* de usted! Pero, en primer lugar, tal vez le molestaría, y no quiero que nada mío le moleste nunca, pues lo quiero demasiado para eso, y en segundo lugar creo que tampoco podría escribirlo, ¡que no sabría!

Espero estar pronto de nuevo visible y disponible, y entonces trataré de verle. Mientras tanto, le mando mis respetos más afectuosos y llenos de admiración.

MARCEL PROUST

III. A ROBERT DE BILLY

[*Marzo de 1910*]

Querido Robert:

Ha sido muy amable de su parte haber recordado que estaba inquieto e imploraba a los hermanos de Helena por el navío que se llevaba la mitad de mi alma y el corazón de Virgilio.

Creo que ha recibido la carta de Reynaldo. Él me ha confesado que si no la había enviado antes era por timidez con usted, por temor a parecer pretencioso por permitirse hacerse digno de crédito ante un diplomático tan eminente como usted. He tranquilizado estas alarmas.

Querido Robert, he estado de nuevo muy mal, y me recupero para volver a verle. Pero tengo albúmina y es fastidioso.

Creo que fue usted quien me hizo llegar el programa del crucero de la *Revue des Sciences*. Gracias. Pero vamos a Spitzberg. Es muy frío, ¿no? ¿Menos de cero grados? No siento, por otra parte, ningún deseo de ir, preferiría ver Tréguier o Rávena, lo que no me fatigaría mucho más.

Tengo cosas muy apasionantes que contarle, pero es imposible escribirlas. Vuelva pronto.

Acabo de leer una cosa preciosa que se parece desgraciadamente un poquito (aunque es mil veces mejor) a lo que yo hago: *La bienamada* de Thomas Hardy. Ni siquiera le falta esa pizca de grotesco inherente a las grandes obras.

En cuanto tenga ocasión de hablar con Lister, pregúntele si conoce a Thomas Hardy y a Barrie, qué clase de hombres son, mundanos, aficionados a las mujeres, etcétera. Es curioso que, en los más distintos géneros, de George Eliot a Hardy, de Stevenson a Emerson, no hay literatura que tenga sobre mí un poder comparable a la literatura inglesa y norteamericana. Alemania, Italia y muy a menudo Francia me dejan indiferente. Pero dos páginas de *El molino junto al Floss* me hacen llorar. Sé que Ruskin execraba esta novela, pero yo reconcilio a esos dioses en el Panteón de mi admiración.

Adiós, querido Robert, me gustaría saber que está usted bien, que la señora De Billy, a la que vuelvo a ver casi a diario tan sonrosada y dulce en la barca que la traía de Lion-sur-Mer, no tiene ya fiebre, y pedirle que salude a sus hijas que todavía no conozco.

Adiós, querido Robert, reciba todo mi tierno y profundo afecto.

MARCEL PROUST

112. A ANNA DE NOAILLES

Boulevard Haussmann, 102
Lunes por la noche [*3 de junio de 1912*]

Señora:

No sé si mi apellido olvidado no le parecerá el de un desconocido. Pero acabo de leer los versos de la *Revue de Paris* y,[1] aunque totalmente incapaz de escribir esta noche, quiero decirle que me parece que alcanzan un grado aún más elevado en su obra artística, lo que no me parecía ya posible. La idea del Dios de Oriente que no se complace más que en los jardines es realmente sublime, de una originalidad y de una grandeza inauditas. Y los bustos en el museo, la blanca co-

[1] Tres poemas de Anna de Noailles que aparecieron publicados en *Poèmes*, entre ellos «Siracusa».

lumna de la luna, todo me parece de una fuerza y un relieve abrumadores.

Tengo tantas cosas que decirle sobre lo que ha escrito últimamente que esta noche me es imposible porque estoy demasiado dolorido. Lo que le escribí después de sus versos sicilianos, rimados con la insolencia del «*A San Blas*, *en la Zuecca*»,[1] podría aplicarse en este caso, pero en modo alguno lo que yo decía a propósito del admirable artículo de la *Revue Hebdomadaire*, donde, magnificando como un «misterio» las incorrecciones o las alusiones particulares y prosaicas de Musset, citaba usted unos versos de él que podían hacer esperar a la duquesa de Rohan que los suyos se volvieran igual de misteriosos en cincuenta años. Pues los versos de Musset que él amaba, aquellos que consideraba más logrados, no se han vuelto misteriosos. (Yo lo adoro, por otra parte, en todo, y sobre todo en su faceta Chaussée d'Antin).

Le escribí que había encontrado hace poco un cuaderno en el que mamá contaba hora por hora la última enfermedad de su padre, de su madre, de papá. Relatos que, sin tener la menor intención de sugerir nada, son de tal destreza que cuesta seguir viviendo después de haberlos leído.

Un solo nombre se cita en ellos, un solo pensamiento transcrito: el nombre de usted y un pensamiento de usted, del Rostro Maravillado. Es una forma oscura, pero desgarradora y para mí muy grande, de la gloria.

Estoy demasiado dolorido esta noche para escribirle más.

Respetuosamente suyo,

MARCEL PROUST

[1] Alusión al poema «Chanson» de Alfred de Musset fechado en Venecia en 1834.

113. A LOUIS DE ROBERT

Sábado [*11 enero de 1913*]

Querido amigo:

Para mi gran tristeza la sortija no estará lista hasta el jueves.[1] Así que no la recibirá hasta el viernes o sábado. ¡Cuánto tiempo! Pero ya sabe que cuando uno está enfermo y no se levanta, como no es posible hacer nada por uno mismo, todo se alarga, y puesto que he desarrollado un poco la mentalidad de las viejas enfermas desconfío de los que me rodean inmediatamente, y cuando tengo cartas o encargos un poco personales que mandar hacer, espero un mensajero seguro. He recibido de Maurice Rostand una carta deliciosa y preciosa. Ya conoce un poema suyo titulado «El águila», una pieza magnífica. Lo que dice usted de Jammes es muy cierto, pero para mí lo más preciado de él no son sus obras mejores. Llamamos así a aquellas en que se notan menos sus defectos. Pero mucha gente sin genio está dotada de las cualidades que a Jammes le faltan y podrían mejorar sus libros. La falta de tales cualidades que tanta gente posee no sería muy grave. Incluso si no supiera poner orden en sus sensaciones, escribir un libro, o sólo un cuento, hasta un párrafo o una frase, todavía le quedaría la célula misma, el átomo, es decir, que el epíteto y la imagen son en Jammes de una profundidad y de una exactitud que nadie ha alcanzado. En lo más hondo de nuestro ser, sentimos que las cosas son como él las muestra, pero nos falta la fuerza para llegar hasta esas profundidades donde yace la verdad, el universo real, nuestra impresión auténtica. Y ordenamos magníficamente casi todas las expresiones aproximadas. Jammes preserva el gran desorden de las expresiones, cada una de las cuales, no obstante, es una revelación. Por eso, aunque se diga que es balbuciente, a mí

[1] Una joya que Proust regaló a Louis de Robert en señal de agradecimiento.

me parece que sólo él habla claro. Sin duda preferiría que todas estas parcelas de verdad formaran parte integral de un conjunto admirable, que sería la revelación del mundo real. Pero yo prefiero los indicios precisos a las grandes construcciones en las que mil fallos disfrazados por la inteligencia y la retórica dan una impresión (no a mí) de éxito. En cuanto a determinadas prosas, como la de Péguy (en la que el estado anímico es exactamente lo contrario de la inspiración y la solidificación artística; en la que una especie de indolencia termina haciendo que una frase nos haga imaginar otra; en la que no se ha tenido el valor de sacrificar los tanteos), no tengo palabras para expresar mi estupefacción al ver que en ambientes inteligentes como la *Nouvelle Revue Française* las consideran admirables. Del mismo modo me desconcierta la obra de personas todavía más admiradas y que prefiero no mencionar porque no sé si ofendería a algunas queridas amistades suyas. Cuando leo una frase en la que reconozco una idea o una imagen en la que he pensado, que me ha parecido lamentable y más allá de la cual tengo conciencia y recuerdo de haber ido (yo que soy tan poca cosa), me quedo estupefacto de ver clamar ante tal idea a personas tan severas que no ven diferencia entre France, Hervieu, Bataille y los más mediocres, personas tan desdeñosas que consideran que Abel Bonnard apenas es superior a Jacques Normand.

Todo esto es lo que me hace preguntarme a veces si hago bien en publicar este libro, puesto que al juzgar la obra de otros, es decir, cuestiones sobre las que puedo ser bastante más imparcial, me doy cuenta de que estoy en profundo desacuerdo con los menos necios de mis contemporáneos. Me refiero a la *Revue*, que me parece la más inteligente, la única legible. En cuanto a la prensa, envié al *Journal* un fragmento de mi libro que no entraba del todo dentro del género que ya conoce, muy humorístico, rápido, etcétera. El señor Letellier, que por otra parte tuvo la amabilidad de dedicarle unas horas, me dijo textualmente: «Es precioso, muy literario, por lo que no puede interesar a nuestros lectores». Aunque presiento que es una excusa, a fin de cuentas no deja de ser bastante cómica. Querido amigo, su gentileza estuvo a punto de verse sometida a una prueba más grande de lo que usted cree, pues mientras Fontana prepara su sortija recordé de pronto haber visto en otro tiempo un camafeo representando una magnífica ceremonia religiosa y que, pese a ser un sello demasiado grande, tenía mucho carácter. Quería enviárselo con el otro, que es muy banalmente sus iniciales con un pequeño zafiro. Desgraciadamente para mí, y felizmente para usted, me resultó imposible dar con la pista de ese camafeo. La tienda vendió a otro su fondo, y sin duda el camafeo lo compró algún cliente. En pocas palabras, ni siquiera sabían a qué me refería, así que tendrá usted el sello con las iniciales, y como le he ahorrado el sufrimiento a su delicadeza exagerada (digo exagerada por complacerle, pues no veo en qué la delicadeza es interesada en nuestras relaciones de amistad. Si lo fuera, la mía debería sufrir terriblemente de los favores que me hace usted a diario, y puesto que no sufre debe de ser singularmente grosera) no lamento que tenga que admirar mi discreción ni que sólo reciba usted un sello. A este respecto, querido amigo, y para referirme por última vez a esto que es tan poca cosa que no merece más que una línea, el sello que recibirá el sábado es sin duda una nadería, algo sin valor, ¡y espero que lo pierda al volver de Cambo para darme el gusto de regalarle otro! Pero por más que sea una nadería, hoy se calumnia con tanta facilidad y estupidez las amistades entre hombres en cuanto son un poco afectuosas que mucho me gustaría pedirle que no diga que esta pequeña sortija viene de mí. Naturalmente, si quiere lo puede decir, pues es usted su único juez, pero yo preferiría que fuese un secretillo, una modesta prenda, entre nosotros dos. Actúe usted a su antojo. En todo caso, yo no he dicho nada en mi casa y sin embargo, como Fontana ha telefoneado, se han enterado de que yo había encargado una sortija. Preferiría, pues, que si me escribe no use el anillo para sellar las cartas que me dirija, al menos al principio. ¡Cuánta molestia por esta nadería! Mejor dicho, no me escriba, no se fatigue innecesariamente. Yo mismo estoy sin fuerzas; no se imagina qué dificultad es para mí una carta como la que le estoy escribiendo. Escribo acostado, apoyado sobre un codo y el papel en el vacío. Al cabo de tres líneas, estoy destrozado. Pero, por otra parte, me divierte tanto escribirle que no puedo escribirle una carta corta, aunque luego lo pago. No nos fatiguemos ni el uno ni el otro y tengamos confianza en el carácter afectuoso de nuestro silencio.

MARCEL PROUST

No tengo a mano mis cartas de la señora Noailles, en cuanto me levante le enviaré algunas de las que encuentre (que deben parar no sé dónde), pero no cuente a nadie que se las he enseñado.

114. A FRANCIS CHEVASSU

[*Segunda quincena de enero de 1913*]

Estimado señor:

No he mandado a recoger mi manuscrito a su casa.[1] He aquí por qué. El manuscrito incluye una comida en casa de la señora Verdurin, y una velada en casa de la señora de Saint-Euverte, separadas en mi obra por un número de páginas que van de las ciento ochenta a las doscientas y que he vinculado artificialmente para ofrecérselos. Le propongo cortar este enlace, publicar por separado: «Una comida en casa de la señora Verdurin» sería el título del primer fragmento, y «Música de salón» sería el título del segundo. Para indicar debidamente que se trata de pasajes distintos, le propongo de-

[1] El destinatario había rechazado publicar el texto de Proust «Un amor de Swann» en el suplemento literario de *Le Figaro* del que era director.

jar entre las dos publicaciones el intervalo de dos suplementos. O sea (lo que muestra su respectiva autonomía), publicar en primer lugar la segunda (Sainte-Euverte) y en segundo lugar la primera (Verdurin). No hay un solo personaje que coincida (son mundos absolutamente distintos), salvo Swann. Ahora bien, un mismo personaje puede aparecer en narraciones diferentes. Lo que no quisiera es publicar tan sólo una de las dos escenas.

He pensado en esta combinación que me permitiría ofrecerle algo más vivo que los poemas en prosa de los que le hablé. Pensé en ello casi inmediatamente después de haberle dejado, pero he estado tan mal estos días que me ha sido imposible escribirle antes. Naturalmente, esta combinación me gusta menos que la que le propuse primero, pero dado que ésa le pareció inadecuada, ésta es una rama a la que me agarro de muy buen grado.

Espero que no le incordie mi insistencia. En general no soy muy importuno ni muy insistente como postulante de este tipo, pero creo que ésta es una oportunidad única para mí de ofrecer a sus lectores dos cuadros mundanos de dos tipos de mundo contrastados y vivos.

Queda de usted su afectísimo y seguro servidor

MARCEL PROUST

115. A ANDRÉ GIDE

Boulevard Haussmann, 102
6 de marzo [*de 1914*]

Mi querido Gide:

No le agradecería tan rápido su hindú, pues habría preferido esperar a leerlo bien,[1] si no tuviera el sumo gusto de decirle que sigo siendo el cautivo ansioso y embelesado de *Los*

[1] *L'Offrande lyrique (Gitanjali), par Rabindranath Tagore*, traducido por André Gide y publicado por la NRF en 1914.

sótanos del Vaticano. No es culpa mía que usted nos haga admirar simultáneamente cosas tan distintas—tan distintas que es desconcertante y muy hermoso que un mismo ser pueda reunir todo lo que se encuentra «entremedio»—. Me parece muy noble y elevada la humildad de que da prueba ante Tagore, que yo vinculo con su experiencia como miembro de un jurado. Pero en la creación de Cadio,[1] nadie ha sido objetivo con tanta perversidad desde Balzac y *Esplendores y miserias*. Y aun así creo que a Balzac le fue de ayuda, para inventar a Lucien de Rubempré, cierta vulgaridad personal. Hay cierta «textura» en las palabras y los propósitos de Lucien, cuya forma de ser nos encanta, que se encuentra a menudo en Balzac e incluso en su correspondencia. ¡Mientras que usted, para crear a Cadio...!

Mucho tendría que decir respecto de esta novela, más apasionante que un Stevenson, y cuyos episodios convergen, compuestos como en el rosetón de una iglesia. Para mi gusto, es la composición más sabia, pero quizá no tengo derecho a decirlo, porque, pese a haber puesto todo mi esfuerzo en componer mi obra, y a continuación en borrar las burdas huellas de composición, los mejores jueces no han visto en ella sino abandono, incontinencia, prolijidad.

Hay ciertas cosas que no pueden gustarme, en sus *Sótanos del Vaticano*, si no es forzándome. No me refiero solamente a las ronchas en la piel de Fleurissoire, sino a mil detalles materiales; no puedo, quizá por cansancio, pereza o hastío, relatar, cuando escribo, algo que no me ha producido una impresión de hechizo poético, o bien donde yo no he creído captar una verdad general. Mis personajes no se anudan jamás la corbata, ni renuevan sus complementos (como se dice al comienzo de *Isabelle*). Pero creo que es usted quien tiene razón. El esfuerzo que me veo obligado a hacer siguiendo a

[1] Lafcadio (llamado «Cadio») Wluiki, personaje que aparece en *Los sótanos del Vaticano*.

Fleurissoire a la farmacia, Balzac me lo impuso hace tiempo, así como la realidad, la vida misma. En suma, leo su novela con pasión. Es verdaderamente una Creación, en el sentido genésico de Miguel Ángel; el Creador está ausente, es quien lo ha hecho todo y no es una de las criaturas. Yo le veo decidiendo las idas y venidas de Fleurissoire como el Dios colérico de la Sixtina poniendo la luna en el cielo.

Siento todo lo que de ridículo tiene esta carta, que es más bien un agradecimiento anticipado por *Los sótanos del Vaticano*, si me los manda. Pero no, *le pido que no me los mande.* En cuanto se publique el libro, le escribiré una nueva carta, entonces sobre Tagore.

Reciba usted mis más afectuosos saludos,

MARCEL PROUST

No sé si le he dicho que su prefacio me parece admirable.

116. A ANDRÉ GIDE

[*6 o 7 de abril de 1914*]

Querido amigo:

No se deje llevar, *se lo ruego*, por ese desaliento respecto a *Los sótanos* que apasionan a todo el mundo y, por lo que a mí concierne, *me han puesto enfermo* (lo que quizá no sea el mejor cumplido, pero sí un cumplido grandísimo). Harían falta diez cartas, o más bien diez conversaciones, para hacerle comprender cómo me ha hecho sufrir Cadio,[1] lo que prueba, por otra parte, que existe: «Hago sufrir, luego existo».

No, mi querido amigo, si hay tristezas en su vida, bien sé que no bastan los «éxitos literarios» para aliviarlas; pero en cuanto a entristecerse a causa de su obra, sería una locura. Qué importa que haya envejecido para usted, pues nace aho-

[1] Lafcadio comete un crimen sin motivación y no intenta huir de la justicia.

ra resplandeciente y joven en nuestros pensamientos, así que déjela que lleve a cabo de cerebro en cerebro ese recorrido misterioso que usted ha determinado providencialmente.

¡Me pide que no lo juzgue en base a este libro! ¿Y qué debería decir yo que, incapaz de releer el manuscrito de mi segundo volumen, me dispongo a sacar un producto informe, que mucho quisiera no leer, y no tengo fuerzas siquiera para dictar la primera redacción, que al menos era más clara?

Lo que lo vuelve injusto con *Los sótanos* y, mientras los terminaba, ha vuelto injusto a uno de mis numerosos yoes que leía al mismo tiempo y al que los otros han convencido rápidamente del error, es que después de *Crimen y castigo* y de *Los Karamázov* ya no podemos ver a un criminal que no trate de escapar a la justicia sin creer que se parece a Dostoievski. Pero es una idiotez. Razonando así, Tolstói no habría podido describir en *Guerra y paz* una batalla en orden disperso porque ya lo había hecho Stendhal. Pero, además, Cadio es totalmente distinto de los personajes dostoievskianos. Estoy seguro de que Dostoievski no habría podido comprender la seducción y la inmoralidad. (Me gustaría de veras saber si todos los «tíos» de Cadio son «tías».[1] ¡Qué historia más interesante!). El interrogante, ese acento de aurora y de esperanza con el que concluye su libro quizá no sea, desde el punto de vista puramente geométrico de la composición, del todo satisfactorio. Uno esperaba un cierre más completo de todas las posibilidades abiertas, un libro más herméticamente cerrado. Pero me resulta más interesante tal como es, porque ejemplifica una de las leyes que a mí más me interesan y que siempre trato de sacar a la luz cuando escribo, a saber, las diferencias de presión, las variaciones en la atmósfera moral de un mismo individuo. Tal es la razón por la que me gusta la aurora tonificante de su final.

[1] La madre de Lafcadio tiene una serie de amantes de dudosa virilidad. *Tante*, 'tía', significa también 'homosexual'. (*N. del T.*).

Mucho tendría que decirle, querido amigo, sobre usted, pero estoy demasiado fatigado para proseguir esta carta y debo resumir en unas pocas líneas una respuesta sobre mi libro. Sí, en dos palabras. No sé si le he dicho (estoy hecho un lío) que escribí a Grasset, aprovechando que tengo algún motivo para estar descontento. Él me respondió con palabras vacuas, pero terminó recordando las cláusulas comerciales de nuestro contrato, de modo que me disgustó un poco, y se lo hice saber en mi respuesta. Entonces sucedió lo que yo más podía temer, porque la gentileza me desarma: me escribió que podía hacer lo que quisiera, que me liberaba de mi contrato, que no quería ser mi editor por obligación si yo no estaba convencido de corazón. Como en tales condiciones yo no podía sino renunciar a la libertad que me restituía, le dije que publicaré con él, si bien me reservo el derecho de sacar otras ediciones en otras editoriales, derecho que me reconoció en virtud del contrato firmado. (Lo establecí para ser más libre, pero a decir verdad no veo bien la utilidad de la reserva).

En cuanto a sacar extractos en la *Revue*, todo lo que usted quiera. Sólo tendrá que decirme el número de páginas para que yo haga un cálculo aproximado.

Pienso mucho en usted. A menudo me apetecería hablar con usted (y a menudo de la NRF, pues no todo me gusta). Pero lo que más me urge sería saberle un poco menos desdichado. Le estrecho la mano veinte veces al día.

Suyo,

MARCEL

Entre otras cosas, le debo dos deliciosas cartas del señor Chadourne y le estoy muy agradecido.

117. A ANDRÉ GIDE

Boulevard Haussmann, 102
[*Octubre? de 1917*]

Querido amigo:

He recibido su libro, pero como veo que lamentablemente usted no recibe mis cartas, he acabado por preguntarme si la carta de agradecimiento por *Los alimentos terrestres* no es la única que no ha recibido. De suerte que hay ciertas preguntas que dudo en volverle a hacer, porque quizá las ha dejado usted correr a propósito—y en no hacerlas de nuevo, si las ha ignorado, porque en ese caso mi silencio podría perpetuar por mi culpa malentendidos evitables—. Por ejemplo, insiste en dirigirse a mí con un «mi querido Proust», pero nunca (no me atrevo a pedirle que use mi nombre de pila) «querido amigo». Y tiene mil veces razón si piensa que *amigo* excede sus sentimientos.

Para volver a mi inmenso librito, está en lo cierto al pensar que le agradecí, si no inmediatamente, una semana después de haberlos recibido, esos *alimentos* que han nutrido ya a toda una generación y que nutrirán a otras. Porque el gran escritor, y más en particular usted, es como el grano que nutre a los otros con lo que le ha nutrido a él. Es uno de los aspectos del mundo vegetal y del corazón humano que siempre me ha impresionado más, este intercambio de elementos extraídos de la tierra y de la vida gracias al cual se produce la germinación, y que posteriormente, con el mismo albumen del que ha vivido la plantita, alimenta a los pueblos. Y esta idea, que es una de las que más a gusto me hago del escritor, le cuadra tan bien a usted que la hace más verdadera, incomparablemente verdadera.

Por otra parte, es probable que ignore usted siempre la más secreta belleza de este libro, porque aunque conozca a la perfección la sustancia no puede escuchar su propio acento. Y su novedad—duradera, por supuesto, ya que el nuevo arte siempre es atemporal—, novedad que impacta más por cuanto lleva años abandonada, está ante todo en la cadencia. No quisiera rebajar a un escritor como Claudel, al que admiré en otro tiempo, por el hecho de que con *Proteo* haya escrito una *Belle Hélène*[1] más pretenciosa, más didáctica y al menos tan endeble como la otra. Pero ¿qué son las artificiosas experimentaciones en verso libre, o no sé cómo las llaman, de Claudel frente a la cadencia de *Los alimentos terrenales*? Sobrevivirá usted porque ha dejado que lo nutran y ha nutrido.

Yo creo, querido amigo, contrariamente a lo que está de moda entre algunos de nuestros contemporáneos, que es posible tener un alto concepto de la literatura y al mismo tiempo sonreír con bonhomía. De modo que confío en que no le ofenderá que le cuente que mi doncella, mujer de increíble ignorancia (recientemente le he descubierto que Napoleón y Bonaparte eran la misma persona, pero jamás he conseguido enseñarle un poco de ortografía, y nunca ha tenido la paciencia de leer media página mía) pero extraordinariamente dotada, últimamente ha tenido que leerme en voz alta (porque me dolían demasiado los ojos y estaba sin gafas) alguna página de *Los alimentos*. Desde el día siguiente, todo lo que tuviera que decirme de desagradable o irónico lo hacía de un modo que no me atrevería a calificar de *pastiche*, porque tengo una idea más literaria del *pastiche* y ella no sería capaz de crear uno, pero sí de un modo que demostraba cuánto le había impresionado *Los alimentos*. Y esta impresión la aplica a todas las personas que conoce. Si voy a ver a la princesa Soutzo y le pido a Céleste que la telefonee, me responde: «Nathanaël, te hablaré de las amigas del señor. Hay una que ha conseguido hacerlo salir de casa después de dos años: taxi para el Ritz, mozos, propinas, fatiga». Si llaman a la puerta:

[1] *Protée* (1914) es un drama satírico de Paul Claudel y *La belle Hélène* (1864) es una ópera bufa en tres actos de Offenbach con libreto de Meilhac y Halévy.

«Nathanaël, te hablaré de los amigos del señor», y otras lindezas con las que no quisiera fatigarlo. Espero que escuche con benevolencia estas chiquillerías, que le cuento sin querer faltar al respeto a su obra maestra, como tampoco es una falta de respeto que la princesa Soutzo me escriba con toda naturalidad (para decirme que mi ausencia se prolonga): «Céleste deberá revisar sus *Alimentos terrestres* y ya no podrá decir: "Sé que la señora, etcétera"».

Quisiera recuperar un viejo libro mío, escrito casi enteramente mientras todavía era estudiante, e impreso hacia 1893.[1] Encontraría usted aquí y allá alguna frase (por ejemplo, sobre las grutas verdes que son los follajes de los árboles) que guarda alguna analogía con *Los alimentos terrestres*, aunque por desgracia sólo con una frase. Y sin duda no creo que valga para la inteligencia lo que vale para los triángulos, y que un mismo ángulo o faceta de dos espíritus baste para que sean, si no iguales, semejantes. Pero algunas veces creo entrever ciertas afinidades entre nosotros, quizá la posibilidad de una relación de amistad que me sería muy querida. Dígame sólo cuándo estará en París y me las arreglaré para ir a verle o a cenar el primer día en que me sienta en forma.

Querido amigo, no sé si le he hablado de la sensación que tuve durante su visita, cuando de pronto, ante cierta manera suya de sonreír, vi su rostro (que, por otra parte, me gusta mucho también cuando no es así) iluminarse de lo que definiré como «belleza moral», cosa que en otro tiempo me habría parecido, al menos desde el punto de vista físico, carente de sentido. Comprendí mejor entonces el significado de una frase, que por otra parte no me satisface del todo, que escribió sobre usted el pintor Denis.

Mis ojos demasiado cansados no me permiten prolongar esta charla, quizá desde hace un buen rato ha decidido dejar de escuchar y estoy hablando solo... Me gustaría poder de-

[1] *Los placeres y los días.*

cir que he seguido el precepto que ha formulado usted con la perentoria elegancia de un oráculo délfico (quiero decir: seguido en mi obra, ¡no vaya a pensar que me refiero a esta carta!): «Lo que otro podría escribir tan bien como tú, no lo escribas».[1] Pero, desgraciadamente, siento que he desobedecido demasiado a menudo. Sin embargo, las palabras quedarán como una alabanza para usted y una enseñanza para los demás.

Respetuosamente suyo,

MARCEL PROUST

118. A LIONEL HAUSER

Domingo por la noche [*28 de abril de 1918*]

Mi querido Lionel:

En el momento de recibir tu libro[2] lo primero que pensé fue en un comentario tuyo en cierta ocasión en que te consulté, si puedo decirlo así, retrospectivamente sobre una operación en bolsa de una inversión ya hecha: «La próxima vez harás mejor llamándome antes». Quiero decir que si hubiera tenido que hacer—único oficio que conozco—de profesor de enseñanza media con tu libro y como buen instructor aconsejarte que cambiaras un adjetivo o quitaras un verbo, habría sido mejor que me lo hubieses mostrado en pruebas y no ya impreso. Pero, por un raro milagro, se da el caso de que lo que tú querías decir lo dijiste de forma perfecta y con precisión, de modo que me sentiría incómodo sugiriéndote opciones distintas, como me ocurre en cambio con autores que dominan la escritura. Dicho esto, antes de hablar de tu libro, respondo a tu carta.

[1] Proust incluye una cita casi textual del *Diario* de Gide: «Lo que otro podría decir tan bien como tú no lo digas, lo que podría escribir tan bien como tú no lo escribas».

[2] *Les Trois Leviers du monde nouveau. Compétence, probité, altruisme. Essai de reconstruction sociale*, París, Émile Nourry, 1918.

Tú supones equivocadamente que el estilo es un embellecimiento que se añade, una especie de traje de fiesta. Y en cambio es inseparable del pensamiento y de la sensibilidad. Por eso tu estilo es excelente. Te haré dos elogios más respecto a tu libro. Así como Kant construyó un mundo necesario, pero lo hizo depender de un acto de libre voluntad y suprasensible, tú has hecho depender una obra práctica, y por eso mismo inevitablemente un poco árida, de una doctrina más elevada, la teosofía. Tu moral y tu lógica brotan por así decir de una metafísica. Otro reconocimiento que te es debido es que has comprendido bien que cualquier reforma sería vana si no fuese en primer lugar reforma del individuo, reforma interior. En eso estoy completamente de acuerdo contigo.

Te reprocharé, así pues, que des detalles a veces inútilmente minuciosos sobre cosas bastante corrientes, pero proclames el dogma de las reencarnaciones sucesivas como algo evidente sin ninguna especie de demostración. Es un artículo de fe, como la Inmaculada Concepción. Personalmente, el estudio constante de los fenómenos interiores, el prestar oídos a reminiscencias inexplicables, me llevaría a creer que, efectivamente, nuestra vida actual no es la primera y que la esponja del olvido no ha borrado completamente los recuerdos de las precedentes. Sin embargo, es algo que merecería un poco más de atención que la tendencia de la gente a equivocarse de sentido al tomar el metro o de lo conveniente de no habitar en alojamientos insalubres (idea que tú retomas, por otra parte, inteligentemente al hablar de los deberes y del papel del empleador).

Pero es tu lado simpatiquísimo, y te emparenta con Ruskin, el proclamar imperativamente verdades que no son evidentes por sí mismas, afirmar que son «la clave del enigma» y, después de haber blandido la espada flamígera del arcángel, dar meticulosamente consejos prácticos. Por lo demás, si no estuviera demasiado cansado, te señalaría otra semejanza con Ruskin, aparte de esta mezcla de imperioso esoterismo y de exoterismo absolutamente práctico. Aun así, ciertas partes originales merecerían más los honores de la cursiva de lo que lo merecen frases bastante banales que han sido expresadas a menudo, aunque no entendidas. Pero comprendo que cuando, al escribir, uno se propone un fin práctico, no hay temor a volver a decir lo que no ha sido obedecido todavía. Ruskin gustaba dejar el Sinaí por la escuela elemental y acompañar las Tablas de la Ley de un pequeño manual de instrucciones. Tú te limitas a mostrar estas Tablas de lejos, pero con un gesto magistral, y el libro está tan perfectamente compuesto que no le sobra nada. ¿De cuántos libros puede decirse lo mismo? En cuanto al infierno, coincides con el padre Mugnier, a quien una dama escandalizada le dijo: «Pero, entonces, padre, según usted, ¡no existe el infierno!». Y el abate, para tranquilizar la ortodoxia alarmada de la dama, respondió: «Sí, sí, señora, el infierno existe. Sólo que no hay nadie en él». (Es la misma señora un poco cándida que habla a todo el mundo de Mérimée como si lo hubiera descubierto ella, por lo que el padre Mugnier dijo: «No hay que olvidar que la señora vive en rue *Christophe Colomb*», donde se encuentra efectivamente la residencia de esta dama).

En cuanto al fondo de tu doctrina, querido Lionel, puedo disentir de ti sin que esto suponga una censura. Hay spinozistas y hay hegelianos, y no por ello se desprecian mutuamente. No niego *a priori* que el equilibrio perfecto de las facultades, la buena salud física y moral, los frutos de una enseñanza racional, no sean cosas excelentes. Me he equivocado incluso al decir «*a priori*», pues ha habido épocas en que la salud moral y física han sido la fuente misma de la superioridad de todo tipo, y del genio. Por ejemplo, los jóvenes de Platón (distintos de los tuyos en el sentido de que ellos preferían sus compañeros a las mujeres, pues era la moda del tiempo) eran ciertamente seres en quienes el cuerpo, el pensamiento y el espíritu de justicia se habían desarrollado armoniosamente gracias a una gimnasia física, intelectual y moral. Y no hay ninguna prueba de que esta salud superior, esta perfección moral no pueda renacer un día. Mientras tanto, y por lo que a la época moderna se refiere, lo que me sorprende es más bien lo contrario. Veo a los hijos de los doctrinarios, educados en un espíritu de alta solidaridad y de absoluta pureza moral, los descendientes si quieres de los Broglie, convertidos en áridos e inútiles productos académicos, y por el contrario veo brotar la palabra nueva—que revela una parcela aún desconocida del espíritu, un matiz suplementario del afecto—de la embriaguez de un Musset o de un Verlaine, de las perversiones de un Baudelaire, de un Rimbaud, incluso de un Wagner, de la epilepsia de un Flaubert. Ya no sé si fue Bergson o Boutroux quien dijo que la caña pensante se dobla aún más bajo el peso del pensamiento que bajo el de la materia. Pero yo creo que, aunque no fuera más que por el valor creativo del sufrimiento, la enfermedad física es (en nuestros tiempos degenerados) casi una condición de la fuerza intelectual que reúne un poco de genio.

Creo sobre todo que la individualidad, a la que tú atribuyes, por otra parte, gran peso, actúa de una manera positiva sobre los otros, mucho menos por el bien que trata de hacer que por el escrupuloso cumplimiento de los deberes para con uno mismo. Me refiero, claro está, sólo a las formas más elevadas y un poco geniales del obrar. Pero, en este ámbito, todo el bien que artistas, escritores, científicos han hecho sobre la tierra, lo han hecho, si no de un modo propiamente egoísta (porque su objetivo no era la satisfacción de unos deseos personales, sino el esclarecimiento de una verdad interior entrevista), sin ocuparse de los demás. El altruismo, para Pascal, para Lavoisier, para Wagner, no ha consistido en interrumpir o en desnaturalizar un trabajo solitario para ocuparse de obras de beneficencia. Han producido su miel como las abejas, y de esta miel se han aprovechado los demás («*Sic vos non vobis mellificatis apes*» ['Así vosotras, mas no para vosotras, hacéis la miel, abejas']): pero sólo han podido producirla a condición de no pensar en los otros mientras estaban pendientes de la obra, etcétera.

Por lo que respecta a la política, soy absolutamente de tu opinión (que, por lo demás, es muy ruskiniana). En cuanto a la cortesía, creo que adulas a los caballeros de antaño porque supones que era en ellos expresión de magnanimidad. Por otra parte, sobre la cortesía habría mucho que decir. Ésta puede ser la emanación de una naturaleza benévola que quizá no se traduzca nunca en hecho, pero no por ello será más útil la ruda franqueza, y la persona brusca de buen corazón no deja de ser un mito. Yo me incluyo más bien en la categoría de las personas corteses, y puedo decirte, sin afán de vanagloriarme, que te asombrarías si te contara los constantes sacrificios a los que he aceptado someterme por unos seres toscos que nunca harán nada por mí. Por otra parte, la frase de Pascal: «Id a la iglesia, persignaos con agua bendita, estupidizaos, que el resto vendrá por añadidura» puede aplicarse a la cortesía. Bien pudiera ser que plegando el cuerpo y los modales a cierta suavidad, la cortesía incline también el alma: los anarquistas no son menos embusteros que los grandes señores. Observa que tú (sé perfectamente que se trata de meras fórmulas) empleas una cortesía tan excesiva que tomada al pie de la letra sólo podría resultar decepcionante. Alguien te escribe una carta de negocios anodina y tú respondes: «He leído tu carta del [...] con vivísimo interés y he prestado la máxima atención a su contenido». Ahora bien, es casi una ironía, puesto que habitualmente respondes a algo como «Te ruego que me vendas tanto de Tramways de México, etcétera». Eso no impide que seas el más sincero y el mejor de los hombres. Son posibles formas amables del lenguaje que se extienden al resto del *habitus corporis* sin por ello ser hipócritas.

Ni siquiera he rozado, pese a haber agotado mis fuerzas, lo que quería decirte de tu notable obra. Para terminar volveré a descender de la moral y de la literatura (en las que destacas, créeme) a los negocios, es decir, del cielo a la tierra, y te haré esta pregunta: ¿tienes a mano la lista de los valores que vendí en julio de 1914 y que han proporcionado, gracias a la realización, los dos cheques, el primero pagado y el segundo impagado? Si la tienes, ¿sabes el montante del cheque que se ha pagado, es decir, el primero? (Pues el montante del segundo lo sé). Si te lo pregunto es porque he encontrado el extracto de cuenta de junio de ese banco (más algunas órdenes de venta). Por tanto, restando los títulos vendidos (habida cuenta de los dos cheques) de la lista total de junio (*lista que he encontrado*) siempre del banco en cuestión, sabría cuáles me han quedado y así podría hacer la declaración exigida por la ley, declaración para la que llevo mucho retraso, pero que me perdonarán debido a mi estado de salud. Queda por saber si en la declaración debo incluir el segundo cheque no ingresado: el primero, ingresado, ciertamente no. Sin salir de mi asombro por verte convertido de pronto en un competente, encantador y autorizado legislador y escritor, te mando, mi querido Lionel, mi agradecido cariño.

MARCEL PROUST

119. A LUCIEN DAUDET

[*Mediados de enero? de 1919*]

Mi querido pequeño:

Regreso muy triste tras la más increíble jornada, y al llegar encuentro a la vez tu libro[1] y tu carta. En primer lugar, mi querido pequeño (y, sobre todo, estando sólo al comienzo), no puedo entender ni creer que mi libro[2] te guste si no es por una bondad que requiere el concurso de la mayor de las inteligencias. Creo que apreciarás algunos de los volúmenes siguientes y algunas páginas de éste, pero sólo una vez avan-

[1] Lucien Daudet, *La Dimension nouvelle*, París, Crès, 1919.

[2] *A la sombra de las muchachas en flor.*

zada la lectura. El inicio, por lo que recuerdo, es muy mediocre, salvo quizá el esfuerzo de toda la página en que recibo la carta de Gilberte e incluso antes, cuando escribo una a Swann. Pero me parece que esto te dirá poco.

Temía tu juicio, pero te juro que no te habría prestado mi libro de haber conocido en ese momento el tuyo. Me da (enseguida comprenderás por qué todavía sólo he leído unas páginas) una idea tan elevada de ti que estoy espantado de haber sometido mi volumen a tu consideración. ¿Qué es mi pobre y penoso estilo incluso para mí al lado de tu música luminosa? ¿Qué son esos relatos en los que tal vez haya una pequeña parte de la vida comparados con tus frases llenas de toda la belleza de la naturaleza y todas las leyes del espíritu? Ya sólo la dedicatoria a tu abuela es un fragmento inolvidable. Sabes perfectamente que soy incapaz de esa maestría, de esa dulzura y de esa libertad. O quizá no eres consciente, quizá valemos gracias a ese distanciamiento de nosotros mismos que nos permite conocer en nosotros lo que también pertenece a los demás, y lo que no conocerán nunca quienes piensan de un modo egoísta y escriben movidos por amor propio. Tú te ciernes con poderío y gracia sobre el mundo y el último plesiosauro acaba saliendo con naturalidad de tu pluma.

Mi querido pequeño, te decía que sólo había leído unas páginas de tu extraordinario libro por culpa de la increíble y agotadora jornada que he pasado, después de muchas noches y días sin dormir. Para que comprendas mi incapacidad de leer y de escribir tienes que saber que la persona [Rochat] con la que vivo desde hace seis meses y a quien tú has dado prueba de tan conmovedora bondad anoche se fue de vacaciones y luego de largas dudas he renunciado a acompañarle (más allá de la estación). Mi agotamiento se veía compensado por la extraordinaria alegría de la soledad momentáneamente recobrada, lo que hacía que en el andén de la estación no pudiera dejar de cantar a voz en grito. Pero como consecuencia de diversos excitantes que me había tomado y sobre todo de la castidad casi absoluta a la que estaba condenado desde hacía tan largo tiempo, he tenido la infamia de romperla al cabo de una hora de estar solo. Aunque no hay en ello nada de perjudicial en sí, los nervios destrozados sumados a la fatiga me han sumido en un estado de tristeza y aturdimiento rayano en la locura. Si no me sintiera tan incapaz de moverme, creo que también yo tomaría el tren. De modo que, pese a tener exactamente sobre mi mesa *diecisiete* cartas importantes a las que responder, y sobre todo una a la que responder o no suponía para mí la pérdida de veinticuatro mil francos, suma que siempre ha sido enorme para mí y ahora lo es casi trágicamente, me ha sido imposible hacer el esfuerzo de responder, y he preferido perder.

Pero leer tus magníficos elogios y tras ello las primeras páginas de tu libro, que hacen subir de golpe el valor, me ha hecho recobrar un poco de fuerzas para escribirte, aunque sea solamente para esto. Pues la marcha de esta persona y la ignominiosa velada produjeron en Proust «una espera de pena pasajera, de remordimientos absurdos, casi de falso amor».

Pero de inmediato tu carta hablando de mí y tu libro me han elevado hasta una esfera en la que ya no parecía existir la fatiga… En fin, Proust ruega a Lucien que no haga mención de esta partida, que no ha sido causada por una disputa, como tiene intención de decir a sus visitantes para ganar tiempo.

Gracias también por tus muestras de gentileza, cosas por las que tú has pasado y podías juzgar mejor que nadie. ¡Ay!, me temo un poco que tu exquisita indulgencia con la ignorancia ingenua sea también en parte el sentimiento que se aplica en este caso a una cultura que no puede aducir las disculpas de la ingenuidad y te haya dictado los elogios que me han dejado confundido y de los que sin embargo tan agradecido te estoy esta noche, aunque no pueda decir que sea feliz.

Mil cariños, mi querido pequeño,

MARCEL

120. A ROSNY AÎNÉ

[*Poco después del martes 14 de junio de 1921*]

Querido señor y maestro:

Estoy profundamente impresionado por su artículo de *Comœdia.*[1] Creo que si pudiéramos charlar sobre nuestras teorías vería que no difieren mucho. Dice usted que la obra de arte refleja a su autor y es absolutamente cierto; pero este autor no es completamente el «hombre» que se mostró a sus contemporáneos. Es posible disculpar a Sainte-Beuve por haber cometido tan grave error con Stendhal, Nerval, Baudelaire, etcétera, ya que éstos, sinceros cuando descendían al fondo misterioso de sí mismos en la soledad, eran muy diferentes ante los demás. Por otra parte, existe un sistema filosófico, al margen de su autor. Pero es probable que en Spinoza una predilección por la necesidad, en Leibniz por la armonía, etcétera, preexistieran a su sistema y dictaran su elección. He aquí ya un poco de camino hecho en ambos sentidos, que acerca ligeramente las dos antítesis. Añadiré que mi héroe se pregunta muchas cosas en el curso de la obra y se plantea cuestiones que yo resolvería a menudo mediante la negación. He estado demasiado enfermo para corregir una sola prueba. Son mis editores los que, por gentileza, han «dado un empujón» a mi viejo borrador. (¡Sin ello hace tiempo que habría pedido verle!). Así que mis recuerdos son un poco antiguos. No obstante, no me parece que mi protagonista equipare el arte con la ciencia, sino que de repente se pregunta si el abismo que los separaba en nuestras viejas filosofías (y que Taine subsanó de un modo poco «inteligente» en su *De l'intelligence*) era tan profundo. Es una simple duda, que yo recuerde, no la afirmación de una teoría contraria.

[1] Se trata de un artículo publicado en *Comœdia*, «Le Tréteau des Lettres | *La littérature et le progrès*», el martes 14 de junio de 1921, que llevaba la dedicatoria «A Marcel Proust».

Queda de usted, querido señor y maestro, su afectísimo y seguro servidor, que mucho le admira y respeta,

MARCEL PROUST

121. AL DUQUE ARMAND DE GUICHE

Sábado [*18 de junio de 1921*]

Estimado amigo:

No deja de tener su mérito, cuando surge la ocasión de decir algo que uno cree muy ingenioso, callárselo. Tal es mi caso. Su carta sobre el artículo que ha visto usted me ha deparado mi pequeña obra maestra. Pero he pensado lo siguiente: por poco que continuemos ese juego durante ocho días, Guiche sufrirá una completa derrota. (Parece inmodestia de mi parte, pero no es más que una apariencia, pues admiro mucho y muy sinceramente gran parte de su inteligencia, por no hablar de esa *terra incognita* de las ciencias en la que sé que es usted maestro. Pero tampoco es muy orgulloso por mi parte decir que sobre el único punto, insignificante, de las pseudo cartas persas con las que, al escribirme, acaba de ofrecerme un comienzo no muy prometedor, no tengo necesidad de herniarme mucho, como se dice vulgarmente, para «darle una paliza», como se dice aún más vulgarmente). Ahora bien, como a un hombre derrotado deportivamente no le hace mucha gracia su adversario y yo valoro mucho más su amistad que un pequeño triunfo en el terreno del ingenio, quedémonos, pues, si está dispuesto a ser tan sincero y cálido como lo estoy yo, en el terreno de la amistad verdadera, que excluye las luchas desiguales, e incluso toda lucha. Por mi parte, lo quiero de corazón.

Quedan dos asuntos: uno totalmente teórico y otro que tiene que ver con una frase dicha la otra noche. El teórico es la telepatía. A Bergson le parece que si el día en que una mujer muere en Ciudad del Cabo su hija tiene una visión del acontecimiento en París, no es un hecho extraordinario, lo extraordinario es que estos fenómenos se produzcan tan raramente. Puesto que según él la conciencia no reside en absoluto en el cerebro, las diversas conciencias deberían estar naturalmente en comunicación. Pues bien, durante toda la guerra, y para dejar las cuestiones militares de lado, he anotado en mis libros una serie de hechos que inventaba, que no podía saber, que a menudo no se habían producido todavía, y que se han ido cumpliendo minuciosamente en la vida real. Cuando nos veamos le citaré algunos (que no le conciernen en nada, por lo demás nada le concierne en mis libros, salvo hasta ahora el *pastiche* que ya conoce, en el que es usted nombrado con todas las letras). Pero no es en absoluto a la telepatía y la teoría de Bergson a las que atribuyo esta descripción de hechos que no podía conocer. Yo creo que es la consecuencia lógica de unas premisas verdaderas. ¿Acaso no hay un teorema que dice: cuando dos triángulos semejantes, etcétera? Pues bien, creo que esta geometría es también verdadera para la humanidad, y que cuando uno se ciñe a un razonamiento riguroso se descubre naturalmente con la exactitud más sutil lo que la vida verifica posteriormente, para asombro mayúsculo del lector informado.

La frase dicha la otra noche en casa de la señora H[ennesy] (y aquí dejamos de lado el razonamiento, la telepatía, etcétera: no tiene nada que ver) es ésta. No sé ya quién, si la señora H o usted, afirmó que la señora de Guermantes en mi libro era la señora Greffulhe. Yo protesté con una vivacidad extrema. Acabé, sin embargo, por aceptar que durante dos minutos, en *Guermantes I*, hay un destello del atuendo y la belleza en la Ópera que es un poco de la señora Greffulhe. Pero, sin pensar que un lector o una lectora prestan poca atención a los detalles de un libro, olvidé decir que la señora de Guermantes, que durante cinco líneas se parece a la señora Greffulhe, no es en absoluto la duquesa de Guermantes en el salón de quien se habla durante todo un volumen, sino su prima la princesa de Guermantes. Por lo demás, mirando el libro un minuto con usted, se daría cuenta de que no hay duda posible, son antítesis la una de la otra. La duquesa de Guermantes es exactamente lo contrario de la princesa de Guermantes. Salvo porque es virtuosa, ella (la duquesa de Guermantes) se parece un poco a la gallina correosa que tomé antaño por un ave del paraíso y que, como un loro, no sabía sino responderme «Fitz James me espera» cuando yo quería capturarla bajo los árboles de la avenue Gabriel. Al hacer de ella un poderoso buitre, al menos he evitado que se la tome por una vieja cotorra. Todas estas muestras de severidad son, por lo demás, verbales, pues me deja consternado como el día en que me ignoró en otro tiempo. No he puesto los pies en su casa desde hace no sé cuántos años, e iría a decirle con todo el dolor que siento las palabras que le escribo si no temiera comprometerme en un salón en el que reina como maestro Arthur Meyer, de cráneo sonrosado en forma de pan de azúcar, ese Arthur Meyer semejante al gran augur en esa bella Helena del Imperio que en su infancia de hoy debe de recordarle su vejez. En cuanto a mis libros, no se los envío. Como ella conoció en mi casa a Croisset y lo tomó por yerno, creo que tiene en él una mina suficiente de literatura.

Le dejo, querido amigo, después de haberle aburrido con tantas páginas, créame fielmente suyo,

MARCEL PROUST

Por una curiosa casualidad me llegan catorce nuevas páginas fascinantes de R. de Montesquiou en el momento en que he terminado de escribirle a usted. Ocurrió ya lo mismo la última vez. Qué talento, qué gracia, qué amargura justificada, qué noble melancolía en este deslumbrante epistológrafo. Siento verdadera vergüenza cuando me habla simplemente de su falta de éxito (tan inmerecido) y de mis éxitos (?) que, si éxito hay, son también muy inmerecidos. No puedo decirle por carta todo el desgarro que me causa la situación.

P. D. 2: ¿Conoce usted a la señora de Jacques de Rohan Chabot, a quien debo, sin saberlo hasta hoy, una gratitud infinita? Cuando le pregunto «¿Conoce usted?» no vaya a creer que eso quiere decir «¿Puede presentármela?», o «Háblele de mí», como se dice generalmente en tales casos. No tengo necesidad de nadie para hablarle de mí, pero he sabido sólo muy tarde que la señora deseaba que le hablase. Sin embargo, temo no estar lo bastante bien para ir a verla antes de su partida, y menos para dejarla venir a verme (no la conocía ni de vista, y ha sido de nuevo una telepatía la que nos ha acercado).

Otra dama (que no tiene nada de la señora de Chabot) me ha disgustado mucho a causa de unas invenciones embusteras. En primer lugar, decía que me vio en una velada en casa de la duquesa de Clermont Tonnerre, velada a la que no pude ir, como lamentablemente tampoco a ninguna de las fiestas de su señora hermana. Hasta aquí la mentira era insignificante. Pero añadió que me peleé con usted, lo que me causa horror sólo de pensarlo. ¡Me gusta el duelo, pero lo prefiero a usted!

Carta escrita (como diría el señor de Norpois) *du tac-au-tac*,[1] pero olvidada por Céleste.

122. CARTA ABIERTA A JACQUES BOULENGER[2]

[*Noche del 24 al 25 de agosto de 1921*]

Querido amigo:

Dice usted cosas de lo más amables sobre mi persona a propósito de Flaubert. Me siento infinitamente emociona-

[1] Responder inmediatamente en los mismos términos. (*N. del T.*).

[2] Se trata de una carta abierta para ser publicada en la NRF del 1.º de septiembre de 1921 como respuesta al artículo de Boulenger sobre Flaubert, «Flaubert y el estilo», aparecido el 19 de agosto de 1921. El objetivo de Boulenger era demostrar que Flaubert «escribía mal». Proust sostiene la tesis exactamente contraria.

do, pues ya sabe la valía que le atribuyo, no sólo como crítico. Sin embargo, no soy del todo de su opinión. Flaubert tenía cierta idea, acaso un poco excesiva, de la belleza, a la que sacrificaba la corrección y muchas otras cosas. Si uno adopta el punto de vista de usted, el primer error de francés de *La educación sentimental* es el título. Es incluso oscuro, ya que usted lo interpreta como la Educación del Sentimiento, mientras que yo lo entiendo de muy otro modo: la Educación puramente sentimental, en la que los maestros que tenían que educar no apelaron en el joven más que al sentimiento. Si no ando errado, la novela de Flaubert a la que convendría mejor ese título es *Madame Bovary*: no tengo ninguna duda de que la protagonista es la víctima de una educación sentimental. De ahí las piruetas de Faguet al respecto: «*La educación sentimental*—a saber, *Madame Bovary*—es la primera novela de Flaubert. Es también la novela francesa cuyo título es más claro—tras *El Rojo y el Negro* se entiende, que como sabe es agua de manantial, etcétera—». Sin embargo, estoy un poco menos seguro por lo que hace a *La educación* que a *Madame Bovary*. Sólo la autoridad de un gran amigo y émulo de Flaubert como Henry Céard podría hacernos desempatar. Considera usted incorrecta una frase que no tengo ante los ojos, pero que es poco más o menos ésta: «*La longue* suite *de ces hommes de génie lui donnait envie de* les *connaître*». *Suite* es singular, y *les* es plural, pero no es un error de francés, es una anomalía gramatical catalogada. Se elogia a Racine por haber escrito:

Entre le Pauvre et vous, vous prendrez Dieu pour Juge
Vous souvenant mon fils que caché sous ce lin
Comme eux vous fûtes pauvres et comme eux orphelin.[1]

[Entre el pobre y vos, pondréis de juez a Dios, | si bien acordaos, hijo mío, que vestido ahora de lino, | erais como ellos un huérfano y mísero niño].

[1] Racine, *Atalía*, acto IV, escena 3, vv. 1406-1408

¿Por qué prohibir a Flaubert lo que se permite a Racine? Señala usted los errores de francés cometidos por Homais, pero ¿debe un personaje hablar como el autor? ¿Acaso los sirvientes de Molière se expresan como Alcestes? Permítame creer que «*Le tétrarque vint s'y accouder et regarde*» es una errata. Flaubert jamás habría cometido semejante error; menos aún teniendo en cuenta que cuando comete errores de francés es para obtener un efecto de continuidad (aquí, por el contrario, la falta menoscabaría la continuidad). Cuando se piensa en Flaubert, hay que recordar siempre que lo que él admiraba más en la lengua francesa era esta frase de Montesquieu: «Los vicios de Alejandro eran extremos como sus virtudes; era terrible en la cólera; lo volvía cruel». Y me figuro que le gustaba sobre todo a causa de la manera maravillosa en que asegura la continuidad. Es cierto que esta frase es, a pesar de ello, más ligera, más espontánea, que las de Flaubert. No obstante, para alcanzar unos logros de este tipo hacía grandes esfuerzos, pese al escepticismo de Jules Lemaître: «No (mucho mejor)—escribía—, debía pasar buena parte del tiempo sin hacer nada, exageraba. Por lo demás, una página como ésa no es que lleve mucho escribirla, ¿no?». El artículo de Lemaître es encantador, pero las páginas de Flaubert tienen más enjundia. Aunque sea un poco pesado, desde hace cien años toda innovación literaria ha sido en cierto sentido un tanto vulgar a los ojos de los contemporáneos. Y hay que agradecer a Flaubert que, al instaurar una especie de prosa a lo Courbet, haya mantenido a pesar de ello la tradición de Bossuet. Los Goncourt se lo reprochan, pero acabo de leer el artículo de usted y me dicen que el nuevo número de la *Revue* ya está en pruebas. Estoy demasiado fatigado para continuar este comienzo de carta y para releerla. Sólo quisiera concluir mediante su presente de indicativo «*regarde*», en *Herodías*. No cabe duda, es una errata. A veces, en los artículos más maravillosos de Léon Daudet (que no siempre es del todo legible) hay este tipo de faltas; yo las recojo como algo precioso en la página ardiente del gran prosista, diciéndome: «Es un gazapo». ¡Y no por eso creo que cometa faltas de francés! Lamentablemente, cuántos gazapos habrá—¡y menos preciosos!—en una carta escrita en un cuarto de hora de marejada y de flujo, en que la enfermedad me impide acabar. Puede condenarme con Flaubert, no conozco más «noble compañía». Querido amigo, le dejo después de esta simple muestra de amistad y de testarudez. La gran paciencia de Flaubert debería impedir que se dejara imprimir lo que no es siquiera digno de ser escrito en papel de carta y a lo sumo podría decirse charlando o al «teléfono».

Suyo,

MARCEL PROUST

También parece reprocharme el haber llevado a Thibaudet a «obtener» no sólo sus perfectos argumentos, sino esa cita de La Fontaine que nadie más hubiese encontrado.

123. A ANDRÉ LANG

[*Segunda quincena de octubre de 1921*]

Señor y querido colega:[1]

La definición de novela de análisis no me convence mucho. Ha adquirido el sentido de examen al microscopio, expresión que tiene un sentido erróneo en el lenguaje común, porque lo infinitamente pequeño no está en absoluto—como demuestra la medicina—desprovisto de importancia. Por mi parte, mi instrumento de trabajo preferido es más el telesco-

[1] Se trata de la respuesta de Proust a Lang, que le envió por escrito dos preguntas en vista de que no había podido entrevistarlo personalmente. Las preguntas eran: ¿Existen aún las escuelas literarias? y ¿Tiene algún sentido distinguir entre la novela de análisis y la de aventuras, y si es así, cuál? La respuesta de Proust se publicó en *Les Annales politiques et littéraires* del 26 de febrero de 1922.

pio que el microscopio. Pero he tenido la desgracia de comenzar un libro con la palabra *yo* y enseguida se ha creído que en vez de esforzarme en descubrir las leyes generales «me analizaba» en el sentido individual y detestable de la palabra. De modo que sustituiría la expresión «novela de análisis» por la de «novela de introspección». En cuanto a la novela de aventuras, está fuera de duda que grandes leyes las hay también en la vida, en la vida exterior, y si la novela de aventuras sabe sacarlas a la luz vale tanto como la novela de introspección. Todo lo que puede contribuir a descubrir leyes, a arrojar luz sobre lo desconocido, a hacer conocer más profundamente la vida, es igualmente válido. Sólo que una novela semejante de aventuras es una novela introspectiva con otro nombre. Lo que parece exterior sólo lo descubrimos en nosotros mismos. La definición de *cosa mentale* que Leonardo de Vinci daba de la pintura es aplicable a toda obra de arte. Hay que admitir, sin embargo, que la novela de aventuras, aunque no tenga tan altas aspiraciones, lleva fácilmente el sello de la inteligencia que la maneja con soltura. Stevenson ha escrito grandes obras maestras, pero también simples novelas de aventuras deliciosas y fascinantes. Giran en torno a personajes como el príncipe Florizel de Bohemia, al que el autor, para despojar a su ficción del menor atisbo de necedad que podría inocularle el esnobismo, hace acabar vendiendo cigarrillos en una tienda de Londres. Para hacer una última consideración sobre la novela llamada de análisis, en mi opinión no debe ser en absoluto una novela fruto de la pura inteligencia. Es necesario salir del dominio del inconsciente para hacerla entrar en el de la inteligencia, pero tratando de mantenerla viva, de no mutilarla, de hacer que pierda lo menos posible, una realidad que la simple lucidez intelectual bastaría, según parece, para destruir. Para tener éxito en este trabajo de salvamento son precisas todas las fuerzas de la mente e incluso del cuerpo. Es un poco el mismo tipo de esfuerzo prudente, dócil, atrevido que debería hacer quien, aún adormecido, quisiera examinar con la inteligencia su sueño sin despertar. La tarea requiere cautela, pero no es imposible, aunque parezca encerrar una contradicción.

Me hace, por último, una pregunta sobre las «escuelas». Son meramente un símbolo material del tiempo necesario para que un gran artista sea comprendido y situado entre sus iguales, para que la despreciada *Olympia*[1] descanse al lado de los Ingres, para que Baudelaire, tras revisarse el juicio sobre él, sea hermanado con Racine (con quien sobre todo tiene, por lo demás, afinidades formales). Racine es más fecundo en descubrimientos psicológicos, Baudelaire más magistral por lo que toca a las leyes de la reminiscencia, que, por otra parte, desde mi punto de vista tienen una exposición más viva en Chateaubriand o en Nerval. En Baudelaire la reminiscencia se encuentra en estado estático, existe ya cuando la composición comienza («*Quand les deux yeux fermés*», etcétera, «*O toison moutonnant*», etcétera). Última y leve diferencia: Racine es más inmoral.

Tan pronto como el innovador es comprendido, queda liberado de la escuela, que ya no se precisa. Por lo demás, incluso mientras resulta novedoso, el gusto del innovador supera sobradamente la escuela. Hugo enarbolaba el romanticismo como su escuela, pero sabía disfrutar de Boileau y Regnard, Wagner no consideraba la música italiana con la severidad de los wagnerianos.

Sin más por el momento, señor y colega, me despido muy atentamente,

MARCEL PROUST

[1] Se trata del cuadro de Manet, pintado en 1863, y que produjo en su momento un gran escándalo.

II. LA PINTURA

124. A MAURICE LE BLOND

[27 o 28 de agosto de 1904]

Muy señor mío:

He recibido el cuestionario que me ha hecho el honor de enviarme.[1] Con la excusa de precisar el sentido de las preguntas que formula, le ruego que concrete cuál desea que sea el espíritu de las respuestas. Después de dos páginas de explicaciones sumamente interesantes y, como muy bien dice usted, indispensables, considera con razón al lector suficientemente «preparado», por lo que es posible exponer su pensamiento sin tantas precauciones y desvelar su objetivo, que no es en absoluto «realizar una encuesta», sino someter a consulta una opinión, ¿no es cierto? Por eso, después de las «indispensables explicaciones» da usted a su cuestionario una nueva forma totalmente franca: «¿Acepta la *tiranía secular* de Roma, etcétera? ¿Cree que el Estado tiene derecho a *someter* la personalidad artística?». Planteada la pregunta en estos términos, ¿habría alguien dispuesto a responder que está a favor de la tiranía de Roma y del sometimiento de la personalidad? Es obvio que no lo piensa usted, a pesar de la iro-

[1] Le Blond llevaba a cabo una encuesta para la revista *Les Arts de la Vie* dirigida a «personalidades del arte, de la literatura y de la política» acerca de la separación de las Bellas Artes y el Estado, a publicar en octubre de 1904. Se trataba, en realidad, de una campaña para suprimir el presupuesto de Bellas Artes. Las preguntas eran: «¿Reconoce al Estado el derecho de imponer una concepción del arte y de reprimir las tendencias estéticas de una época monopolizando la enseñanza de las Bellas Artes? ¿Cuáles son las condiciones sociales más favorables al desarrollo de las artes? ¿Vería usted algún inconveniente en suprimir el presupuesto de Bellas Artes?».

nía que imprime al improbable temerario: «Sí, sí, el actual estado de cosas está muy bien».

Y sin embargo, señor, ¿tan importante considera que el Estado tenga o no el derecho de *someter* la personalidad, dado que jamás tendrá el *poder*? Lo que *puede* someter la personalidad de un artista es, en primer lugar, la fuerza benéfica de una personalidad más poderosa que la suya. Tal servidumbre está muy próxima a un inicio de libertad. Otros poderes maléficos son la pereza, la enfermedad, el esnobismo. Pero ¿cómo cree que el Estado, señor, puede someter la personalidad de alguien? Tome a cualquiera de los pintores oficiales, cuya pintura no aprecia usted más que yo. ¿De veras cree que el Estado lo ha ahogado y que una utopía mental sabiamente dirigida podría haber hecho de él un Claude Monet o incluso un Vuillard? ¿Y cree que Claude Monet «sometido por el Estado» pintaría como el señor Z.? Yo creo que nuestros fracasos sólo son achacables a la falta de disciplina, no de libertad. No creo que la libertad sea muy útil al artista, creo que sobre todo para el artista de hoy, como para un neurópata, la disciplina sería absolutamente beneficiosa. La disciplina es de por sí productiva, independientemente del valor de lo que prescriba. De todos modos, pudiendo elegir, sería preferible que quienes tienen como cometido enseñar fueran verdaderamente «maestros». Lo que me lleva a sugerir una solución no muy radical, pero quizá bastante sensata para el problema que usted plantea.

¿Por qué, en vez de pedir la supresión de la Escuela de Bellas Artes no pide que Claude Monet, Fantin-Latour, Degas, Rodin den cursos allí? No sé quiénes son los actuales profesores, pero no debemos olvidar que Gustave Moreau y Puvis de Chavannes enseñaron en la rue Bonaparte. Por lo demás, supongo que hay muchos cursos «auxiliares» en los que los más grandes no necesariamente serían los más instructivos. Gaston Boissier es evidentemente un escritor mucho menos grande que Pierre Loti, pero se aprendería probablemente más de sus cursos que de los de Loti. No obstante, debo admitir que la pintura oficial, al igual que la música oficial, está mucho más alejada de la verdadera pintura de lo que la literatura y la filosofía oficiales lo están de la verdadera literatura y filosofía. En suma, la mayor parte de nuestros mejores escritores pertenecen o pertenecerán (con tal de que así lo queramos) a la Academia Francesa. Lachelier, Darlu, Boutroux, Bergson, Brunschvicg pertenecen a la universidad. En cambio, muchos de nuestros mayores pintores y músicos no pertenecen al Instituto y no parecen tener muchas oportunidades de entrar un día.

En fin, señor, por lo que se refiere al primer punto, pese a reconocerme terriblemente incompetente en la materia, como habrá tenido sobrada ocasión de advertir, soy partidario de una solución mixta. Subida del nivel de la enseñanza con una elección más libre de los profesores, y en particular con el encargo de cursos a hombres de la envergadura de Monet, Degas, Fantin-Latour, Rodin (y otros que usted conoce tan bien como yo). He citado algunos de los nombres más significativos, de artistas que han alcanzado un nivel profesional indiscutible hoy día.

En cuanto a la segunda pregunta, no sugiero soluciones, porque la situación actual me parece excelente. No creo que haya sitios en la tierra que tengan el monopolio de la belleza: sin embargo, Roma, si hemos de creer, por ejemplo, en las páginas que le ha dedicado recientemente Maeterlinck, parece ser uno de los lugares que pueden ejercer en la imaginación de un artista un influjo particularmente estimulante y duradero. Conozco, por lo demás, varios jóvenes absolutamente carentes de apoyos que, tras varios intentos inútiles de obtener trabajo, han ido a pasar años a Roma. Naturalmente, creo que es posible encontrar la belleza en otras partes, por doquier. Pero, como hay que elegir, no veo por qué alguna bella localidad como Honfleur, Volendam, Quimperlé, o cualquier otra, debería ser preferible a Roma.

En cuanto a la «tiranía» que el ideal «romano» ejerce sobre nosotros, ¿no cree usted que precisamente al esforzarnos en obedecer a otros tomamos conciencia poco a poco de nosotros mismos? Nunca un poder fue más tiránico que el que ejercía sobre los artistas romanos el hieratismo bizantino. Y, sin embargo, ¿hay algo más delicioso que su escultura? Las obras ejecutadas con mayor libertad en tiempos posteriores todavía aceptan este yugo con una sumisión que, por mi parte, me parece incomparablemente fascinante. «La más bella escultura del mundo», según Huysmans—«La más bella escultura de la Edad Media», según Ruskin—es la del pórtico occidental de la catedral de Chartres. No hay obra maestra más original, más espontánea, más francesa que estas admirables estatuas de reinas. Y no obstante el artista sigue siendo esclavo de los preceptos y del estilo bizantinos. No parece, sin embargo, que este «tiránico» influjo haya sometido excesivamente su personalidad. Se trata de una exquisita mezcla de libertad y obediencia. ¿No cree que el influjo de los impresionistas ha sido infinitamente más tiránico que el de Roma? Es un gran error creer que es necesaria una constricción oficial para que tenga efecto un influjo artístico. El gran tirano es el amor, y cuando se carece de originalidad se imita servilmente lo que se ama. La verdad es, precisamente, que la única libertad del artista está en la originalidad. Esclavos son, se ocupe o no el Estado de ellos, los que carecen de originalidad. No trate de romper sus cadenas, se forjarían inmediatamente otras. En vez de imitar a Jean-Paul Laurens imitarían a Vallotton. Es mejor dejarlos permanecer en su primer estado.

Le saluda atentamente,

MARCEL PROUST

125. A LA SEÑORA CATUSSE

Versalles [Hacia mediados de diciembre de 1906]

Querida señora:

Tal vez Antoine le ha contado los inauditos contratiempos que tengo con la casa, yo estoy demasiado agotado para contárselos y por otra parte es un asunto tan carente de interés para los demás como detestable para mí mismo. Antoine se pondrá de acuerdo con usted por lo que hace a los tapiceros. En cuanto a los cuadros (aunque me parece que ya lo detallé en mi última carta):

Salón

Retrato de mamá

Retrato de papá por la señora Brouardel

y la pastorcilla deforme como una infanta de Velázquez, aunque fuera verosímilmente pintada en los Países Bajos

Saloncito

El retrato que me hizo Blanche y la pastorcilla infantil, si le parece que queda mejor en el saloncito que en el salón. Es un bonito cuadro que debe estar muy presente.

Creo que Robert se llevará el Govaert Flinck y el retrato que hizo de papá Leconte de Nouÿ.

En mi habitación, ningún cuadro.

En una sombra propicia, al fondo de la antesala o del comedor, *Ester y Amán*. Y la escena de historia romana.

En el comedor, si es lo bastante grande, las copias de pintores animalistas, por otra parte muy convenientes, me parecen totalmente indicadas.

Todo esto, si cuenta con *su* aprobación. Pues es usted, como dice Renan, «la diosa cuyo nombre es sinónimo de mesura y prudencia, orden y belleza, etcétera».

Dice usted que mamá estaba orgullosa de su antesala. Estaba orgullosa sobre todo de la amiga que le había acondicionado todas las estancias, y no dejaba de hablar de ella.

Lo bueno de conseguir a continuación una «sala de tapices» o de lindos paneles simétricos, sería... que mi cuñada no se los llevaría. Si los ven inutilizados...

Los tapices me inquietan. ¿El del gran salón no tiene un borde que podría descoserse? Tal vez el tamaño estaría bien una vez descosido, ¿o aún sería demasiado grande? Creo que a Robert (que, por otra parte, en principio *no coge nada* del apartamento, así es como hemos quedado) le gustaba el antiguo tapiz de papá (salón del boulevard Malesherbes, comedor de la rue de Courcelles), y era, en efecto, el más hermoso. Pero me temo que sea muy viejo y esté hecho trizas para dárselo. En mi habitación no querré ningún tapiz clavado en la pared, una simple alfombra en el suelo (me encanta en todas partes, facilita mucho la limpieza, pero quizá resulte un poco húmedo).

Pero sí se podrán clavar cosas más tarde cuando ya esté instalado, siempre que pueda sufrir en silencio los primeros tiempos tras la mudanza. Cuando me encuentre mejor, con gusto dejaré venir (tarde) a todos los tapiceros del mundo. Cuánto lamento no poder salir, cuánto me gustaría no temerle al polvo. Mucho me gustaría atravesar, bajo la guía de esta Beatriz del arcaísmo, lo que Balzac llamaría «los círculos del infierno de la curiosidad». No tengo ni *sombra de ideas*, y no es que quisiera demasiado tenerlas porque es malo para un escritor (que, por otra parte, no soy), pero ¡me gustaría mucho comprar bibelots con usted e incluso sin usted, instruirme, coleccionar! Sueño en este momento con comprar un día, si descubriera uno por poco dinero, para empezar algún cuadro de un primitivo veneciano, y luego de un primitivo toscano, sienés o romano. No llamo primitivos a los pintores menos primitivos del mundo a los que la gente de mundo da este nombre, como Botticelli, Mantegna, etcétera, que por otra parte adoro. Pienso, más modestamente, en pintores mucho más antiguos, por ejemplo en alguna cacería de Vivarini, que sería motivo para infinitas ensoñaciones, o en algún pintor sienés o romano, en uno de esos artistas cuyas obras en el Cappellone degli Spagnoli Ruskin atribuye sin inmutarse a Taddeo Gaddi o a Memmi cuando lo único que se sabe con seguridad es que no son ni de uno ni del otro. Si yo fuera rico no trataría de comprar obras maestras, que dejaría para los museos, sino esos cuadros que conservan el olor de una ciudad o la humedad de una iglesia y que, como bibelots, contienen tanto de sueño por asociación de ideas como por sí mismos.

Su respetuoso amigo

MARCEL PROUST

Hay una habitación en la que *no* querría en ningún caso tapices, mi dormitorio.

126. A HÉLÈNE DE CARAMAN-CHIMAY

[*Poco antes del 28 de junio de 1907*]

Princesa:

Acabo de pasarlo tan mal que no he podido escribirle, ni tampoco escribir a mis amigos en lo referente a Holanda. Pero recuerdo que en Holanda vi una cosa deliciosa y única que no se ve nunca: Volendam. Se toma desde Ámsterdam (verifíquelo) un tranvía hasta Monnickendam. Luego el *coche d'eau*. No hay otro modo de ir que el barco del camino de sirga. Así llegará a Volendam y estoy seguro de que quedará verdaderamente encantada. (Es un paseo de nada, se sale a las dos y se regresa directamente a Ámsterdam). Cerca de Ámsterdam sé que está muy bien ir a Alkmaar el día del mercado del queso, pero yo no he ido, como tampoco a Veere, que es, creo, una Venecia deliciosa, ni a Midelburgo, donde hay un encantador y viejo ayuntamiento. Delft me gustó muchísimo, pero es un tanto clásica. El cuadro que más me gustó en Holanda y que es, por otra parte, ilustre, pero, en fin, por si acaso se lo recuerdo, es la *Vista de Delft* de Vermeer de Delft (llamado también Van der Meer de Delft, no confundir con Van der Neer) en el Museo de la Haya. Evidentemente, en Ámsterdam hay tres o cuatro Rembrandt que me gustan aún más. Pero la *Vista de Delft* me parece uno de los cinco o seis cuadros más hermosos que conozco en el mundo entero, así como una mujer del mismo Vermeer también en la Haya, y (menos hermoso, pero encantador) una calle de Delft del mismo, en la casa Six de Ámsterdam. Lo que quizá más me gustó fue Dordrecht, subí hasta lo alto de la torre y tomé el barco que me llevó (salvo error) hasta Róterdam. Por lo demás, en el breve prólogo a *Sésamo y lirios* que me ha hecho el honor de permitirme dedicarle a usted y nunca podré agradecerle lo bastante, se me han escapado involuntariamente varias impresiones sobre este divino país. Princesa, el primero de julio, día en que la invitaba a cenar, tendré a Fauré, que se encargará de la música, y realmente sería una pena que no lo oyera. Si está usted de regreso dígamelo, e incluso si no quiere venir le pediré consejo a Paul. La celebración será sin duda en el Ritz o en el Madrid, en un pequeño comedor reservado.

Su respetuoso amigo

MARCEL PROUST

127. A LA SEÑORA DE MADRAZO

Jueves [*9 de marzo de 1916*]

Querida amiga:

Espero todos los días estar en condiciones al día siguiente para llevarle yo mismo el Carpaccio.[1] Y como ese «día siguiente» tarda demasiado me he resignado a mandárselo por correo. Hace un momento he reconocido el cuadro extraor-

[1] El libro *Vittore Carpaccio. La vie et l'œuvre du peintre*, de G. Ludwig y P. Molmenti, París, Hachette, 1910.

dinario que se llama, creo, *La Santa Cruz*[1] y representa una ceremonia de exorcismo oficiada por el patriarca de Venecia, uno de los Carpaccio en los que este pintor divino evocó más libre y realísticamente la Venecia de su tiempo. Es, desde el punto de vista documental, el más seductor Carpaccio. Si recuerda el cuadro, hay en él toda una eflorescencia de chimeneas de boca ancha, tan bellas como una eflorescencia de tulipas, y no me sorprendería que hubiera inspirado un poco ciertas pequeñas Venecias de Whistler. En cuanto a los compañeros de la [Compagnie della] Calza, los recordaba mejor en la *Vida de santa Úrsula*,[2] donde Carpaccio procuró honrarlos y los reúne con alegría. Pero no tengo el cuadro lo bastante presente para recordar los colores. Por tanto, cuando vea a Fortuny me daría una alegría si le pidiera la descripción más *llana* de su manto, como la de un catálogo que describiera tela, colores, dibujo (es el personaje que da la espalda, ¿no?). Ello me sería infinitamente precioso, pues voy a dedicar todo un fragmento al asunto.

Querida amiga, el trabajo es para mí una *coartada*. Pero ya sabe dónde está en realidad mi corazón en este momento, puesto que tiene allí por vecino próximo el suyo: en Vraincour. Digamos una vez más: «Sólo el silencio es grande, todo lo demás es debilidad».[3]

Reciba un respetuoso y afectuoso saludo,

MARCEL PROUST

[1] El cuadro *Un milagro de la reliquia de la Verdadera Cruz*, también llamado *El patriarca de grado libera a un poseído con la reliquia de la Santa Cruz*, 1494, Galería de la Academia, Venecia.

[2] Ciclo de nueve pinturas realizado por Carpaccio sobre la vida de la santa para la Escuela de Santa Úrsula en Venecia (1490-1498).

[3] Alfred de Vigny, «La mort du loup», estrofa 3, verso 6.

128. A JEAN COCTEAU

[*Poco después del 21 de mayo de 1917*]

Querido Jean:

Si no tuviera tal ataque hoy me gustaría hablarle—en cuanto al señor Picasso—[1] de los estados de ánimo y del *spleen* que me provoca incansablemente el azul dominical en los astrágalos blancos del acróbata incomprendido, que baila «como si dirigiera reproches a Dios».[2] Vivo con esta nostalgia.

Los otros eran unos ballets cualesquiera. Voy a decirle qué pesares continúa provocando en mí el más emocionante. Vuelvo a ver el caballo malva como si fuera el Cisne: «... *avec ses gestes fous, | comme les exilés ridicule et sublime*».[3]

«Y luego pienso en usted». En usted, Jean, y pienso también en la tela escocesa de la niña, tan conmovedora, de la niña que frena y pone en marcha de forma tan maravillosa. Qué concentración en todo ello, qué alimento para épocas de hambre y qué tristeza no haber frecuentado, cuando yo aún tenía piernas, el polvo de los circos y todo lo que tanta compasión desgarradora me inspira esta noche.

Gracias, querido Jean, por haberme ayudado de todas formas a ir a buscar al Châtelet:

Le seul pain si délectable
Que ne sert pas à sa table
Le monde que nous suivons.[4]

[1] La carta comenta el ballet *Parade*, realizado por los Ballets Rusos de Diáguilev y estrenado el 18 de mayo de 1917 en el Teatro del Châtelet, al que Proust había asistido. El argumento era de Jean Cocteau, la música de Erik Satie, la coreografía de Léonide Massine y el vestuario y decorados de Pablo Picasso. El ballet recreaba un desfile de actores de circo por las calles de París para atraer espectadores a una función.

[2] Baudelaire, *Las flores del mal*, «LXXXIX. El cisne», séptima estrofa.

[3] *Ibid.*, «LXXXIX. El cisne», novena estrofa.

[4] Racine, *Cantiques spirituels*: «... *C'est ce pain si délectable | que ne*

[El único pan tan delicioso | que no sirve en su mesa | la gente que seguimos].

Qué *bello* es Picasso.
Afectuosamente suyo,

MARCEL

129. A ÉMILE HENRIOT

Jueves [*2 de diciembre de 1920*]

Muy señor mío:[1]

Yo creo que todo arte verdadero es clásico, pero las leyes de la inteligencia raramente permiten que sea reconocido como tal en el momento de su aparición. Desde este punto de vista, vale para el arte lo mismo que para la vida. El lenguaje del enamorado desdichado, de la persona políticamente comprometida, de los padres razonables parece de irresistible evidencia a quien lo emplea. Y sin embargo no convence a sus destinatarios: una verdad no se impone desde fuera a unas mentes a las que debe previamente hacer semejantes a aquella en la que ha nacido. Por más que Manet sostuviera que su *Olympia* era clásica y dijera a quienes la contemplaban: «Aquí tenéis, justo lo que admiráis en los maestros», la gente sólo veía en ella una tomadura de pelo. Hoy, sin embargo, el placer que se siente delante de la *Olympia* es el mismo que producen las más antiguas obras maestras entre las que se encuentra—y en la lectura de Baudelaire el mismo placer que en la de Racine—. Baudelaire no sabe, o no quiere, acabar una composición suya, y por otra parte no hay una sola

---

sert point à sa table | le monde que vous suivez», tercera estrofa, modificada por Proust.

[1] Esta carta responde a un cuestionario realizado por Henriot para *La Renaissance politique, littéraire, artistique* sobre romanticismo y clasicismo. Las respuestas aparecieron el 8 de enero de 1921.

en la que no se sucedan y se adensen con tal riqueza todas las verdades concentradas en la única declaración de Fedra. Pero el estilo de las «poesías condenadas»,[1] que es exactamente el de las tragedias, quizá sea todavía superior en nobleza. Estos grandes innovadores son los únicos verdaderos clásicos y forman una serie casi continua. Los imitadores de los clásicos, en sus momentos más felices, satisfacen sólo nuestra erudición y nuestro gusto, lo cual no tiene mucho valor. Que los innovadores dignos de ser considerados un día clásicos obedecen a una severa disciplina interior y son ante todo constructores es indudable. Pero justamente porque su arquitectura es nueva, pasa mucho tiempo antes de que sea reconocida como tal. A tal punto el arte de estos clásicos todavía no reconocidos es el mismo que el de los del pasado que los primeros son los que realizan la mejor crítica de los segundos. Sin duda, no es necesario que tal crítica se oponga a las tendencias, al camino que sigue el artista para crecer. No hay nada más necio que decir, como Théophile Gautier, poeta por otra parte de tercera, que el más bello verso de Racine es: «*La fille de Minos et de Pasiphaé*» ['La hija de Minos y de Pasifae'].[2]

Pero nada nos impide disfrutar en las tragedias de Racine, en sus *Cánticos*, en las cartas de Madame de Sévigné, en Boileau, de unas bellezas que se encuentran realmente en ellos y que el siglo XVII apenas si percibió.

En resumen, a los grandes artistas a los que se calificó de románticos, realistas, decadentes, etcétera, mientras fueron incomprendidos, yo los llamaría clásicos si Charles Maurras, en los espléndidos estudios que ha firmado como Critón, no nos hubiera advertido de los peligros inherentes a multiplicar así denominaciones más o menos arbitrarias.

MARCEL PROUST

[1] La última parte de *Las flores del mal* de Baudelaire.

[2] Racine, *Fedra*, acto I, escena I, v. 36.

III. LA MÚSICA

130. A SUZETTE LEMAIRE

[*Mediados de noviembre de 1894*]

Querida señorita Suzette:

Me ha entendido usted muy mal. Disimulo tanto menos mi wagnerianismo con Reynaldo cuanto que lo comparte. El punto sobre el que estamos en desacuerdo es que yo creo que la esencia de la música es despertar en nosotros ese fondo misterioso (e inexpresable en la literatura y en general en todas las formas de expresión acabadas, que se sirven de palabras y por consiguiente de ideas, cosas determinadas, o de objetos determinados—pintura, escultura—) de nuestra alma, que comienza allí donde lo acabado y todas las artes que tienen por objeto lo acabado se detienen, allí donde también se detiene la ciencia; ese fondo misterioso que, por lo mismo, puede denominarse religioso. Todo ello no tiene gran sentido dicho así tan rápidamente y merecería una conversación más larga.

Reynaldo, por el contrario, al considerar que la música se encuentra en una perpetua dependencia de la palabra, la concibe como el modo de expresión de sentimientos particulares, que precisa matices como la *conversación*. Ya sabe que le aburre soberanamente una sinfonía de Beethoven (que para mí no es sólo lo más hermoso en música, sino también lo que desempeña la más alta *función* de la música, porque se mueve al margen de lo particular, de lo concreto—es tan profunda y tan vaga como nuestro sentimiento o nuestra voluntad en su esencia, es decir, abstracción hecha de los objetos particulares y exteriores a los que puedan adherirse). Es demasiado artista para no admirarla profundamente, pero para él la música no es eso y en el fondo no le interesa. Yo nunca le he ocultado a Reynaldo mi divergencia acerca de este punto capital. Y si le he dije a usted «espero que Reynaldo no me oiga» era tan sólo para recordarle que él no comparte mi opinión. Del mismo modo, si yo hiciera delante de usted el elogio de Amaury, diría «espero que la señorita Suzette no me oiga». Debo decir, por otra parte, que, en efecto, en la vida de sociedad no pongo en discusión de buen grado las opiniones musicales de Reynaldo. En primer lugar, sería arrogancia por mi parte. Sé perfectamente lo que puede haber de condescendencia en la gentileza de usted cuando acepta hablar conmigo de pintura y en la de él cuando acepta hablar de música conmigo. Y no caeré en el ridículo de contraponer la opinión de un ignorante a la de un artista singular. Por otra parte, no es fecundo tener discusiones tan generales. Me doy perfecta cuenta de que la manera de abordar la música de Reynaldo surge de forma totalmente natural de su temperamento de músico literario. Sus tendencias no son, créame, el fruto de sus teorías, más bien sus teorías, como siempre, son la justificación que su espíritu maravillosamente ágil da de su temperamento. No se lucha contra un temperamento y yo tengo por el de Reynaldo una admiración demasiado profunda para querer discutírselo. Y por último, y sobre todo, discutir sobre la música enerva enseguida a Reynaldo y le resulta penosísimo. Si creo tener algo teórico que decirle, para satisfacción de mi conciencia se lo digo cuando estoy a solas con él.

Qué felicidad que vuelva usted. Me encontrará muy endeble de salud, pero dichosísimo de verla.

Diga, pues, a su señora madre que no he sabido moverme para publicar en un periódico el breve cuento sobre ella y sobre usted. (Lo he intentado en *La Patrie*, pero he fracasado, igual que en *La Presse*). Bien sé que esto a usted le da igual, ¡pero para mí sería un gran placer! Si no quiere usted enviarlo a *Le Gaulois* porque parecería pedir que se le haga un elogio (lo que es absurdo, me atrevo a decirle con todo respeto, dado que su madre y yo estamos en una posición muy distinta: celebrada como ha sido por tantas personas ilustres, poco interés puede tener en el elogio de un desconocido como yo, de modo que el señor Arthur Meyer sin duda se daría cuenta de que proponía la publicación del cuento para complacerme, no por propio interés). Si ella no quiere enviarlo a *Le Gaulois*, me contentaría con que me pusiera, como me ofreció, en contacto con *Le Gaulois* para publicar una página mía. A la segunda o tercera cosa que me aceptaran, seguro que podría ofrecerles mi breve cuento sobre la señora Lemaire, que esta vez no sería ya responsable de la propuesta. Hay en *El castillo de Réveillon*[1] muchas piezas muy cortas e inéditas que encajarían en *Le Gaulois*. Por ejemplo, «Invitación a comer», que me enorgullece considerar más literario que muchos de los cuentos de *Le Gaulois*, y sin embargo está «dentro del género».

¡Vuelve usted, no recibiré más cartas suyas! Pero podremos charlar, lo cual será para mí un inmenso placer. Mi querida señorita Suzette, la quiero mucho. Va a ser simpático y bonito que nos veamos los dos, unas veces sencillamente y otras con trajes «raros y maravillosos». Creo que es porque soy ilegible por lo que ha leído usted «ciudades fortificadas de Élisée Reclus», pues no creo haber hablado nunca de ello.

Robert de Flers ha vuelto.

Quizá hasta mañana por la noche... ¡Qué felicidad!

MARCEL PROUST

131. A REYNALDO HAHN

Jueves por la noche [11 de abril de 1907]

Mi querido Genstil:

Ha sido a tal punto pícalo que no he podido hablarle para darle mil gracias por haberme hecho escuchar *Béatrice*

[1] El castillo de Réveillon era una propiedad de Madeleine Lemaire que Proust frecuentaba. *Los placeres y los días* se titulaba originalmente así.

d'Este,[1] de la que le diré simplemente que prefiero el (no sé qué número es) fragmento (usted adivinará cuál) a la sonata de Beethoven en la que está ese vivo canto pastoral que me gustaba más que nada en el mundo, que prefiero el fragmento (un número más avanzado) al «Idilio de Sigfrido», «Murmullos del bosque», etcétera, el primero y el último a la obertura de los *Maestros cantores*, aunque aquí no existe ninguna relación. En suma, me vuelve loco y me gustaría saber si mamá lo escuchó. Creo que dirigió usted de forma admirable, genial, el primer fragmento y todo el final (mejor de lo que Risler interpreta la obertura de los *Maestros cantores*). En el resto hace usted demasiadas bromas, demasiados amaneramientos, demasiados mohínes, y ese elevarse y echarse hacia atrás que no termina de convencerme. Hoy he comprendido por primera vez lo que quiere decir una bonita orquestación y nunca había visto tanta fuerza en la pureza. Aunque no tenía batuta, yo adivinaba en sus dedos la varita mágica que iba a despertar justo a tiempo, en un apartado rincón de la orquesta, un triángulo adormecido. He admirado que lograse usted forzar a tanta gente de mundo a detenerse y a escuchar una fuente que llora en el silencio y en la soledad. El agua en un aflujo de sístole sube hasta ella y acto seguido se extiende. No he komprendido «*vos mines et vos cris aux ombres d'indécence | Qui d'un mot ambigu peut avoir l'innocence*» ['vuestras caras y gritos ante la menor sombra de indecencia | en que puede hacer caer una palabra ambigua a la inocencia'][2] y me ha fastidiado que no haya mostrado usted el retrato de Polignac por Polignach.[3]

[1] Se trata de la obra de Reynaldo Hahn *Le Bal de Béatrice d'Este, duchesse de Milan (XVIe siècle). Suite pour instruments à vent, deux harpes et un piano.*

[2] Molière, *El misántropo*, acto III, escena 5, vv. 929-930.

[3] Aparentemente uno de los dibujos que Proust hacía para divertir a Reynaldo Hahn, que no se ha encontrado.

¿Quién pasaba las páginas? ¿Dónde estaba Bardach? D'Indy que reviente. La señorita Leclerc pronunciaba *une* diciendo «eunn». Las bujías no aguantaban y varias veces, sobre todo cuando usted se abandonó a unos acordes dejando caer sus manos de dos metros de alto y cuando dirigía enérgicamente, estuvieron a punto de quemar las rosas de papel de la rampa (un poco más y todo hubiera ardido). Le Gonidec tiene ahora el aire de Doudeaville o del señor de Biencourt. Estuvo al nivel y superó a la Leclerc, cuya risa de borracha me pareció lamentable. Por lo demás, tiene aún una voz menos viril que la Murat, que para colmo hacía un comentario picante después de cada frase musical, o mejor dicho al mismo tiempo. «¡Ah, *Las rosas de Isfahán*, todo el Oriente! Es exquisito, ¡bravo! ¡Cómo huele a los pebetes del serrallo! Qué exquisito, ¡bravo, bravo! Vaya, ya encienden las luces, qué exquisito, ¡bravo!», etcétera.

No he visto nunca nada tan hermoso, bueno, inteligente, fino, meditativo y dulce como la cara del señor Lister. Es un Régnier cuadrangular y dorado, delicioso. ¡Cómo han envejecido todas las personas que he conocido! Sólo la Polignac ha alcanzado finalmente esa juventud en que se logra la dulzura de la madurez. Y algunas viejas divinidades rudimentarias y feroces, con su perfil somero, no han cambiado en absoluto: la señora de Odon de Montesquiou, la señora de Fernand de Montebello, Saint-André, etcétera, siguen siendo inmutables en la fealdad bárbara de su efigie lombarda. Son retratos de monstruos del tiempo en que no se sabía dibujar.

Sasludos,

M. P.

132. A REYNALDO HAHN

Miércoles [*3 de julio de 1907*]

[-] arreglado el lunes, y mi fiesta fue el lunes 1.º de julio. El domingo a las siete de la tarde Hasselmans me hizo llegar

dos palabras para avisarme de que Fauré, aquejado de pronto de una grave indisposición, no podría presidir el concurso del Conservatorio, etcétera. Estaba enfermo, no me quedaba tiempo para preparar nada, por lo que escribí dos líneas a Risler para pedirle como un favor que viniera a tocar y que le daría los mil francos que pedía, que aunque estuviera cansado me haría un gran favor viniendo, que le habría pedido el favor a través de usted si no hubiera estado fuera de París, pero que no había tiempo para telegrafiarle a Londres. Me respondió aceptando con una breve carta. Al día siguiente le hice llegar mil francos y por la noche tocaba. Sí, Buntchnibuls mío, me parece que Risler fue muy amable. Si piensa distintamente, le suplico en nombre de nuestra amistad y en nombre de mi madre, a la que disgustaría mucho, no decir nada a Risler que pueda hacerle suponer que no considera su comportamiento perfecto. Volveremos a hablar de ello, pero no quiero que Risler pueda creer por un instante que mi gratitud por él no ha sido absolutamente sincera. Pero la cosa no acabó ahí. Resulta que la Hasselmans, después de decirme que estaba demasiado preocupada para tocar recibió «mejores noticias» de Fauré que la hicieron cambiar de idea y se presentó con Hayot. De modo que: 1000 + 600 + 700 francos para la cena en el Ritz. En cualquier caso, salió todo perfecto, delicioso. En la cena: los Brantes, D'Haussonville, Ludre, Noailles (Mathieu), el señor y la señora de Clermont-Tonnerre (Philiberte estaba encantadora), D'Albufera, Calmette, Béraud, Beaunier, Guiche, Jacques Blanche, Emmanuel Bibesco. Después de la cena: los Casa Fuerte, los D'Humières, la Polignac, la Chevigné, Rod, Gabriac (Alexandre), Berckheim, el joven Durfort (no el pícalo, al que llamo hijo de la Sulamita y del mozo de carnicería), el joven Lasteyrie (padece ataxia; y romanticismo, Alfred de Musset agusanado, viñeta de Tony Johannot, tan pálido que no es posible ya distinguirle y sobre todo reconocerle, pues yo no sabía quién era), Neufville, Lister, Gabriel de La Rochefoucauld, Griffon, Ulrich, Eugène Fould, etcétera. La ausencia de la señora Straus y Gaston de Caillavet, y sobre todo de miss Deacon, me entristeció vivamente. Pero la única que me dolió, ¿cuál cree que fue, mi Genstil? Toda esta gente parecía contenta de verme. La cena fue perfecta, la vieja Brantes estaba áspera con los demás, amable conmigo. Guiche había preparado el menú y la lista de los vinos. «*La chose fut exquise et fort bien ordonnée*» ['La cosa fue exquisita y espléndidamente organizada']. El programa (yo había pedido en primer lugar y sobre todo cosas de Bunchtnibuls, pero no pude conseguirlas por razones que ya le contaré):

Sonata para piano y violín de Fauré
(Hayot & Hasselmans)
Risler: *Andante* de Beethoven
Au soir (me parece) de Schumann
Preludio de Chopin
Obertura de los *Maestros cantores*
Ydylle de Chabrier
Barricades mystérieuses de Couperin
Nocturno de Fauré
La muerte de Isolda
Berceuse de Fauré por Hayot y Hasselmans

Por el mismo precio, para *Béatrice*[1] habría podido contar con la *Société* des Instruments à *Vent* si la sociedad hubiese estado en París. Risler trajo unos valses de usted en su sobretodo. Pero con la excusa de que no se sabía de memoria ninguna pieza de usted y que no había que tocar con la partitura más que al final, todos se habían ido antes de que él ejecutara las otras cosas, que me proponía poco a poco, porque todas las que yo le pedía decía no sabérselas (*Carnaval de Viena, Soirées de Viena*, etcétera).

Mi querido Genstil, temo (puedo equivocarme) que la in-

[1] *Le bal de Béatrice d'Este, duchesse de Milan (XVIe siècle). Suite pour instruments à vent, deux harpes et un piano*, de Reynaldo Hahn.

disposición de Fauré sea más grave de lo que se dice. No me atrevo a decir lo que pienso. De todos modos, sepa que se ha visto obligado a pedir que lo sustituyan en los exámenes del Conservatorio y no ha podido presidir ni uno siquiera. Por eso tengo intención, al no quedar ya nadie aquí (Félicie y Ulrich hicieron bien en elegir la misma fecha—anteayer—para irse), de pedirle a Léon que pase por su casa cada dos o tres días para ver cómo está, en su nombre y mío. Si no quiere que se haga en nombre de usted mándeme un telegrama.

Hadiós, cariño (*cariño* es su nombre en esta frase).

BUNCHT

133. A REYNALDO HAHN

Sábado [*4 de marzo de 1911*]

Mi querido Bugnibuls:

He visto en *Le Figaro* una nota sobre la recepción del señor Diáguilev.[1] Pero me habría gustado que las personas que estaban en casa de la gran duquesa, etcétera, también hubieran acudido. ¿No puedes enviarme notas de sociedad? Harán falta para las «Mundanidades».[2] Pues si se hace una nota a tu vuelta dará la impresión de algo hecho para Sorel, etcétera. Sería preciso que esas noticias salieran de vez en cuando y sin hablar de ti, citándote como por casualidad.

El deslumbrante artículo sobre los *Maestros cantores* pone de relieve con una delicadeza prodigiosa la contradicción que me había sorprendido y a la que tú atribuyes una pro-

[1] Diáguilev organizó un banquete en San Petersburgo para celebrar la visita de Reynaldo Hahn. Al final de la cena Hahn interpretó al piano la música de *Dieu Bleu*, ballet compuesto por él para Diáguilev en colaboración con Cocteau y Frédéric de Madrazo, estrenado el 23 de mayo de 1912 en el Teatro del Châtelet.

[2] La sección «Le Monde et la Ville» de *Le Figaro*.

fundidad que Wagner no tenía ciertamente, etcétera. No se comprende que las mismas personas que reciben con un encogimiento de hombros un fragmento de lo mejor de Wagner, suelten una lagrimita ante otro fragmento del mismo autor. En cuanto a Beckmesser, tu mala fe excede todo límite. Probablemente alguien que se aprendiera de memoria unas palabras recordaría *braillent* por *brillent*, *raidis* por *paradis*, *ogresse* por *ivresse*, etcétera, es decir, palabras de sentido opuesto, mientras que si recordara mal recordaría palabras distintas pero de igual sentido. Ya resulta bastante inverosímil que no haya habido mistificación de Sachs, que haya *LEÍDO en este punto* en diagonal, pero al menos eso sólo puede explicarse leyendo. Y en su deseo de confundir a su Bunibuls y de hacerlo perderse para siempre como hizo usted con la Thomson y Sarah Bernhardt, se ha pasado de la raya. Pues ahora su Bunch presta más atención y ya no se dejará tratar con tanta desconsideración.

Igualmente es cierto que dije algunas tonterías en mi carta sobre *Pélleas*, pero si reemplaza a Malbrough por el Rey de Thule es irreprochable.[1] La declamación está más cerca de Gounod que de Wagner.[2] En el fondo, cuánto menos cargantes eran los «Capuletos, los Montaigu» que

Tris Sieg
tan fried

En todo caso, sepa que su Guncht no creía en la celebrada «humanidad» de *Pélleas* más que en el «primitivismo» de Marguerite Audoux. Tal vez no posea ningún valor, y quizá justamente por eso me fascina, pues siento que la literatura ejerce sobre los no literatos algo que éstos llaman «el encanto» y es lo que yo más detesto, pues me parece lo menos me-

[1] «Había un rey de Thule», canción de Margarita en la ópera *Fausto* de Gounod.

[2] Proust compara la ópera de Gounod *Romeo y Julieta* con *Tristán e Isolda* de Wagner.

ritorio; ese encanto con una continuidad que podría denominarse monotonía o personalidad, según las disposiciones del oyente, se ejerce sobre mí con un hechizo que no he conocido desde Mayol. Pido perpetuamente *Pelléas* al teatrófono como cuando iba al Concert Mayol. Y el resto del tiempo no hay una frase que no me vuelva. Las partes que más me gustan son las de música sin palabras (pero ¡qué interés puede tener lo que a mí me gusta de *Pelléas*!). Es cierto que el pasaje del subterráneo mefítico y vertiginoso, por ejemplo, es tan poco mefítico y vertiginoso que me parecía ir muy bien con *La Fontaine de Bandusie*.[1] Pero al lado de esto, por ejemplo, cuando Pelléas sale del subterráneo con un «¡Ah!, respiro por fin» calcado de *Fidelio*, hay algunas líneas verdaderamente impregnadas de la frescura del mar y del olor de las rosas que le trae la brisa. Lo cual no tiene nada de «humano», naturalmente, pero es de una poesía deliciosa, aunque, en la medida que puedo suponerlo por comparación, es lo que yo detestaría más si amara de verdad la música, es decir, si no fuera más que una «notación» fugaz en lugar de esos fragmentos en los que Wagner expectora todo cuanto contiene de fácil, de difícil, de cercano y de lejano sobre un tema (lo único que aprecio en literatura). Ese pasaje delicioso que termina con un estricto equivalente musical de mi «*muy* gentil» (por Reboux) se lo señalaría a Buncht. Igualmente, para terminar con estas revelaciones llenas de interés, señalaría a Buncht una frase, «Se diría que tu voz ha pasado sobre el mar en primavera», que sería adorable en Werther. Pero lo que detesto es la distinción lograda a base de arrojar por la borda toda posibilidad de expresión (como Marcel Boulenger), mediante lo cual esperaba poner a Debussy por debajo de mi querido genial Buniguls que hacía justo lo contrario—si es que la sola idea de una comparación ahora que

[1] Se trata de la obra de Reynaldo Hahn inspirada en la oda de Horacio «O fons Bandusiæ».

sé lo que piensa de *Pelléas* no fuera a horrorizarle—. Y sin embargo... Y otro tanto por lo que se refiere a la orquesta en tanto que «Bosque», etcétera, me aturden con su pesadez, me parece—como en *La Fête chez Thérèse*,[1] lograda por medio de una decantación desleal e infinitamente menos poética—una fina y ligera y siempre original y encantadora música. Gunstil, perdóneme por haber agotado el derecho a decir tonterías en unos cuantos años, tanto más cuanto que mi extrema fatiga las presenta bajo una forma fragmentaria, torpe y aterrorizada que debe de hacerle tomarse a burla incluso a su pobre Buncht, que ha llorado un poco al ver la buena acogida que se ha dispensado a su *Dieu Bleu*. ¿Es cierto que ha gustado? Cuando he recibido carta de Bugninuls titubeaba a la hora de abrirla entre el temor a que por el camino, en las estaciones de posta, mezclada con cartas siberianas, se hubiera contagiado de bacilos pestíferos y me pegara la peste, y el deseo de leer las pequeñas gunichulcherías de mi Buncht. Debo decir que apenas titubeaba, pues el temor al bacilo se imponía cien veces sobre el deseo. Pero en cuanto he pensado que, la escondiera donde la escondiera, el bacilo se propagaría por la habitación la he abierto al punto. No hagas mi encargo a Vestris, que sólo me interesaba «en tanto que» víctima, como diría la condesa Murat, y si no es víctima, mierda. En cambio, dígale mil cosas a Bakst,[2] que desde el primer minuto estuvo encantador conmigo (es cierto que lo es con todo el mundo, pero, en fin, me pareció que había un matiz) y al que admiro prodigiosamente, pues no conozco nada más bello que *Sherezade*.

Creo que sus reproches a Bernstein han perdido fuerza

[1] Ballet de Reynaldo Hahn estrenado en la Ópera el 16 de febrero de 1910.

[2] Léon Bakst, pintor que trabajó en el diseño de vestuario y decorados para varios espectáculos de los Ballets Rusos de Diáguilev. Fue un pionero del diseño escénico moderno.

ante las vulgaridades de que ha sido objeto y la admirable actitud que ha sabido mantener.

Adiós, mi genstilísimo,

BUNIBULS

Cocto [Cocteau] me ha escrito sobre el mismo tema una carta a cuyo lado aquella de la que me habla podía haberla firmado Alcestes, Obermann, Hamlet, Werther y Jacques el Fatalista, y a cuyo lado también el comienzo de la obertura de *Carmen* es conformista, septentrional y lento.

134. A REYNALDO HAHN

Miércoles [*29 de enero de 1913, o poco después*]

Mi querido Reynaldo:

Si no escribía era porque estaba muy fastigado y como tenía muchos poblemas «desde que te vi» (*Pelléas*)[1] y creía que volvías por tu amigo Magre y su *Sortilège*, pensé que buenos días. Pero como cada día me responden en Bassano que tú *reboulais*, te mando un salusdillo, amigo mío.

Como creo que no sabrías qué pensar de la producción musical si no te mandara mi crítica, te contaré que he oído por el teléfono *Fervaal*.[2] Me resultó extremadamente fastigante. No sé si es por la energía de las consonantes de Delmas, o por su lado Maubant en las vocales, pero todas las frases como «Los hijos de las nubes», «Si no es puro», etcétera, me parecen de una sequedad tediosa. Soy de tu misma opinión sobre el delicioso intermedio (sobre todo cuando retorna con canto en el último acto). Esto se oye muy mal en el te-

[1] En *Pelléas et Mélisande*, la ópera de Debussy, Mélisande dice a Pélleas: «Yo también te amo… Desde siempre, desde que te vi».

[2] *Fervaal*, drama lírico en tres actos y un prólogo de Vincent d'Indy, creado en Bruselas en 1897 y representado por primera vez en la Ópera de París el 8 de enero de 1913.

léfono, pero me vuelve loco. He de decirte que, salvo cuando es más mendelsohniano que schumanniano, tiene cierto parentesco musical con la frase de la sonata para piano y violín de Fauré.[1] Pero es menos inquieto y más voluptuoso.

A propósito de la centésima representación de *Pelléas*, *L'Intransigeant* ha hecho notar que M. P. Lalo siempre había defendido esta obra y ha dicho que existía afinidad entre él y el autor de *Pelléas*. ¿Será su manera de entender la delicadeza moral? El mismo periódico observa que Fauré[2] y Debussy eligieron la misma heroína: Mélisande. Sigismond Bardac tal vez piense que habría debido de contentarse con eso.

Maurice Rostand al día siguiente de su llegada me escribió una carta verdaderamente encantadora para verme. Pero tu querido Bininuls con la fuerza de su inercia lo eludió. Y revestido con un abrigo de piel sobre su camisón se fue a la Sainte-Chapelle y a pasar dos horas delante del portal de Santa Ana de Notre-Dame.

Asdiós, echa al fuego esta carta, di *muchas*, *muchas, muchas* cosas a tus hermanas.

Tu

MARCEL

135. A ANTOINE BIBESCO

Sábado por la noche [*19 de abril de 1913*]

Querido Antoine:

Gran emoción esta noche. Pese a estar medio muerto he ido a una sala de la rue du Rocher para oír la *Sonata* de Franck[3]

[1] Una de las fuentes ciertas de la *petite phrase* de la sonata del compositor Vinteuil en *En busca del tiempo perdido*.

[2] Gabriel Fauré, *Pelléas et Mélisande*, suite para orquesta (1898).

[3] Se trata de la *Sonata en La mayor para violín y piano* que es una de las fuentes de la sonata del compositor Vinteuil, que Swann escucha en varios momentos de *En busca del tiempo perdido* y es un símbolo de sus amores con Odette.

que tanto me gusta, no para escuchar a Enescu,[1] al que no había oído nunca (*sicissime*).[2] Ahora bien, me ha parecido *admirable*; los pío píos dolorosos de su violín, las llamadas gemebundas, respondían al piano, como desde un árbol, como desde un follaje misterioso. Era una impresión muy intensa. Te lo digo porque creo que será de tu agrado, ya que sé que lo admiras. Y quita insipidez y rediseña el *rondeau*, que se acostumbra a interpretar extasiándose con la excusa de que es angélico; estoy demasiado fatigado para comentarte todo esto, aunque habría cosas *importantes* que decir. No me dijiste si debo escribir a D'Humières. ¡A mandar!

En Sizeranne he encontrado la palabra *run* traducida como *run*. Sin llegar al punto de aprobar a Guiche cuando dice cosas como «Vaya al pequeño *meeting* de la señora de Ganay» en vez de *reunión* y llama a Saint Marc *baronet* en vez de *barón*, etcétera, sí me parece legítimo que los escritores digan *squire*, *home*, etcétera. Y puesto que esas palabras se usan en textos franceses, ¿por qué no habrían de dejarse en una traducción del inglés? Desde hace tiempo quiero pedirte consejo para saber si hay que poner un capítulo antes que otro en mi libro, pero me aburre tanto hablar de ello que prefiero verme privado del consejo.

Tuyo,

MARCEL

136. A LA SEÑORA STRAUS

Lunes [*5 de enero de 1914*]

Señora:

Me siento muy desgraciado por haber «comenzado el año» sin verla.

[1] George Enescu, compositor rumano y excelente violinista.

[2] El sentido del término *siccisime* lo aclara la princesa Bibesco, *En el baile con Marcel Proust* (Barcelona, Icaria, 1988): «Para subrayar una verdad decían *sic*, y si había que insistir *sicissime*». (*N. del T.*).

Remití el otro día su carta a Reynaldo, pues justo vino en el momento en que yo acababa de recibirla. Le envío también la que me manda ahora. Vive en el número 9 de la rue du Commandant Marchand (no confundir con la rue de la Mission Marchand). Por si lo ha olvidado, es la antigua casa de los Bibesco. Ha regresado a su apartamento tras haber dejado la rue Alfred de Vigny a la muerte de su madre.

Espero que venga a verme de nuevo antes de revisar *Swann*. Y sin embargo quisiera que reapareciera antes de que se le haya olvidado completamente. Pero tengo tantos problemas que me faltan los ánimos para revisar las pruebas de esta segunda parte.

Cuando no estoy demasiado triste para escuchar música, ésta es mi consuelo, he completado el teatrófono con la compra de una pianola. Desgraciadamente no tiene los fragmentos que yo querría interpretar. El sublime cuarteto n.º 14 de Beethoven no existe en sus rollos.[1] Respondieron a mi petición que «nunca uno solo de nuestros quince mil abonados nos ha pedido este cuarteto», pero no me queda claro si llegaron a una conclusión lamentable respecto a sus quince mil abonados o respecto al decimocuarto cuarteto.

Siento que la aburro contándole mis pequeños asuntos como la señora Sichel y que usted no me escucha más que como lo haría con ella, con esa «piedad cruel» que es el tema de las «Divinidades del Estigia» de Gluck.[2]

Adiós, señora, no admiro ni quiero a nadie más que a usted.

Respetuosamente suyo,

MARCEL PROUST

[1] Se trata del *Cuarteto de cuerda en do menor*, op. 131. Proust comenta muchas veces en su correspondencia que es una de sus composiciones favoritas.

[2] Proust cita el final del acto primero de *Alcestes* (1767), ópera trágica en tres actos y seis cuadros de Gluck: «*Divinités du Styx,* | *Divinités du Styx,* | *Ministres de la mort!* | *Je n'invoquerai pas votre pitié cruelle!* | [...] *Votre pitié cruelle!*».

137. A RAYMOND PÉTAIN

[*Algunos días después del 14 de abril de 1916*]

Muy señor mío:

Le dije el otro día en el Odéon que recurriría a su colaboración. Le diré de qué manera me parece que, al menos esta vez, podría llevarse a cabo. Voy a someter mi proyecto a su consideración para que usted me responda si le interesa o no. No quedará ya, salvedad hecha de mi salud, más que decidir la noche en que se desarrollará. Cuando lo escuché tocar a usted, hacía algunos días que los señores Poulet, Ruyssen, Gentil y Massis habían venido a interpretar, para mí exclusivamente, el *Cuarteto n.º 13* de Beethoven y el *Cuarteto* de Franck. Cuento con pedirles que vengan una de estas noches, tan pronto como me sienta menos fatigado, a volver a tocar para mí el *Cuarteto* de Franck, así como el *Cuarteto* de Fauré.[1]

He pensado (lo que no depende más que de usted) que, sin descartar al señor Massis, con el que estoy en muy buenos términos y que tocaría en el *Cuarteto* de Franck, podría usted tocar la viola en el *Cuarteto* de Fauré. Durante el *Cuarteto* de Fauré, el señor Massis sería un mero oyente. Durante el *Cuarteto* de Franck será usted quien escuche conmigo. Tal vez en el último momento invitaré a venir a una o dos personas particularmente amantes de la música, como la princesa de Polignac y la señora de Noailles, pero lo dudo mucho, probablemente estaré solo: antes de la guerra me gustaba tanto recibir como desde entonces escuchar música totalmente a solas para reflexionar.

[1] Según cuenta Gaston Poulet, violinista del Cuarteto Poulet, una noche Proust se presentó en su casa pidiéndole que fuera a la de él para tocar el *Cuarteto* de César Franck. Fueron luego a buscar a los demás miembros del cuarteto en taxi y Proust les pidió que repitieran la interpretación varias veces a lo largo de la noche.

Para terminar con un aspecto que tiene su interés, desconozco cuál es su caché, pero como doy doscientos cincuenta francos por cuarteto, la parte que le tocaría sería poco elevada, de modo que le propondría lo siguiente (si desease usted venir): pagaría al cuarteto por separado. Su caché sería totalmente aparte y el que quiera, puede usted fijarlo. Tan sólo le pediría que la cantidad quede entre usted y yo. Si la hiciera saber a los integrantes del cuarteto, como comprenderá usted, parecería (equivocadamente) poco atento con unos hombres que se han comportado conmigo de un modo *perfecto y encantador*. Pagaré por separado también al pianista, pues hace falta un pianista para el *Cuarteto* de Fauré, y no es éste el menor de los problemas, pues tengo dos pianos tan desafinados el uno como el otro y, teniendo yo la funesta costumbre de dormir de día, el mero hecho de pensar en hacer venir a un afinador me resulta poco agradable.

En cuanto al pianista, creo que el señor Poulet desearía que contara con Lazare Lévy. No tengo nada que objetar, aunque en principio, puesto que lo que más me preocupa es mi salud, me encuentro menos incómodo con personas muy jóvenes a las que su edad hace indulgentes (grandes artistas de edad como Fauré también lo son, pero no todo el mundo tiene la sencillez del gran talento o del genio), así que preferiría alguien más joven.

A este respecto, dígame si es usted también un poco pianista. No es de ningún interés para la noche del cuarteto, ¡porque no puede tocar a la vez la viola y el piano! Pero a menudo deseo que alguien pueda leerme por así decirlo una obra (sin que sea necesario para ello ningún virtuosismo de ejecutante). Si así fuese, tal vez podría proponerle a usted que viniese de vez en cuando sin todo lo que entraña un cuarteto, al margen del cual la viola es de nula utilidad. Pero bastará con que la noche del cuarteto lo hablemos un par de minutos antes o después.

Quedo a la espera de que me diga si mi proyecto es de su

agrado y sus condiciones. Si por casualidad le hablaran de este cuarteto, le ruego que no diga una palabra sobre la posibilidad de una o dos señoras invitadas. En primer lugar, porque es infinitamente probable que no invite a nadie. Y luego porque, aunque invitara a dos o tres amigas, no tendrá nada de recepción y no invitaré a ningún amigo.

Le saludo, señor, con la mayor consideración,

MARCEL PROUST

¿Cómo se llama el joven artista al que conocí el otro día al mismo tiempo que a usted? ¿Es pianista?

QUINTA PARTE

PROUST SOBRE SU OBRA

138. A ALFRED VALLETTE

Jueves [27 de noviembre de 1902]

Estimado señor:

Le escribí apenas recibido el telegrama que tuvo la amabilidad de enviarme con tanta solicitud. Estaba convencido de que no había mandado aún la carta, pero no consigo dar con ella, de modo que me pregunto si no la habré echado al correo inadvertidamente. En fin, no lo sé, por lo que voy a volver a decirle las mismas cosas que ya le decía en la anterior y probablemente en los mismos términos. Si ha recibido usted la anterior, disculpe. Si la recordara bien, procuraría evitar las repeticiones diciendo las mismas cosas de distinto modo. Pero precisamente porque mis recuerdos son vagos no sabré si una frase para expresar cierto pensamiento es igual o no a la usada antes con idéntico fin. De modo que si hay frases iguales, no será, como suele pasar, por exceso de memoria, sino por defecto. Así pues, no quiere mi pobre *Bible d'Amiens*[1] y le confieso que no comprendo por qué. Aunque publicarla aisladamente no tendría sentido, la obra, que no supondría un riesgo para Mercure, porque yo correría con los gastos, no perjudicaría al buen nombre de la editorial. Se trata, en cualquier caso, de un buen libro, original, y representaría una novedad en nuestro país. ¿Cree que Mercure se equivocaría publicando un Ruskin[2] y, en opinión de muchos, el más bello Ruskin? Le digo esto con toda since-

[1] *La Biblia de Amiens* (1880-1885) fue el primero, y sería finalmente el único, de una serie de diez volúmenes que John Ruskin quería dedicar a las catedrales. La serie llevaba el título *Our Fathers Have Told Us*.

[2] Proust había leído y conocía a fondo la obra de Ruskin, sobre el que escribió varios artículos. Ruskin tuvo importancia en el primer período de su vida aunque luego se apartó de él cuando consolidó su propia concepción del arte y la literatura.

ridad, porque entre los textos del autor en cuestión está precisamente *The Bible*, que he elegido traducir. Más aún: sostengo que si se tuviera que traducir sólo un Ruskin, debería elegirse éste, aunque no fuera el más hermoso. Porque es el único sobre Francia, sobre su historia, sobre una ciudad suya y sobre el gótico francés. Al menos al lector le sería posible hacer comprobaciones, siendo mucho más fácil dirigirse a Amiens que a Verona o a Padua. Y la cosa nos toca muy de cerca, tal es la razón por la que la Société d'Éditions Artistiques quería comenzar sus traducciones por este libro. Creo también haberle citado el pasaje (que me provocaba perplejidad, pero que hoy invoco) de un libro de Brunhes en el que se decía que, si había un texto de Ruskin que debía interesar a los franceses, era *The Bible*, el único que trata de nuestra historia y de nuestros monumentos. Además, Ruskin pensaba que reflejaba perfectamente sus ideas. Mandaré a alguien el lunes por la mañana a Mercure. Si todas estas razones no le han impresionado ni convencido, y si su decisión sigue siendo la misma, no se tome la molestia de responderme, y entréguele al recadero mi manuscrito: será la vela negra de Teseo. En ese caso, como la mujer que lleva la cabeza de Orfeo de Moreau, tendré que comenzar un triste peregrinaje para encontrar dónde albergar al genio. Y este deber que me incumbe es tan apremiante que hasta que no vea la cosa realizada no podré darle una respuesta sobre las *Páginas escogidas* de Ruskin. He echado un vistazo a los dos únicos libros sobre este autor y las citas son tan pocas que a decir verdad no habría repeticiones, lo que anularía una de mis objeciones. La otra, sin embargo, subsiste: sería precisamente el tipo de libro que mitigaría la emoción que el genio de Ruskin podría provocar. En vez de una catedral llena de vida, un gélido museo de fragmentos heterogéneos. La gente conocerá de él los aspectos por los que se asemeja a otros grandes escritores, no aquellos que lo diferencian. Sea como fuere, aun dejando de lado «Tesoros de los reyes», primero tendré que encontrar un techo para la errabunda y relegada *Bible*. Y si esta obra puede decir a Mercure: «He llamado a vuestra puerta y no me habéis abierto», imagínese lo que ocurrirá cuando llame a la puerta de editores probablemente incultos.

Perdón, querido señor, por mi insistencia, me despido saludándole muy atentamente,

MARCEL PROUST

139. A CONSTANTIN DE BRANCOVAN

[*Segunda quincena de enero de 1903*]

Querido amigo:

Ya sabe cuánto le quiero a usted—y sobre todo en un momento en que acaba de ser tan amable conmigo y con mis Ruskin no querría que pensara que le hago reproches—, pero, en fin, me parece increíble que, sabiendo que desde hace cuatro años trabajo en una traducción de *The Bible of Amiens*, que esta traducción va a salir dentro de poco, que me ha costado mucho esfuerzo y que para mí es muy importante..., me parece increíble que sabiendo todo esto haya podido decir, como me dijo hace poco *delante de Lauris* (*o delante de quien sea*): «Debe de haber un montón de errores, porque, en el fondo, usted no sabe inglés». Sé que no lo hizo por maldad, querido Constantin, pero, dígame, *¿le parece que alguien que me detestase y con una sola frase quisiera aniquilar el esfuerzo de mis cuatro años de trabajo* realizado incluso en medio de la enfermedad, *habría podido decir algo peor* para conseguir que nadie leyera mi traducción y fuera considerada inexistente? Con sólo repetir esto a tres personas habría podido ahorrarme una sola de las mil horas de esfuerzo (¿mil?, ¡muchas más!) que este libro me ha costado. En cuanto al trabajo en sí, sepa que no tengo por costumbre sobrevalorar mis cosas ni aburrir a la gente con lo que hago. Pero creo que esta traducción, no gracias a mi talento, que es nulo, sino a mi conciencia, que ha sido infinita, será una traducción como pocas, una verdadera reconstrucción. Si supiera usted que no hay una expresión ambigua, ni una frase oscura para la que no haya pedido consejo por lo menos a diez escritores ingleses y para la que no tenga un *dosier* de intercambios epistolares, no hablaría de «errores». Y a fuerza de ahondar en el sentido de cada palabra, las implicaciones de toda expresión, los nexos entre los conceptos, he alcanzado un conocimiento tan preciso del texto que cada vez que he consultado a un inglés—o a un francés que dominara el inglés—sobre una dificultad cualquiera, éste empleaba normalmente una hora para resolverla y luego me felicitaba diciéndome que entendía el inglés mejor que un inglés. Lo cual no es cierto, porque no sé una palabra de inglés hablado y no lo leo con desenvoltura. Pero después de cuatro años trabajando en *The Bible of Amiens* me la sé de memoria, la he asimilado completamente y ha adquirido para mí una transparencia total y absoluta, de suerte que sólo quedan brumas que no es posible imputar a una comprensión insuficiente por mi parte, sino a la irreductible oscuridad de los conceptos. Son más de veinte las frases frente a las cuales D'Humières me dijo: «Es intraducible, el sentido del original es oscuro. Yo la omitiría». A fuerza de paciencia, también he terminado por comprender esas frases. Si algún error queda en mi traducción será en los pasajes claros y fáciles, porque los oscuros los he meditado, reescrito, rumiado durante años. No es propio de mi carácter, querido amigo, hablar de estas cosas, no creo que en la vida le haya hablado tanto de mí a nadie. Pero me indignó un poco su injusticia y me dejaron preocupado las consecuencias de sus palabras. Cuando vea a Antoine Bibesco pregúntele si comprendo bien el texto de Ruskin: a menudo me vio dudar del sentido de un pasaje que a él no le parecía en absoluto dudoso, y al escuchar mis explicaciones se daba cuenta de que, efectivamente, mi perplejidad tenía su razón de ser. Y cuando veía cómo al final resolvía el problema decía: «Nunca habría pensado que pudiera traducirse tan bien un texto». Es un poco ridículo que tenga que darle testimonios, ¿pero acaso no es necesario? Lo que no quita que si usted me pidiera de beber en inglés no lo entendiese, porque aprendí inglés cuando tenía asma y no estaba en condiciones de hablar, lo he aprendido con los ojos y no sé pronunciar las palabras ni reconocerlas cuando las oigo. No pretendo conocer el inglés: pretendo conocer a Ruskin. Y como sabe usted no tengo yo muchas pretensiones. Tal vez siga usted convencido de lo contrario, de que mi traducción es una sarta de despropósitos. En tal caso, por amistad hacia mí, no se lo diga a nadie y deje que los lectores se den cuenta por sí solos.

Perdone la franqueza y crea en mi agradecida amistad,

MARCEL PROUST

P. D.: Las pruebas corregidas están en la portería de mi casa. No tengo más cambios que hacer, pero si su revista tiene la costumbre de mandar segundas pruebas, podría leerlas para comprobar que se hayan introducido debidamente las correcciones. (Cuando digo que no tengo más cambios que hacer, quiero decir que eso es lo que yo creo). Y, por supuesto, haré todos los cambios que usted quiera. Temo, sin embargo, que rebajemos la idea que debe darse de Ruskin a los lectores y debilitemos su extraño atractivo si hacemos de él una especie de Mérimée.

140. A GEORGES GOYAU

Lunes [*hacia marzo de 1904*]

Estimado señor:

Permítame agradecerle vivamente la hermosa carta que me ha hecho el honor de escribirme. Sus agradables elogios me resultan particularmente preciosos:

Car trois ou quatre seulement
Parmi lesquels on vous range

Savent donner un louange
Qui dure éternellement.[1]

[Sólo tres o cuatro, | entre los que le incluyo, | saben hacer un elogio | que perdure eternamente].

«Eternamente» tendría sentido sólo si su elogio se dirigiera a Ruskin. Pues un elogio eterno para un objeto que, pese a existir, no está destinado a durar tan sólo puede producir el equívoco de las «fábulas inciertas» de las que habla Baudelaire.[2] Desgraciadamente tengo la sensación de que le gusta a usted Ruskin sólo a medias y me lo reprocho. Primeramente traduje sólo algunos extractos de *The Bible*, lo que obedecía a querer dar de él el más alto concepto, digno de su fama y en consonancia con su genio. Pero un editor, enterado de ello, me encargó *The Bible* entera. Este editor luego fue a la ruina (¡no se trata de Mercure!). Pero habiendo yo completado para otro el trabajo al que le tomé gusto mientras tanto, no tuve el valor de sacrificar ninguna de las bonitas nebulosas que había tratado de llevar a una relativa luminosidad. No obstante, el sacrificio habría merecido la pena: cada parte aburrida, cada página oscura suprimida se transmutaría en aire respirable y puro que circularía entre las páginas escogidas y las partes magníficas, situándolas en su lugar y en su atmósfera—pedestales para realzar las páginas nobles e importantes—, en espejos mágicos que repetirían hasta el infinito y multiplicarían las bellezas de las páginas mantenidas.

Pero no lo hice, y me doy cuenta de que ha resultado un libro poco adecuado para presentar a Ruskin y conquistarle simpatías. Estoy, sin embargo, traduciendo uno mucho más atractivo, una simple conferencia extensa sobre la lec-

1 Cita inexacta de una composición de Malherbe, «À la Reine, mère du roi, sur les heureux succès de sa régence».

2 *Las flores del mal*, «Spleen e ideal», XXXIX, v. 5.

tura (*Sesame: Of Kings Treasuries*), éste sin hojarasca, sin pasajes malogrados, sin oscuridades, sin fárrago de arqueología superficial ni de historia fantasiosa.[1] Creo que le gustaría. Pero es un trabajo difícil. Sobre todo de una traducción puede decirse lo que afirma Verlaine de la vida humilde, llena «de ocupaciones aburridas y simples, obra de selección que exige mucho amor».[2]

Gracias de nuevo, señor. Soy muy sensible a sus cumplidos y a los de la señora Goyau, y le mando mis más respetuosos saludos.

MARCEL PROUST

141. A GASTON CALMETTE

Viernes [*1.º de febrero de 1907*]

Estimado señor:

El sentimiento de gratitud por su bondad se ha visto reforzado aún más en mí, se ha hecho más preciso, casi me abrumó cuando hace poco vi su seductor *Le Figaro* colmado de la pesada masa compacta de mi artículo,[3] y todos los artículos, todas las noticias, la ágil flotilla de los telegramas llegados de todas partes del mundo retrasados por el enorme convoy al que su infinita bondad ha concedido un privilegio del que mi artículo se ha aprovechado tan indiscretamente.

[1] En 1905 Proust inició la traducción de «Los jardines de las reinas», la segunda conferencia de *Sésamo y lirios*. En junio de 1905 entregó a Mercure de France el manuscrito completo, con el texto «Sobre la lectura» como prólogo. Fue la última traducción de Proust.

[2] Verlaine, *Cordura*, I, VIII, vv. 1-2: «*La vie humble aux travaux ennuyeux et faciles | est une œuvre de choix qui veut beaucoup d'amour*» ('La vida humilde, con tareas aburridas y fáciles, es obra muy noble que requiere mucho amor'). (*N. del T.*).

[3] Se trata de un artículo que Proust comenta en varias cartas y por el que tiene una especial estima: «Sentimientos filiales de un parricida», aparecido en *Le Figaro* el 1.º de febrero de 1907.

Una cosa me aflige, porque acrecienta más aún la desproporción entre la indignidad del artículo y la exquisita benevolencia de usted. Se eliminó el único fragmento cuyo carácter esencial yo había indicado al señor Cardane, advirtiéndole que podía cortar todo excepto esas últimas líneas. Efectivamente, con las prisas mandé por la mañana el artículo sin el final, y añadí en las pruebas uno en el que yo tiraba de las riendas, recogía a mis dispersos y divagantes corceles, encabritados y hundidos en el fango. El artículo terminaba de este modo:

> Recordemos que entre los antiguos no había altar más sagrado, objeto de más profunda veneración y superstición, y que más fuese la prueba de grandeza y de gloria para la tierra que lo poseía habiéndolo a alto precio disputado a otras, que la tumba de Edipo en Colono y de Orestes en Esparta, ese Orestes que las Furias habían perseguido hasta los pies de Apolo y de Atenas diciendo: «Expulsamos de los altares al hijo parricida».

De esta manera, la palabra *parricida* abría y cerraba el artículo, dándole una especie de unidad. No me atrevo a pedir que se escriba en el número de mañana que por un accidente de imprenta se han saltado las últimas líneas del artículo. ¿Quién se acordará mañana de esta historia? Pero, si lo sucedido hiciera el artículo más indigno aún de la divina bondad con la que trata usted a su autor, me disgustaría mucho porque nada me sería más querido que no hacerle lamentar la benevolencia que demuestra a su agradecido y devoto,

MARCEL PROUST

142. A GASTON CALMETTE

Boulevard Haussmann, 102
Viernes por la noche [1.º de febrero de 1907]

Estimado señor:

¡Perdón! ¡Es mi última carta! Ante todo, ha sido muy amable por haberme respondido, ¡y no osaré escribirle más!

Y luego, si lo que yo creía un error de compaginador o de cajista (la supresión de mi final) es el acto deliberado de un moralista severo (Cardane) no tengo nada que decir. O mejor dicho, una cosa sí tengo que decir a Cardane (ignoro, sin embargo, si él me sabe al corriente de su indignación, le ruego que no me escriba en absoluto a este respecto, ya hablaremos de ello cuando nos veamos): un colega suyo del viejo *Journal des Débats*, Saint-Marc Girardin, que no pasaba por inmoral, escribió en su *Cours de littérature dramatique* algunas páginas muy elevadas sobre esa creencia de los griegos de que la ciudad que custodiara las cenizas de Edipo y de Orestes se impondría siempre. Veía en ello el efecto de la elevada filosofía de los griegos, que habían querido que estos parricidas fueran castigados por su crimen cuando vivían todavía, aunque éste fuera involuntario, pero que, para restablecer una justicia más elevada, dado que habían sido involuntariamente criminales, su memoria fuese honrada y considerada sagrada. El severo Cardane (por otra parte, tan bueno y amable) asimismo conocerá bien todas las luchas de Atenas y Esparta por hacerse con los cuerpos de Edipo y de Orestes, habiendo predicho los oráculos que únicamente éstos podrían asegurar la grandeza de la ciudad. No quiero abusar de su paciencia citándole, aunque sea muy curioso, el pasaje de Heródoto sobre uno de tales oráculos.

Sin embargo, ¡hacer de mí un apologista del parricidio es un poco fuerte! Perdóneme y no se tome demasiado en serio mi autodefensa: he comprendido perfectamente el sentido de su carta y entiendo que no ha habido por parte de

Cardane ni sombra de reprobación hacia mi persona. Pero la tragedia de Edipo en Colono, que gira toda ella en torno a la gloria militar que recaería sobre los atenienses por la posesión de los huesos de Edipo, ha vuelto estos temas tan populares, tan de actualidad, que—estoy seguro—si mi artículo hubiera llegado a *Le Figaro* un poco antes, en una hora en la que se dispone de más tiempo para recordar a los trágicos griegos, Cardane habría juzgado de modo diametralmente opuesto mi «final».

No se moleste en responder, querido señor. Olvídeme para tratar de perdonarme, y créame su *infinitamente agradecido y devoto*

MARCEL PROUST

143. A LUCIEN DAUDET

[*Principios de febrero de 1907*]

Mi querido pequeño:

Ha heredado usted de su padre ese genio de *motivada* amabilidad que hace de las razones que se da a los demás para respetarse y admirarse a sí mismos una obra maestra tan convincente que son incapaces de resistirse a hacerlo. Pero por desgracia, en lo que se refiere al talento, la conciencia, la salud y la bondad, nada puede reemplazar el testimonio directo e inmediato que se da uno a sí mismo. Y cuando se dice «lo tiene usted todo para ser feliz» a alguien insatisfecho con su vida, éste preferiría un poco de inconsciente felicidad. Del mismo modo, cuando lo leo a usted creo que tengo talento, pero cuando me leo y sobre todo cuando escribo—pues no me leo jamás, aunque tampoco escribo nunca—¡*siento* que no lo tengo! Y ello me molesta aún más porque cuando por casualidad cae en mis manos *Los placeres y los días* (ya sabe, ese libro que ilustró la señora Lemaire)[1] me

[1] *Los placeres y los días* tuvo una versión de lujo de cincuenta ejempla-

parece que entonces lo tenía. En cuanto a este artículo,[1] para terminar con él, pues estoy avergonzado de hablar tanto de mí, lo escribí sin borrador, sacando de inmediato una copia antes de entregarlo el mismo día. Sin duda eso puede disculpar muchas faltas, pero no disculpa la calidad, pues pese a ser apresurado, fue muy trabajado. Bien es verdad que desde mi traducción de *Sésamo* no he escrito una línea, salvo cartas y cuentas. Y me dolía tanto el cuarto dedo de haber escrito tan largo rato que tuve que renunciar a acabarlo. Por lo demás, todo esto es demasiado largo y tedioso de explicar, así que voy a lo que quería decir, que es mucho más importante, y se trata de lo siguiente: le juro que cuando recibo una carta suya sobre algo que he hecho, tengo el sentimiento, incluso puedo decir la certeza, de que es superior a lo que he hecho. Puede usted responderme por tanto que si lo que yo he hecho es malo, lo que usted escribe puede ser superior sin ser notable. Pero como nosotros no tenemos necesidad de mentirnos puedo decirle que no soy tan modesto, y aunque me parezca que no tengo talento, que por diversas razones no he sabido sacar partido de mis dotes, que mi estilo se ha podrido sin madurar, también soy perfectamente consciente de que en lo que hago hay muchas más ideas verdaderas, cosas sentidas, que en casi todos los artículos que se publican. Marcel Prévost, Rod, Margueritte, etcétera, pronto estarán en la Academia, pero sé perfectamente que si mis artículos no fueran míos y los leyera al lado de los de cualquiera de ellos los míos me interesarían mucho más. No me crea Montesquiou por pensar esto, sólo quiere decir que al con-

---

res que contenían una acuarela original de Madeleine Lemaire, una pintora de flores reconocida en la alta sociedad parisina.

[1] Proust escribió el artículo «Sentimientos filiales de un parricida» en una noche, lo corrigió en pruebas de impresión al día siguiente y se publicó el 1.º de febrero de 1907. El escritor siempre se mostró orgulloso de este artículo.

siderarlo a usted muy superior a mí lo considero aún más superior a mucha gente muy reputada. También podría replicarme que mis cumplidos no pueden convencerle más que a mí los suyos, pero no es del todo lo mismo, porque su talento, esa actividad en la que lo que los otros opinan no puede bastarle para sentirse plenamente satisfecho, es la pintura. Y yo creo que, por el contrario, debería sentirse usted contento, encantado. Y además usted no ha dejado de pintar, mientras que yo no he escrito nunca más. Me parece que usted ha empleado mejor el tiempo. No quisiera fatigarme esta noche, pero me gustaría decirle aún algo más útil, pues creo que podría hacerle feliz y me sentiría muy feliz yo mismo. Se equivoca al considerarse siempre *en el tiempo*. La parte más valiosa de nosotros mismos, en los momentos en que es valiosa, está fuera del tiempo. Está bien para un Roqueplan, o un Alphonse Karr decirse: «Ya tengo tal edad, tengo tal otra». Pero usted no piense en sí mismo más que como en un instrumento capaz de llevar a cabo los experimentos de belleza o de verdad que quiera y se disipará su tristeza. Por otra parte, La Fontaine comenzó a trabajar a los cuarenta años como muy pronto, y sobre todo en el arte de usted, y ya sabe que Hals no hizo sus mejores cosas sino después de los ochenta años, y Corot después de los sesenta. Y no crea (para dejar el punto de vista del arte) que será usted menos querido cuando sea más viejo, todo lo contrario. Pero si quiere tratar de pensar en todas estas cosas creo que deberían infundirle alegría y un gran entusiasmo por el trabajo y la vida, y le aseguro que le he escrito todo esto con un sentimiento muy profundo y que si usted reconoce su verdad y utilidad hará muy feliz mi cariño por usted.

Suyo,

MARCEL

Si ve al señor Montesquiou le agradeceré mucho que no le diga que estoy estos días en París ni le dé mi nueva dirección.

Prefiero decirle todo esto yo mismo y que hasta entonces lo ignore. Si puede no mencionarle nada (¡no es que haya cambiado nada en mis sentimientos hacia él!) me hará un favor.

Tendría mil cosas que decir y que responder a lo que dice usted (admirablemente) sobre el afecto que disminuye y no remonta (hacia quien era citado en mi final no escrito, así como en otro que no puedo encontrar y que pertenece al mismo género de literatura—sobre los niños, que «Para no ser ingratos sólo tienen que parecer felices»—).[1] Pero realmente esta larga carta me ha dejado exhausto.

P. D.: Espero, aunque mi mano fatigada escribe mal, que pueda usted leerme hasta el final, pues creo importante lo que le he escrito.

144. A ALFRED VALLETTE

Boulevard Haussmann, 102
Confidencial y *bastante urgente*
[*Primera mitad de agosto de 1909*]

Estimado señor:

No es por inclinación natural, por algo «genético» por lo que le molesto tan a menudo. Créame, no disfruto pensando que lo atormento. Y el recuerdo de los recientes fracasos sufridos con usted no me anima mucho a recuperar la alegría natural...[2] Dicho esto, paso obviamente a aburrirle: ¡sin eso no habría valido la pena excusarse!

Lo que tiene esta carta, por otra parte, de peculiar es que siendo lamentablemente muy insignificante es también extremadamente confidencial. Tanto si usted acoge como si no mis propuestas, le ruego que mantenga el secreto al menos

[1] Émile Augier, *Gabrielle* (1849).

[2] Mercure de France rechazó publicar los *Pastiches* que Proust ofreció a Vallette.

en un punto, y comprenderá el porqué. Estoy terminando de escribir un libro que, a diferencia de cuanto haría suponer su título provisional—*Contre Sainte-Beuve. Souvenirs d'une matinée*—es una verdadera novela, en ciertas partes muy impúdica. Uno de los principales personajes es homosexual. Acerca de esto espero que mantenga el más escrupuloso secreto. Si la cosa llegara a saberse antes de la publicación, muchos amigos fieles y aprensivos me pedirían renunciar a ella. Creo que, además, presenta algunas novedades (disculpe la presunción) y no quisiera que alguien me las robase. La referencia a Sainte-Beuve no es casual. El libro concluye con una larga conversación sobre Sainte-Beuve y sobre la estética (si quiere, como *Sylvie* termina con un estudio sobre las canciones populares): el lector se dará cuenta al llegar al final que toda la novela es la aplicación de unos principios artísticos declarados en la última parte, una suerte de prólogo puesto al final.

Quisiera que el libro apareciese hacia enero o febrero. Prescindiendo de mi preferencia por Mercure, ni siquiera me habría referido a ello, sabedor de que no tiene mucho interés en publicar cosas mías, y pudiendo contar para la obra en cuestión con un excelente editor, menos bueno que usted, porque no los hay de su nivel, pero que le sigue en cuanto a jerarquía. Pero yo habría deseado vivamente que el libro saliera antes por entregas en la revista *Mercure*, y si usted lo permite, podría incluso decidir imprimirlo en volumen, aunque lo que me interesa sobre todo es la revista. Hay, claro está, muchas partes absolutamente decentes, castas incluso, y éstas, si la revista no quisiera saber nada, podría darlas a *Le Figaro*, con el que no colaboro desde hace un año por culpa de mi salud, que las publicaría con una cadencia quincenal. Pero, en primer lugar, la supresión de las partes obscenas me molestaría enormemente, y por otro lado se trata de un libro de acontecimientos y de reflejos de acontecimientos a lo largo de años, lo que exige amplias secuencias.

Por tanto, para resumir, ¿estaría dispuesto a reservarme, a partir del número del primero o el 15 de octubre, treinta (mejor si fuesen más) páginas del número de la revista, hasta enero? Correspondería en total a unas doscientas o trescientas páginas del libro. De esta manera, saldría la parte novelesca. Quedaría la larga conversación sobre Sainte-Beuve, sobre la crítica, etcétera, y ésta figuraría únicamente en el volumen, que sería casi tan largo como *La double maîtresse* (cuatrocientas veinticinco páginas) y podría, si lo desea, publicar usted. Preferiría a mi costa, con autorización por su parte, para elegir yo el papel, cuidar el lanzamiento publicitario, etcétera. Pero no es una condición *sine qua non*. Hablar de condición, por otra parte, es bastante ridículo, tratándose de algo deseado por mí y no por usted, que lo haría eventualmente sólo por gentileza conmigo. La *fecha* es de vital importancia. Mis malas condiciones de salud la convierten en una cuestión capital para mí. Pudiera ser que para darme una respuesta definitiva quiera tener una muestra del texto. A la vuelta de unos pocos días podría hacerle llegar copiadas de modo legible o incluso mecanografiadas las primeras cien páginas, que son las más depuradas. Si le preocupa el resto y desea tranquilizarse (no hay sombra de *pornografía*), podría hacer copiar algunos pasajes, cuya redacción sin embargo no es en absoluto definitiva. Pero no diga nada a nadie, se lo ruego. La respuesta, lamentablemente improbable, con la que sueño es: «La revista *Mercure* pone a su disposición entre treinta y cincuenta (o más) páginas en los números de octubre a enero, y en enero o febrero el volumen será publicado en la editorial Mercure».

Esto es lo que deseo y no me atrevo a esperar.

Sin más por el momento, señor, me despido de usted y le saludo atentamente,

MARCEL PROUST

145. A GEORGES DE LAURIS

[*Principios de diciembre de 1909*]

Mi querido Georges:

Sé que debo a su amistad ciega la divina carta que usted me ha enviado, pero ello me la hace más preciosa aún. Como mi afecto supera a mi amor propio, me da más placer comprobar que me tiene usted afecto que pensar que cree que tengo talento. En cuanto a la discreción, puede decir tranquilamente que le he dado a leer la parte inicial de mi libro,[1] y si a alguien le parece que le otorgo un privilegio exclusivo—¡cosa de la que no alardeo!—me sentiré dichoso de declarar y subrayar mi predilección por usted. Lo que le pido es que no revele el tema, el título, en suma, nada que pueda dar pistas (por otra parte, no interesa a nadie). Además, no querría que nadie me presionase o me atormentase, ni que se anticipara, copiara, comentara, criticara o me pusiera verde. Ya habrá tiempo, cuando mi inteligencia haya acabado su trabajo, para dejar que la estupidez ajena haga el suyo.

Según las indicaciones que dejo, se le devolverán junto con los dos cuadernos (segundo y tercero) dos páginas del primero que sustituyen a las que llevan los mismos números por un pasaje que parecerá mundano a un lector mundano, pero en el que usted reconocerá un esfuerzo meritorio para expresar cosas en absoluto evidentes. En cuanto a los cuadernos, hay algunos tachones a pluma que he hecho aquí y allá al azar cuando me llamaba la atención alguna barbaridad, pero son muchas más las barbaridades debidas al copista que las mías. Y cuento con su colaboración intuitiva y afectuosa.

Suyo de usted, su agradecido

MARCEL

[1] Se trataba del principio de *Combray*. Lauris era una de las tres personas que, según el propio Proust, había leído sus textos antes de publicarse.

Descubro que en una página (creo que la 155), el copista ha repetido todo dos veces, ¡cosa de locos!

No vaya a creer que me gusta George Sand. No he tratado de hacer crítica. Era así *entonces*.[1] El resto del libro lo corregirá.

146. A GEORGES DE LAURIS

Miércoles por la mañana [*27 de abril de 1910*]

Mi pequeño Georges:

Sería usted muy amable si, después de haber leído esta carta de principio a fin, la destruyera o me la devolviera, y no le contara a *nadie* lo que le escribo. Le explicaré mejor, por otra parte, de viva voz los problemas que me causaría usted si alguien lo sospechase.

La aparición de su *Ginette*,[2] que no sabía tan inminente, supone para mí una emoción y, en resumidas cuentas, una inmensa y profunda alegría. Pero se da el pequeño problema de que aparece en el momento (cosa que no me impedirá hacer lo que usted quiere, como verá) en que estoy, a pesar de las buenas formas por ambas partes, poco menos que desavenido con Calmette, no definitivamente espero, pues lo aprecio mucho.

He aquí en dos palabras la cosa que debe usted ser el ÚNICO en saber y no debe dejar sospechar a nadie. Calmette me pidió en Cabourg mi novela para *Le Figaro* poniendo en ello a la vez mucho misterio y tal prisa y gentileza que quería comenzar su publicación inmediatamente a medida que yo tuviera las páginas (yo habría debido suprimir las partes inconvenientes) para no retrasarme (yo creía por entonces estar bastante bien para trabajar y pensaba que sería mucho me-

[1] En *Combray* la madre del narrador le lee *François le Champi* de George Sand para calmar su desazón.

[2] La novela *Ginette Chatenay*, publicada en 1910.

nos largo), pues Calmette quería, cosa inaudita, que el libro apareciera sin falta y proseguir la publicación por entregas incluso una vez aparecido el libro, ¡de modo que por primera vez *Le Figaro* imprimiría algo no inédito! Por delicadeza descarté esta posibilidad y le dije que no estaba listo, pero que esperaba poder darle una primera parte hacia noviembre (pasado). Él se comprometió a iniciar la publicación al cabo de una semana de la entrega.

En este punto cometí una metedura de pata que me ha enajenado la amistad de un hombre que había sido de lo más exquisito conmigo. En vez de enviarle mi comienzo a él cometí la estupidez de escribirle que se lo mandaba a Beaunier para que éste considerara si podía aparecer, etcétera. Pues bien, en ese momento, yo ignoraba cosas que he sabido posteriormente y que hicieron que Calmette pensara que yo no lo tenía en cuenta, que prefería que decidiera Beaunier, etcétera. Es lo que supongo, al menos, porque desde el 5 de diciembre, fecha en que Beaunier le pasó el material, es decir, en los últimos cinco meses, Calmette (que no quería sacar ningún otro folletín por temor a retrasar las entregas del mío una semana) ha sacado uno tras otro y dice que no tiene tiempo de leerme (se lo dice a Beaunier, que, sin ser consciente de lo que hay detrás, vuelve a la carga cada dos semanas).

En realidad, no lo retrasa en absoluto, puesto que no estoy en condiciones de trabajar y mi libro está lejos de estar terminado, pero esto él no lo sabe, cree que lo he terminado, de modo que, como comprenderá, es muy extraño. Le he visto dos veces y no me ha dicho una palabra al respecto, ni yo a él (se lo explicaré a usted mejor de viva voz). Me encuentro en una situación delicada, pero no desesperada (desesperada, quiero decir, por el afecto que le tengo y también porque me habría gustado escribir sobre *Ginette*, circunstancias mediante). Para empezar, tuve que pedir a Beaunier que no dijera una palabra más a Calmette (y ya éste fue un asunto delicado, porque a Beaunier le resulta ofensivo que pueda suponerse contraproducente su intervención). Dentro de poco, cuando Calmette no pueda pensar que estoy impaciente por ver publicada mi obra (no sólo no estoy impaciente, sino que siempre vi con malos ojos la publicación por entregas y sólo acepté la propuesta por la gran insistencia de Calmette), trataré de tener una larga conversación con él. Pero si de aquí a entonces sospechase que atribuyo su actitud a la susceptibilidad se pondría furioso, y Beaunier también, de modo que no cabe más que el silencio más absoluto para evitar envenenar un asunto que ya de por sí no pinta muy bien. Me encargaré de remediarlo, con tal de que no me pongan palos en las ruedas. Así que no hablo de ello con nadie y he dudado de escribirle sobre ello, con tanta más razón cuanto que hoy tengo fiebre alta y pensaba que no conseguiría apañármelas para redactar una carta. Pero la idea de que pudiera acusarme usted de frialdad me ha parecido más angustiosa que el riesgo de la confidencia y de la fatiga de escribir.

Hablaré con Ballot, hablaré o haré que alguien hable con Calmette, quizá redacte una breve nota si no me es posible hacer más, y si no lo hago en unos días hágase cargo del berenjenal en que ando metido. Es posible que no hubiera conseguido hacer más, pues tal vez en ningún caso me habrían permitido escribir una reseña sobre su *Ginette*, pero lo que pudiera decir o hacer lo habría dicho y hecho libremente, sin temor a defraudarle ni a dar señales de vida en un momento en el que me conviene hacerme el muerto. Lo importante para mí era informarle de cómo están las cosas.

De haber sabido que *Ginette* iba a aparecer tan pronto, habría pasado por su casa la noche en que salí (la noche de las elecciones). No me faltaban las ganas, pero me disuadió la hora infame, y fui precisamente a *Le Figaro*, donde no daba señales de vida hacía un año, para que vieran que no estaba resentido por la no publicación. No sé cuándo podré salir otra vez ni cuándo estaré lo bastante bien para verle. No le escribiré más cartas de esta extensión, porque es un esfuerzo tremendo para mí, pero cuento con que acudirá a mí si necesita cualquier cosa para su *Ginette* y piensa que conozco a alguien que pueda serle de ayuda. Son tan pocas las cosas que me gustan en literatura, que cuando digo que una me gusta adquiere un poco más de peso.

Le dejo porque no puedo más. Cuento con su delicadeza para que mantenga *escrupulosamente* el secreto. Si tiene amante o prometida, no le diga palabra. Si le habla de mí, la gente ya sabe que estoy muy enfermo, que no escribo nada desde hace bastante tiempo, por lo que mi inacción parecerá justificada sin necesidad de decir nada más.

Un saludo afectuoso, y un cálido, vivísimo deseo de que su libro tenga el mayor y más profundo éxito—cosa, por otra parte, asegurada—, ejerza un influjo amable y duradero en las personas de valía y deje sin palabras a las otras, entusiasme a los buenos y haga rabiar a los envidiosos. Amén.

MARCEL

147. A REYNALDO HAHN

[*Primer semestre de 1912*]

Genstil:

Las estalactitas del pasado.

Delante de algunas estalactitas del pasado.

Delante de algunas estalactitas de días pasados

(porque es el goteo del agua el que fabrica las estalagmitas).

Reflejos en la pátina.

Lo que se ve en las pátinas.

Los reflejos del pasado.

Los días que quedan atrás. Los rayos seculares (como los de las estrellas).

El visitante del Pasado.

Visita del pasado que queda atrás.

El Pasado prorrogado.

El pasado tardío.

La esperanza del Pasado.

Acababa de escribirle esto, mi querido Genstil. Hay que pasar página, pues... ¡continúa! Si no le gusta, creo que *El viajero del pasado, Los reflejos del tiempo* y *Los espejos del sueño* serían la mejor opción.

Puede venir si quiere.

[Sin firma]

148. A LA SEÑORA DE CAILLAVET

[*Poco después del 4 de julio de 1912*]

Señora:

Quería esperar para escribirle a saber si iría yo a Cabourg. Pero como resulta que no creo que vaya, no querría dejar pasar más tiempo sin darle las gracias. Lamento mucho pensar que la he cansado y aburrido pidiéndole que me escriba. Olvídelo. Habría sido encantador oírla hablar a usted y eso no merece ninguna disertación por escrito.

Salgo alguna vez por casualidad y por lo general es para ir a ver unos espinos, o los perifollos de tres manzanos en traje de baile bajo un cielo gris. Pero cuando mucho más raramente lo hago para estar no en medio de las cosas, sino de la gente, los trajes de las damas que son de un color menos delicioso que los de los manzanos me incomodan no menos. Pues si tuviera una impresión, harían falta palabras exactas para explicarla. Y yo no las conozco. Por eso he hojeado unos libros de botánica, o libros de arquitectura, o revistas de modas. Y naturalmente no se trata de eso.

El pequeño Prémonville del que le hablaba el otro día fue precisamente encargado el último año de preguntar unas cosas a su profesor de botánica. Le he dado efusivamente las gracias por la información... que no me ha servido de nada.

Precisamente he vuelto a ver a las dos señoras en la velada antes de la cual quería pasarme por su casa. Pero no me veo capaz de describirlas.

A este respecto no sé si conocía usted la respuesta que dio la señora Standish (haciendo suya la frase de Madame Récamier) cuando otra señora dijo que sabría que había dejado de ser bella en cuanto los jóvenes deshollinadores no volvieran ya la cabeza a su paso, a lo que la señora Standish respondió: «¡Oh! ¡Pierda cuidado, querida, mientras se vista usted de esta manera, se volverán siempre!».

Creo que conoce usted también la respuesta que Montesquiou le dio por escrito a Maurice de Rothschild, a quien le había pedido unas joyas para un baile de disfraces y tan sólo le envió un brochecito recomendándoselo porque era de su familia: «Ignoraba que tuviera usted una familia, pero creía que tenía joyas». Yo compenso meses de soledad y de tristeza con un cuarto de hora de frivolidad con usted, ¡aunque me da miedo parecerle extremadamente frívolo!

Mi memoria y mi imaginación me ofrecen de vez en cuando sesiones de estereoscopio de la sonrisa de su hija y de los fonógrafos de su voz. Llamo a esto, con un título un poco pasado de moda: «Los placeres de la soledad».

Con todo mi cariño a Gaston y mi afectuoso respeto por usted,

MARCEL PROUST

149. A ANTOINE BIBESCO

[*Poco antes del 25 de octubre de 1912*]

Mi querido Antoine:

Te remito adjunta la carta de Copeau.[1] A propósito, ¿me has mandado otra que no he recibido? Pues en la tuya me escribes, en efecto: «Como dice Copeau, son demasiado hermosos para una revista». ¿A qué te referías?

Pero he aquí que se me ha ocurrido una idea y me ha in-

[1] Se trata de un intercambio epistolar a propósito de los extractos de su novela que Proust había publicado en *Le Figaro* en 1912.

vadido un deseo que me hacen lamentar haberte pedido que sometieras esos fragmentos a la consideración de Copeau. Ya sabes que Calmette se ha comprometido amablemente a publicar mi novela con Fasquelle. Pero, aunque no se la he entregado aún a Fasquelle, me temo que su intención sea sacar la obra en dos o tres volúmenes, a distancia el uno del otro, con un título distinto para cada volumen. Por otra parte, me parece que Revue Française[1] sería un medio más adecuado para la maduración y la divulgación de las ideas contenidas en mi libro. Dicho brevemente, me gustaría que el libro saliese (aunque no como con Fasquelle, a expensas del editor, sino *a mis expensas*) en Revue Française. ¿Podrías hablar tú con esos señores? Creerán que les he mandado los artículos extraídos del libro sólo para preparar el terreno. Pero, después de todo, ¿está mal que lo crean así? Si es difícil lograr que ellos me editen, incluso a mi costa, les parecerá una delicadeza por mi parte (delicadeza que no he tenido ni en sueños) no haber confiado exclusivamente la publicación a tu amistad y haber querido ser juzgado por mis propios méritos. Y aunque sea un recurso muy fácil, no deja de ser una delicadeza tratar de agradar al vendedor, creer que no todo se debe al mero hecho de haber dado un dinero. Y, en fin, ¿qué quieres que te diga?, que piensen lo que les parezca. Lo único que yo quería era que estos artículos los vieran algunas personas que no se limitaran a decirme como Eva que una cosa es bonita sólo porque yo la encuentro tal (con harta frecuencia me parece que se equivocan), sino que se encontraran entre los menos ciegos de hoy. Creo que la *Nouvelle Revue* no está exenta de defectos, y en el último número hay un montón de cosas absurdas, pero, aun así, es la única revista merecedora de tal nombre. Si me publicasen, quizá me leerían. En suma, no veo por qué deberían rechazarme. Pagaría lo que me pidiesen, incluso bastante, por la publicación.

[1] La editorial de la *Nouvelle Revue Française*.

Desde el punto de vista literario, pese a estar convencido de que no pueden apreciarme en lo que valgo (que no es mucho, pero sí más de lo que ellos puedan creer), no sería ninguna deshonra para ellos.

Uno de los volúmenes de la obra es *extremadamente* indecente, pero creo que eso les da igual. Incluso serviría, como el apoyo de *Le Figaro*, etcétera, para llamar la atención sobre su editorial (pero, repito, estoy convencido de que les es absolutamente igual, y ciertamente no es algo que yo haya buscado). La obra es una novela; aunque la libertad de tono la hace asemejarse a unas memorias, en realidad el rigor compositivo (sumamente complejo para apreciarse de inmediato) hace de ella otra cosa: sólo hay de contingente lo estrictamente necesario para expresar lo que de contingente tiene la vida, de modo que en el libro deja de ser contingente. Por otra parte, por mis artículos puedes darte cuenta de que, por más subjetivas que puedan haber sido mis impresiones, las considero tan sólo una manera de ahondar en el conocimiento del objeto. Toma, por ejemplo, el artículo sobre la iglesia: si escribiese como se acostumbra hoy en día, con una sola de las impresiones de ese texto habría podido hacer un artículo, y por tanto con todas ellas una decena de artículos, si hubiese considerado algo importante la *historia* de mi impresión. Por ejemplo, si en las lápidas sepulcrales, sin ir al fondo de la impresión que me produjeron, hubiera adoptado poses, hecho gestos extravagantes, habría causado impresión, habría parecido original. En cambio, mi impresión profunda, clara, íntima la oculto entre muchas otras bajo un estilo llano, donde estoy seguro de que unos ojos agudos la descubrirán tarde o temprano. De los momentos de exaltación no queda más que una frase, a veces un epíteto. Pero explicarte en una carta lo que he querido hacer en mi libro es imposible.

¿Quieres preguntar a tus amigos de la revista? Si eso te resulta fatigoso, no me faltan intermediarios. Quisiera de veras que su respuesta fuese afirmativa, y estoy convencido de que tendrían razón desde todo punto de vista. Pero si deben decir no, que no tarden en hacerlo. Estoy enfermo, tengo prisa, querría prescindir de los preliminares.

Tuyo de corazón,

MARCEL

La obra tendrá cerca de mil doscientas cincuenta páginas apretadísimas (cada una tendrá más o menos el número de líneas de una página de *La educación sentimental* en Fasquelle). La solución mejor sería que saliera en dos volúmenes, el primero de setecientas páginas, el segundo de quinientas cincuenta. O bien en dos volúmenes de seiscientas páginas cada uno o en tres de cuatrocientas páginas. Podría entregar enseguida listas para la imprenta las primeras seiscientas páginas, y pasaría a limpio las otras mientras corrijo las pruebas. Trata de conseguir un sí de Revue Française. La idea me seduce mucho.

P.D.: La cosa es bastante urgente. Pero si estuvieran de acuerdo, querría que me dejasen algunos días para reflexionar antes de tomar la decisión definitiva. Debería arreglármelas con Calmette, y no lo haría antes de tener la respuesta de la NRF.

P.D. 2: Perdona, querido Antoine, mi largo silencio después de tu deliciosa carta. He estado mal. En cuanto a ésta mía, no he tenido tiempo de reescribirla y te la mando, pero, por favor, no hables con tus amigos de la NRF antes de que hayamos vuelto a hablar del asunto, porque quizá estoy demasiado comprometido moralmente con los otros. Reflexionaré sobre ello. Tú, de todos modos, si te parece, puedes escribirles y tantear el terreno. La idea de publicar con ellos me tienta, pero no sé si debo, ni siquiera si *puedo*.

150. A EUGÈNE FASQUELLE

Boulevard Haussmann, 102
[*28 o 29 de octubre de 1912*]

Estimado señor:

El señor Calmette me ha dicho, y ninguna noticia habría podido serme más grata, que está dispuesto a publicar mi obra. Me hacía tanta ilusión que saliera en su sello editorial que casi me parecía imposible conseguirlo, como ocurre con todas las cosas muy deseadas. Permítame, pues, en primer lugar expresarle mi gratitud.

Quisiera muy honestamente avisarle por adelantado de que la obra en cuestión es lo que se habría calificado en otro tiempo de *indecente* y mucho más indecente de lo que se acostumbra a publicar hoy en día. Si me siento en la obligación de darle alguna explicación al respecto es porque no quisiera, al enviarle sólo el primer volumen, el cual, salvo algún pasaje, es de lo más casto, inducirle a equívoco sobre el resto, ni tampoco que una vez publicado el primer volumen no quisiera publicar los dos siguientes (o el siguiente, porque puede que la segunda parte quepa en un grueso volumen).

Esta segunda parte está ya escrita, pero en cuadernos, no pasada a máquina, por lo que no se la envío por adelantado, ya que el manuscrito que adjunto a esta carta forma ya la materia de un volumen. Ahora bien, le explicaré lo que hay de muy escandaloso en la segunda parte. Huelga decir que no es algo deliberado, y que el planteamiento general de la obra demostrará la moralidad de mis intenciones. Y le proporciono algunos detalles—no sin pedirle que guarde el *secreto* sobre un tema que nadie conoce y que podría disuadirme de negociar si «se filtrase»—para que sepa de antemano lo que podría hacerle cambiar de parecer sobre su benévola decisión.

Uno de mis personajes[1] (que se presentan en la obra como

[1] Se refiere al barón de Charlus.

en la vida, es decir, muy mal conocidos primero y luego descubiertos mucho tiempo después por lo contrario de lo que se creía) hace una fugaz aparición en la primera parte como supuesto amante de una de mis protagonistas. Hacia el final de la primera parte (o al comienzo de la segunda, si el texto mecanografiado que le mando supera un poco la extensión de un volumen), el personaje en cuestión conoce al narrador, hace ostentación de virilidad, muestra desprecio por los jóvenes afeminados, etcétera. Ahora bien, en la segunda parte, se descubrirá que el personaje, un viejo señor de una gran familia, es un sodomita: será pintado de manera cómica, pero, aunque sin ninguna frase grosera, lo veremos «ligándose» a un portero y manteniendo a un pianista. Creo que este carácter—el sodomita *viril*, resentido con los jóvenes afeminados, que le engañan sobre la calidad de la mercancía ya que no son más que mujercitas, «misántropo» por todos los sufrimientos que le han causado los hombres, del mismo modo que ciertos varones que han sufrido mucho a causa de las mujeres son misóginos—es una novedad (sobre todo por la manera como es retratado, que no puedo detallar aquí), y por eso le ruego que no hable de ello con nadie. Además, los tipos tan distintos que contrastan con él, el marco poético en el que se inscribe su ridícula vejez y con el que contrasta, todo ello evita que esta parte del libro tenga el carácter siempre lamentable de una monografía. Sin embargo, aunque no existen detalles escabrosos (o, si los hay, se ven redimidos por la comicidad, como cuando el portero llama a este canoso duque «¡chiquillote!»), no se me oculta que no es un tema «corriente», y me ha parecido leal decírselo; además de prudente, porque comprenda en qué situación me encontraría, respecto a una obra que será sin duda la última que escriba y he tratado de que contenga toda mi filosofía y de que resuene en ella toda mi «música», si después del primer volumen usted rompiera mi obra en dos como un vaso que se quiebra, terminando ahí la publicación…

Como creo que no me permitiría indicar simplemente con un «I» el primer volumen, lo titulo *Le Temps perdu*. Si consigo que tenga cabida el resto en otro volumen, lo titularé *Le Temps retrouvé*. Habrá un título general, que se refiere en el mundo moral a un mal físico: *Les Intermittences du cœur*. Sería de desear que el primer volumen fuera lo más extenso posible, aunque sólo fuera para que figurara (no sé si será posible) la parte final. Tal vez (tanto más cuanto que leyendo las pruebas encontraré sin duda algo que cortar) haya manera de hacer caber en un volumen el manuscrito que le envío (es decir, las tres partes de *Le Temps perdu*, que constituyen la mitad de la obra entera). Si eso es imposible, sería necesario que el volumen incluyera al menos hasta la página 663 (he marcado hasta dónde con lápiz azul) del texto mecanografiado (páginas obviamente menos extensas que las impresas, y hay unas cuantas que ni siquiera deben incluirse). Digo esto para el caso de que no fuera posible incluir todo el texto manuscrito que le mando (*Le Temps perdu*) en un volumen. En tal caso, a *Le Temps perdu* se le dedicaría un solo volumen, y lo que no tuviese cabida estaría en *Le Temps retrouvé*. Pero hay otra posibilidad, que usted me conceda un volumen lo bastante grueso para incluir un poco más de texto del que le envío en el manuscrito, solución que tendría muchas *ventajas*. Pues este primer volumen, lleno de material preparatorio, especie de obertura poética, es infinitamente menos *público* (salvo la parte llamada *Un amor de Swann*, sobre la que llamo su atención) de cuanto lo será el segundo.

Así pues, si pudiéramos dilatar, incluyendo en él un poco más de acción, el primer volumen, éste (que conservaría el título de *Le Temps perdu*, simplemente *Le Temps retrouvé* resultaría menos extenso) sería más interesante y existirían mayores posibilidades de incluir la segunda parte en un solo volumen. Si hubiera manera de incluir una o dos líneas más por página (haciendo, digamos, páginas de treinta y nueve líneas), sería maravilloso.

No quiero exceder estas ocho páginas y le expreso de nuevo mi profunda gratitud.

MARCEL PROUST

P. D.: Le ruego encarecidamente que conserve mi manuscrito, del que no existe borrador, al menos idéntico. Me incomoda que mi primera carta a usted sea de *ocho cuartillas*. Me dispensarán de molestarle más, pero le ruego que las lea hasta el final y las considere confidenciales.

151. A GASTON GALLIMARD

[*Poco después del 8 de noviembre de 1912*]

Querido señor:[1]

Soy incapaz de expresarle el placer que me ha producido su carta. Ha encontrado usted las palabras más simples y eficaces para disipar la leve incomodidad que sentía, y se las agradezco sinceramente.

No puede venir personalmente a recoger el texto mecanografiado, pues no sabe lo que pesa. Haré que se lo entreguen mañana. No corresponde exactamente al texto, pero le permitirá hacerse una idea exacta de él. Sólo he hecho unos leves retoques que lo mejoran. En la página seiscientos treinta y tres del texto mecanografiado es donde en rigor podría terminar el primer volumen. En realidad, tiene más páginas, porque las hay duplicadas, triplicadas, etcétera. Otras, en cambio, las he eliminado, pero como una página impresa tiene mucho más texto que una mecanografiada, el total no debería superar las quinientas cincuenta. En cuanto al segundo

[1] Gaston Gallimard es el editor definitivo de *En busca del tiempo perdido*. En 1911 se une al grupo de la *Nouvelle Revue Française* para fundar una editorial. En 1916 negocia con Grasset la transferencia de la obra de Proust a la editorial. En 1919 transforma la editorial de la NRF en Librairie Gallimard.

y tercer volumen, no me es fácil proporcionarle el original, porque yo mismo no dispongo más que de mi borrador. Puedo, de todos modos, prestárselo, si le interesa mucho, porque es evidente que no puedo dejar aparecer el primer volumen sin tener la seguridad de que se verá seguido por el segundo (y por el tercero, si los volúmenes son tres). Se dará cuenta de qué contratiempo supondría si se interrumpiese en plena publicación. Por otra parte, si así lo desea, podría explicarle en dos palabras el contenido de la segunda parte. Pero de manera confidencial, porque el tema es original y preferiría que no fuese conocido de antemano. En cuanto a los intervalos temporales entre los volúmenes (sabiendo que la cosa puede representar un problema para un editor y consciente de que lo que le mueve a ello es su exquisita sensibilidad, su tacto y la conciencia de mi estado de salud), le agradezco de corazón que me ofrezca unos tan cortos. Pero me parece que no es necesario. Creo que si el primer volumen (que no llamaremos «Volumen I», sino que le daremos un subtítulo: por ejemplo, título general *Les Intermittences du cœur*, subtítulo del primer volumen *Le Temps perdu*, subtítulo del segundo *L'Adoration perpétuelle*—o quizá *À l'ombre des jeunes filles en fleurs*—, subtítulo del tercer volumen *Le Temps retrouvé*) saliese en febrero o en marzo (mejor febrero), sería necesario que el segundo no saliera hasta noviembre para dejar a los lectores el tiempo de digerir tamaño bocado, y el tercero en febrero de 1914. Pero ¿podrán ejecutarse estos proyectos, que tan seductores se han vuelto desde que usted me dijo que yo había despreciado el interés de mi trabajo? No lo sé. Ya conoce mi situación, es más, *dado que no es al editor sino al sobrino de mi amigo al que me dirijo*,[1] se la aclaro con nombres propios que le ruego formalmente mantener reservados: Calmette ha llevado mi libro a Fasquelle, que lo ha

[1] Gallimard le había pedido que no lo considerara como un editor si no como un amigo.

aceptado en las condiciones más atractivas y, cosa notoria, no ha querido leerlo antes de prometer publicarlo como prueba de la estima en que me tiene. No seré tan ridículo de creer que pueda hacer mucha gracia a un editor como Fasquelle, cuya editorial va viento en popa, editar un libro tan distinto de las novelas que publica habitualmente. Pero hay, por mi parte, con respecto a Fasquelle, a Calmette y a los exquisitos amigos que no pudiendo yo levantarme de la cama han hecho de contacto entre uno y otro, una cuestión de delicadeza prioritaria. Puede que, si dentro de unos días estoy mejor, una charla con mis amigos, si puedo ir a verlos, lo resuelva todo. Pero cada día que pasa lo hace todo más incierto. Si recibo las primeras pruebas, no habrá nada que hacer y en tal caso le telefonearía enseguida. En cuanto a verse, es difícil, dados sus horarios y los míos: creo, por tanto, que es mejor posponerlo. Si usted me editara, tendríamos que vernos. Y si no me edita, nos veremos incluso más agradablemente aún, sin las preocupaciones profesionales de por medio.

Visto que esta carta ya es muy larga y que escribir demasiado suele fatigarme, me siento muy tentado (y será mi segunda *confidencia*) de decirle lo que contiene de escabroso el volumen, para así evitarle, si le parece impublicable, leer el primero. Al final del primer volumen (tercera parte) encontrará a un tal señor de Fleurus (o de Gurcy, he cambiado varias veces el nombre),[1] al que se ha aludido brevemente antes como a un supuesto amante de la señora de Swann. Ahora bien, tal como sucede en la vida real, en la que las reputaciones son a menudo engañosas y cuesta mucho conocer a la gente, no se descubrirá hasta el segundo volumen que el viejo señor en cuestión no es en absoluto el amante de la señora, sino un sodomita. Es un personaje bastante original, en mi opinión, el tipo de sodomita viril que detesta a los jóvenes afeminados, es más, a decir verdad, detesta a todos los jóvenes, del mismo

[1] En *En busca del tiempo perdido* será el barón de Charlus.

modo que son misóginos los hombres que han sufrido por las mujeres. La aparición del personaje se halla dispersada por varias partes del volumen, por lo que no tiene en absoluto un carácter monográfico, como sí lo tiene, por ejemplo, el Lucien de Binet-Valmer (estamos, por lo demás, en las antípodas, desde todo punto de vista). Además, no hay un lenguaje crudo. Por último, como puede imaginarse, el punto de vista metafísico y moral es el que predomina en toda la obra. Pero, en fin, se ve al viejo señor seducir a un portero y mantener a un pianista. Prefiero advertirle de antemano acerca de lo que podría desalentarle. Creo haberle dicho todo cuanto tenía que decirle y es la segunda carta con la que le incordio. Casi desearía que no le gustara a usted mi obra y la rechazara, para salir de la incertidumbre y ahorrarme el desencanto que sentiría al recibir las pruebas de Fasquelle ahora que he entrevisto la posibilidad de una colaboración con usted. Soy como esos viajeros que, incapaces de decidirse a renunciar a un viaje que les tienta, se las arreglan para llegar con retraso y perder el tren, evitando así verse obligados a partir. Pero no, estaré en cualquier caso contento si mi libro le gusta, porque me importa mucho su juicio. Le he leído en la *Revue Française*. Y aunque mi libro no es de las obras de su gusto porque «se rizan como una col», hay sin embargo en él mucha más espontaneidad de la que a primera vista permitiría descubrir la voluntad de intercalar con demostraciones intelectuales las verdades descubiertas con la sensibilidad. El tercer volumen, *Le Temps retrouvé*, no deja ninguna duda a este respecto.

Le ruego que guarde el secreto sobre el nombre de mi otro editor. Una discreción absoluta es, por lo demás, mi única *oportunidad* de llegar a una solución favorable sin falta de tacto. Le recomiendo asimismo el secreto sobre el tema de la segunda parte y, rogándole que me excuse lo extenso de esta carta y que crea en el gusto que me ha dado la suya, le saluda muy atentamente

MARCEL PROUST

Si por casualidad quisiera echar un vistazo a mi libro, avíseme cuando lo haya terminado y mandaré a recogerlo, porque no tengo ya ningún texto para trabajar. Prefiero mandarlo yo a recoger, no quisiera que se perdieran unos cuadernos. No sé bien si hacer que lo entreguen en su domicilio particular o en la rue Madame. Podría usted pedir al portero del inmueble donde no quiere que sea entregado que indique a mi recadero cuando llegue la buena dirección.

152. A LA SEÑORA STRAUS

Domingo por la noche [*10 de noviembre de 1912*]

Distinguida señora:

No le he respondido porque todos los días creía que iba a levantarme; pero esta niebla, sin duda, ha prolongado mi estado. Voy a tratar de levantarme un momento esta noche, pero son ya las nueve y media, no estaré listo antes de medianoche, si es que puedo levantarme. Por lo tanto no podré verla, y ésta es la razón por la que le escribo.

Las últimas hojas muertas han caído sin que yo haya podido verlas y he aquí un otoño más en que no he apreciado el color de la estación.

Es usted muy amable por lo que me dice de esas flores (y a este respecto será necesario que le dé a leer una página de mi novela que no tiene nada que ver con este asunto, y cuyo «pretexto» es esta misma palabra). Pero algo que ha dejado escapar Lauris, quien ha venido a verme, me ha hecho pensar que usted debe de haberse mofado un poco de mí o haber expresado su descontento. Pero el hecho es simplemente que, cuando pienso en usted, me gustaría imaginarla contenta y si de paso me tropiezo con algo bonito me complazco diciéndome que me atribuirá usted parte del placer a mí. Lo que es una tontería, porque por experiencia sé que son las cosas las que adquieren el encanto de las personas y que de un ser que importuna (no lo digo por mí) todo es fastidioso.

Como me pregunta por el asunto de mi libro voy a ponerle al corriente rápidamente. Fasquelle no me ha escrito. Yo le envié mi manuscrito con una carta y todavía no me ha contestado. Le enviaré próximamente a Reynaldo y si no puede darme garantías para los otros volúmenes, Reynaldo recuperará el manuscrito que yo puedo hacer publicar simplemente en otra parte y en unas condiciones más literarias. Evidentemente Fasquelle es más halagador, más brillante, pero ¿recuerda lo que me dijo usted en Trouville sobre el arreglo de la boca de la señora Cahen, que había pretendido hacérselo demasiado bien para rentabilizar al máximo su dinero? Desde el punto de vista del amor propio, puedo lamentar que la gente que me vea editado como la señora Stern no sepa que, de haber querido yo, habría publicado en Fasquelle; pero nunca hay que ponerse en ese punto de vista. Lo que me gustaba sobre todo de publicar en Fasquelle es que, no siendo yo autor más que de un libro, *Los placeres y los días*, que fue editado con gran lujo, ilustraciones, etcétera, con esta segunda obra que será ciertamente la última (salvo una recopilación de artículos, de estudios críticos) me dirigiría a un público más amplio, a la gente que toma el tren y antes de subirse al vagón compra un volumen mal impreso.

Habría ido a ver a Fasquelle, pero desde que la vi a usted he estado todo el tiempo enfermo, y de haber estado bien un día habría ido más bien a Trianon Palace (adonde mandé a Albaret de avanzadilla), pues está bien hacer publicar las propias impresiones antiguas, pero sentir otras nuevas es mucho mejor. En pocas palabras, creo que dejaré a Fasquelle (¡que se sentirá aliviado!), pero todavía no estoy decidido.

Lo que es bastante sintomático es que Calmette, a quien fui a dar las gracias a *Le Figaro* la noche en que estuve en casa de usted, me mandó decir que no estaba, y sí estaba, cosa que encuentro comprensible, pero jamás me lo había hecho, siempre me ha tratado admirablemente. Le dejé una nota de agradecimiento y no respondió; le volví a escribir posteriormente, y tampoco esta vez se sintió obligado a contestarme; pero, en fin, en ningún momento me ha anunciado nada a propósito de Fasquelle; se dirá, sin duda, que lo sé por usted, pero cuando se es tan amable como él y se ha hecho un favor a alguien, no se desdeña hacérselo saber. De modo que tengo la vaga impresión, sin sombra de certeza, de que la respuesta de Fasquelle no ha sido la que él quería y prefiere no darme ninguna explicación.

En todo caso—y para prevenir cualquier iniciativa que pudiera estar dictada por la extrema gentileza de usted—no le hable más de ello, ni haga nada: es a mí a quien corresponde ver si prefiero una presentación más artística o una mayor resonancia. Tampoco tengo razón para preocuparme por la respuesta de Fasquelle, porque he descubierto que cuento con apoyos que ignoraba en su entorno, gente desconocida allegada a él que actuará muy gustosamente después del primer volumen, como lo hicieron antes. Y en particular (no sé si se lo he dicho, porque a menudo imagino que estoy charlando con usted y acabo por no saber si le he dicho—o escrito—las cosas que tengo en la cabeza o si nada más las he pensado), [Edmond] Rostand, que al parecer es un lector muy benévolo de mis cosas y, lo más increíble, se había abstenido de telegrafiarme después de mi artículo del pasado verano sobre una iglesia[1] sólo porque sabiéndome (¿cómo?) amigo de Montesquiou creía que era su enemigo y que no habría apreciado sus cumplidos. En cualquier caso, me ha hecho saber muy amablemente que me brindaba su apoyo para hacer publicar el libro—¡en Fasquelle!—.

No tendré, pues, sino que elegir lo mejor posible, tratando de conducirme sobre todo con delicadeza con unos y otros, y no olvidar mis deudas de gratitud, la más importante de las cuales, felizmente, es con usted. Le he contado todo esto con

[1] El artículo es «L'Église de village», publicado en *Le Figaro* el 3 de septiembre de 1912.

detalle para responder a su pregunta, pero no quiero hablarle más de ello, pues va a acabar por creerme terriblemente interesado, y no habría valido la pena escribir nada durante veinte años sólo para desquitarse en un mes, intrigando con el fin de que le publiquen a uno, haciendo el arribista, embriagándose de tinta tipográfica.

Tengo a tal punto la sensación de que una obra es algo que nace de nosotros, pero que vale más que nosotros, que me parece de lo más natural preocuparme por ella, como un padre por su hijo. Pero este modo de pensar no debe inducirme a hablar así a los demás de lo que lamentablemente puede que sólo me interese a mí.

Hervieu decía muy acertadamente el otro día en *Le Figaro* que la regla del juego es trabajar durante años para ser juzgado en unas pocas horas. Y al menos las comedias se escuchan, pero los libros no se leen.

A propósito de Hervieu, si ve a alguien de ese grupo, preferiría que no dijese que Fasquelle puede publicarme sólo *un* volumen. En primer lugar, porque creo que no es exacto. Y luego, por más que la cosa carezca de interés para esa gente, es un ambiente en el que se charla mucho y, a menudo, a tontas y a locas. Si les ha hablado usted ya de eso, no tiene la menor importancia y está muy bien. PERO NO HAGA NINGUNA GESTIÓN (parece una advertencia estúpida, porque usted no piensa en ello, pero conociendo su gentileza nunca se sabe).

No le he remitido la carta de Calmette porque me dijo usted que era inútil, pero no he podido aún darla a leer porque he estado demasiado enfermo. Por lo demás, se la devolveré en cualquier caso. Estoy un poco fatigado para continuar escribiendo y sobre todo usted debe de estar muy cansada de leerme. Y qué latazo no haberle hablado más que del libro, de Fasquelle, etcétera. Pero, ahora que no tengo nada más que pedirle, no quería pasar por alto el tema con usted. Y además me cuesta creer que este libro le sea completamente ajeno. No puedo decir yo como Joubert: «Todo el que se pone a mi sombra se vuelve más sabio». Quizá más feliz sí, en el sentido de que es un breviario de las alegrías que aún pueden conocer aquellos a los que muchas alegrías humanas les están vedadas. No me he propuesto ni mínimamente que fuese así, pero un poco lo es.

Si mañana por la noche va a estar usted en casa debería pedir el teatrófono. En la Ópera dan la encantadora *Gwendoline*. Sin duda la conoce ya y las ideas no siempre responden a un gusto muy exigente, como sucede generalmente en Chabrier. Pero el encanto un poco vulgar de melodías por otra parte embriagadoras se ve redimido por tales delicadezas, refinamientos de orquestación que han representado y aún representan una novedad. No sé si es usted como yo, pero adoro esas cosas.

Me despido, señora, no sabe cuánto me cuesta dejarla.

Su respetuoso amigo

MARCEL PROUST

Presente mis respetos al señor Straus, que no estuvo muy amable la otra noche. Creo que no se siente del todo bien de su indisposición.

153. A RENÉ BLUM

Boulevard Haussmann, 102
Teléfono 292 05
[*Hacia el 20 de febrero de 1913*]

Escriba bien la dirección porque se pierden de continuo cartas y Correos pone «Desconocido». ¡Ay!

Querido amigo:

Le telefoneé ayer por la noche al *Gil Blas*. Pero como es bastante raro que yo esté en condiciones de telefonear y más raro aún de salir o de recibir, creo preferible decirle por carta el gran favor que quería pedirle. Tiene que ver con el señor Grasset, el editor, del que es usted amigo. Desearía que el señor Grasset publicara, a mis expensas, costeando yo la edición y la publicidad, una importante obra (digamos novela, porque es una especie de novela) que he terminado. Esta novela comprenderá dos volúmenes, de seiscientas cincuenta páginas cada uno. Para amoldarme a las costumbres, doy un título distinto a los dos volúmenes y no los haré aparecer sino con diez meses de intervalo. Sin embargo, pondré en la parte superior de la cubierta un título general, como, por ejemplo, ha hecho France para la *Historia contemporánea*: *El olmo del paseo*.

Si por la razón que sea le incomoda hablar con el señor Grasset, dígamelo con toda franqueza y sin reparos, pues conozco a mucha gente que tiene, creo, relación con él. Pero si lo hace quisiera decirle: en primer lugar, no por habérselo pedido con la mayor franqueza, sin circunloquios, soy menos consciente de que se trataría por su parte de un grandísimo favor. No le será difícil comprenderlo. Llevo trabajando desde hace mucho en este libro, en el que he puesto lo mejor de mi inteligencia; ahora reclama una tumba que esté acabada antes de que se vea ocupada la mía, y ayudándome usted a ver cumplido mi deseo me hace un favor precioso, tanto más precioso cuanto que mi estado de salud me hace difícil ocuparme del asunto. En segundo lugar, si se ve con ánimos de hacer esto por mí, hágalo del modo que le pido, es decir, no me diga como sé que me dirían todos: «Pero, querido, Grasset estará muy contento de publicarle con un buen contrato, usted tiene demasiado talento para pagar la edición como un simple aficionado. Y además sería sumamente desagradable si llegara a saberse, lo ridiculizaría, y ningún editor se tomaría en serio un libro publicado en tales condiciones». Todo esto (salvo el talento, que no sé lo que es) es cierto. Pero, mi querido amigo, estoy enfermo, tengo necesidad de certeza y de descanso. Si Grasset edita el libro a su costa, lo leerá, me hará esperar, me propondrá cambios, hacer pequeños volúmenes, etcétera. Y tendrá razón desde el punto de vista comercial. Pero yo busco más bien la presentación clara de mi obra. Lo que quiero es que en ocho días pueda decirme «*asunto* concluido, su libro aparecerá en tal fecha». Y ello sólo es posible pagando la edición.

Para que Grasset se sienta más implicado con el éxito, le rogaría que se llevara además un tanto por ciento sobre las ventas. De esta manera no gastará un céntimo, quizá gane una nimiedad (pues no espero que el libro se venda demasiado, al menos antes de que el público se haya acostumbrado poco a poco a él), pero creo que la obra, muy superior a lo que he hecho nunca, le honrará un día.

Para decir de entrada todos los aspectos problemáticos, añado que ya en la primera parte, cuyo manuscrito puedo remitir en veinticuatro horas a Grasset si acepta, hay páginas muy indecentes; y que en la segunda (la que aparecerá diez meses después) otras que lo son aún más. Pero el carácter de la obra es tan serio y el estilo tan literario que ello no puede ser un obstáculo.

Me gustaría, por último (pero esto no tiene más que una importancia secundaria), que durante algún tiempo esto quedase entre usted, el señor Grasset y yo (mi petición de ser editado a mi costa). No por una cuestión de amor propio; lo proclamaré con toda franqueza llegado el momento. Pero actualmente temo ciertas complicaciones. Así, he dicho a ciertas personas (y las cartas que le mostraré serán una prueba de que lo que le cuento es la pura verdad) que un editor muy célebre pidió editar este libro a su propia costa y en unas condiciones halagüeñas para mí. Todo el mundo creerá que he mentido si se me ve pedir como un favor una edición a cuenta del autor. O bien pensarán que fanfarroneo. Me parece estar viendo ya a Antoine Bibesco telefoneando a Grasset para decirle que tengo mucho talento, que es él quien tiene que pagarme a mí, etcétera... Creo que es preferible evitar las complicaciones adventicias en torno a una edición que es una cosa muy seria para mí y muy fastidiosa para el editor de una obra de esta extensión.

Fíjese que tengo tan poca experiencia en esto (sólo he publicado *Los placeres y los días* con Calmann a su propia costa y mis Ruskin en Mercure en las mismas condiciones ventajosas) que no tengo del todo claro que, pese a todo lo que ofrezco, no sea un favor lo que le estoy pidiendo al señor Grasset. Si cree que sí y que para obtenerlo sería bueno la recomendación de un hombre «de edad», estoy convencido de que Barrès, Hervieu, Régnier o Calmette lo harían de muy buena gana. Lo que me temo es que no quieran que se haga a costa del autor. Eso provocará retrasos, indecisiones, incertidumbres, y quizá una negativa. Entonces nuevas fatigas, otro editor, etcétera, todo cuanto quiero evitar al precio que sea. Dígale a Grasset todo lo que considere útil para hacerle pronunciar un sí firme e irrevocable; no le diga que tengo talento, primero porque eso quizá no sea verdad y luego porque no hay que quitar las ganas a la gente desde un principio. Pero me dicen que es tan inteligente que eso mismo quizá haría que no se desanimase. De unos años a esta parte oigo decir maravillas de él. Es incluso una pena pensar que tendría escaso contacto con él. Pues, en efecto, en la medida en que mi presencia no sea indispensable, sería más bien Reynaldo quien iría a verle de mi parte, puesto que a mí me resulta problemático moverme.

Tampoco dé como razón la gravedad de mi estado, pues si después de eso uno sobrevive algún tiempo no se le perdona. Recuerdo a personas que se han «arrastrado» durante años, y la gente parecía creer que habían representado una comedia. Como Gautier, que se demoró tanto en partir para España que le decían: «Ah, por fin está de vuelta». En mi caso, al no poder admitir que yo no esté muerto, dirían que he «resucitado» (como en el nuevo libro de Maeterlinck, tan robusto para tratar de cosas tan delicadas de un modo incluso familiar, ciento veinte caballos, marca Mystère).

Por último, querido amigo, una última cosa, porque me

fatiga tanto empezar una carta que quisiera decírselo todo en ella (y eso que he omitido las tres cuartas partes): quisiera recordarle que no hable por teléfono de este asunto salvo si soy yo quien atiende el aparato, que no dé explicaciones a mi criado si atendiese él la llamada, y que lacre sus cartas (y también Grasset). Me gustaría que Grasset dijera cuándo podrá aparecer el libro para ofrecer algunos extractos. Mi deseo sería que fuese en mayo, pero no sé si podría corregir tan rápidamente tantas pruebas. Al menos querría que comenzaran enseguida. Y a este respecto no crea que mi libro es una recopilación de artículos. Mis dos últimos artículos de *Le Figaro* eran extractos, lo que no tiene nada que ver. Con mis artículos de *Le Figaro* haré una colección, si consigo encontrarlos, pero más tarde y con otro editor.

En cuanto a este libro, es por el contrario un todo muy compuesto, aunque de una composición tan compleja que temo que nadie la perciba y que se tome por una sucesión de digresiones, pese a que es todo lo contrario.

Vea si puede hacerme este favor, que es inmenso, pero solamente si es completo, definitivo y seguro.

Su seguro servidor

MARCEL PROUST

154. A BERNARD GRASSET

Boulevard Haussmann, 102
[*Poco después del 5 de marzo de 1913*]

Estimado señor:[1]

Tengo *dos deseos* muy concretos que me gustaría conciliar: el *primero*, que mis volúmenes sean volúmenes corrien-

[1] Es el primer editor de Proust. La edición se realizó a cuenta del autor. Durante la guerra su editorial no tuvo prácticamente actividad, lo que proporcionó a Proust la excusa para retirarle el libro que quería publicar en la editorial Nouvelle Revue Française.

tes, a tres francos y medio, que no estén destinados exclusivamente a una clientela rica, sino a intelectuales no dispuestos a gastar diez francos en un libro; el *segundo*, que a pesar de ello el negocio sea el mismo para usted, en absoluto más desventajoso, con tales volúmenes que con unos volúmenes de diez francos. En otras palabras, una difusión amplia de mi pensamiento y de mi obra, y salvaguarda de sus intereses. El aspecto crematístico es menos importante para mí que el lograr que mi pensamiento entre en el mayor número posible de cerebros en condiciones de comprenderlo; es más, diría que es justo que mi interés se vea subordinado al suyo, porque tengo una compensación, la difusión de mis ideas, y debo ante todo preocuparme de que no le resulte un mal negocio. Creo que un libro de novecientas páginas asusta mucho al público, pero (suponiendo que el coste no varíe con menos páginas) si quisiera echar una ojeada al libro de Zola, *Trabajo*, que adjunto, se dará cuenta de que el texto mecanografiado que tiene en sus manos no se traduciría en un mayor número de páginas impresas. Ciertos volúmenes de Fasquelle tienen más líneas y espacios por página, pero tomando como base *Trabajo* (treinta y cinco *líneas* de cuarenta y cinco *espacios*: quizá nosotros podríamos estimar *treinta y seis* líneas de *cincuenta* espacios), creo que el volumen no llegaría a las setecientas páginas. Por otra parte, si alcanzamos las setecientas páginas y no cabe el primer volumen entero, sería yo mismo quien le pediría no exceder esa extensión. Y como el segundo volumen, ya largo de por sí, se vería en ese caso sobrecargado con lo que le faltaría del primero (naturalmente debería encontrar en qué punto concluir el primer volumen, y quizá nos veríamos obligados a cortar algunas páginas atrás), cabría pensar en la posibilidad de dividirlo y hacer dos, de modo que la obra tendría en tal caso tres tomos. Pero el desarrollo de la parte preparatoria es tan lento en el primer volumen, que conviene llevar al lector lo más adelante posible para que comience a ver un poco claro. Por tanto, un volumen análogo a *Trabajo*, sólo un poco más largo (cerca de setecientas páginas), teniendo la posibilidad de hacer dos volúmenes con el segundo (en cuyo caso los volúmenes serían en total tres), tanto en el caso de que el primer volumen de setecientas páginas no contuviera todo el manuscrito como en el caso de que lo contuviera pero el segundo volumen, una vez pasado a limpio (¡ahora que caigo el primero le parece a usted muy largo!), superase mis previsiones. (Aunque no lo creo: en mi opinión, dos volúmenes análogos a *Trabajo*, de setecientas páginas cada uno, serían suficientes). Por otra parte, ¿le parece un buen trato que se incorpore una cláusula contractual que le garantice los mismos beneficios que si vendiera el libro a diez francos? En cuanto al formato, debo decir que, aunque el libro tuviera un precio de cubierta de tres francos y medio, no desearía que fuese en octavo. No quisiera cansarle con unas razones que son exclusivamente personales. Publiqué en el pasado con Calmann-Lévy un libro, *Los placeres y los días*, con ilustraciones de Madeleine Lemaire. Ésta me había hecho por amistad esos cien dibujos, y yo no podía por simple decoro hacer que Calmann pagara un material regalado por un acto de generosidad. Por otra parte, la editorial no podía cargarme los gastos de una edición cuyo material ilustrativo le proporcionaba yo gratuitamente. Corrieron, por tanto, con los gastos de edición, y yo no habría podido sino conservar un grato recuerdo de este libro de no haber habido el problema de que a causa del precio y del formato fue a enriquecer sobre todo las bibliotecas de personas que no leen, y las que tenían más afinidad intelectual conmigo que con esos bibliófilos, que quizá habrían podido simpatizar con mi libro, no lo leyeron porque nunca llegaron a comprarlo. Quisiera algo normal, accesible. Si la tipografía pudiera ser más elegante que la de *Trabajo* (pienso, por ejemplo, en la del libro de Charles-Louis Philippe, que no le mando para no retrasar la cosa, pero que le mandaré cuando lo tenga, pues aunque no sirva de modelo para las páginas—tienen menos líneas—tal vez sí pueda ser un modelo de elegancia tipográfica) sin exigir más espacio, será mucho mejor. He sido tan prolijo que probablemente he olvidado la mitad de lo que tenía que decirle. Si mi carta le parece, pese a la extensión, incompleta, ¿quiere que le pida al señor Vaudoyer—creo que es amigo suyo—que se vea con usted? Tal vez ya haya sido suficientemente claro.

Le saluda muy atentamente,

MARCEL PROUST

P. D.: Veo que *La educación sentimental* tiene treinta y siete líneas por página, en vez de treinta y cinco. Eso nos permitiría ganar dos líneas por página.

155. A JACQUES COPEAU

Jueves por la noche [*22 de mayo de 1913*]

Estimado señor:

Precisamente iba a escribirle para decirle que quizá éramos amigos sin saberlo, o más bien, porque se trataba de mí nada más, que me sentía amigo suyo sin saberlo. Pues me turbó mucho encontrarle en *Borís Godunov*,[1] y después de dejarlo me arrepentí tanto que regresé por la avenue de l'Alma para ver si estaba usted todavía delante del teatro. Le habría escrito esto y se lo escribo ahora, aunque creo que me equivoco, pues me parece un poco exagerado, incluso la palabra «arrepentirse» es demasiado fuerte para lo que sentí.

Sin embargo, como pudo ver, había en esa representación un montón de viejos amigos míos, algunos de los cuales quizá lo son también suyos, hombres y mujeres que vinieron a verme asombrados de ver que había salido. No obstante, me

[1] Se trata de la ópera de Mússorgski *Borís Godunov*. La carta parece indicar que Proust asistió al estreno en el Teatro de los Campos Elíseos el 22 de mayo de 1913.

parece que fue el reencuentro con usted lo que me resultó menos indiferente. Di alcance a la señora de Noailles para decirle que estaba usted ahí, pero ella misma subía ya a su coche y estaba al borde de sus fuerzas.

Mis tentativas, como le decía, en la medida en que me lo permitió mi salud, no condujeron a nada. No tengo el dosier conmigo. Me limito a enviarle una carta de Eugène Fould Springer, con quien contaba pero me ha decepcionado. Por su parte, el señor Bénac me dijo que era accionista del Teatro de los Campos Elíseos, de la Comédie de los Campos Elíseos, de la Ópera, y que no quería financiar ninguno más. Creo que le envié a usted una carta de De Billy y otra de Henraux, las dos negativas, Radziwill aún no me ha contestado. Respecto a la señora Hecht, de la que le había hablado, no he hecho nada, pues me parecía que mi intervención tenía tan pocas posibilidades de fructificar que cuando he visto mi fracaso con las personas con las que contaba he pensado que era un esfuerzo inútil.

He escrito al Crédit Industriel para que le mandara setecientos cincuenta francos, primer pago de las tres acciones que compro. Los recibirá usted de aquí a unos días, no sé en concreto cuándo.

Llego al final de estas cuatro páginas demasiado fatigado para poder tratar el punto teórico al que hice alusión a la salida del Teatro Astruc. Me refería a una frase, encantadora, de una de sus cartas relativa al encanto del recuerdo. Como testimonio de simpatía, la encontré preciosa. Pero me temo que aludía a unas páginas mías que había leído usted, y encerraba un malentendido. El recuerdo al que yo concedo tanta importancia no es en absoluto a lo que se llama generalmente así. La actitud de un *dilettante* que se contenta con dejarse seducir por el recuerdo de las cosas es *opuesta* a la mía. No es que teóricamente, con premeditación, haya constituido a este respecto un sistema. Nada más inconsciente en mí. Pero, así como leyendo a Stendhal, a Thomas Hardy, a Balzac, he identificado en ellos, con mi intelecto, rasgos profundos de su instinto que me gustaría describir, pues nunca se ha hecho, si se me concediera un poco de tiempo aún, leyéndome a mí mismo he descubierto *a posteriori* rasgos constitutivos de mi inconsciente. Me es imposible abordar ni por un instante puntos difíciles de tan cansado como estoy. Pero puedo decir que el recuerdo de Dostoievski, Tolstói (comprenderá perfectamente que cuando cito grandes nombres ¡no es para equipararme con ellos, ni para aproximarme siquiera a mil leguas de distancia!), el «recordaría más tarde el momento en que había observado esa puerta»[1] es incluso extremadamente contingente y accidental comparado con «mi» recuerdo, pues éste, al verse modificados todos los elementos materiales constitutivos de la impresión previa, adquiere desde el punto de vista del inconsciente el mismo carácter general, la misma fuerza de realidad superior que la *ley* en física, por la variación de las circunstancias. Es un acto y no un goce pasivo. Por otra parte, la noción de placer no existe para mí. No es que mi vida esté desprovista de placeres como se cree, sino que no busco nunca el placer, se limita a acompañar el amor ardiente que siento por las cosas y quizá, efectivamente, se ve un poco sobreexcitado por la privación.

Perdone mi estado de agotamiento, que se traduce en un balbuceo espiritual que debería evitar a una inteligencia como la suya, y crea en mis sentimientos, que no quisiera ni encarecerle ni ocultarle.

MARCEL PROUST

Si el envío de dinero no constituye por sí mismo el compromiso de compra de tres acciones, tenga a bien devolverme mi antefirma, pues creo que no me queda nada.

[1] En *Crimen y castigo* de Dostoievski, cuando Raskólnikov llama a la puerta de la usurera a la que va a matar.

156. A LOUIS DE ROBERT

[*Poco antes del 2 de julio de 1913*]

Mi querido Louis:

(Veo que corrige cada vez *amigo* por *Marcel*. Si acaso ello es fruto de la costumbre muy natural de llamar a sus amigos por su nombre y no por su apellido, o de reservar el nombre de pila para aquellos con los que tiene una relación menos distante y no exclusivamente epistolar, con toda franqueza suprima Marcel, lo comprenderé perfectamente y me seguiré sintiendo muy orgulloso y feliz de que me llame *amigo*).

Me es muy difícil responder a sus objeciones,[1] porque no respondo de viva voz. Al hablar, la propia inflexión de la voz ahuyentaría de su mente la sospecha de que puede haber algo cortante y orgulloso en mis afirmaciones. Le admiro demasiado para no creer que tiene usted razones para pensar en esos «amigos desconocidos» de los que habla Sully Prudhomme en uno de los versos que la moda ha orillado, pero que, para mi gusto, siguen siendo exquisitos: «*Le vrai de l'amitié c'est de sentir ensemble*» ['La verdadera amistad es sentir juntos'],[2] pero sin creer, se lo juro, que mi concepción del arte sea mejor, me niego a tal dulzura; yo obedezco a una verdad general que me prohíbe pensar tanto en los simpáticos como en los antipáticos; aunque el favor de los sádicos, una vez aparecido el libro, me afligirá como hombre, no podrá modificar las condiciones en que experimento la verdad y que en absoluto escoge mi capricho. Por otra parte, sé que en esto estamos de acuerdo, y como para entrar en detalle me vería obligado agotar sus fuerzas de lector y las mías de epistológrado, mejor no abusar de ellas.

[1] Louis de Robert hace algunos comentarios formales, pero sobre todo de orden moral, criticando la presencia en el libro de la homosexualidad masculina y femenina.

[2] Sully Prudhomme, «Aux amis inconnus».

Resulta que, en las adorables y muy excesivas alabanzas que me dedica, hay una que solamente puedo aceptar en cierto sentido (al menos como alabanza). Me habla usted de mi arte minucioso del detalle, de lo imperceptible, etcétera. No sé lo que consigo, pero sí sé lo que quiero conseguir; ahora bien, omito (salvo en las partes que no me gustan) todo detalle, todo hecho, sólo me apego a lo que me parece (según un sentido análogo al de las palomas viajeras que siempre encuentran el destino; preferiría hablarle de esto un día que sufriera menos) revelar alguna ley general. Ahora bien, como eso nunca nos lo descubre la inteligencia, como debemos pescarlo de alguna manera en las profundidades de nuestro inconsciente, es, en efecto, imperceptible, porque es remoto, difícil de percibir, pero no es en absoluto un detalle nimio. Una cima entre las nubes, por pequeña que la veamos, puede ser más alta que una fábrica cercana. Por ejemplo, algo imperceptible es ese sabor de té que yo no reconocía de entrada y en el que reencuentro los jardines de Combray. Pero no es en absoluto un detalle minuciosamente observado, es toda una teoría de la memoria y del conocimiento (al menos tal es mi ambición) no promulgada directamente en términos lógicos (por lo demás, todo eso volverá a aparecer en el tercer volumen). Lo que hay de triste en las cartas, sobre todo cuando es una mano destrozada por el cansancio la que escribe, es que parecen querer decir lo contrario de lo que uno piensa.

Si no tiene usted bien presente la idea de mi afectuoso y confuso reconocimiento por su exquisita benevolencia, creerá que yo pienso que no me conoce usted, ¡mientras que pienso que me sobreestima! Pero no, me comprende; queremos decir lo mismo y no hemos de temer los malentendidos. ¡Si se le ocurre a usted un título, dichoso de mí! Pero me gustaría que fuese sencillo, muy gris. El título general, como sabe, es *En busca del tiempo perdido*. ¿Acaso tiene alguna objeción a dividir el primer volumen en dos (si Grasset admite el estuche con dos volúmenes): *Charles Swann*? No obstante, si hago un solo volumen de quinientas páginas, no soy partidario de este título, pues el último retrato de Swann no figurará en él, y entonces mi libro no cumplirá lo que promete el título. ¿Le gusta *Avant que le jour soit levé*? (A mí no). He de renunciar a *Les Intermittences du cœur* (título primitivo), *Les Colombes poignardées*, *Le Passé intermittent*, *Adoration perpétuelle*, *Le septième ciel*, *À l'ombre des jeunes filles en fleurs*, títulos que, por otra parte, serán capítulos del tercer volumen.

Se lo he dicho, ¿no? Lo de *Du côté de chez Swann* era debido a las dos partes que había en Combray. Ya sabe, se dice así en el campo: «¿Va usted por la parte del señor Rostand?». Pero no quiero que este libro aparezca con un título que quizá desagrada al único amigo en el que no he podido evitar pensar al escribirlo, pese a mi esfuerzo por escapar a mi «yo fenoménico». Por eso elegiré otro. Elegiría *Charles Swann* si pudiera indicar que no son más que los primeros retratos de Charles Swann.

De todo corazón,

MARCEL PROUST

Sus correcciones son para mí inestimables. No podré enviarle las terceras pruebas, pues no creo que yo las reciba. En cuanto a los ejemplares del libro, tantos como usted quiera, y con un infinito agradecimiento.

157. A LOUIS DE ROBERT

[*Entre el 2 y el 10 de julio de 1913*]

Querido amigo:

Quisiera decirle sin fatigarme que aunque mi concepción del arte me impida tomar en consideración ciertos tipos de sensibilidad (porque en ese momento se vuelve personal—imposible de explicar aquí; lo dejo para más adelante), en cambio creo que no debo temer en absoluto, como parece pensar usted, la simpatía de los sádicos. Es aún más clamorosa la cosa por lo que se refiere al tercer volumen (en parte sodomítico) de mi libro, y para aclarar mejor lo que quiero decir recurriré a un ejemplo que ayudará a entenderlo.

Si, sin hacer la más mínima alusión a la sodomía, describiese adolescentes vigorosos, amistades afectuosas, serias, sin sugerir nunca que hay algo más, tendría de mi parte a todos los sodomitas, porque les diría justamente lo que desean oír. Precisamente porque disecciono su vicio (uso el término *vicio* sin ninguna intención de censura) muestro su enfermedad, y digo exactamente lo que les causa más horror, a saber, que ese sueño de belleza masculina es el efecto de una tara nerviosa. La mejor prueba es que un sodomita adora a los hombres, pero detesta a los sodomitas. Además, como mis sodomitas son hombres de edad, se mezcla en su caso algo un poco ridículo (al menos para el lector, pues, en el fondo, es más bien algo conmovedor) que los exasperará aún más. Pues bien, con mis sádicos ocurre otro tanto. La escena que he descrito es todo menos voluptuosa.[1] El comentario que, según usted, me da el aire de abogado (y quizá no le falta a usted razón, razón, digo, de pensar que tengo el aire, pues abogado no lo soy en absoluto) es justamente lo que apartaría de mí quizá, ¡ay!, a los corazones sensibles, pero también, y sobre todo, a los sádicos. Nada puede resultar más desagradable a quienes buscan la crueldad que escuchar: «Sois sensibles pervertidos». La idea de esta escena me la sugirieron diversas cosas, pero sobre todo esto: un hombre de gran valía y conocidísimo era el amante de una golfa, si bien estaba casado y era padre de familia. Sin embargo, para que el placer fuera completo, cuando hablaba de su hijo con la golfa lo llamaba «el monstruito». De vuelta en su casa era muy buen padre.

[1] Alusión a la escena lésbica entre la señorita Vinteuil y su amiga, en Montjouvain, presente en *En busca del tiempo perdido*.

Querido amigo, he pensado en titular mi primer volumen *La primavera*. Pero sigo sin comprender por qué el nombre de ese camino de Combray que se llamaba «*le côté de chez Swann*», con su realidad terrena, su verdad local, no tiene tanta poesía como esos títulos abstractos o floridos. Si ha leído usted mi primera parte, habrá visto que había alrededor de Combray dos *côtés*, el *côté* de Méseglise-La-Vineuse y el *côté* de Guermantes y que se llamaba al primero el *côté de chez Swann*. Estos dos *côtés* adquieren una significación para mi vida interior. Ahora bien, como, además, todo este volumen transcurre del *côté de chez Swann*, encontraba ese título modesto, real, gris, apagado, como un campo arado del que podía nacer la poesía. Si cree que esto, como las setecientas páginas de extensión, puede no ser de ayuda para la lectura del libro, evidentemente cambiaré el título, porque me gustaría ser leído. Pero si no fuese así…

Por otra parte, Grasset no quiere vender dos volúmenes juntos en un cofre, por lo que hay que hacer un volumen de quinientas veinte páginas o uno de seiscientas ochenta. Lo haré de quinientas veinte, pero solamente si usted ve en ello una gran ventaja, ya que el de seiscientas ochenta termina soberbiamente (habida cuenta de mis pobres capacidades) y el de quinientas veinte termina muy pobremente. En este momento lo que más importa es ser leído. Le agradezco de nuevo todas sus bondades, todas sus indulgencias y, por encima de todo, toda su severidad.

Suyo,

MARCEL

¿Le gustaría el título: *Jardins dans une tasse de thé*, o *L'Âge des noms* para el primer volumen; para el segundo: *L'âge des mots*; para el tercero: *L'Âge des choses*? Lo que preferiría es que apareciera el nombre de Charles Swann, pero indicando que no es todo Swann: *Primeros esbozos de Charles Swann*.

158. A LUCIEN DAUDET

[*Principios de septiembre de 1913*]

Querido mío:

No creo que mi admiración por usted sea un efecto del cariño que le tengo, pero sí creo que lo que usted llama su admiración por mi libro es un efecto de su gran amabilidad conmigo. Y quizá no se ha expresado nunca de modo más grande y admirable que con esta lectura y la velocísima misiva, tan veloz que cuando he visto su caligrafía, por intenso que fuera ya mi deseo de que contuviera una «apreciación»—como diría la condesa A—he hecho cálculos y he llegado a la conclusión de que era imposible que usted hubiera recibido ya las pruebas cuando mandó su carta.

Mi querido pequeño, en el segundo volumen se tropezará con un diplomático «gran señor», tan cortés que cuando la gente recibe sus cartas es incapaz de creer que sean una respuesta y piensa que ha habido un cruce de correspondencia, o que Correos hace recogidas especiales para él. Lo cierto es que he tenido la misma impresión ante este milagro de gentileza. Pensar que en el amor, cuando amamos y no somos amados (es la forma en que yo conozco habitualmente este sentimiento) hacemos mil cábalas para convencernos de que la mujer (¡o el hombre!) no ha podido escribir materialmente todavía, por más que lo deseemos... Mientras que, cuando alguien quiere hacer algo de una sublime gentileza, puede escribirnos a vuelta de correo diez páginas que condensen, exalten, magnifiquen, estilicen y profundicen quinientas.

Mi querido, no sé cómo podré darle jamás las gracias. Tenía ganas precisamente de escribirle porque se me ha ocurrido hacer algún cambio en las últimas páginas del texto que le he mandado (o mejor dicho, ponerlas de nuevo en el orden original) y añadirle al final algunas que iban un poco después y usted no tiene. Trataré de encontrarlas y mandárselas. Si no es demasiada molestia, dígame si no representan un final mejor que el actual. Puede quedarse con las pruebas que le he enviado el tiempo que quiera.

Estaré naturalmente orgullosísimo si su señora madre tiene a bien leer algunas páginas. Si no fuese una ridiculez, debería pedirle disculpas por algunas coincidencias. Me refiero, por ejemplo, a que la frase que tan amablemente cita usted sobre el pájaro que divisa un árbol indeterminado (no la recuerdo exactamente) es bastante menos bella que «*Son vol est un circuit dessiné par sa voix*» ['Su vuelo es un circuito trazado por su voz'], aunque se le asemeja, salvo por el delicioso arabesco. Pero la señora Daudet puede estar segura de que, si bien hay coincidencias, no hay plagio: incluso si hubiera conocido su poema antes de escribir mi página (que se remonta en realidad a algunos años atrás), habría sido incapaz de introducir nada que no fuera mío. Y, hablando de la señora Daudet, agradézcale infinitamente su encantadora carta. ¡Me ha parecido el honor más precioso! No le he respondido por discreción y por fatiga.

Mi querido pequeño, contesto a ciertas cosas que me dice. No tengo ya las pruebas ante mis ojos, pero estoy casi seguro de no haber dicho nunca que la gente mataba un pollo el día en que se lo comía (aunque a veces lo hacen en el campo). Françoise cocina un pollo cada noche, pero no es el que ha matado ese día.

En cuanto a las flores, le aseguro que soy escrupulosísimo. Por ejemplo, en la primera versión (aparecida en *Le Figaro*) de estos espinos, a lo largo del mismo camino había unos escaramujos. Pero tras haber encontrado en *La Flore* de Bonnier que éstos florecen más tarde, corregí y escribí en el libro «que se podría ver algunas semanas más tarde», etcétera. En cuanto a la verbena y el heliotropo, es cierto que Bonnier dice que la primera florece de junio a octubre y la segunda de junio a agosto, pero como Bonnier las considera flores silvestres, yo creía (y el horticultor a quien acudí así me lo confirmó) que en un jardín (no en un seto, como el espino y el escaramujo) se podía hacer florecer a partir de mayo cuando los espinos están aún en flor. Ya que esto es imposible, ¿por qué puedo sustituirlas?, ¿sería posible por la reseda y el jazmín, u otras? Y a este respecto, ¿sabe cómo es el «roble americano»? Por lo demás, dígame si descubre errores. No sé si los hay en el nuevo final que le mandaré.

Mi querido pequeño, también me dice que hay cierto sentido social y repercusiones en este libro; acepto el doble cumplido, y verá que ello es cierto cuando conozca usted los dos volúmenes siguientes. Casi todo lo que ha leído sólo adquirirá sentido entonces, y si en este volumen hablo de tierras, no es una digresión: el último capítulo se titula «Nombres de tierras: el nombre». El principal capítulo del segundo volumen se llama: «Nombres de tierras: las tierras». Y eso no es nada, *François le Champi* reaparece al final del tercer volumen, etcétera. A menudo, ¿sabe?, se oye decir de un gran artista: «Aparte de su genio, era un viejo imbécil, de lo más cerril», pero como se parte de la idea de su genio, uno no se lo imagina realmente ni cerril ni ridículo. Por eso me parecía más sorprendente mostrar primero a Vinteuil como un viejo estúpido, sin dejar sospechar que tiene genio, y en el segundo capítulo hablar de su sublime sonata, que a Swann no se le ocurre ni por un instante que sea posible atribuirle. Igualmente no es ningún error que haya leído usted en la segunda o tercera página del primer capítulo que estoy en Tansonville en casa de la señora de Saint-Loup, pese a que Tansonville pertenece a *Swann*, porque en el tercer volumen la señorita Swann se casa con Robert de Saint-Loup, al que conocerá usted en el segundo volumen.

Le digo estas cosas, mi querido pequeño, para hacerle entrar en mi más íntima confidencia, para desvelarle de antemano mis pobres secretillos.

Mi querido pequeño, a propósito del artículo del que me habla, no necesito para nada adoptar una pose con usted, y no lo haría por lo demás con nadie. Será para mí, si no cambia de idea y si no se le pasan las ganas, una gran alegría, o mejor dicho, muchas alegrías distintas, entre ellas ciertamente la en absoluto desinteresada de que una persona como usted hable pública y elogiosamente de mí. Estaré encantado desde el punto de vista sentimental y, francamente, también del amor propio, que no se ve mimado a menudo. «La velada en casa de la señora de Saint-Euverte» y otras páginas las mandé a [-] y [-]. Los señores [-] y [-] las rechazaron y no es de extrañar. Pero otras páginas ofrecidas a gente inteligente [de la NRF] también lo han sido. Sin saber qué más hacer, he mandado «Saint-Euverte» al suplemento de *Le Figaro*. A Chevassu le ha parecido «agudo», como ya le había parecido a [-], pero demasiado largo, así que me lo ha devuelto. En cuanto a Hébrard, no hacía más que pedirle a Reynaldo y a otros que yo le enviara cosas mías para *Le Temps*. Le he mandado un artículo sobre *La Colline inspirée* (será menester que informe a Barrès, que no sabe nada y me ha escrito, al parecer, una larga carta que nunca me ha llegado)... No lo ha aceptado y ni siquiera me ha respondido.

¡Pero con su «firma» será mucho más fácil! Si no cambia de idea (me ha escrito ya esa exquisita carta, de modo que no se moleste hasta que sea el momento, si tiene cosas que hacer, si está de viaje) y finalmente sigue queriendo hacerlo, podría enviarme ese artículo (si no tiene preferencia por el periódico en el que publicarlo) y Reynaldo, que está molesto por el hecho de que el *Journal* y *Le Temps* me hayan rechazado últimamente, quizá quiera tomarse una revancha en uno o en otro haciendo insertar el suyo. O bien mi editor, que parecía destacar por dar a conocer a sus autores y se batió en duelo porque la Academia dio un premio al libro de Romain Rolland en vez de aquel que había editado él, y que está muy versado en estas cosas, podría hacer algo ante *L'Écho de Paris* o algún periódico por el estilo. Conozco un poco a Lafitte (de Cabourg). No sé si sigue dirigiendo el *Excelsior*, ni si es un periódico lo bastante literario. Si Calmette estuviera de acuerdo, ya que el libro está dedicado a él, lo más natural sería *Le Figaro*.

En pocas palabras, si no tiene especiales preferencias, podría dar carta blanca tanto a Reynaldo como a Grasset, o tratar (lo que es un poco más delicado) con Calmette. Todo ello en el caso de que en *Action Française* no vean con buenos ojos el artículo, porque dada la presencia de su hermano y de Maurras es lo que más me halagaría.

Le dejo, mi querido pequeño, porque estoy muy mal, hasta el punto de que no sé cómo he conseguido escribirle hoy. Es un período en el que la salud me hace desesperar y estoy abrumado de pesares, pero su carta me ha emocionado tan profundamente que debería haber bastado para devolverme instantáneamente la salud y la felicidad. ¡De veras me gustaría, pequeño mío, ser objeto de su curación milagrosa! En cualquier caso, ya ha hecho usted un adorable y perfecto milagro de gentileza, una verdadera obra maestra, y se lo agradezco de corazón.

Suyo,

MARCEL

159. A RENÉ BLUM

[*5, 6 o 7 de noviembre de 1913*]

Querido amigo:

Muy brevemente, porque estoy muy mal.

Ante todo, puesto que mi estado de salud ha empeorado no he podido emprender la reducción de una parte de mi novela en un relato para usted. Y ahora ya me parece muy tarde. Si no lo consigo, le mandaré por si acaso, como por otra parte a otros periódicos, un pequeño extracto cuando salga el libro, y utilícelo sólo si le gusta.

En cambio, Grasset quisiera que el *Gil Blas* publicase desde ahora lo que él llama una «indiscreción literaria». Parece que es una especialidad del periódico, una firma incluso, si no he entendido mal. Y sería preciso que fuera enseguida. Se trataría de anunciar el libro diciendo dos palabras sobre el autor. Me incomoda sobremanera hacerle esta petición. Si le fastidia mucho, déjelo correr.

Querido amigo, me he pasado la vida agarrándome a los faldones de la gente para que no se hablase de mí (quizá no se lo crea, pero puede preguntarles a Henry Bordeaux, a Flament, a Chaumeix, a otros muchos, pero sobre todo a Calmette) y he aquí que por deferencia hacia mi editor reclamo una «indiscreción literaria». Por otra parte, es cierto que al libro en el que he puesto lo mejor de mi pensamiento y de mi propia vida le doy infinitamente más importancia literaria que a todo cuanto haya podido hacer hasta la fecha y no es nada.

He dado un título general a la obra: *À la recherche du temps perdu*. El primer volumen (aunque sería mejor no llamarlo así, porque pretendo que sea un todo en sí mismo, como *El olmo del paseo* de la *Historia contemporánea* o *Los desarraigados* de *La novela de la energía nacional*) se titula: *Du côté de chez Swann*. El segundo y el tercero, tal como se anuncia en la cubierta, deberían titularse respectivamente *Le Côté de Guermantes* y *Le Temps retrouvé*, pero quizá el título del segundo sea *À l'ombre des jeunes filles en fleurs*, o tal vez *Les Intermittences du cœur*, o quizá también *Les Colombes poignardées*. Pero éstos son detalles de los que es inútil hablar.

Es un libro extremadamente realista, que se apoya de alguna manera, para imitar la memoria involuntaria (que, en mi opinión, aunque Bergson no haga esta distinción, es la unidad verdadera; la memoria voluntaria, la memoria de la inteligencia y de los ojos sólo nos devuelve del pasado facsímiles inexactos que no se le parecen más que los cuadros de los malos pintores se parecen a la primavera, etcétera... De suerte que la vida no la creemos hermosa porque la *recordemos*, ¡sino porque si sentimos un olor antiguo de repente nos sentimos embriagados! Y lo mismo ocurre con los muertos: creemos que ya no los queremos, cuando lo único que ocurre es que no los recordamos, pero si nos topamos con un viejo guante nos deshacemos en lágrimas), en una especie de soporte, un pedúnculo de reminiscencias.

Así pues, una parte del libro es una parte de mi vida que había olvidado y que de golpe recupero al llevarme a la boca una magdalena empapada en el té: ese sabor me encanta, antes incluso de reconocerlo y de identificarlo, por haberlo gustado antaño todas las mañanas; de golpe toda mi vida de entonces resucita, y sucede, lo digo en el libro, como en ese juego japonés de los pedacitos de papel sumergidos en una taza de agua, que se convierten en figuras humanas, en flores, etcétera. Todas las personas, todos los jardines de ese período de mi vida afloran de una taza de té.

Otra parte del libro nace de las sensaciones del despertar, cuando no se sabe dónde se está y nos creemos dos años atrás en el tiempo, en otro lugar. Pero éste no es más que el tallo del libro, y lo que éste soporta es real, apasionado, muy distinto de lo que conoce usted de mí, y, creo, infinitamente menos malo: no merece el epíteto de «delicado», de «fino», sino de vivo y de verdadero (¡le juro que eso no quiere decir *verdad*!).

Querido amigo, si le parece posible, anuncie el libro, pero es muy urgente (por ejemplo, en dos o tres días, o incluso antes). Naturalmente, no sospechaba que tendría que pedírselo la otra noche cuando estuve en el *Gil Blas*. Hasta dos días después no vi a Grasset. No crea que hubo malicia por mi parte, que quise «preparar el terreno». Y si la cosa le fastidia, resista con la misma energía que empleó la otra noche a propósito de las malevolencias sobre Maurras o de la firma de la encuesta.

Pero naturalmente no hay ninguna necesidad de firmar esto [-]

160. A PAUL SOUDAY

[11 de diciembre de 1913]

Estimado señor:

No quisiera emplear un procedimiento que podría encontrar descortés respondiendo en *Le Temps* como tendría, sin embargo, el derecho a hacer.[1] Es cierto que no podría sino agradecerle la benevolencia con la que ha hablado usted de mí, en la segunda parte de su artículo, si no me hubiera hecho, en la primera, responsable de muchas faltas de francés, de errores de impresión muy numerosos, lo reconozco, pero también muy evidentes.

Puede que mi libro no revele talento alguno, pero presupone e implica al menos bastante cultura para hacer moralmente inverosímil que yo cometa faltas tan groseras como las que señala usted. Cuando, en su artículo, he leído: «Marcel Proust da prueba de *una sentido* muy agudo», etcétera, no he pensado: «El señor Souday ignora que la palabra *sentido* es masculina». Supongo que cuando, en mi libro, ha visto *destinarios* por *destinatarios* (p. 50); *conservación* por *conversación*; o «se había quedado largo rato *sur la voie* [en la vía]» por «se había quedado largo rato *sans la voir* [sin verla]», no ha pensado usted en errores de ignorancia. Sería igual de extraordinario que ignorase las reglas de la concordancia de los tiempos. Le aseguro que si el «viejo universitario» que propone usted incorporar a las editoriales no tuviera que corregir más que mis faltas de francés, tendría mucho tiempo libre.

Permítame añadir (dado que esta carta no está destinada a publicarse no puede ofenderse usted por esta malicia) que su viejo universitario podría emplear una parte de su tiempo libre a verificar las citas latinas de usted. No habría dejado de advertir que no fue Horacio quien habló de una obra en

[1] Al artículo de Souday aparecido el 10 de diciembre de 1913 en *Le Temps*.

la que *Materiam superabat opus*, sino Ovidio, y que este último poeta no dijo eso severamente, sino a modo de elogio.

Sin embargo, lo cierto es que las condiciones deplorables en las que he tenido que corregir las pruebas de este libro (condiciones que no tienen nada que ver con el público, lo reconozco, y que tiene derecho a no tomar en cuenta) han hecho que publique un libro lleno de faltas enormes, cuya propia enormidad evidenciaba, no obstante, que no eran imputables al autor.

Me es grato saludarle muy atentamente,

MARCEL PROUST

161. A GABRIEL ASTRUC

[*Segunda quincena de diciembre de 1913*]

Estimado señor... y amigo (¿quiere?):

Le mando junto con mi profunda gratitud, y un poco de tristeza por separarme de él, este volumen en el que he podido seguir la pista del recorrido de una inteligencia, las estaciones de una sensibilidad.

En estos momentos estoy pasando por el período más doloroso de mi vida desde la muerte de mi madre. El bien que ha tenido la bondad de decirme que le ha hecho a usted mi libro a mí no me lo procura. Su éxito, si lo tiene, no puede complacerme porque mi alma es incapaz de sentir la menor alegría, como el paladar de alguien que tiene fiebre alta no encuentra sabor alguno en el plato mejor cocinado.

Pero el placer que mi libro no me ha dado yo lo he recibido de sus anotaciones. En cada página donde las encontraba me parecía que una mano amiga, la mano que había trazado esos signos, estrechaba la mía y trataba de reconfortarme... Pero ¿cómo? ¿Ha reconocido a Haas? ¡Yo, que no he hecho en mi libro ningún retrato (salvo para algunos monóculos) porque soy demasiado perezoso para escribir si se trata tan sólo de hacer una repetición inútil de la realidad! Haas es, efectivamente, la única persona, no que haya querido pintar, sino, en fin, que ha estado en el punto de partida de mi Swann (al que sin embargo he dotado de una humanidad distinta). Conozco sobre este hombre encantador algunas anécdotas que quizá le hayan llegado porque las he contado a menudo, aunque en un círculo tan restringido que quizá las ignora usted. Para mí será un gran placer dárselas a conocer—no figuran, por supuesto, en mi libro que no tiene nada de anecdótico—, cuando pueda hablar con usted, espero que muy próximamente.

Pero me está prohibido escribir, debido a mi poca salud y a que mi estado moral (del que le ruego no diga nada) se ha agravado mucho. Estoy infringiendo la prohibición del médico para darle las gracias. No podía dejar de hacerlo, pero no quisiera aumentar demasiado mi fatiga escribiéndole anécdotas que me será más fácil contarle. Permítame únicamente, autorizándome a ello unas visitas que nos hemos hecho «en espíritu y en verdad» (esta «presencia real» tan válida como la otra), declararme, con mucha gratitud y afecto, su amigo

MARCEL PROUST

162. A HENRI GHÉON

Viernes por la noche [*2 de enero de 1914*]

Estimado señor:

Permítame que no le explique por qué he sentido el deseo de responder (de forma totalmente privada, claro está, porque ¡no se trata de publicar esta carta!) a algunas palabras demasiado injustas de su artículo.[1] Como mi respuesta será por fuerza bastante larga de por sí, no quisiera hacerla más

[1] «*Du côté de chez Swann, (À la recherche du temps perdu)* par Marcel Proust», aparecido en la *Nouvelle Revue Française*, n.º LXI, 1.º de enero de 1914.

pesada con preámbulos que excederían los límites de mis fuerzas y de su paciencia.

Dice, señor, que mi libro es la obra del ocio, que dispongo yo de todo el tiempo. Me perdonará que no entre en detalles sin interés para usted y me limite a decirle que una profesión activa no es lo único que puede privar a un hombre de tiempo libre, robarle su tiempo. Una enfermedad, por ejemplo, puede ser tan absorbente, tan urgente, tan fatigosa, tan debilitadora, como la más dura de las profesiones, incluso manuales. Sea cual sea la causa y la naturaleza de las ocupaciones que apremian mi vida sin descanso, el resultado es que no conozco la ociosidad, que apenas dispongo de algunas horas de trabajo, no diría semanalmente, sino mensualmente, aunque sería más exacto decir anualmente. Sin duda, dada mi situación era una insensatez por mi parte emprender una obra que tiene por objeto mostrar las diversas posiciones que adoptan una respecto a otra cierto número de personas en el curso de la vida, hacer psicología, lo que haría un geómetra que pasara de la geometría plana a la geometría en el espacio; hacer, quiero decir, psicología en el tiempo. Pues una obra tal debía abarcar un buen número de años, debía ser larga, hacía falta «tiempo libre» para escribirla. Sus enormes defectos provienen, sobre todo, de que no he dispuesto de tiempo para escribirla. Pero como ocurre con ciertos insectos o ciertos vegetales, un instinto me ha llevado a depositar mis gérmenes, que yo creo fecundos y que, por mal alojados que estén en el libro, encontrarán pese a todo una morada menos precaria que en mi cerebro.

Me dirá usted que, a fin de cuentas, el tiempo no tiene nada que ver con el asunto, y yo soy del mismo parecer; si la observación es simplemente curiosa, casi pasiva, y la sinceridad egoísta y superficial, ni siquiera la falta de tiempo podrá excusar el resultado inevitablemente inútil. Asimismo, tal vez pasar cuarenta años de ocio olvidado de uno mismo estudiando grupos humanos con un telescopio o un microscopio no dé un resultado vano.

Habla usted de locura de sinceridad. Es una palabra (la de *locura*) que acepto cuando se aplica a mí, pero no me gustaría aplicar a otros, y por otra parte en este caso concreto excedería infinitamente mi pensamiento; no diría, pues, que en su viaje a Florencia hubiera locura de sinceridad, sino una ligera exageración de sinceridad, por lo demás interesante, cuando tiene usted invariablemente entre Florencia y su pensamiento, su personalidad de Ghéon, y de pronto se asombra de cambiar, de tener una opinión tan distinta de lo que sus amigos podían pensar, etcétera.

No ocurre lo mismo en mi caso. Cree usted que hablo de la señora Sazerat porque no me atrevo a omitir que la vi ese día. ¡Pero no la he visto nunca! Considero las horas en que he sentido cierta exaltación ante la naturaleza o las obras de arte como horas en las que me encontraba en un estado de «conocimiento» un poco profundo. Pero olvidándome por completo y sin pensar más que en el *objeto* que quiero conocer, no hago con este conocimiento parcial lo que harían algunos de sus amigos (ahora no pienso en usted): no cuento que yo experimentara eso, no envuelvo de lirismo ese pequeño fragmento de verdad, sino que cuando encuentro otros pequeños fragmentos de verdad hago su inventario para tratar de reconstituir, de restaurar el objeto, como si fuese una vidriera. Con las horas apasionadas y clarividentes que, en el curso de distintos años, me ha sido dado pasar en la Sainte-Chapelle, en el Pont-Audemer, en Caen, en Évreux, he reconstituido *la vidriera* haciendo acopio de las pequeñas impresiones recibidas. He puesto delante de la misma a la señora Sazerat para acentuar la impresión humana de la iglesia a esa hora. Pero la invención de todos mis personajes, de todas las circunstancias de mi libro, persigue producir un significado. Nunca he pretendido contar la historia de Swann, he querido mostrar algo (pero esto me llevaría demasiado lejos).

Reconozco que soy yo quien está equivocado en todo esto, pues no admito que se juzgue a un autor por sus intenciones en vez de por su libro. Y cuando veo a ciertos escritores de moda acumular títulos y oigo que se los elogia por sus intenciones generosas y la profundidad de sus puntos de vista, pero compruebo en cada frase que, como son incapaces de hallar la metáfora adecuada, dan un rodeo inmenso sin lograr saltar jamás el foso, deploro que hoy en día se dé la intención por el hecho.

Y, sin embargo, me parece que dos cosas prueban que peco de todo lo contrario de esa «locura de sinceridad» que pretende dar cuenta de todo. En primer lugar, mi libro está despojado de lo que llena la mayoría de las novelas: mis personajes jamás se levantan, cierran una ventana, se ponen un abrigo, etcétera, salvo si tales actos encierran un significado. En segundo lugar, pese a que yo llevo la vida de un enfermo, no he descrito una sola vez la psicología, la «novela» del enfermo. (Nunca habría escrito yo la página del señor Werth en la que uno de sus colaboradores reconoce el «acento» (?) de Philippe). Si hablo de enfermedad en los volúmenes siguientes, es de una enfermedad inventada para satisfacer las exigencias psicológicas de la obra. Realmente, estoy demasiado fatigado para explicarme como desearía, y además sé que se interpreta como minuciosidad el hecho de que en un libro se fije una mirada interior sobre unos objetos apenas discernibles que cuesta un gran esfuerzo percibir; pero ya sean microbios o estrellas, si uno los estudia con actitud desinteresada, puede descubrir en ellos, más que en la observación pura y simple, las leyes profundas de la vida o de la naturaleza.

Como digo «yo» se considera que soy subjetivo. Puesto que en mi primer volumen me veo obligado a reunir—como si atara caballos al poste—todo lo que en mis personajes se modificará en el curso del tiempo, el «punto de partida» parece demasiado sobrecargado. Pero ¿no habría sido grosero y demasiado simple señalar al lector mi plan? A ciertas personas les parece que he recurrido a una situación muy banal al mostrar a Swann confiando ingenuamente su querida al señor de Charlus, que, según creen esos lectores, engaña a Swann. Ahora bien, no es cierto en absoluto. El barón de Charlus es un viejo homosexual que ocupará casi todo el tercer volumen y Swann, del que ha estado enamorado en el colegio, sabe que no corre ningún riesgo confiándole a Odette. Sin embargo, he preferido pasar por banal en este primer volumen que «anunciar» en él algo que supuestamente no debo saber entonces. Cuando se haya leído el tercer volumen, si se lo remite al primero, al único pasaje donde el barón de Charlus aparece, se reparará en que me mira fijamente, y entonces se comprenderá el porqué. Obviamente, al leer el primer volumen ese detalle pasa inadvertido. Pero me parece un arte más honesto retratar fielmente las cosas que pasan inadvertidas.

Apenas he comenzado a plantear, señor, lo que quería decirle y necesito terminarlo. Tentado estoy, para demostrarle que se *puede* pensar de modo distinto de usted sobre este libro (no quiero decir con ello que no sea usted quien, desgraciadamente, tenga razón), de hacer una cosa muy ridícula, citarle un fragmento de una carta escrita por el escritor contemporáneo que más admiro, Francis Jammes. Puesto que no lo he visto en toda mi vida más que dos minutos en una sola ocasión y no tenemos relación, no tengo razón para considerar su carta como una muestra de cortesía. Verá usted que Francis Jammes dice exactamente lo contrario que usted y precisamente sobre los mismos puntos. Por desgracia temo que al menos en un punto sea usted quien tenga razón. He aquí un pasaje de la carta de Francis Jammes: «Ese prodigioso fresco tan profuso, cada vez más exuberante, así como lo inesperado de las personalidades de los personajes, tan *lógico* en su aparente ilogismo, la *frase* a la manera de Tácito, sabia, sutil, equilibrada, he aquí el genio que se dibuja con tintes maestros. El abismo de los corazones. Fraterniza usted con los más grandes, con Shakespeare, Cervantes, La Bruyère, Molière, Balzac, Paul de Kock. Acabo de rendir homenaje a todo lo que en Marcel Proust es mucho más que talento». (Sigue una página en la que Jammes me pide que en la próxima edición suprima la escena de sadismo entre las dos mujeres). «En la increíble fidelidad con la que logra usted hacernos comprender los tormentosos celos de Swann, etcétera, reconozco la mano de un maestro. ¿Quién más ha llevado el análisis hasta ese punto? En Francia, nadie. Por eso es de lamentar infinitamente que no sea posible difundir por todas partes este libro como un modelo de la *forma, la más sabia* que yo conozca, como un modelo de análisis sin par». No vaya a creer que he elegido los elogios más exagerados, hay otros que no lo son menos. (Sin embargo, el subrayado de las palabras *lógica*, *forma*, *frase*, etcétera, es mío, porque usted dijo justamente lo contrario y a menudo, me temo, con razón).

Huelga decir que le confío estos pasajes de la carta de Francis Jammes con la más absoluta discreción. Si los publicara, aunque fuera sólo una frase, en la *NRF* me haría cometer un acto de verdadera deslealtad con un hombre que me ha escrito una carta privada, sin haberme concedido la autorización de publicarla (¡y no pienso pedírsela!). No creo que comunicársela sólo a usted sea una falta de delicadeza con el señor Jammes. Tan sólo he incurrido en el ridículo de exhibir una recomendación y una aprobación.

Lamentablemente, señor, el mero hecho de haber escrito esta carta, así como la extensión que le he dado, van a confirmarle la idea de que soy una persona ociosa y dispongo de mucho tiempo que perder. Algo hay, en efecto, de tiempo y esfuerzos en vano, pues no hay obra de arte que no sea preciso madurar lentamente en el propio corazón. Lo mismo ocurre con todas las ideas. Sé que no albergamos las mismas, o al menos no en el mismo grado de maduración, de modo que esta carta le parecerá vana verborrea.

No puedo concluirla sin darle las gracias con un poco de tristeza. Me da la impresión de que la segunda parte de su artículo, tan benevolente con mi persona, reflejaba menos que el primero su verdadera opinión, mostraba sobre todo un impulso de bondad, el deseo de atenuar un poco sus críticas. Incluso es usted demasiado indulgente con mis Verdurin, que yo encuentro absolutamente fallidos. Me parece que las conversaciones en la velada en casa de la señora de Saint-Euverte están conseguidas con más finura y sentido. Pero tiene usted razón, todo el libro es muy malo.

Le saluda muy atentamente,

MARCEL PROUST

¡Sobre todo no se tome la molestia de responderme (incluso si se toma la de leerme)!

163. A JACQUES RIVIÈRE

Boulevard Haussmann, 102
Viernes [*6 de febrero de 1914*]

Estimado señor:[1]

¡Por fin encuentro a un lector que *intuye* que mi libro es una obra dogmática y una construcción! No sabe qué dicha me causa que ese lector sea usted. Porque los sentimientos que tiene la gentileza de expresarme los he sentido yo a menudo leyéndole a usted; de suerte que, cada uno por su parte, hemos dado los primeros pasos el uno hacia el otro y echado las bases de una amistad intelectual. No encuentra usted mi libro carente de defectos, a mí sus artículos tampoco me gustan sin reservas, pero ello no me impide apreciarlos, aun-

[1] Proust mantuvo una excelente relación con Rivière, a quien trató a partir de 1914. Después de la guerra, Rivière fue el director de la *Nouvelle Revue Française* y tuvo con Proust una relación asidua, profesional y amistosa.

que haya dicho de Stendhal, en un paréntesis indignado, absurdo y encantador: «¡Juzga a sus amigos!».

Como artista, me parece más honesto y delicado no dejar ver, ni anunciar, que lo que me mueve es precisamente la búsqueda de la verdad, y tampoco en qué consiste ésta para mí. Detesto a tal punto las obras ideológicas en las que el relato traiciona una y otra vez las intenciones del autor que he preferido no pronunciarme al respecto. Únicamente al final del libro, y una vez comprendidas las lecciones de la vida, se desvelará mi pensamiento. El que expreso al final del primer volumen, en el paréntesis sobre el Bois de Boulogne que he plantado allí como una simple pantalla para terminar y clausurar un libro que, por razones materiales, no podía superar las quinientas páginas, es lo contrario de mi conclusión. Es una etapa, de apariencia subjetiva y diletante, hacia la más objetiva y ponderada de las conclusiones. Que de este episodio se dedujera que mi pensamiento peca de un escepticismo desencantado sería exactamente como si el espectador, al ver a Parsifal no comprender nada de la ceremonia y verse expulsado por Gurnematz al final del primer acto de la ópera, supusiera que Wagner quiso decir que la sencillez de corazón no conduce a nada.

En este primer volumen ha visto el placer que me produce la sensación de la magdalena empapada en el té, digo que dejo de sentirme mortal, etcétera, y que no comprendo el porqué. No lo explicaré hasta el final de mi obra. Todo está construido así. Si Swann confía tan benevolentemente a Odette al barón de Charlus (lo que hace que parezca que he querido repetir las banales situaciones del marido que confía en el amante de su mujer) es porque el barón de Charlus, muy lejos de ser el amante de Odette, es un homosexual al que horrorizan las mujeres, y Swann lo sabe. Sin embargo, en el último volumen descubrirá usted la razón profunda de la escena de las dos muchachas, de las manías de mi tía Léonie, etcétera.

No, si no hubiera convicciones intelectuales, si buscase simplemente recordar y sacar doble partido de los días vividos mediante estos recuerdos, no me tomaría, enfermo como estoy, la molestia de escribir. Sin embargo, como no me propongo analizar en abstracto la evolución de un pensamiento, sino recrearla, darle vida, me veo obligado a describir los errores, pero no creo que deba decir que los considero errores; tanto peor para mí si el lector cree que tomo por verdaderas cosas equivocadas. El segundo volumen acentuará este malentendido. Espero que el último lo disipe. Me alegra sentir que al menos entre usted y yo no ha habido ningún malentendido, y le expreso, por la gentileza que ha tenido en decírmelo, mi viva gratitud (esperando que un día me permita añadir *afectuosísima*),

MARCEL PROUST

164. A ANDRÉ GIDE

Sábado [*21 de marzo de 1914*]

Querido amigo:

(¿Verdad que me permitirá utilizar con usted este término que me es verdaderamente necesario? Es un término poroso, que languidece de ordinario porque lo vaciamos de sentido, pero que se hincha maravillosamente cuando lo utilizo para referirme a usted, lleno de todo cuanto mi corazón siente).

Recibo en unas pocas horas su primera carta, su libro, y al instante su segunda carta, como señales multiplicadas y que van acercándose a un planeta en el que no sólo todo es orden, calma y voluptuosidad,[1] sino también nobleza, grandeza moral, suprema belleza conmovedora. Le responderé cuando

[1] Alusión al poema de Baudelaire «Invitación al viaje» (*Las flores del mal*): «*Là, tout n'est qu'ordre et beauté, | Luxe, calme et volupté*» ('Allá, todo es orden y belleza, | lujo, calma y voluptuosidad').

esté menos enfermo: tendré que levantarme para poder buscar mi contrato, pues ya no recuerdo todo su contenido.

Pero, aunque me concediera toda libertad, no creo que hiciera uso de ella, para no pecar de falta de gentileza con Grasset. Últimamente, Fasquelle (con quien habría tenido que publicarse en principio) me ha pedido (es cierto que indirectamente y no puedo afirmar que lo hiciera en términos tan formales como me han dicho) publicar el segundo y tercer volumen. Ni se me pasó por la cabeza, porque no quería dejar a Grasset. En cuanto a NRF es muy distinto: es el honor que yo más he ambicionado, como usted sabe, y agradezca de mi parte a sus amigos por habérmelo concedido. Pero como el deseo que siento de responder afirmativamente no me autoriza a comportarme incorrectamente con Grasset, voy a pensármelo y le escribiré dentro de unos días. (En todo caso, si me decidiera, cosa que dudo, pondría una condición irrenunciable, que la edición fuese *totalmente a mis expensas*).

La gentileza de sus amigos me conmueve profundamente, dígaselo, se lo ruego. A dos de ellos ya les debía mucha gratitud: a los señores Ghéon y Rivière (creo que están entre los ocho a los que usted se refiere) por las cartas que me han escrito. La carta del señor Ghéon fue aún más noble (y me complació tanto como hubiera podido hacerlo un «buen artículo») porque me permitía escribirle que no estaba muy contento de lo que había dicho de mí en la *NRF*. Mucho me arrepentí de ese arranque de mal humor, pero los hechos me brindaron acto seguido una especie de justificación. Yo le había hablado de los malentendidos que crearía su artículo y del daño que haría a mi libro. Se da el caso de que posteriormente (lo que prueba, por otra parte, su competencia) recibí no sé cómo unos recortes de prensa en los que algunos críticos dotados de una misma facultad de asimilación y de olvido utilizan como propias frases de él: «El señor Proust no sabe negarse a nada. Ha hecho lo contrario de una obra de arte». Me alegró mucho recibir estos recortes, pues me han disculpado retrospectivamente, en cierta medida, de haber escrito esa carta que tanto me había hecho lamentar la admirable respuesta que me dirigió al punto el señor Ghéon.

Querido amigo, es tan grato charlar con usted que me fatigo en exceso, pero tengo que dejarle antes de haberle dicho lo que quería decirle. Le escribiré dentro de unos días. Y antes o después, si me siento mejor, trataré de verle. Ahora que ha comprendido perfectamente, ¿verdad?, que no siento por usted más que reconocimiento, afecto y admiración, me atreveré a confesarle, en el clima distendido de un *tête-à-tête* (en el que se puede ir modificando verbalmente lo que se ha dicho con anterioridad sin que adquiera el carácter implacablemente definitivo y *ne varietur* de una carta), un agravio que yo tenía contra usted y que ha hecho esfumarse totalmente su adorable bondad.

Mi fatiga me obliga a dejarle aquí, pero le aseguro que le doy un apretón de manos con verdadero afecto.

MARCEL PROUST

Tal vez podría ocurrírsele a usted pedirle a Grasset que no se tome a mal si le retiro el libro. Le pido que no lo haga, porque ello supondría revelarle que tuve el deseo, la intención de hacerlo, cosa de por sí muy poco amable. Me lo pensaré con calma. Si creo poder hacerlo, sería preferible que hiciera yo la gestión directamente. Y, si no me veo con ánimos, sería mejor que él no sepa nunca que he pensado por un momento en ello.

P. D.: Creo que no le he hablado de lo que más me ha conmovido de su carta (a propósito del *Journal sans dates*). Piense que sería para mí una alegría mucho mayor aún que ser editado en NRF, una alegría infinita. Pero me basta su exquisita intención, no cargue con este esfuerzo. Si no renuncia enseguida, le quedará en la cabeza y acabará por tomarme ojeriza, porque me asociará con una obligación penosa de realizar. Me siento completamente dichoso y no necesito más.

165. A BERNARD GRASSET

Sábado [*28 de marzo de 1914*]

Querido amigo:

Me he enterado últimamente de cosas que me han inquietado en relación con mi libro. Pero deseando sobre todo salvaguardar nuestra amistad, que me interesa más que nuestra relación autor-editor, no le he hecho saber nada.

Pudiera ser, sin embargo, que sin que yo me diera cuenta hayan influido en un deseo que le expongo y al que renunciaré si pudiera desagradarle. Hace algún tiempo un editor muy conocido me hizo una propuesta muy buena de publicar con él el segundo y tercer volumen de *En busca del tiempo perdido*. Ni se me pasó por la cabeza aceptar, a pesar de tener en ese momento (o quizá precisamente *porque* los tenía) problemas de dinero. Estaba comprometido con su editorial, quería quedarme y el interés personal no me habría hecho desear ningún cambio a otra casa editora.

Pero últimamente mis amigos de la NRF (no es en absoluto lo mismo, pues se trata de escritores) han hecho gestiones ante mí extremadamente insistentes, dirigiéndome peticiones redactadas por la unanimidad de los miembros de su consejo para que *En busca del tiempo perdido* emigrase con ellos (han fundado una editorial, le cuento esto confidencialmente). Querrían, por otra parte, correr a cargo de todos los gastos de edición y en las condiciones más generosas. Yo he respondido que ante todo no quería hacer nada que le disgustase a usted, que ni siquiera sabía si se lo pediría y que, en todo caso, ponía una condición irrenunciable, que la publicación fuese a mis expensas, para que no pudiera usted pensar que la razón para dejarle era el interés económico. Pues bien, tras haber reflexionado sobre ello, sabiendo que es usted amigo de la princesa Polignac y pensando que una mujer acaso sabría (y sobre todo hablará con usted mientras que yo sólo puedo escribirle) percatarse mejor de si mi deseo le disgustaba, le rogué a mi amigo Reynaldo Hahn que le pidiera a la princesa que hablara con usted. (Huelga decir que no hice la menor alusión a las cosas que me han inquietado referidas al comienzo y sobre las que le ruego no me pregunte. Me limité a hablar del deseo de sumarme a unos colegas de letras que me han testimoniado una gran comprensión de mi obra).

Mi amigo debía verse (por muy otros motivos) con la señora de Polignac ayer, y he aquí que, coincidencia sorprendente, me llegó su carta. Temí entonces que usted supusiera que esa conversación, decidida *antes* de haberla recibido, se hubiera producido *después*. Para evitar cualquier malentendido mi amigo no le dijo nada a la señora de Polignac (que está, por tanto, *a dos velas* del asunto de la *Nouvelle Revue Française* y de la conversación que se le debía pedir que tuviera con usted).

Como usted me escribió ese mismo día, me pareció mejor expresarle personalmente este deseo que tengo, dejándole a usted mismo decidir si le conviene o no concederlo.

En cuanto a la cuestión que constituía el objeto de su carta, relativa a la fecha de aparición de mi segundo volumen, en el caso de que quisiera que saliese sin falta con su sello editorial, mi respuesta es la siguiente. Me parece muy difícil que pueda aparecer antes de octubre. En el momento actual, tengo las galeradas de la parte inicial, el resto todavía no está del todo pasado a máquina, y usted no lo ha leído aún. Ahora bien, calculando el tiempo necesario para las galeradas de cuanto queda, para las segundas pruebas del comienzo, para todos los retoques que precisamente quisiera evitar, pero que conociéndome temo me veré obligado a hacer, me parece que el total requiere varios meses. Antes de entregarle ahora el manuscrito (si es a usted a quien se lo entrego), tendré que hacer copiar la última parte e introducir muchas modificaciones.

La subdivisión en tres volúmenes me ha obligado a encontrar un final prematuro para el primero, final que deja, en el segundo del que ha sido desgajado, una laguna. Me parece que todo carece de equilibrio. Y sin exagerar la importancia—que es desdeñable—de lo que escribo, es preciso que yo evite dar a los lectores, que se han mostrado indulgentes con el primer volumen y esperan el segundo, algo demasiado arbitrariamente seccionado. Si yo estuviera bien, me resultaría más fácil el trabajo y tal vez también ciertos escrúpulos se disiparían. Pero todo es complicado cuando se está enfermo; los días en que es posible trabajar escasean, e incluso esos días las horas son muy cortas. Así pues, creo que habrá que esperar a octubre (a medida que reciba las pruebas veremos si hay forma de llegar antes o si incluso octubre es un poco prematuro) en el caso de que no acepte mi deseo de emigrar a NRF. Pero ¿acaso lo aceptaría?

Queda de usted su afectísimo y seguro servidor,

MARCEL PROUST

P. D.: He oído decir que el señor Le Grix, que creo es amigo suyo, ha escrito una reseña muy buena de mi libro (lo que no me extraña, porque tiene un enorme talento). ¿Saldrá este artículo? He recibido un recorte de prensa en el que se dice que había pedido usted una suscripción del patronato municipal. No tiene importancia, pero si me hubiera hablado de ello creo que le habría aducido motivos bastante válidos para disuadirle de esta iniciativa. Por otra parte, pudiera ser que en esta circunstancia fuera yo un mal juez.

Tengo «parado» en *L'Écho de Paris* un artículo de Blanche, que he leído y está bien. Como he estado muy enfermo no he podido ocuparme, pero creo que podría conseguir que se publicase. Sin embargo, soy de la opinión de que la Semana Santa y Pascua serían poco favorables. ¿Puedo pedir que sea para ocho días después de Pascua, no? En *L'Écho*, por lo demás, tenían intención de publicarlo, ya que me he enterado de que Henry Bordeaux quiso hacer una crónica sobre mi libro y le respondieron que se publicaría un artículo de Blanche sobre el mismo tema. Sabré, por lo demás, a qué atenerme dentro de dos o tres días.

166. A LA SEÑORA DE MADRAZO

Lunes [*17 de febrero de 1916*]

Querida amiga:

Cuando Reynaldo me decía «mi hermana es un ángel» no me lo decía todo. Por otra parte, decía a menudo otra cosa y le gusta hablar de las dotes extraordinarias y variadas de usted. Confieso, sin embargo, que esta carta en la que (para dejar momentáneamente de lado el aspecto «gentileza») habla usted con una maestría fantástica sucesivamente del Southern Pacific y de Carpaccio no puede dejarme sino atónito. ¡Cómo lamento ser un pobre hombre enfermo y cómo me gustaría estar en condiciones de ir con usted a ver museos y hacer negocios!

Acerca de los negocios de los que me habla, no van conmigo por razones que sería demasiado largo de explicar, es decir, demasiado tediosas para usted: como la conclusión sería negativa, ni siquiera su bondad alentaría la paciencia para escucharme hasta el final. La aburriría menos hablándole de viva voz, pero en cualquier caso sería una conversación inútil.

En cuanto a Fortuny,[1] me gustaría mucho saber en qué Carpaccios se inspiró y exactamente en qué vestidos y en qué medida. Le explico el porqué. En principio, en la continuación de mi *Swann*, no hablo de ningún artista, ya que no es una obra de crítica sino de vida. Pero es probable, por lo menos si dejo los últimos volúmenes tal como están, que haya una única excepción y, por razones circunstanciales y de car-

[1] Mariano Fortuny y Madrazo, pintor y grabador que tenía un gran éxito en la época de Proust confeccionando ropa con diseños novedosos y telas realizadas artesanalmente inspiradas en motivos antiguos venecianos.

pintería novelesca, esta excepción será Fortuny. Si esto puede interesarle, he aquí muy sucintamente el porqué.

Quizá recuerde que me ayudó usted en otra ocasión a elegir para unas muchachas unas cositas elegantes que me apetecía regalarle a una de ellas. Creo que fue usted o la señora Seminario quien fue a ver de mi parte a Boni, y la señora de Straus al peletero. La heroína de mis dos últimos volúmenes, Albertine, no tiene nada que ver con estas dos muchachas, y por lo demás en mi libro no hay un solo personaje en clave. Pero sí es el mismo mi deseo de engalanarla con la remembranza de sus aderezos en un viaje a Venecia, después de que el personaje haya muerto, donde la vista de ciertos cuadros me hará sufrir, pues yo construyo las cosas así. (No hable de esto, salvo, si quiere, con Fortuny). En el comienzo de mi segundo volumen un gran artista con un nombre ficticio,[1] que en la obra simboliza al gran pintor, como Vinteuil al gran compositor (del tipo Franck), dice en presencia de Albertine (de la que no sé todavía que un día será mi prometida adorada) que, por lo que dicen, un artista ha descubierto el secreto de las antiguas telas venecianas, etcétera. Es Fortuny.

Cuando más tarde (tercer volumen) Albertine se promete conmigo, ella me habla de los vestidos de Fortuny (a los que yo me refiero a partir de ese momento cada vez) y le doy la sorpresa de regalarle uno. La breve descripción de estos vestidos ilustra nuestras escenas de amor (y por eso prefiero unas batas, porque ella está en mi habitación *en déshabillé*, suntuoso pero *déshabillé*) y como, en vida suya, yo ignoro hasta qué punto la quiero, esas ropas me evocan sobre todo Venecia, el deseo de ir allí, en cuya realización Albertine representa un obstáculo, etcétera. La novela sigue su curso, la muchacha me deja, muere. Transcurre bastante tiempo, y después de grandes sufrimientos a los que sigue un relativo olvido, me dirijo a Venecia, pero en los cuadros de X (di-

[1] Elstir, el personaje de la novela que representa al pintor.

gamos Carpaccio) vuelvo a ver un vestido que le había regalado. En el pasado este vestido me había evocado Venecia y dado ganas de dejar a Albertine, ahora el Carpaccio donde yo la veo me evoca a Albertine y me vuelve dolorosa Venecia.

Por tanto, a menos que haga un reajuste (posible, por otra parte, si lo considero necesario), el *leitmotiv* Fortuny, poco desarrollado pero capital, desempeñará su papel sucesivamente sensual, poético y doloroso.

La señora Straus quiso prestarme una capa (que debe de ser parecida a la de usted por lo que me dice de la suya), pero no la necesité y también declino el ofrecimiento que me hace usted de enseñármela. Me resultaría inútil, conozco dos o tres, lamento por lo demás no haber hablado de ello con la señora de Chevigné, que me informó amablemente de cosas de aseo y de cocina, pero quizá no tenga ropa de Fortuny. Lo que me resultaría más útil sería, de existir una obra *sobre* Fortuny (o unos artículos de él), contar con el título (tenga en cuenta que el resultado serán algunas líneas dispersas, pero también que incluso para aludir simplemente a una cosa, y a veces para no decir nada, tengo necesidad de saturarme indefinidamente). A falta de ello, una descripción precisa de tal vestido, tal capa (¿no hizo nunca *zapatos*?) de cierto cuadro de Carpaccio. Carpaccio es precisamente un pintor que conozco muy bien, he pasado largas jornadas en San Giorgio dei Schiavoni[1] y delante de santa Úrsula,[2] he traducido todo lo que Ruskin ha escrito sobre cada uno de sus cuadros, etcétera. Desde el punto de vista de mi novela otro pintor, veneciano o casi mejor paduano, habría sido más cómodo. Pero no hay día que no mire reproducciones de Carpaccio, así que estaré en terreno familiar.

[1] Iglesia que posee una serie de cuadros de Carpaccio, entre ellos el famoso *San Jorge y el dragón*.

[2] El ciclo *Escenas de la vida de santa Úrsula*, Galería de la Academia, Venecia.

No le he dicho nada de lo que quería decirle y mis ojos y mi mano no siguen ya mi verborrea, que concluyo a la fuerza mandándole mis más cariñosos y agradecidos saludos.

MARCEL PROUST

También podría regalar a mi heroína unos verdaderos trajes antiguos y cosas venecianas. ¿Sabe si una *Leda* de Boldini, propiedad de Helleu, ha sido fotografiada? ¿Y el [-] de Durero?

167. A GASTON GALLIMARD

Boulevard Haussmann, 102
Viernes por la noche [*12 de mayo de 1916*]

Querido amigo:

Veo que una «personalidad sin un mandato» (¡le juro que nadie lo ha recibido de mí!) le ha vuelto a hablar del asunto,[1] sin duda con buenas intenciones, aunque las haya a veces no tan buenas, pero no creo que sea éste el caso. Le responderé de manera que sea usted quien decida y juzgue.

Le dije que un deber de delicadeza me ataba a mi editor. Sin embargo, creo tener bastantes motivos de queja para que ese deber no sea lo que sería con alguien como usted. A pesar de ello, no quisiera dejarlo sin su consentimiento. Pero este consentimiento, que con todo ni siquiera a él quería pedirle (y ni se me ocurriría solicitar si hubiera sido usted), se lo pediré ahora sin dudarlo si a usted puede disgustarle realmente que mi libro no se publique en su sello editorial. La simple idea de que pueda usted suponer que guardo una sombra de rencor por su anterior rechazo me causa horror. Y también me horroriza la simple idea de privarle de un placer, si de veras ello puede representar un pequeño placer para usted,

[1] El proyecto de romper el compromiso con Grasset para poder publicar en Nouvelle Revue Française.

por unos miramientos exagerados hacia una persona que no los merece. No obstante, antes de preguntar nada a mi editor (o más bien de hacer preguntar, porque tendría un intermediario cómodo),[1] es preciso (y no sabría llamar lo bastante su atención al respecto) que le exponga qué inconvenientes puede presentar la publicación de mi libro. Voy a decírselos y enseguida comprenderá por qué lo hago.

Mi libro (más largo de lo que había supuesto) comprende un volumen que titulo *Sodoma y Gomorra* inspirándome en el verso de Vigny «la mujer tendrá Gomorra y el hombre tendrá Sodoma».[2] No es el final ni la conclusión del libro, mucho más seria y, creo, profunda. Pero tiene su importancia (ya ha visto usted un botón de muestra con el extracto publicado en la *NRF* sobre el personaje de Charlus). Ahora bien, no hay en ello, huelga decirlo, la más mínima intención inmoral, pero sí un retrato muy fiel y atrevido. Por una parte, esta libertad de retratar puede chocarle. Por otra, aunque no le choque a usted, puede chocar a los lectores, a la prensa (y molestar también a los «Charlus», que se verán retratados sin piedad), atraerle varapalos que su editorial puede preferir dejar a otro. Ahora bien, una vez que haya abandonado Grasset, si al final se negara usted a publicarme, o me pidiera cambios que yo no pudiera aceptar, no me sería posible volver con él, y tendría que buscar editor, volver con Fasquelle, mi salud acusaría todo posible retraso y comprometería se-

[1] René Blum.

[2] Se trata del poema de Alfred de Vigny «La colère de Samson» (*Les Destinées: Poèmes philosophiques*). Proust cita muchas veces este poema que le parece muy significativo del tratamiento que quiere dar a la homosexualidad y a la irreductible diferencia que existe entre los sexos: «*Bientôt, se retirant dans un hideux royaume, | La Femme aura Gomorrhe et l'Homme aura Sodome. | Et, se jetant de loin un regard irrité, | Les deux sexes mourront chacun de son côté*» ('Pronto, retirándose a un repugnante reino, | la mujer tendrá Gomorra y el hombre Sodoma, | y lanzándose de lejos una mirada rencorosa, | los dos sexos perecerán cada uno por su lado').

riamente la segura colocación (dejando de lado mi cerebro frágil y herido) de un libro que quizá me sobreviva, del fruto de mi pensamiento y de mi sensibilidad más profundos. Para decirlo en pocas palabras, querido amigo, aunque me siento más obligado con usted que con Grasset, me siento más obligado con mi libro (no me juzgue presuntuoso) que con usted. Le he procurado un cobijo, estoy muy dispuesto a renunciar a él, pero quisiera tener la seguridad de que no correré el riesgo de que le falte uno, de que mi manuscrito no se verá obligado a andar errante, llevado por mí o por cualquier otro si yo ya no estoy, sin encontrar, como el Hijo del Hombre, una almohada en la que reposar la cabeza. En una palabra, antes de dejar lo que tengo querría garantías de que será usted mi editor. Y también de que no lo lamentará. Si lo que le incita a editarme es una especie de deseo de reparación hacia mí, déjeme decirle que tiene usted demasiados escrúpulos. Me complace mucho más que haya leído mi texto sin haberme publicado que si hubiera editado mi libro por simple bondad pero sin apreciarlo. He contado con el interés por parte de todos ustedes, que era el motivo por el que deseaba publicar en su editorial, y sé que podré seguir contando con él aunque la continuación aparezca en Grasset. Pues no me ha concedido usted su estima sino dándome crédito: ha querido saber dónde se encontraba en los volúmenes siguientes la contrapartida, la razón de ser, la clave de bóveda del primer volumen (y de los otros). Y por más importancia que dé yo a tenerles a ustedes como editores, ahora que cuento con tenerlos como lectores me siento satisfecho. Su escrúpulo, pues, no tendría razón de ser. Pero si mi suposición es errónea y realmente desea publicar mi obra y los elementos que le he proporcionado no lo desaniman, trataré de arreglármelas con Grasset. Olvidaba otro elemento que podría disuadirle. He dicho a Gide que en el segundo volumen había algunas cosas sobre Guillermo II que, ahora que ha estallado la guerra, quisiera quitar para no dar la impresión de ofender al enemigo que será, sin duda, en ese momento un enemigo derrotado. Gide, sin haber leído el texto, me lo ha desaconsejado. Pero luego, las conversaciones estratégicas que aparecieron, si no recuerdo mal, en el extracto que se publicó en la *NRF* (no estoy seguro, pero creo que entre Robert de Saint-Loup y sus amigos oficiales, todo ello escrito, por supuesto, cuando yo no sospechaba que habría guerra, igual que las conversaciones de Françoise sobre la guerra en el primer volumen) me han llevado a hacer un retoque al final del libro, para introducir no propiamente la guerra, sino algunos de sus episodios, y por otra parte el barón de Charlus saca buen partido de ese París repleto de militares como una ciudad de Carpaccio. Tengo que decir que todo esto no tiene nada de antimilitarista, muy al contrario, pero como la prensa es muy necia (y muy maltratada en mi libro) bien podría poner el grito en el cielo. Le he mencionado todas las objeciones por adelantado. Si no le asustan, tantearé a Grasset y trataré de que me devuelva el libro para que aparezca en la editorial de usted. En cuanto a liberar el primer volumen, me parece inútil. Efectivamente, los volúmenes siguientes debían aparecer a costa de Grasset, pero el primero se publicó a mis expensas y estipulamos que yo conservaría los derechos. Cuando Grasset, atemorizado por mi deseo de publicar los volúmenes siguientes en NRF, me pidió que le cediera la obra no recuerdo si hicimos un nuevo contrato. Lo buscaré, pero reina en mi casa tal desorden que quién sabe si lograré encontrarlo. Es posible que Grasset, que ha impreso ya las primeras galeradas y creo que las segundas de la mitad del segundo volumen (le mandaré esas galeradas en vez del manuscrito mecanografiado), me pida una indemnización. También es probable que trate de usar la carta de la guerra para condicionarme: «Sólo puedo contar con un libro para salir a flote después de la guerra, el suyo, no me lo quite». Pero por suerte cuando, algunos meses antes del conflicto, teniendo yo la costumbre de hablar francamente de este tipo de cosas, en la postdata de una carta le dije medio en broma que estaba casi completamente arruinado, recuerdo que me telefoneó de inmediato en tono conmiserativo, y yo le respondí que estaba muy conmovido, pero que no se preocupara más de lo que me preocupaba yo. No obstante, puedo decirle perfectamente que justo por cuestiones económicas para mí es difícil esperar al final del conflicto y a la reapertura de su editorial, mientras que NRF está en condiciones de publicarme sin interrupciones. Será un pretexto, porque yo prefiero que se publique mi obra una vez terminada la guerra, con los tres volúmenes juntos, de modo que toda la obra se explique y justifique. Pero podríamos comenzar el trabajo tipográfico dentro de algunos meses, pues corrijo bastante en galeradas y se requerirá mucho tiempo. Así estaremos listos para después de la guerra y, de acuerdo con sus planes, dependiendo del clima que reine entonces podremos salir inmediatamente tras el armisticio o poco después.

Querido amigo, dejémonos de cortesías entre nosotros y dígame lo que verdaderamente desea. Me sabe mal contrariar a Grasset y renunciar a un editor a quien tenía otros libros que ofrecer, pero ante todo quiero lo que quiere usted. Sin embargo, es preciso que lo *quiera* usted realmente y que una vez retirado el libro de Grasset no lo rechace.[1]

Su seguro servidor y amigo,

MARCEL PROUST

168. A JACQUES DE LACRETELLE

París, 20 de abril de 1918

Una «Paris Plage» de final de estación, muy vacía desde que hay cañones y Gothas, y donde lamento que no frecuentemos el mismo casino.

[1] En el original «*vous le preniez pas*» ('no lo publique'), evidente *lapsus calami*. (*N. del T.*).

Querido amigo:

No hay ningún personaje en clave en este libro, o bien para cada uno hay ocho o diez «modelos»; lo mismo ocurre con la iglesia de Combray, pero la memoria me ha proporcionado como «modelos» (ha hecho «posar» para mí) varias iglesias, no sabría ya decirle cuáles. Tampoco recuerdo si las losas del pavimento provienen de Saint-Pierre-sur-Dives o de Lisieux. Algunas vidrieras son ciertamente las de Évreux y otras las de la Sainte-Chapelle y Pont-Audemer.

Mis recuerdos respecto a la sonata son más precisos. En la medida en que la realidad me ha servido, medida modestísima a decir verdad, la frasecita de esta sonata en la velada en casa de Saint-Euverte, y no se lo he dicho nunca a nadie, es (para empezar por el final) la frase encantadora pero finalmente mediocre de una sonata para piano y violín de Saint-Saëns,[1] músico que no me gusta (le indicaré exactamente el pasaje que retorna en varias ocasiones, y que era el éxito de Jacques Thibaud). En la descripción de la misma velada, un poco más adelante, no me extrañaría que al hablar de la breve frase estuviera yo pensado en «El encantamiento del Viernes Santo».[2] También en esa misma velada, cuando el piano y el violín gimen como dos pájaros que se responden, pensé en la sonata de Franck,[3] sobre todo interpretada por Enescu (cuyo cuarteto aparece en uno de los siguientes volúmenes).[4] Los trémolos que culminan la pequeña frase en casa de los Verdurin me los sugirió un preludio de *Lohengrin*,[5] pero la frase misma, en la velada en casa de Saint-Euverte, un pasaje de Schubert. En cambio, en la velada en casa de los Ver-

[1] Camille Saint-Saëns, *Sonata para violín y piano en Re menor n.º 1*, op. 75.

[2] De *Parsifal*, ópera de Richard Wagner.

[3] *Sonata en la mayor para violín y piano* de César Franck

[4] *Cuarteto de cuerda en re mayor* de César Franck

[5] *Lohengrin*, ópera de Richard Wagner.

durin esa frase es un delicioso fragmento para piano de Fauré. También puedo decirle que (en la velada en casa de Saint-Euverte) el monóculo de Saint-Candé me lo recordó el de Bethmann (no el alemán, porque quizá lo sea de origen, sino el pariente de los Hottinguer); el monóculo de Forestelle, un oficial hermano de un músico llamado Ollone; el del general de Froberville, el monóculo de un supuesto literato, verdadero bruto, llamado señor de Tinseau, al que me encontraba en casa de la princesa de Wagran y de su hermana [Gramont]. El monóculo del señor de Palacy es el del pobre y querido Louis de Turenne, que no se esperaba convertirse en pariente de Arthur Meyer, a juzgar por cómo lo trató un día en mi casa. El mismo monóculo de Turenne en *El mundo de Guermantes* pasa al señor de Bréauté, creo recordar. En fin, para la llegada de Gilberte a los Campos Elíseos bajo la nieve pensé en una persona que ha sido el gran amor de mi vida sin que ella lo haya sabido jamás (o el otro gran amor de mi vida, pues ha habido al menos dos), la señorita Bénardaky, actualmente princesa Radziwill (no la he visto desde hace años). Pero, por supuesto, los pasajes más libres relativos a Gilberte al comienzo de *A la sombra de las muchachas en flor* no corresponden en absoluto a esta persona, pues nunca he tenido con ella más que una relación formalmente irreprochable. En cuanto a la señora de Swann, para la escena en que pasea por los alrededores del Tiro de Pichón pensé en una *cocotte* admirablemente hermosa de aquellos tiempos que se llamaba Clomesnil. Le mostraré fotografías de ella, aunque su semejanza con la señora Swann se limita a ese momento.

Se lo repito, los personajes son totalmente inventados y no hay ninguno en clave. No existe ninguna relación entre la señora Verdurin y la señora de Briey, aunque tengan el mismo modo de reír.

Querido amigo, quisiera expresarle muy torpemente mi gratitud por el conmovedor esfuerzo que ha hecho procurándose este volumen y anotándolo profusamente. En cuanto a su petición de que lo anote, me falta espacio, pero si quiere lo haré en las cuartillas separadas que usted ha intercalado. Entretanto, reciba las muestras más expresivas de mi amistosa gratitud.

MARCEL PROUST

He comprobado, pues decididamente la realidad se reproduce por división como los infusorios, que el monóculo del señor de Breauté es también el de Louis de Turenne.

169. A ANDRÉ GIDE

[*Poco antes del 20 de febrero de 1919*]

Querido amigo:

Sería (y usted lo sabe bien) el mayor honor de mi vida. Un honor doloroso, quizá, porque es tan raro que me encuentre en condiciones de levantarme por la tarde, en este período. ¡Y no poder escucharle en este día![1]

Querido amigo, su carta ha sido motivo de una gran alegría: porque, como no daba usted señales de vida desde hacía mucho tiempo, creía, sin conseguir imaginar la razón, que había decidido voluntaria y definitivamente desaparecer de mi vida. Sin duda mi existencia es tan lenta que puedo decir con toda naturalidad de algún amigo: «¡Ah, lo vi hace poco!», pero cuando me preguntan cuándo exactamente y hago la cuenta advierto que el encuentro se produjo en una fecha tan lejana que inevitablemente veo reír a quienes no calculan el tiempo con la misma escala que yo. A pesar de ello, a mi pensamiento siempre concentrado en su persona le parecía enorme la distancia que usted había puesto entre nosotros. Es cierto que, en el aislamiento, me he habituado

[1] El 20 de febrero de 1919 iba a tener lugar en casa de Misia Godebska el concierto de Erik Satie *Socrate* en el que recitaba Gide.

demasiado a querer sólo en espíritu y en verdad, y mis lazos con usted son demasiado inquebrantables para que una ausencia prolongada distienda, relaje o disminuya mi amistad. De todas formas un poco de práctica amistosa, afectiva, me habría resultado agradable.

No sé cuáles, pero supongo que ha habido cosas en su vida como las ha habido en la mía, dulces en la suya, mortalmente crueles en la mía. Pero el azar inaudito, «como un ángel que fustiga los soles»,[1] quiere que el peregrino bisiesto, el buen samaritano de raras apariciones que es usted para mí, se eclipse durante meses y años, en los que la inercia, por ejemplo, de los editores me dejaría tiempo libre para verlo, y llegue el día en el que las dificultades casi insuperables vuelven cualquier encuentro imposible. Debo decirle, sin embargo, que las superaré como sea, y una de estas noches me verá llegar (aunque quizá haya salido usted) a la rue de la Cure, a menos que prefiera venir a cenar usted (muy tarde, porque ahora me voy a descansar a altas horas) cerca de mi cama (o en el Ritz: «Un oasis de horror en un desierto de tedio»).[2] Un taxi al efecto, cuyo conductor es el cuñado de mi criada, lo llevaría de regreso a la rue de la Cure.

Lo que complica terriblemente nuestro encuentro es que la casa en la que vivo ha sido vendida a un banquero que me echará para transformarla en una oficina bancaria. Ahora bien, un asmático no puede prever nunca si respirará, pero sabe casi con certeza que se ahogará en un nuevo apartamento. Pues bien, el estado de mi corazón (físico) ya ni siquiera me permite soportar crisis que en sí mismas no serían graves. Yo, que a pesar de todo amaba muchísimo la vida, comprendo ahora que «la muerte es la única esperanza y nos da el valor para llegar a la noche»,[3] con tal de no ir precedida

[1] Baudelaire, *Las flores del mal*, «CXXVI. El viaje», II, v. 4.

[2] *Ibid.*, VII, v. 4.

[3] *Ibid.*, «CXXII. La muerte de los pobres», vv. 2 y 4.

de una mudanza, de la búsqueda de un piso inencontrable y de fastidios a cuyo lado éstos nada son.

Querido amigo, tengo un encargo que hacerle de parte de la señora Lemarié. No le hablo de ella en esta carta que es ya demasiado larga para mis fuerzas. Mi relación con ella no ha sido siempre excelente y lamento haberle dicho, aunque fue ella quien me lo preguntó, lo que pensaba crudamente, porque estaba enferma y no hubiera tenido que hablarle así. Sin embargo, pese a no haberla vuelto a ver desde entonces, sí le he expresado los verdaderos sentimientos de simpatía y de gratitud que alimento hacia ella por todos los desvelos que se toma por mí, con resultados lamentablemente deplorables. Dicho sea todo esto *confidencialmente*, y no puedo darle más explicaciones aquí. Pero vayamos al encargo que me ha hecho. Según me ha dicho, se ven ustedes a menudo, y le gustaría que fuera a verla para pedirle a usted consejo sobre la manera de componer los ejemplares para una edición de lujo que pienso hacer de mis libros (cuento para ello con autorización de Gaston Gallimard), siendo considerados ejemplares en reserva previa, como todo lo que publica NRF para la Société des Bibliophiles. Está de acuerdo con mi idea de, para distinguir los ejemplares de esta edición, insertar en algunos unas pocas páginas del manuscrito o de las pruebas corregidas de mi puño y letra (Gaston está de acuerdo, y creo que esto me permitirá ganar algún dinero), y en otros, la reproducción de un retrato que me hizo Blanche. Pero la señora Lemarié querría contar con su consejo sobre lo que le parezca a usted mejor en cuanto a la realización. Confieso que yo no me habría atrevido nunca a pedírselo, y me limito a transmitirle su petición. Es cierto que, aparte de su gusto exquisito, como al comienzo de *Los sótanos del Vaticano* figura un retrato suyo, podría usted proporcionarle información sobre la manera de reproducir el retrato de Blanche (al que todavía no he pedido autorización, pero me la dará con toda seguridad: por otra parte, el retrato se vende en una reproducción fotográfica en Braun).

Había pensado incluso, ya que desde hace tiempo [José María] Sert quiere hacer algo para mí, un retrato (para el que no puedo fatigarme posando), en pedirle algo mucho más simple: un dibujo para ponerlo al comienzo de uno de los libros que quería ilustrar. Pero, pese a desear ofrecer a los coleccionistas de libros raros ejemplares muy distintos unos de otros, creo que renunciaré a la idea, porque no veo una solución intermedia entre un dibujo original (la verdad es que no puedo pedirle a Sert que me haga más originales) y la fotografía, inútil, de un dibujo. En cualquier caso, dado que la señora Lemarié no quiere saber nada de los expertos que le he propuesto, y considera que no se les puede molestar (tiene, por otra parte, razón al pensar que usted sabe más que cualquier experto y admirar el extremo refinamiento de su gusto), sólo por discreción no me sumo a su petición y me limito a transmitírsela.

Trate sobre todo de evitar que la señora Lemarié le proponga esperar al regreso (siempre pospuesto) de Gaston. Así ha conseguido transformar ella NRF en una biblioteca: catorce personas se pasan por turno el *Swann* (cito sólo este ejemplo), mientras que, si me hubieran informado de que estaba agotado, cosa que estaba lejos de suponer, y lo hubieran reimpreso, se habrían vendido también los ejemplares dados en préstamo, lo que habría resultado ventajoso no sólo para mí, sino también para NRF.

*A la sombra de las muchachas en flo*r aparecerá en un estado deplorable: de algunas partes ni siquiera se han corregido las pruebas, pero hay que terminarlo. Son los últimos volúmenes, sin embargo, los que me urge que se publiquen (cosa sólo posible mientras viva, porque mis originales son indescifrables y aún no tengo ni sombra de pruebas), pues mucho me gustaría que usted los leyera; *Swann*, *A la sombra de las muchachas en flor*, etcétera, son breves comparativamente. En todo caso, estos volúmenes, si finalmente se encuentra un impresor, aparecerán más tarde, y mejor así, para no dar al lector un alimento indigerible. Pero en un mes, si se pone un poco de buena voluntad, aparecerán a la vez: *A la sombra de las muchachas en flor*, *Pastiches et Mélanges* y la reimpresión del primer *Swann*, para que la gente que no ha podido leerlo pueda comprarlo al mismo tiempo que *A la sombra de las muchachas en flor*, que es el segundo volumen de *En busca del tiempo perdido*. Es lo que acordamos con la señora Lemarié. (No le diga nada de las diferencias entre nosotros, pues su gentileza extrema debe hacérmelas olvidar).

Lamento, querido amigo, haber hablado tanto de mí mientras que es a usted a quien tengo siempre en mente. Mi yo me resulta muy odioso y me abruma haber hablado tanto de mí. Voy a descansar pensando en mi afecto y en mi admiración por usted.

MARCEL PROUST

170. A HENRI DE RÉGNIER

Jueves [*11 de diciembre de 1919*]

Estimado señor y amigo:

Su carta me ha conmovido profundamente, esas amables felicitaciones por tan poca cosa.[1] E iba a responderle, a pesar del estado en que me encuentro, cuando la carta de la señora de Régnier me embelesó y me entristeció. Como me plantea un problema académico, me permito discutirlo en esta carta, para no repetir las mismas cosas dos veces, y mañana le escribiré a la señora de Régnier para darle las gracias, diciéndole que le he escrito a usted sobre la parte académica y le ahorro aburrirla de nuevo. Digo de nuevo porque sé que son ustedes una unidad y que lo que voy a decirle ella lo sabrá enseguida. La señora de Régnier me decía que casi había lamentado que me concedieran el Premio Goncourt ya que ella estaba trabajando en mi favor para que obtuviera el Gran Pre-

[1] Proust contesta a una carta de felicitación por el Premio Goncourt.

mio de la Academia. De otra persona creería que se trata de una falsa amabilidad retrospectiva, pero sé—desde los tiempos lejanos de los Canaques—que ella es la franqueza personificada. Por eso me ha conmovido más de lo que puedo expresar y también me ha dejado sumamente perplejo y, si mis fuerzas me sostienen hasta el final de esta carta, voy a intentar explicarle el porqué. No recuerdo exactamente la época en que le hablé del Gran Premio de Literatura (¿y cómo habría podido esperar que la señora de Régnier trabajaría en mi favor cuando había tomado usted posición—como me dijo con una franqueza y una delicadeza extremas—por otro?), pero creo recordar que no le hablé del Premio Goncourt. La razón es la siguiente: como en absoluto pensaba en él, no había enviado mis libros a los académicos. Sin embargo (creo que mi correspondencia con ustedes es muy posterior), cuando le expliqué a Reynaldo Hahn cuánto lamentaba que a Léon Daudet no le gustaran mis libros y no apreciara su composición, velada pero rigurosa, Reynaldo me respondió que, por el contrario, cuando alguien le habló de algún candidato al Premio Goncourt, Léon Daudet repuso: «No estoy de acuerdo: considero superior la obra de Proust, *Por el camino de Swann* y *A la sombra de las muchachas en flor*, y es a él a quien pienso votar». De modo que cuando supe esto envié por si acaso mi libro a los académicos Goncourt, tras haberme informado y haber recibido la garantía de que el Premio Goncourt excluía el de la Vie Heureuse, pero no el de la Academia Francesa. Quisiera añadir que no creía tener la menor posibilidad para el Premio Goncourt, pues aunque poco a poco supe que el señor Élémir Bourges y Rosny Aîné ponían por las nubes mis libros, no sabía que batallarían en favor de ellos. Ni siquiera sabía cuándo se fallaba el Premio Goncourt. Y cuando Léon Daudet vino a anunciarme que lo había ganado, fue como un regalo del día de Año Nuevo recibido en Navidad en un año en que no se creía tener derecho a aguinaldo. Por desgracia la carta de la señora de Régnier

(¿conseguiré llegar hasta el final de la mía?) parece implicar que, contrariamente a lo que me dijeron en su día, el Premio Goncourt excluye el de la Academia. Si es así (aunque ella no me lo dice, creo que se deduce de su carta), ¿puedo esperarlo el año próximo? Tengo mucho interés en saberlo y paso a explicarle por qué. Cuento con publicar juntos todos los volúmenes posteriores a 1914. Pues bien, uno de ellos, sin afán de inmoralidad (más bien al contrario, muy involuntariamente), es de una crudeza que impediría la concesión del Premio de la Academia. Preferiría, pues, esperar para verlos publicados. Como me arruiné en 1913, la concesión de un premio no me es indiferente. Pero el Goncourt poco efecto tendrá en las ventas del libro, pues mi editor descuidó decirme que la obra estaba agotada y el tiempo que emplee en «reimprimir» hará que las personas que prestan atención al Premio Goncourt lo hayan olvidado. Sin duda, es muy cierto como ha escrito no sé qué periódico en un artículo, por lo demás absurdo, que es fastidioso recibir premios a una edad en la que lo propio es otorgarlos. Pero, como dudo que jamás tenga la suerte de ser miembro de la Academia Francesa, preferiría más que cualquier otro el Gran Premio de Literatura, que ayudaría a que algunas personas me leyeran y daría un poco de lustre a mi nombre, aún desconocido. Creo que muchos académicos (si bien nunca he hablado de todo esto con ellos) me serían favorables. No he mandado todavía mi libro ni a France ni a Barrès (por la misma razón por la que se lo he mandado de forma incompleta al matrimonio Régnier: la falta de primeras ediciones), pero conozco, aunque no los haya visto desde hace quince años, sus sentimientos hacia mí. La casualidad ha querido que académicos que literariamente parecerían tener que serme hostiles, me sean por el contrario favorables. He recibido una larga carta de felicitación de Henry Bordeaux, al que no veo desde hace veinticinco años. Tal vez si incomoda a la Academia galardonar el mismo libro que los Goncourt, podría galardonar toda mi obra (*En busca del tiempo perdido*, *Pastiches et Mélanges*, *Los placeres y los días*). Ya me dirá usted su opinión y me es grato saludarle, así como a la señora de Régnier, con el mayor respeto y el testimonio de mi admiración.

MARCEL PROUST

171. A BINET-VALMER

Rue Hamelin, 44
Domingo [*14 de diciembre de 1919*]

Estimado señor:

Su magnífica hada del hogar y usted tienen a bien seguir hablando de mí y con mucha gentileza.[1] No tengo palabras, pero espero demostrarles el reconocimiento que les guardo por ello. No creo que sus artículos sean del todo justos. Mi libro, como me han escrito tantos amigos desconocidos en cartas admirables, ha sido el compañero de los soldados, de los heridos y de otros que, ¡ay!, han caído antes o durante la victoria, para que yo pueda creerlo tan «de preguerra» como usted dice. Y en cuanto a los versos que cita veo en ellos una retórica extremadamente hábil, violenta y breve como un puñetazo, pero retórica al fin.

Lejos de mí, por lo demás, negar el talento de los señores Gasquet[2] y Dorgelès.[3] Lo que no me gusta, a propósito de algo tan pobre como el Premio Goncourt (ignoraba incluso cuándo se fallaba, cuando Léon Daudet vino a anunciarme que lo había ganado), son sus procedimientos propios de políticos y no de combatientes, procedimientos que en la

[1] Referencia a un artículo muy elogioso aparecido en *Comœdia* el 14 de diciembre de 1919.

[2] Joachim Gasquet escribió *Les Hymnes* y *Les Bienfaits de la guerre*, libros de tema bélico.

[3] Roland Dorgelès, autor de *Les Croix de bois*, una novela sobre la guerra, era el otro candidato al Premio Goncourt cuando le fue concedido a Proust.

Cámara («Mi ejemplo está sacado de animales muy pequeños») bastarían para ser considerados inválidos. Pero esto no cambia nada el valor de sus libros: yo no conocía ni a uno ni al otro. El estado de mis ojos me impide leerlos. Como no he estado lo bastante bien para visitar al oculista, voy a comprar todas las lentes posibles, y si llego a encontrar el cristal requerido, me sumergiré los días que esté en condiciones en la lectura de *Les Hymnes* y *Les Croix de bois*.

Espero, por lo demás, verle antes de eso y poder expresarle el profundo reconocimiento de su seguro servidor,

MARCEL PROUST

La frase de sus dos camaradas—«¡No hemos muerto!»—es admirable, en eso estamos de acuerdo. Pero quizá a mí me asiste el derecho, puesto que he experimentado muchas veces en mi vida la indiferencia ante la muerte, de decir que sería una máxima muy perniciosa, si no para una introducción a la vida cristiana, al menos para una filosofía militar. Sin duda, lo que permite perdonar que el soldado mate es que también a él pueden matarlo. E incluso si el soldado tiene tan buen corazón como sus dos amigos y llega a desear que lo maten, su deber es procurar que no sea así. La carrera hacia la muerte no es la marcha hacia la victoria: si se generalizara impediría toda victoria. Por otra parte, estamos ciertamente todos de acuerdo al respecto, y tan sólo por el placer de permanecer un instante más con usted escribo estas verdades de Perogrullo. Sus amigos son unos santos varones, y eso es sublime, ¿pero serán incluso más santos varones que los soldados de las milicias cristianas de todas las épocas, los cuales (como es evidente en el caso de Bouvines) procuraron siempre vencer antes que morir? Es menester que los soldados comprendan que la muerte voluntaria, incluso en la guerra, es un suicidio. Una vez más no digo esto por nadie en particular ni pretendo dar lecciones de virilidad a quienes considero héroes.

172. A ROSNY AÎNÉ

Rue Hamelin, 44
[*Poco antes del 23 de diciembre de 1919*]

Estimado señor y maestro:

Antes aún de expresarle mi profundo agradecimiento por la idea que ha tenido, le responderé con la mayor claridad todos los puntos que me plantea para que usted pueda juzgar luego si quiere abordarlos todos.[1] Desde hace quince años vivo en la cama. Quiero decir totalmente postrado, sin levantarme ni un minuto. Tal postración, provocada por continuos ataques de asma, me daba alguna tregua de casi una noche cada dos semanas, cuando mis ataques se calmaban, y entonces me levantaba y salía (pues en cuanto puedo levantarme también puedo salir) para que pudieran limpiar mi cuarto. Y como lamentablemente a las horas en que ello me era posible no hay ni museos abiertos ni conciertos, hacía acto de presencia algunas veces en sociedad. Desde hace algunos años mi salud, en otros aspectos empeorada, va mejor en el sentido de que me levanto no una vez cada quince días, sino un par de veces por semana. Hubo incluso un período, antes de la mudanza, en el que en ocasiones eran tres, pero ahora he vuelto a una o dos. Sin embargo, la vida mundana es una excepción: salgo hacia las once y media de la noche y voy a llamar a la puerta de algún amigo que aún no se ha acostado. Sería el cuento de nunca acabar explicarle por carta la compleja patología que está en el origen de esta vida desoladora. El trabajo sería un consuelo si la necesidad de hacer varias veces al día inhalaciones de varias horas no me obligara a dormir siete horas (a fuerza de Veronal, etcétera). Si el asunto le interesa podría darle más detalles,

[1] Rosny Aîné debía de haberle pedido a Proust precisiones sobre su libro para el artículo que pensaba escribir y que apareció en *Comœdia* el 23 de diciembre de 1919

pero reproducirlos en un artículo me parece poco deseable.

Recuerdo que en el banquete para la imposición de la cruz al señor [Edmond] Goncourt, banquete en el que yo estaba presente (¡pues conocía al señor Goncourt!), Alphonse Daudet, que a causa de su precaria salud ni siquiera podía sostenerse de pie, hizo un brindis por Goncourt sentado, y para justificarlo dijo que lo hacía «porque resultaba más familiar». Me parece que este modo de disimular la enfermedad tiene más gracia y hasta cierta valentía. Desde este punto de vista preferiría que no hablase demasiado de mis achaques y dijera a lo sumo que desde hace unos quince años no frecuento la vida social más que a raros intervalos (a propósito de estas alternancias de períodos en cama y de días en que tengo un aspecto animoso y aparento estar bien, me viene de golpe a la mente que—si bien hace ya mucho tiempo—tuve un duelo con un miembro de la Academia Goncourt que no conocía y que solamente vi en esa circunstancia a veinte pasos, Jean Lorrain).

Segunda pregunta: mis opiniones políticas y religiosas. No he ido nunca a misa desde la primera comunión, que debe remontarse ya a más de treinta años atrás. En este momento en que Léon Daudet acaba de ser tan amable conmigo preferiría no tener que confesar que el único partido que tomé en cierta época fue justamente el contrario del suyo. Pero, en fin, Léon Daudet sabe mejor que nadie que firmé la primerísima petición en favor de Dreyfus, que fui un ferviente dreyfusista y que mandé mi primer libro a Picquart, entonces recluido en la cárcel del Cherche-Midi. Huelga decir que me he guardado de recordárselo a los periódicos que me definen como «recién llegado gracias a la pila de agua bendita y a la reacción». No he respondido a nadie, pero me he hecho una triste idea de la prensa por la siguiente razón. Como no pude recibir a los obsequiosos periodistas que querían entrevistarme porque estaba durmiendo, los recibieron mis editores muy descortésmente (cosa que deploro) y se marcharon hechos una furia. Ello dio lugar a un hecho cómico: un periódico (para evitar que sea reconocido no cite el episodio) me ofreció sus tres primeras columnas para publicar un relato mío, o el artículo de algún amigo sobre mi obra, o lo que quisiera. Como no tenía nada, estaba agotado y no pude satisfacer el ofrecimiento, la venganza no se hizo esperar. Me dedicaron las primeras columnas, pero para darme un vapuleo. Me han contado que le han seguido en los últimos días unos sueltos malévolos y, por otra parte, absurdos, pero no los he leído.

Me dicen que Dorgelès tiene un gran talento, y si en los últimos cinco años no hubiera ido yo perdiendo la vista sin conseguir ver a un oculista, porque no he estado nunca lo bastante bien para hacerlo, leería de muy buena gana su libro, pues me dicen que es muy bueno. No obstante, considero que mi actitud reservada es más noble que la suya, pues rechazó el premio La Vie Heureuse diciendo que aspiraba únicamente al Goncourt, pero al no obtener el Goncourt se abalanzó sobre las señoras de La Vie Heureuse, e inmediatamente después de haber obtenido La Vie Heureuse se ha despachado en una entrevista, creo que en *Le Petit Parisien*, declarando que se sentía afortunado de no haber recibido el Premio Goncourt.

En cuanto a las fechas de composición de mis libros (me refiero sólo a *Swann* y *A la sombra de las muchachas en flor*, aunque, como sabe, inmediatamente después de acabar mis estudios escribí *Los placeres y los días*, publicado con un prólogo de France, y luego traduje dos Ruskin) no puedo precisar demasiado, porque mi pobre criado personal [Nicolas Cottin], que cuidaba de mis cuadernos, ha fallecido, y sólo él habría podido decirle las fechas exactas. Debí de empezar *En busca del tiempo perdido* en 1906 y debo de haberlo terminado hacia 1911. La redacción de todos los volúmenes está, en efecto, acabada (el último capítulo del último volumen—no publicado—lo escribí inmediatamente después del primer capítulo del primer volumen). Cuando se publicó *Swann* en 1913, estaban ya escritos no sólo *A la sombra de las muchachas en flor*, *El mundo de Guermantes* y *El tiempo recobrado*, sino también una gran parte de *Sodoma y Gomorra*, aunque durante la guerra añadí algo sobre la propia guerra relacionado con el personaje de Charlus.

Si la obra no vio la luz íntegramente en 1913 fue porque *Swann* apareció en diciembre de 1913 (hice un esfuerzo infinito por encontrar un editor, cinco[1] retuvieron el manuscrito durante meses y meses para terminar rechazándolo, y finalmente tuve que decidirme a publicarlo a mis expensas con Grasset en 1913). Los tomos siguientes también iban a publicarse. Ya en los números de junio y julio (o mayo y junio) de 1914 la *Nouvelle Revue Française* publicó amplísimos extractos de *El mundo de Guermantes* para subsanar el error cometido rechazando *Swann*. Pero entonces estalló la guerra, la editorial Grasset cerró y yo pasé a Nouvelle Revue Française. Sin embargo, con los impresores movilizados, etcétera, no pude contar con pruebas. Finalmente, mal que bien, se consiguió sacar *A la sombra de las muchachas en flor*. Ahora sucede lo contrario, me llegan carretadas de pruebas y estoy demasiado mal para corregirlas. Espero superar mi agotamiento y ponerme a trabajar. ¡Tenga en cuenta que son casi cinco volúmenes que corregir! ¡Quiero, en efecto, que salgan todos al mismo tiempo para que se comprenda la composición, a la que he sacrificado todo y sobre la que la gente se equivoca hasta el punto de pensar que la obra es una recopilación de recuerdos fortuitos! La construcción, inamovible, es precisamente lo que me gustaría mostrarle mediante algunos ejemplos muy patentes. Pero esta carta me ha dejado tan exhausto que renuncio a escribir una línea más, y aunque advierto que ha quedado una línea tachada, vestigio de un

[1] Fueron cuatro editores: Mercure de France, Fasquelle, Nouvelle Revue Française y Ollendorf.

inicio de carta para usted, renuncio a reescribir esa página y le suplico, sintiendo que no tengo fuerzas para escribir una palabra más, que tenga a bien aceptar mi reconocimiento y mi admiración profundos.

MARCEL PROUST

¡No le he dicho lo agradecido que estoy por la idea de su artículo! Me ha emocionado. ¿No le parece también cómico que, como un personaje de fábula que aparece en el último acto ya con la barba blanca, yo haya envejecido unos ocho o nueve años en cinco días? Y todo porque los periódicos socialistas sostuvieron que no podía ganar el premio porque «había rebasado los cuarenta y siete años». Después de recibirlo, he envejecido dos años por día, cincuenta, cincuenta y uno, ¡y al final cincuenta y seis![1] Naturalmente no he pedido ninguna rectificación.

Y ochocientas cartas de felicitación a las que responder (diez miembros de la Academia Francesa a los que no he mandado el libro). ¿Cómo lo haré?

173. A JEAN DE PIERREFEU

Rue Hamelin, 44
[*Poco después del 15 de enero de 1920*]

Estimado señor:

Lo lamento muchísimo, pues le había escrito una carta extremadamente amigable (y Dios sabe el esfuerzo que me cuesta escribir en estos momentos). Pero la carta se quedó cerca de mi cama, porque, pensando que no estaba usted en Chantilly, mi chofer no recordaba el nombre de la calle, la

[1] Algunos periódicos, con ocasión de la concesión del Premio Goncourt, consideraron que Proust era viejo para recibirlo e incluso le atribuyeron más edad de la que tenía. También insinuaron que había sobornado al jurado o que era elegido por su posición social.

rue Vaneau, adonde lo había llevado a usted, pero creía poder encontrarla de nuevo, así como el inmueble, una vez curado de una indisposición, y yo contaba hacérsela entregar ayer. Sólo que justo ayer me ocurrió algo desagradable que ha vuelto en parte inútil la amable misiva, y ya no sé muy bien qué hacer. Creo que lo mejor será que le exponga mis dos versiones contradictorias. No me propongo con ello ningún objetivo concreto, salvo sentirme justificado si en el futuro me resultara imposible responder a mi propósito expresado al principio. Empezaré por decirle—lo que naturalmente es válido para todas las versiones imaginables—que lamento muchísimo lo que me cuenta en su encantadora carta de que cogió frío la noche del Ritz. En mi primera carta yo trataba de disculparme explicándole que normalmente estas gripes se cogen algunos días antes del día en que se manifiestan, que cuando puso los pies en el Ritz hablaba ya de malestar, de fatiga, los cuales debían de ser el comienzo de su estado febril, y sin embargo no creía que fuera a agravarse. Pero si estoy equivocado, si esa velada fue nociva, el pesar que siento es tan vivo en la versión número 2 como en la versión número 1.

He aquí en qué cosa divergen. En la carta que le escribí y que después del incidente de ayer no me he sentido con ánimos de enviarle,[1] le expresaba que, seducido por las amables—y bonitas—palabras de que estaba llena la suya, tenía el deseo de volver a verle, un deseo que hacía más penoso mi estado, que, como sabe, me retiene postrado en cama durante semanas enteras, de modo que cuando me es posible levantarme no consigo poner al día ni la centésima parte de las invitaciones que sin cesar prometo de buena fe aceptar, ni tampoco aquellas—más gratas—que puedo hacer a algunos amigos. Pero eran tales las ganas que tenía de verle, in-

[1] La recriminación de fondo a Pierrefeu es el artículo que éste escribió en *Le Journal de Débats* el 12 de diciembre de 1919 donde lo consideraba un autor de «preguerra».

cluso con cierta regularidad, que le proponía algunas formas de proceder para que aceptara ser mi huésped en el Ritz todos los días en que yo pudiera levantarme, contentándose determinados días con mi compañía y permitiéndome algunos otros hacer el encuentro algo más atractivo. Asqueado como estoy del único apartamento que he conseguido encontrar en París, en la rue Hamelin, poco menos que tenía ganas de preguntarle si no sabía de cualquier otro por alquilar en la rue du Connétable, desde donde fue expedida su carta. (Quisiera añadir que en la versión número 1 abandoné esta idea, pues recordé que Chantilly es húmeda en invierno y frondosa de vegetación en verano, y mis achaques se verían agravados—también sufro fiebre del heno). Me limitaba, pues, a proponerle pasar la velada juntos cada vez que mi estado físico lo permitiera, cenando muy tarde.

Y aquí se ha producido el incidente desagradable que ha echado por tierra mis bonitos planes. Al invitarle la otra noche a cenar no mucho después de la publicación de un artículo suyo poco amable, hacía algo para mí del todo insólito. En otro tiempo, en semejantes casos yo tenía la manía de los duelos. Mi actual estado de salud no me impide batirme en duelo, pero (por razones demasiado largas de explicar en una carta ya absurda, en vista de que desatiendo escribir otras más útiles) prefiero renunciar a él viéndome, después del Premio Goncourt, a diario cubierto de una oleada de injurias (me apresuro a decirle que no me refiero en modo alguno a su artículo, que no tenía absolutamente nada de ofensivo y no podía comportar consecuencias desagradables). He dejado, sin reaccionar, que los periódicos alterasen mi edad, blanqueasen mis cabellos y ennegreciesen mi vida, afirmasen que para ganar el premio había corrompido con dinero a Élémir Bourges (¡al que no he visto en mi vida!), etcétera. Sin embargo, su artículo, pese a entristecerme, me resultó interesante y no me pareció que justificase el tener que privarme del placer que me había prometido y sólo había pospuesto.

Como lo que usted tenía que decir de mí lo había dicho ya, yo, sin alimentar rencor alguno hacia el Pierrefeu periodista, que a fin de cuentas sólo se había equivocado al considerar que la obra parecía «de preguerra», no podía privarme del placer de conocer al Pierrefeu hombre. La experiencia había adquirido un cariz tan encantador para mí, y su carta me había conquistado tanto, que me alegraba faltar por una vez en mi vida a mis principios estrechando con usted unos lazos de amistad, en la medida en que mis terribles sufrimientos me permitiesen frecuentar a los amigos, cuando ayer ocurrió algo que ha hecho desvanecerse este sueño. Recibí un recorte de prensa del *Crapouillot* con una reseña que llevaba el mismo título que su artículo, «El caso de Marcel Proust», lleno de las mismas imágenes que su artículo—«sondeos oceánicos», etcétera—y con una firma, Varagnac, que huele a la legua a *Débats*. Entre ese artículo y el suyo median sólo dos diferencias: el del *Crapouillot* era infinitamente más benévolo, el subtítulo en cambio mil veces peor: «Un maestro indeseable», y algunas líneas más abajo se hablaba de la «rebelión» causada por el fallo del jurado del Goncourt. No se vaya a creer, estimado señor, que ni por un instante he sospechado yo que era usted Varagnac. Estoy seguro, tras su carta del otro día, de que no me habría tratado con todas las letras de «indeseable». Pero me he hecho esta reflexión: «Por su artículo y las conversaciones con él, Pierrefeu ha inspirado a Varagnac. Ciertas afirmaciones sobre mi "esnobismo" (!) parecen probar incluso que Pierrefeu no se ha limitado a comentar con Varagnac el carácter "prebélico", sino también ciertamente que tenía amigos entre la "gente bien"». Estas críticas de orden filosófico unidas a los chismes mundanos han inducido a Varagnac, tras haber declarado candorosamente que para mí era una suerte extraordinaria estar enfermo (pese a que la enfermedad que su amigo cree tan ventajosa me priva desde hace cuatro años de las fuerzas para corregir siquiera las pruebas de mis cuatro volúmenes por aparecer, gracias a los cuales habría comprobado que no son exactamente «prebélicos»), han inducido, decía, a Varagnac a poner a los jóvenes en guardia contra mis libros, en los que encontrarían el ejemplo de cómo caricaturizar a sus compañeros de «*dancing*» y de «bridge». (Bridge y *dancing* son para mí, debo decirlo, igualmente desconocidos, y no he entrado nunca en un cine—cosa que lamento mucho más, porque siempre he tenido muchas ganas de hacerlo—: jamás he visto una película. En cuanto a los retratos, *no hay uno* siquiera en mis novelas. Alguno de mis personajes inventados puede encogerse de hombros de un modo que me proporciona mi memoria—cómo el pintor consulta un álbum de bocetos—, pero en tal caso un personaje es veinte personajes). La fatiga me obliga a detenerme, señor. He perdido la costumbre de escribir. Sobre todo le suplico que no vea en esta carta kilométrica ni sombra de un deseo por mi parte de que pida usted una rectificación al *Crapouillot*: *me sentiría desolado*. Si quisiera hacer una precisión en ese periódico no me faltarían los medios. Pero sentiría vergüenza si a un escritor se le pidiera modificar, para complacerme a mí, la expresión de su pensamiento. No es que haya falta de pensamiento en Varagnac, pero sí es insuficiente. Pascal decía que si poca ciencia aleja de la religión (no recuerdo las palabras exactas), mucha ciencia devuelve a ella. No tengo yo la pretensión de que se lean religiosamente mis libros, pero sí de que se lean sin ninguna idea preconcebida: sin «pierrefeuísmo» se vería que el análisis psicológico desemboca siempre en ellos en la verdad objetiva, en esa verdad sin la cual es imposible actuar y de la que el día de mañana se tendrá más necesidad que nunca. Es realmente extraño que hayamos acusado a los alemanes de carecer de «psicología» y ahora recomendemos evitarla. Ahondar en la comprensión de un carácter, de una situación, de un país, he aquí un propósito que, estoy seguro, nuestros mariscales no podrían sino agradecer que los jóvenes del mañana trataran de alcanzar. Le mandaré a modo de despedida literaria, junto a un estudio mío que saldrá en el próximo número de *Feuillets d'Art*, un admirable artículo sobre mí de Jacques Rivière, «Marcel Proust y la tradición clásica», que se publicará en el número del primero de febrero de la *Nouvelle Revue Française* y es la continuación de su artículo del primero de enero sobre el Premio Goncourt, en el que decía que no necesariamente el escritor más joven es el más rejuvenecedor, sino el que hace una mayor aportación al futuro. El artículo del primero de febrero es mil veces más elogioso, pues en él se afirma que entre Racine y yo no hay nadie, y Barrès es total e injustamente sacrificado. Pese a los muchos elogios, no me parece del todo justo el artículo de Jacques Rivière, pues da la impresión de que mi psicología (sin duda la hay, cosa que no era mi objetivo, sino la vida) tiene algo de cosa fija (aunque no lo diga ni lo crea). Sin embargo, en sus páginas magníficas no veo el devenir de la vida que hace que el conocimiento de los personajes en mi libro se produzca como en la vida, es decir, que uno se equivoque de entrada sobre ellos. Un devenir durante el cual se produce una revolución, la del personaje en torno a sí mismo. El personaje que dice «yo» (y que no siempre corresponde a mí) se equivoca rotundamente durante dos volúmenes a propósito del señor de Charlus, Albertine, la señora de Villeparisis (en mi estudio sobre Venecia verá usted lo que valía la virtud de la señora de Villeparisis y en *A la sombra de las muchachas en flor* descubrirá que si estaba tan informada sobre el viaje a España de mi padre era porque había sido la amante del señor de Norpois). Los personajes adquieren peso poco a poco por su propia cuenta y a veces toman direcciones distintas a las previstas. Aunque mi enfermedad, de la que Varagnac piensa que es una bendición para mí, me haya impedido publicar más de dos volúmenes de un libro escrito hasta la última palabra, y a causa de ello los indicios de diferenciación resulten menos evidentes, ya desde *Swann* hasta *A la sombra de las muchachas en flor* es posible ver al personaje de Swann sufrir una primera modificación.

Pero, en fin, debo concluir la carta más larga que he escrito en mi vida. Le mandaré como despedida el artículo de Rivière y el mío sobre Venecia. En cuanto a la relación personal entre nosotros, de la que tan contento estaba, visto que mi «preguerrismo» es una Hidra que cuando ha dejado de hacerme daño en *Débats* muestra otra cabeza en el *Crapouillot*, prefiero renunciar a un gran placer y decirme que si he de seguir siendo puesto en entredicho por la generación en ascenso sin que ninguna persona asuma mi defensa, por lo menos no tomaré parte en ello ni humillaré mi obra pactando por razones de amistad, amistad muy nueva pero sin embargo muy viva, con los detractores del alcance moral de esta obra. A ella he sacrificado mis placeres, mi salud, mi vida. No puedo negarle el sacrificio, por más duro que me parezca, de una simpatía. Ésta permanecerá al menos en mi corazón y tenga a bien aceptar el testimonio de mi sincera consideración,

MARCEL PROUST

Por supuesto, esta carta es personal y no debe hacerse pública, sobra decirlo.

174. A ALBERT THIBAUDET

Rue de Hamelin, 44
Sábado [*3 de julio de 1920*]

Querido colega y amigo desconocido:

(A propósito de los amigos desconocidos, aunque no sea nuestro caso, ya conoce usted los versos pasados de moda pero, para mi gusto, encantadores de Sully Prudhomme, citados, por lo demás, muy inexactamente, de memoria).

Cher lecteur (ou passant) en prenez de moi-même qu'un peu
Le peu qui vous a plu parce qu'il vous ressemble
Mais de nous rencontrer ne formons pas le vœu

Le vrai de l'amitié, c'est de sentir ensemble
Le reste en est fragile, épargnons nous l'adieu.[1]

[Querido lector (o paseante), no tomes de mí más que un poco, | ese poco que te ha gustado porque se te parece, | pero no hagamos votos por conocernos, | la verdadera amistad es sentir juntos, | el resto es frágil, ahorrémonos la despedida].

Me colma usted de favores, y el artículo aparecido en Suecia, que por desgracia mis ojos no pueden leer sino imperfectamente, me ha encantado. No sólo no desprecio al autor con el que usted me compara, sino que incluso considero un refinamiento más de su amabilidad el haber querido meterme «en el mismo saco» que el autor, según usted, más admirado en Suecia. Bien es cierto que añade que si bien Romain Rolland (a costa del cual el señor Ghéon, tan severo con los *concetti*, ha gongorizado un poco complacientemente, o desagradablemente, al escribir sobre él—al menos el final del verso se cita con exactitud—«*O vaillance (?) de Rome, o cors de Roncevaux*») es europeo, yo soy únicamente francés y no conoceré la misma difusión. Pero me doy por satisfecho con el artículo tal como es. Por lo demás, no me parece que el señor Rolland escriba peor que Péguy, a quien, para mi asombro, tanto se admira. Desde el momento que no se encuentra la única manera de decir algo y se da vueltas en torno al foso para evitar saltar, se escribe mal, se repite lo mismo de treinta formas.

Yo creo que una de las excusas para el hecho de haber proyectado de forma poco evidente el personaje que dice «yo» en mi libro es que en toda mi vida siempre he pensado muy poco en mí. Si no hubiera en ello un exceso de orgullo, diría que utilizo mucho más, en mi deseo de conocer los mundos lejanos y sus leyes, el telescopio que el microscopio. Es verdad que, como escribí determinadas partes de mi libro en un

[1] Sully Proudhomme, «Aux amis inconnus». Proust cita en varias cartas el verso «*Le vrai de l'amitié, c'est de sentir ensemble*».

estado de fatiga que me impedía mover un miembro, a veces pequé de pereza y en vez de inventar hechos puramente materiales los tomé de mi propia vida. Pero es un subjetivismo mucho más aparente que real. Tenga en cuenta también el cansancio que supone, incluso para un hombre que no estuviera moribundo, un libro tan largo. (No llegaré al punto de decir con Maeterlinck, creo que a propósito de *El rey Lear*, que en obras de calidad equiparable a mayor extensión mayor mérito. Curiosamente, Lemaître me escribió lo mismo a propósito de mis *pastiches* cuando aparecieron—los menos buenos—en *Le Figaro*). Pues lo que se ha publicado hasta ahora representa apenas la sexta parte de lo que queda por aparecer, escrito en su totalidad. Sólo que no sé si se publicará nunca, pues sólo yo puedo corregir las pruebas y no estoy en condiciones de hacerlo.

Pero hablo demasiado de mí cuando es mucho lo que tengo que contarle de usted. Me alegra saber que está en compañía de un docto hermano, en ese Tournus que, hará cosa de una década, fue mi último viaje: Vézelay, Avalon, Dijon, Semur en Auxois, visité todo eso sin acostarme en ningún momento a causa de los ataques de asma, y cuando al cabo de veinte días llegué a Évian para reunirme con mis padres, tenía un aspecto tan poco humano como un marciano de Wells. Pero en ese momento tenía una madre que me obligó a guardar cama. Ella no está ya conmigo, y yo sigo acostado sin levantarme nunca, lo que viene a ser lo mismo.

Lo sabe usted todo, y su preciosa corrección a mi cita de Chénier la aclara y realmente hace que se eleven «unas estrellas nuevas», como decía tan ingeniosamente (puesto que se trata de otro hemisferio) ese Heredia con quien nuestros amigos de la *Action Française* se muestran muy injustos. Es cierto que en la *Nouvelle Revue Française* he leído de la pluma, sin embargo severa, de Allard que el señor de Pierrefeu era a la vez Velázquez, Tallemant des Réaux y no sé quién más, y que, si no era del todo Saint-Simon, era porque no le había dado tiempo. Yo sólo pido que se me incluya en el apartado de los críticos que contrapone usted a G. Truc y favorecen.

Mi querido colega y amigo, espero que los buenos cuidados de su hermano y el aire de la más hermosa provincia de Francia le permitan recuperarse del todo y que siga esos regímenes sin carne, sin alcohol, de repetidas purgas, que curan tan milagrosamente el reumatismo. Disculpe que practique el ejercicio ilegal de la medicina, me detengo y me despido de usted con toda mi gratitud y afecto.

MARCEL PROUST

175. A PAUL SOUDAY

[*6 o 7 de noviembre de 1920*]

Estimado señor:

No mezclemos la vida (y las distintas simpatías que nacen de ella) con la literatura. Por tanto:

1.º Vida

¿Le dijeron que hace quince días, una noche de tregua en mis padecimientos, mandé un taxi para preguntarle si quería cenar conmigo esa noche en el Ritz, taxi que, después de la rue Guénégaud, se dirigió a distintos barrios en busca de los invitados de los que deseaba rodearme? Lo repetiré en cuanto pueda. ¿No podría indicarme un «Ábrete, sésamo» para conseguirlo?

2.º Literatura

Hace tres o cuatro días tuve lo que llaman un «mal Souday».[1] A mí me lo habría parecido en otro tiempo. Pero desde que le conozco, me he compadecido de su luto y he sentido simpatía por usted, el fastidio de no verle es lo único que cuenta

[1] Artículo de Souday en *Le Temps* del 4 de noviembre de 1920, titulado «Marcel Proust: *Le Côté de Guermantes*».

y el de un «mal Souday» es mínimo. Desearía cincuenta peores con sólo que pudiera cenar de vez en cuando con usted.

Sólo el sentido común gusta de argumentar. Y por eso no puedo dejar de decirle lo siguiente: ¿cómo es que, sabiendo probablemente que conozco de toda la vida a duquesas de Guermantes, no ha comprendido el esfuerzo que hube de hacer para ponerme en el lugar de alguien que no las conociera y deseara conocerlas? En ese caso, como en el de los sueños, etcétera, etcétera, he tratado de ver las cosas desde dentro, de estudiar la imaginación. Los novelistas esnobs son los que, desde fuera, describen irónicamente el esnobismo que ellos practican. Dado que es usted amigo de la princesa Murat, puede decirle a qué edad los Guermantes de todo tipo me resultaban familiares. Quisiera añadir que la señora de Guermantes dice «ingenioso» (pero no, sería demasiado largo de contar, y para usted de leer). En todo caso, la gente de mundo es tan estúpida que esto es lo que me ocurrió: harto de ver a Saint-Simon hablar siempre del particularísimo lenguaje de los Mortemart sin dejarnos saber en qué consistía, no quise resignarme y me propuse retratar el «ingenio de los Guermantes». Ahora bien, no he podido encontrar mi modelo más que en una mujer que no es de «cuna», la señora Straus, la viuda de Bizet. Suyas son no sólo las palabras citadas (no ha querido que dijera su nombre en el libro), sino que he imitado también su conversación. Le diré una cosa más curiosa. En *Guermantes II*, que no conoce usted, mi héroe recibe una invitación para ir a casa de la princesa de Guermantes (prima de la duquesa), y le parece tan elegante que teme que sea una inocentada. Pues bien, esta humorada no es mía. El señor D'Haussonville (el padre) cuenta en sus memorias que él y su amigo, el señor de Aramon, tenían tantas ganas de que los invitaran a casa de la señora Delessert que cuando los invitaron fueron a informarse cada uno por su lado de si era cierto, porque no podían creerse tan afortunados. Quizá sean las únicas dos veces en toda la obra que no he «inventado» completamente. En suma, si la señora de Guermantes no es amable con mi héroe no es porque sea burgués, sino porque ella se siente amada. En cuanto deja de serlo (en *Guermantes II* ya impreso, pero aún inédito), se precipita sobre su enamorado de la víspera y lo invita a cenar sin pérdida de tiempo...

3.º Relaciones de la crítica literaria con la vida
¡Me ha apenado una cosa en la que sin duda usted no ha puesto ninguna maldad! En el momento en que voy a publicar *Sodoma y Gomorra*, y en que, dado que voy a hablar de Sodoma, nadie tendrá el valor de asumir mi defensa, abre usted por anticipado (sin maldad, no me cabe ninguna duda) el camino a todos los malvados, tratándome de «femenino». De femenino a afeminado no hay más que un paso. Quienes hicieron de testigos en mi duelo podrían decirle si adolezco de la molicie de los afeminados. Una vez más, estoy seguro de que lo ha dicho sin premeditación. Con esta larga carta (totalmente confidencial y privada, naturalmente) reciba, querido señor, la expresión de mi afecto lleno de admiración y de mi leal gratitud. Recibirá esos libros en mayo, pero espero que nos veamos antes.

MARCEL PROUST

176. A HARRY SWANN

[*10 u 11 de diciembre de 1920*]

Estimado señor:

Puedo responderle gracias a un verdadero milagro. Desde que estoy enfermo, miles de cartas se han acumulado sin que las abra. Qué azar ha dado un destino distinto a la suya y me ha dado también a mí unos momentos de fuerza para responderle es lo que ignoro. Por otra parte, resulta bastante molesto para nosotros dos que precisamente sea esta carta la que yo haya leído. No estoy en condiciones de proporcionarle la información que me pide. Cuando di a la imprenta hace ocho años (lo escribí hace doce) *Por el camino de Swann* (publicado en 1913) estaba ya muy enfermo y para muchos nombres me he servido simplemente, como hacía Balzac, de nombres reales pertenecientes a personas existentes. Pero no fue éste el caso de mi héroe, pues no conocía ni había oído hablar de ningún Swann. El prototipo de Swann era el señor Charles Haas, el amigo de los príncipes, el judío del Jockey. Pero no era más que un punto de partida. Mi personaje evoluciona, por supuesto, muy distintamente. A pesar de todo, quise buscar un nombre llamativo que pudiera parecer anglosajón y dar a mi oído la sensación de *blanco* de la *a* precedida por una consonante y seguida por otra (todo esto se lo digo confidencialmente, aunque no encierre ningún secreto, si bien después de varios años transcurridos puedo equivocarme sobre la química bastante particular que se produce en nuestro cerebro cuando fabricamos un nombre). Las dos *nn* estaban destinadas a compensar la *a*, a evitar la idea del cisne ligada a la señora de Guermantes (y estaba en lo cierto, pues una hermana del rey de Inglaterra dijo, ya para hacer una gracia, ya por ingenuidad: «*Por el camino de Swann* es la historia de Leda vista desde la perspectiva del cisne»). Si no estuviera tan fatigado tendría mil cosas que contar sobre el particular. Sin embargo, una reflexión que no puedo evitar hacer con melancolía es la poca cosa que es lo que se llama notoriedad (y que, confieso, me resulta absolutamente indiferente). Éste es un libro que vio la luz hace unos ocho años. Aunque no conocía a ningún Swann antes, desde entonces se me han presentado varios Swann (cuando yo aún salía un poco), aunque la verdad es que yo no buscaba darles el gusto que ellos decían sentir, porque no los conocía. El libro fue comentado en casi todos los países (incluso en China). Me valió un galardón, y lo que halagaría más a un autor de vuelta de todo, en Bélgica e Inglaterra se han fundado clubes que llevan el nombre de Swann, donde los lectores (la modestia me impide decir admiradores) se reúnen para hablar de mí. Todos los grandes periódicos ingleses, franceses e italianos se han ocupado del libro en distintas ocasiones. Ahora bien, este libro que, si yo fuera fatuo, podría creer conocido, es desconocido, a juzgar por su carta, que es sin duda la de un hombre evidentemente leído, el cual sin embargo se siente aludido por el hecho de apellidarse Swann. Por desgracia, señor, ahora que acaba de conocer usted a mi Swann precisamente va a morir, y hasta su nombre desaparece de los últimos volúmenes, pues su mujer se casa con el señor de Forcheville y también su hija cambia de apellido. Afortunadamente la muerte del personaje no repercute en nada sobre la salud de quienes llevan su apellido en vida, y ésta sigue siendo estupenda. Espero que la suya lo sea. Por desgracia no es el caso de la mía.

Le saluda muy atentamente,

MARCEL PROUST

177. A CAMILLE VETTARD

[*Hacia marzo de 1922*]

Mi querido amigo:

Me gustaría mucho responder por extenso a sus preguntas, pero estoy prácticamente moribundo, y mi respuesta será casi el deseo de un agonizante. Lo que querría que se viera en mi libro es que surgió entero de la aplicación de un sentido especial (al menos eso es lo que creo) que resulta sumamente difícil de describir a quienes no lo han ejercido nunca (como el sentido de la vista para un ciego). Pero no es éste su caso y comprenderá (aunque lo descubrirá mejor, sin duda, por sí mismo) si le digo que la imagen (muy imperfecta) que mejor me parecía para dar a entender lo que es ese sentido especial tal vez sea la de un telescopio que apuntara al tiempo,[1] pues

[1] Proust dice en más de una ocasión que su método de trabajo es más el

el telescopio hace aparecer estrellas que son invisibles a simple vista, y yo he tratado (no es que sienta, por lo demás, especial apego por mi imagen) de hacer tomar conciencia de los fenómenos inconscientes que, completamente olvidados, se encuentran a veces en un pasado muy remoto. (Pensándolo bien, tal vez ese sentido especial me ha hecho coincidir a veces—según dicen—con Bergson, pues, hasta donde me consta, no hubo sugerencia directa).

En cuanto al estilo, para expresar mis impresiones profundas y auténticas y respetar la andadura natural de mi pensamiento me he esforzado por rechazar todo cuanto dicta la inteligencia pura, todo cuanto es retórica, embellecimiento y cosas por el estilo, imágenes estudiadas y rebuscadas (esas imágenes que he denunciado en el prólogo de Morand).

Le digo muy mal todo esto, pues estoy obligado a dictar con un esfuerzo inaudito que tan sólo me deja fuerzas para reiterarle mi afecto lleno de admiración y reconocimiento

MARCEL PROUST

178. A LAURE HAYMAN

Jueves por la noche [*18 de mayo de 1922*]

Querida señora:[1]

Después de un incidente que sufrí la semana pasada (por un medicamento que ignoraba que había que diluir y tomé puro, de modo que me causó tales dolores que perdí el conocimiento), esperaba sufrir apaciblemente y no escribir una sola carta. Pero dado que unas personas, cuyo nombre me

---

de la utilización del telescopio que del microscopio. Vettard en su artículo «Proust et Einstein» se hacía eco de esta consideración.

[1] La señora Hayman poseía un salón en el que recibía y había tenido numerosos amantes, entre ellos el tío abuelo de Proust. A pesar de su negativa, es evidente que se trata de uno de los modelos de Odette en *En busca del tiempo perdido*.

guardo, han sido lo bastante malévolas como para reinventar esta fábula, y usted (cosa que me asombra en su caso) lo bastante incauta para darle crédito, me veo obligado a responderle para protestar una vez más, sin mayor éxito, movido por un sentimiento de honor. Odette de Crécy no sólo no es usted, sino que es exactamente lo contrario de usted. Lo cual resulta evidentísimo, me parece, a cada frase que pronuncia. Debería llamarle la atención que no haya ni un solo detalle de usted en ese personaje tan distinto. Entre mis personajes totalmente inventados quizá no hay ninguno al que algún rasgo de ésta u otra persona, sin relación alguna con el resto, no haya añadido un toque de verdad y poesía. Por ejemplo (creo que en *A la sombra de las muchachas en flor*), he puesto en el salón de Odette todas las flores especiales que una dama «del mundo de Guermantes», como usted dice, tiene siempre en su salón. La señora en cuestión ha reconocido estas flores y me ha escrito para darme las gracias, pero no ha creído ni por un segundo que fuese esa Odette. Me dice usted a este respecto que su «jaula» (!) se parece a la de Odette. Me he quedado estupefacto. Si tuviera que preguntar el nombre de un mueble, de una tela, me dirigiría gustosamente a usted más que a un artista. Pues bien, acaso con mucha torpeza pero poniendo todo mi esfuerzo, he tratado por el contrario de mostrar que Odette no tenía más gusto en cuanto a mobiliario que en cualquier otra cosa, que siempre estaba (salvo en el vestir) a la penúltima moda, con un retraso de una generación. No podría describir el apartamento de la avenue du Trocadéro, ni el hotelito de la rue La Pérouse, pero sí recuerdo que eran *lo contrario* de la casa de Odette. Y de haber elementos en común entre ellos, no sería una prueba de que al hacer el retrato de Odette pensara yo en usted: no más de lo que diez líneas que remiten al barón de Doäzan, insertas en la vida y en el carácter de uno de los personajes a los que dedico volúmenes, significaría que he querido «retratar» a Doäzan. En un artículo de *Œuvres libres* he señalado la estupidez de la gente de mundo que cree que así se *mete* a una *persona* en un libro. Quisiera añadir que generalmente esa misma gente señala a la persona exactamente opuesta al personaje. Hace tiempo que he renunciado a insistir en que la señora Greffulhe «no era» la duquesa de Guermantes, que era lo contrario, porque ya sé que no convenceré ni a una oca. Con esta ave se compara usted, cuando el recuerdo que yo guardo de su persona es más bien el de una golondrina por la ligereza (quiero decir la agilidad), el de un ave del paraíso por la belleza, el de una paloma torcaz por la fidelidad en la amistad, el de una gaviota o un águila por la valentía, el de una paloma viajera por su instinto infalible. ¡Ay!, ¿acaso la habré sobrevalorado? ¡Me lee y encuentra un parecido entre usted y Odette! ¡Esto de escribir libros es desesperante! No es que tenga muy presentes los míos, pero puedo asegurarle que cuando Odette se pasea en coche por el paseo de las Acacias en *Por el camino de Swann* pensaba yo en ciertos trajes, movimientos, etcétera, de una mujer que se llamaba Clomesnil y era muy bonita, pero, con sus vestidos largos y sus lentos andares delante del Tiro de Pichón, también era exactamente lo contrario del tipo de elegancia de usted. En el próximo volumen Odette se habrá casado con un noble y su hija emparentará con un gran título. Las mujeres de mundo, a excepción de las de notable inteligencia, no tienen idea de lo que es la creación literaria. Su carta me ha decepcionado. Estoy extenuado y no puedo continuar, de modo que diciendo adiós a la cruel epistológrafa que me ha escrito sólo para apesadumbrarme pongo mis respetos y mi afectuoso recuerdo a los pies de aquella que me juzgó mejor en otro tiempo.

MARCEL PROUST

179. A GASTON GALLIMARD

Jueves [14 de septiembre de 1922]

Mi querido Gaston:

(No sé si le había escrito desde que comencé a caerme por los suelos a cada paso y a no poder pronunciar las palabras.[1] Algo espantoso. Pero como esta mañana tengo un momento de tregua aprovecho para escribirle). Por desgracia no le escribo todo lo que querría, pues me resulta terrible que una afectuosa amistad como la nuestra se vea de continuo sometida a incidentes que, aunque no alteran el fondo, echan a perder las alegrías. Dos son las cosas de las que quiero hablarle. La segunda carece de importancia. Pero es usted demasiado culto para no saber que alguien que ya sólo vive para su obra no puede dejar pasar la primera. Unos amigos ingleses, los Schiff—amigos sobre todo de mis libros—, me escriben una carta consternada que no tengo en mis manos (debe de haber ido a parar entre las sábanas). Han visto anunciado mi libro con un título que (más o menos) traduce *En busca del tiempo perdido* como *Recuerdo de cosas pasadas*.[2] Esto se carga el título. Pero lo que es más grave (buscaré sin falta la carta para comprobarlo) es que *Du côté de chez de Swann* se traduciría como «A la manera de Swann», cosa que me parece increíble e inadmisible. Ya sabe usted que el principal sentido de *Du côté de chez de Swann* es que en Combray había dos paseos con distinto destino, un camino que llevaba hacia el *château* de Guermantes y otro hacia la propiedad de Swann. El título que me dicen (tal vez haya un error, infórmese) sería un des-

[1] En sus últimos meses de vida, Proust se vio afectado por los fuertes medicamentos que tomaba y le producían mareos y problemas de dicción.

[2] Schiff le hizo saber a Proust que Scott-Montcrief había hecho una traducción de su libro con el título general *Remembrances of Things Past* y *Swann's Way* para el primer volumen. Proust consideraba que esto destruía el paralelismo entre el primer tomo y el último, *El tiempo recobrado*.

propósito, y en cuanto al primero es un título de Henry Bordeaux. Me escriben mis amigos que habría muchas maneras de traducir exactamente mis títulos (que admiran, pero esto es asunto suyo). En todo caso, al ceder los derechos de traducción de un libro el editor no concede el derecho a deformarlo. Y los títulos también inquietan a mis amigos Schiff con respecto a la traducción de la obra.

Por último, la cosa sin importancia es ésta. Tengo un hermano cirujano que me quiere mucho. De vuelta de un viaje ha venido inmediatamente a verme y me ha dicho: «He visto por todas partes el libro de Morand (lo que le ha alegrado lo mismo que a mí). En todas las estaciones he pedido *Sodoma*: no lo tenían en ninguna, y eso que he hecho un trayecto larguísimo. Puedes presumir de tener un editor que no gasta un céntimo en publicidad para tus libros. Y con la triste y dispendiosa vida que llevas no comprendo cómo no te quejas de ello».

Pero, repito una vez más, eso tiene poquísima importancia. Me importa mi obra, que no dejaré destrozar a los ingleses,[1] y su afecto, pues yo le tengo mucho.

MARCEL PROUST

Representa tal esfuerzo escribir después de semejantes crisis que le mando una carta incompleta. Le ruego me disculpe.

[1] Gallimard responderá a Proust que el editor inglés había sometido la traducción a su consideración y que él no había querido verla.

ÍNDICE ONOMÁSTICO

ESTA REIMPRESIÓN, PRIMERA, DE
«CARTAS ESCOGIDAS», DE MARCEL PROUST,
SE TERMINÓ DE IMPRIMIR
EN CAPELLADES EN EL
MES DE MARZO
DEL AÑO
2023

Colección El Acantilado
Últimos títulos

387. MARC FUMAROLI *La extraordinaria difusión del arte de la prudencia en Europa. El «Oráculo manual» de Baltasar Gracián entre los siglos XVII y XX*
388. ANNA BEER *Armonías y suaves cantos. Las mujeres olvidadas de la música clásica* (2 ediciones)
389. FLORENCE DELAY *Alta costura*
390. ALAIN CORBIN *Historia del silencio. Del Renacimiento a nuestros días* (5 ediciones)
391. HUGH MACDONALD *Música en 1853. La biografía de un año*
392. FRANK DIKÖTTER *La tragedia de la liberación. Una historia de la revolución china (1945-1957)*
393. ADAM ZAGAJEWSKI *Una leve exageración*
394. JUAN ANTONIO MASOLIVER RÓDENAS *Desde mi celda. Memorias*
395. LEV TOLSTÓI *El camino de la vida* (3 ediciones)
396. OSCAR TUSQUETS *Pasando a limpio* (2 ediciones)
397. ROGER SCRUTON *El anillo de la verdad. La sabiduría de «El anillo del Nibelungo», de Richard Wagner*
398. IVO ANDRIĆ *Goya*
399. BERND BRUNNER *Cuando los inviernos eran inviernos. Historia de una estación* (2 ediciones)
400. JOSÉ MARÍA MICÓ *Primeras voluntades*
401. JOSEPH ROTH *Años de hotel. Postales de la Europa de entreguerras* (3 ediciones)
402. SIMON LEYS *Sombras chinescas*
403. UMBERTO PASTI *Perdido en el paraíso*
404. ISRAEL YEHOSHUA SINGER *De un mundo que ya no está*
405. STEFAN ZWEIG *Encuentros con libros* (5 ediciones)
406. MAURICIO WIESENTHAL *Orient-Express. El tren de Europa* (6 ediciones)
407. VÍCTOR GÓMEZ PIN *El honor de los filósofos* (3 ediciones)

408. MARCUS DU SAUTOY *Programados para crear. Cómo está aprendiendo a escribir, pintar y pensar la inteligencia artificial*
409. RAMÓN ANDRÉS *Filosofía y consuelo de la música* (4 ediciones)
410. ANTOINE COMPAGNON *La segunda mano o el trabajo de la cita*
411. RAFAEL ARGULLOL *Las pasiones según Rafael Argullol. Conversaciones con Fèlix Riera*
412. MICHEL DE MONTAIGNE *Diario del viaje a Italia. Por Suiza y Alemania (1580-1581)*
413. STEFAN ZWEIG *Jeremías. Poema dramático en nueve cuadros*
414. STEPHEN WALSH *Debussy: un pintor de sonidos*
415. *«The Paris Review». Entrevistas (1953-2012)* (3 ediciones)
416. IMRE KERTÉSZ *El espectador. Apuntes (1991-2001)*
417. MARÍA BELMONTE *En tierra de Dioniso. Vagabundeos por el norte de Grecia* (4 ediciones)
418. JOSEP MARIA ESQUIROL *Humano, más humano. Una antropología de la herida infinita* (3 ediciones)
419. MANUEL ARROYO-STEPHENS *Mexicana*
420. MANUEL DE SOLÀ-MORALES *Miradas sobre la ciudad*
421. REINER STACH *¿Éste es Kafka? 99 hallazgos*
422. LAURA J. SNYDER *El Club de los desayunos filosóficos. Cuatro notables amigos que transformaron la ciencia y cambiaron el mundo*
423. DONALD MITCHELL *El lenguaje de la música moderna*
424. YURI SLEZKINE *La casa eterna. Saga de la Revolución rusa* (3 ediciones)
425. STEFAN ZWEIG *Diarios* (3 ediciones)
426. MONIKA SZNAJDERMAN *Los falsificadores de pimienta. Una historia familiar*
427. ALESSANDRO BARBERO *Dante* (2 ediciones)
428. MAURICIO WIESENTHAL *El derecho a disentir* (3 ediciones)
429. STEFAN ZWEIG *Biografías*
430. YANNIS RITSOS *Helena*
431. JUAN ANTONIO MASOLIVER RÓDENAS *La plenitud del vacío*
432. FRANCISCO RICO *Una larga lealtad*
433. JESÚS DEL CAMPO *Panfleto de Kronborg*

434. ANTONIO MONEGAL *Como el aire que respiramos*
435. ARTHUR SCHOPENHAUER *Correspondencia escogida (1799-1860)*
436. PEDRO OLALLA *Palabras del Egeo. El mar, la lengua griega y los albores de la civilización* (4 ediciones)
437. MANUEL ASTUR *La aurora cuando surge* (2 ediciones)
438. ANTOINE COMPAGNON *Baudelaire, el irreductible*
439. ISABEL SOLER *Magallanes & Co.* (2 ediciones)
440. NUCCIO ORDINE *Tres coronas para un rey. La empresa de Enrique III y sus misterios*
441. DONALD FRANCIS TOVEY *Beethoven*
442. RICHARD STRAUSS & STEFAN ZWEIG *Correspondencia (1931-1935)*
443. MARÍA STEPÁNOVA *En memoria de la memoria* (2 ediciones)
444. ELISENDA JULIBERT *Hombres fatales. Metamorfosis del deseo masculino en la literatura y el cine* (2 ediciones)
445. BERTA ARES YÁÑEZ *«La leyenda del santo bebedor», legado y testamento de Joseph Roth*
446. NUCCIO ORDINE *Los hombres no son islas. Los clásicos nos ayudan a vivir* (3 ediciones)
447. MANEL OLLÉ *Islas de plata, imperios de seda. Juncos y galeones en los Mares del Sur*
448. MARCEL PROUST *Cartas escogidas (1888-1922)* (2 ediciones)
449. RAMÓN ANDRÉS *La bóveda y las voces. Por el camino de Josquin*
450. CHARLES BAUDELAIRE *Escritos sobre arte, literatura y música (1845-1866)*
451. THOMAS SPARR *Grunewald en Oriente. La Jerusalén germanojudía*
452. YURI ANDRUJOVICH *Pequeña enciclopedia de lugares íntimos. Breviario personal de geopoética y cosmopolítica*
453. STEFAN ZWEIG *Tres poetas de sus vidas. Casanova, Stendhal, Tolstói*
454. KARL SCHLÖGEL *Ucrania, encrucijada de culturas. Historia de ocho ciudades*
455. ADAM ZAGAJEWSKI *Verdadera vida*
456. HELENA ATTLEE *El violín de Lev. Una aventura italiana*
457. JOHN GAGE *Color y significado. Arte, ciencia y simbología*